大国的迷失

帝制崩溃后十字路口的中国

叶曙明●著

陕西师范大学出版社

图书在版编目（CIP）数据

大国的迷失/叶曙明著. —西安：陕西师范大学出版社，2007.1
ISBN 978-7-5613-3391-4

Ⅰ.大…　Ⅱ.叶…　Ⅲ.中国—近代史—研究
Ⅳ.K250.7

中国版本图书馆CIP数据核字（2006）第164326号

图书代号：SK7N0026

大国的迷失：帝制崩溃后十字路口的中国

著　　者：叶曙明
策划编辑：李黎明
责任编辑：周　宏
封面设计：清水设计工作室
版式设计：姜利锐
出版发行：陕西师范大学出版社
（西安市陕西师大120信箱　邮编：710062）
印　　刷：北京市文林印务有限公司
开　　本：787×1092　1/16
字　　数：300千
印　　张：20
版　　次：2007年2月第1版
印　　次：2007年2月第1次印刷
ISBN 978-7-5613-3391-4
定　　价：30.00元

目录

第二部　北方，帝国龙脉所系

第四部　东方，夹缝中的兴衰存亡

第一部

南方，一部反叛的历史

第一章
王朝的叛徒

【壹】太平天国实际上是秘密教门与会党之间的战争。它唤醒了江湖的政治意识，中国的现代化进程，因为有了太平天国，有了湘军的哥老会，所以才有后来以会党为主力的辛亥革命。

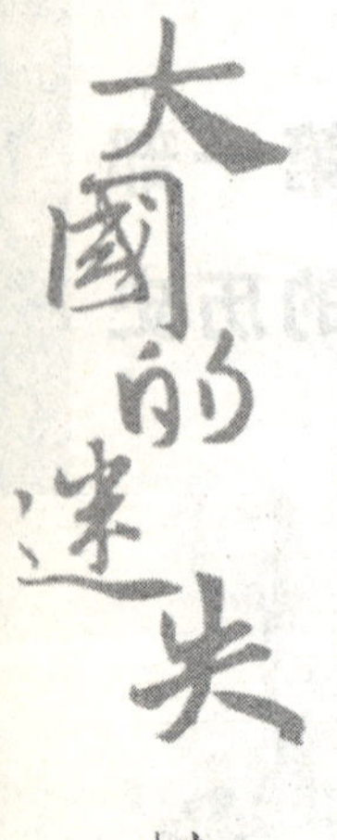

如果人们有机会在中国作一次穿越南北，横贯东西的旅行，他们将会发现，在这四个方位之间，居然存在着如此巨大的不同。

以地理环境而言，东南方平畴千里，水腻山春，河流如网，湖泊如星。天气受东南方低纬度的太平洋气候影响，温暖潮湿，雨量充足，在沿海地区有大量的冲积土，土质肥沃，人口稠密。

而中国的西北方则受高纬度的北亚气候影响，即使在夏季，海洋性的夏季风也不易进入。因此，这里的西风气流非常强盛，空气干燥，冬天气温寒冷，春天则风沙弥漫。

东南方拥有漫长的海岸线，纵横交错的内河。这对发展贸易十分有利。当欧美现代文明东渐之际，这里无疑会得风气之先。而西北方地处亚陆腹地，受层峦叠嶂之阻，交通不便，资讯贫乏，外部世界的影响，到达这里已经微乎其微。

由于地理环境不同，南北民俗和民风也各异。南方有五岭之隔，背山面海，天高皇帝远，一直是朝廷流放罪犯和谪臣的地方。历史上，北方凡进入周期性的天下大乱之际，如两晋五胡十六国、安史之乱、残唐五代、北宋末、南宋末、明末，就有大批北方士民逃难到南方。经过千百年的沉积，形成了南方人倔强、坚忍、充满生命力、具有叛逆精神、敢为天下先的性格。他们的文化也是自出机杼，成一家风骨。用林语堂的话来形容："他们充满种族的活力，人人都是男子汉，吃饭、工作都是男子汉的风格。他们有事业心，无忧无虑，挥霍浪费，好斗，好冒险，图进取，脾气急躁，在表面的中国文化之下是吃蛇的土著居民的传统。这显然是中国古代南方粤人血统的强烈混合物。"①

这些人对命运有一种天然的反抗，不肯轻易屈服，他们把自身的反叛性带到了南方，很自然地，他们所信奉的"异端邪说"也在南方传播和滋长开来。南北文化的差异，造成相互间的歧视和排斥，南方人看不起北方人，北方人也看不起南方人。

两千多年来，究竟谁是中国的统治者？这是一个疑问。虽说"皇天眷命，奄有四海，为天下君"，但庞大臃肿的官僚体制，并不能完全控制得到广土众民的社会基层。朝廷权力只到达县一级，下面存在大片的断层，是官府鞭长莫及的，必须运用父权、夫权、绅权、神权等等，以及依靠大批豪强、吏役，来填补空白。

农村的实际情况是，绅权往往比治权强大得多，祠堂的作用比衙门大得多。农村的祠堂起着维系宗族的作用，补政权之不足。"中国家族之稳固，恒视其全族势力之大小与人丁之多少为衡。"对农村生活深有了解的太平天国领袖洪仁玕曾说："中国村乡隔县城或最近之官衙有远至六七十里路者；每有讼事发生，官吏胥役，重重剥削，所费不赀；故乡人遇有争执，恒由族中父老判断是非曲直，甚或与邻村邻族械斗以武力解决。"②当小姓、小族受到大姓、大族欺压时，如果他们不联合起来，就无法与之抗衡，亦无法生存。因此，异姓结拜，互助互济，攻守同盟，成为宗族争斗中常用的手段。

这种结盟，便是秘密会社的最早形式。

自古以来，庙堂与江湖是支配着中国社会的两大系统。从文化而言，一为"儒"，一为"侠"，在历朝历代治乱相替的循环中，起着相生相克的作用，缺一不可。中国传统文化中，有两类人备受尊崇，一为圣君、贤相、儒将、忠臣、清官，这是庙堂系统的；一为高僧、隐逸、侠士、豪客，这

---

① 林语堂《中国人》。浙江人民出版社，1988年版。

② 洪仁玕述，韩山文著《太平天国起义记》。《太平天国》(六)。上海人民出版社、上海书店出版社，2000年版。

是江湖系统的。

以忠诚孝悌、仁义礼智为其核心价值观的江湖英雄，在民间有着深厚的社会基础，亦为人们顶礼膜拜的偶像。及至后世，追随者日众，遂慢慢演变成一种秘密会社组织。《三国演义》里刘、关、张，《水浒传》里的忠义堂，成为他们热衷模仿的对象。

这些江湖秘密组织，大致分成两类，一为会党，一为教门。迨至清嘉、道年间，福建、江西、两广、湖南、贵州、云南、河南遍地皆然，计有天地会、添弟会、三合会、三点会、仁义会、双刀会、百子会、洪莲会、老瓜（卦子）、啯噜、青帮、小刀会、牛头会、收元教、黄天道、罗教、天理教、弘阳教、清茶门之类的教门，不一而足，实繁有徒。

中国的秘密会社，在近代一系列翻天覆地的政治变革中，扮演非常特殊的重要角色，它们拥有巨大的能量，即使在朝廷的高压政策之下，仍能迅速渗透到各行各业，各个阶层。招徒聚众，歃血盟誓，焚表结拜，请菩萨的请菩萨，拜弥勒的拜弥勒。帮规戒律多如牛毛，连普通人家的兄弟不睦、妇姑勃谿、床笫之私，也要管上一管。别说官府，就连祠堂，也没它管得深入细致。

在历史上，一般的秘密会社，虽有民间正义维护者的一面，然流弊亦甚大。每当历朝衰乱之秋、亡国之际，或遇着天灾人祸的时候，这些江湖秘密组织便乘时而起，攻城池，做流寇，抢官仓，杀官绅，抗官军，无所不为。人民置身于沧海横流的乱世，上枉下曲，上乱下逆，兵来匪去，暴乱不止，没有一个安身立命之所，而当其身陷叫天不应，叫地不闻的极逆之境，绝无可奈何之时，亦惟有随波逐流，跟着赤眉、黄巾闹革命去了。

1844 年，洪秀全在广西创拜上帝教。设立拜上帝教机关，亲手拆毁神像，“以诵咒治病为名，村民疾病，持剑焚符，往往得愈，哄动一时”。[①] 乡人以为他真有驱魔逐鬼的本事。一传十，十传百，变得神乎其神，仿佛真是天上的圣子下凡。从四乡赶来加入拜上帝会的人，络绎不绝。

何以拜上帝会有如此魔力？人们甚至冒杀头危险，扯旗造反也义

---

① 樗园退叟编辑《盾鼻随闻录》。《太平天国》（四）。上海人民出版社、上海书店出版社，2000 年版。

无反顾呢?

洪秀全塑像

以前人们常说广西在1848～1849年发生灾荒,饥民遍地,贫苦农民成了革命的主力军。然中国几乎年年有灾,非涝即旱,非霜即雹,但不是年年都有太平天国。查《清史稿》,这两年广西并无严重灾荒的记录,充其量,也就是洪仁玕所说的:“道光帝崩后,(一八五〇)广西果有数县发生瘟疫,于是秀全之信徒加增愈多,因人盛传入拜上帝会者,可免疫疠传染也。”①人们加入拜上帝会的初衷,并非想造反,只是害怕瘟疫,相信洪秀全医术高明而已。但一朝入了会,想不跟着走,就戛戛其难矣。

洪秀全的拜上帝会,能够在短短时间内,从者如云,主要原因有三,一是迷信,二是土客之争,三是平均主义主张。洪秀全是客家人,最早预闻机密,策划“立江山之事”的领导层,基本上也是客家人——包括南王冯云山、东王杨秀清、翼王石达开。客家人在广西长期遭当地人排挤,互有械斗,感情十分恶劣,石达开说,“因本县土人赶逐客人,无家可归,同洪秀全、杨秀清、韦昌辉、萧朝贵、冯云山共六人聚众起事”。②

太平天国初期,在“无处不均匀,无人不饱暖”的口号鼓舞下,人们有钱出钱,有力出力,纷纷变卖田产屋宇,将一切所有交纳于公库,踊跃加入太平军。在历代农民革命中,“均贫富”是万试万灵的动员令。这种天下大公,人人平等的支票,虽然从未兑现过,但人们却依然狂热迷信,好像干柴一样,一点就燃。

太平天国是晚清最大的一次教门暴动。1851年1月11日,洪秀全率众于广西桂平金田村起兵造反。3月23日,在广西武宣县东乡登极,

① 洪仁玕述,韩山文著《太平天国起义记》。《太平天国》(六)。上海人民出版社、上海书店出版社,2000年版。

② 《石达开自述》。《太平天国》(二)。上海人民出版社、上海书店出版社,2000年版。

称“天王”，封立幼主，建号“太平天国”。太平军由广西杀向湖南，取湖北，占江西，破安徽，纵横江浙。一时间，州县披靡，省郡望风。1853 年，顺长江东下，攻克南京，改称天京，在此建都。

拜上帝会教徒只拜“独一真神上帝”，不得拜其他一切偶像，排他性极强。在金田起兵前后，曾有三合会的人率众前来投效，最后都不欢而散，有些更因违反教规，被太平军杀死；其他人则因害怕教规太严，先后退出。也有硬着头皮留下来的，奋王罗大纲便是一名三合会成员，他坚持不走，最后成为太平军的一员猛将，官拜冬官正丞相。

洪秀全对会党十分排斥，声称如果他们不放弃原来的旧习，皈依上帝，则不容收纳。他曾尖锐批评三合会：

“我虽未尝加入三合会，但常闻其宗旨在‘反清复明’。此种主张，在康熙年间该会初创时，果然不错的；但如今已过去二百多年，我们可以仍说反清，但不可再说复明了。无论如何，如我们可以恢复汉族山河，当开创新朝……况三合会又有数种恶习，为我所憎恶者。例如：新入会者必须拜魔鬼邪神及发三十六誓，又以刀加其颈而迫其献财为会用。彼等原有之真宗旨今已变为下流卑污无价值了。”①

但洪秀全面对的实际情况是：当时两广乃至江南各地，会党遍布城乡，下层社会几乎无人不是会党，如果他不吸纳会党，根本无兵可招。因此，太平军与会党的合流，也成为欲拒还迎之势。太平军自从永安突围后，在湖南境内纵横驰骋，势如破竹，全靠各地会党的协助。湖南巡抚张亮基有一份奏折，对这种情形有详细记述：“湖南各州县，盗贼会匪，在在充斥。前此粤贼一入永州，即有衡、永、郴、桂各处土匪，潜赴贼营，为之引导，以故数千里外山峒之寇，深入内地，毫无格沮。”②

当太平天国向南京挺进时，上海的天地会、小刀会、百龙党、罗汉党等帮会组织在刘丽川领导下，以小刀会名义举行联合大暴动，占领了上海及附近地区。刘丽川为了与太平天国结盟，曾致函天王，恳求他“早命差官莅任，及颁布赐誉黄，以顺民心，以慰民望。并表示臣不胜恳切待命之至。”天地会本来是奉少林和尚为祖师的，为了迎合洪秀全，刘丽

① 洪仁玕述，韩山文著《太平天国起义记》。《太平天国》(六)。上海人民出版社、上海书店出版社，2000 年版。

② 庄吉发《清代秘密会党史研究》。文史哲出版社，1994 年版。

川甚至主动宣告奉基督教为正宗，斥佛、道二教为“邪教”。[1]

可惜妾有情郎无意，刘丽川的热面孔，贴上了洪秀全的冷屁股。天王对刘丽川同乡的恳求佯佯不理，对小刀会被围攻，袖手旁观。小刀会在与天京近在咫尺的上海苦撑了18个月，结果望穿秋水，援兵不至，弹尽粮绝，只能弃城而逃。刘丽川在突围过程中被杀，小刀会起义遂以失败告终。

由于内讧不息，政治腐败，太平天国迅速由盛而衰，陷入困境。清军对南京展开夹击，英美雇佣军“常胜军”也倾力助攻。1862年，忠王李秀成回援天京，苦战月余，无功而退，解天京之围失败。1864年2月，天京被合围。其后苦苦挣扎数月，终不能挽回败局。6月1日，天王洪秀全自杀身亡。7月，曾国藩统领湘军攻破天京城池，取得了镇压太平天国的胜利。

曾国藩不过一介书生，服膺程朱理学，一肚子道德学问，却不是带兵出身的。他与太平军作战，也不见得如何高明，三番四次陷于丧师辱命的险境，几度企图自杀。但气势如虹的太平天国，又的确是被湘军打败的。

曾国藩

那么，湘军究竟是一支怎样的军队？

清代的军队，分中央军和地方军两大类，中央军即八旗军，而地方军则是绿营。无论哪个行省的军队都叫绿营。但从湘军开始，出现以地方名命名的军队，后来又出现淮军，这种以地方命名军队的做法，一直延续到民国。清末民初地方势力的空前膨胀，就是从湘军崛起开始的。

① 《上海小刀会起义史料汇编》。上海人民出版社，1958年版。

历史学家恒论，湘军是曾国藩的私家军。这话只说对了一半。湘军可分为两部分：上层湘军与下层湘军。上层湘军以曾国藩为核心，笼络着一班极有头脑，极有才能的文武干才，如胡林翼、左宗棠、李鸿章、刘坤一、曾国荃、郭嵩焘、彭玉麟等人，个个饱读诗书，满腹经纶，都是建功立业的人物。而下层湘军，则完全为另一个世界，那里是哥老会的天下，奉行的是"十款十要"的帮规会律，由龙头、香长、刑堂、护剑、插花、巡风等各级头目层层严密把持，在营就是官军，出营就是盗贼。即使曾文正公也奈何不了他们。

哥老会及结拜兄弟等，在湘军中悬为厉禁，违者立斩，但这并不能防止无孔不入的哥老会。以致军中官弁勇丁，几乎全是会党，下级见上级，均以大哥称呼。由于会党势力太大，长官也只能睁一只眼闭一只眼。有时为了控制下属，只好自己也加入哥老会，做个小头目，以致"楚师千万，无一人不有结盟拜兄弟之事。"①

熟读圣贤之书的曾国藩，不仅未能把哥老会从湘军中清除出去，相反，哥老会迅速壮大，几乎成了湘军的地下统帅。士兵们白天听长官的，晚上听龙头大哥的。湘军就有这样的记载："其(哥老会)头目或当散勇，而营官、百长之资格有转出其下者。昼则拜跪营官、百长之前"，到了晚上，帮会头目升座，"营官、百长反从而跪拜之，予杖则杖，予罚则罚，无敢哗者"。② 后来的研究者亦认为，哥老会"使湘军内同时存在两套组织系统"。③ 白天湘军是朝廷的军队，到晚上就成哥老会的军队了。

曾国藩无可奈何地指出，士兵之所以热衷入会，原因有二，"一曰在营会聚之时，打仗则互相救援，有事则免受人欺；二曰出营离散之后，贫困而遇同会，可周衣食，孤行而遇同会，可免抢劫。因此，同心入会。"④ 既然禁而不止，曾国藩只好改为"只问匪与不匪，不问会与不会"，换言之，只要不犯事，结会树党也"虽实不坐"了。

湘军实质上是一支以哥老会为骨干的军队。此为人所共知的事

---

① 李榕《湘潭县梅震荣到任批》,《十三峰书屋批牍》卷一。引自谭松林主编《中国秘密社会》(第四卷)。福建人民出版社，2002 年版。

② 刘蓉《复李筱泉制军书》,《养晦堂文集》卷八。引自谭松林主编《中国秘密社会》(第四卷)。福建人民出版社，2002 年版。

③ 谭松林主编《中国秘密社会》(第四卷)。福建人民出版社，2002 年版。

④ 《曾文正公全集》批牍，卷三。

实。太平天国与其说被朝廷所打败，不如说是被哥老会打败的。太平天国的兴亡史，背后竟是一部江湖帮会、教门的大混战史。

拜上帝的太平天国虽然以拒绝天地会开始，却以和拜无生老母的白莲教、捻党合流而告终。可见桐油埕始终是装桐油的。上帝的子民与信奉五祖、关圣的哥老会打了十几年仗，把整个江湖搅得翻天覆地。太平军所到之处，会党群雄并起，直如漫天蝗虫一般。有的以组织团练，保卫桑梓为名，开山设堂；有的趁火打劫，落草为寇，占山为王；有的索性率众投奔太平军。太平天国运动，实际上是一次江湖帮会势力的大检阅。

中国黑社会之多，堪称世界奇景，纵观五大洲，绝无第二个国家、民族可与比肩。太平天国和捻军动乱平息之后，全国人口几乎死掉了十分之一，而秘密会社却以几何级数暴增。会党繁兴，教门盛行，破产农民要入会焉，没破产的农民也要入会焉；小商小贩、船夫纤夫、木匠铁匠、教书先生、军官士兵，甚至官吏乡绅，都想入会焉。

太平天国本身并没有多大的进步意义。如果没有了洪仁玕的《资政新编》，太平天国不过是张角、黄巢、李自成的翻版而已，在中国近代社会转型史上，无足称道。重弹“有田同耕，有饭同吃，有衣同穿，有钱同使”之类乌托邦老调的《天朝田亩制度》，了无新意，至于那些“务使天下共享天父上主皇上帝大福”的拜上帝理论，则更荒谬不值一提了。

太平天国最大的历史作用，在于削弱了朝廷控制南方的能力，从而使一批南方汉族官员——曾国藩、李鸿章、刘坤一等人，得以脱颖而出，登上舞台，成为领导洋务新政的中坚力量，为中国的现代工业奠定基础，创造了一个“同治中兴”的局面；在后来的义和团之乱中，如果不是他们的“东南互保”，中国很可能陷入全面的对外战争中，结局必然更加惨烈。如果没有他们的扶持，中国的绅商阶层，将不可能在那么短的时间内迅速崛起，形成一股新的政治力量。没有绅商这股政治力量，也就没有清末新政和立宪运动。

同样地，如果没有太平天国，就不会有湘军，也就不会出现战后由于遣散湘军，会党如水银泻地一般，渗透到社会各个角落，尤其是渗入到新军中的情形。南方会党势力，在清末极度膨胀，与此不无关系。中国的现代化进程，因为有了太平天国，有了湘军的哥老会，所以才有后来以会党为主力的辛亥革命。

由于科举废除，大批知识分子仕途无望，转而加入军队。会党与知识分子，这两股截然不同的力量，居然在新军中“会师”了。在知识分子的改造下，会党得以向更高的境界开拓与伸展，其后成为辛亥革命的主力之一。江湖终于与庙堂合流。呜呼，虽曰人事，岂非天意哉！

【贰】孙文的政治理想是驱除鞑虏，成立“合众政府”。但他所依靠的力量，却是“忠心一点扶明主，个个封侯列国公”的洪门天地会、三合会一类江湖组织。

自从南方出了一个洪秀全以后，郑观应、容闳、康有为、梁启超、孙文、黄兴、宋教仁接踵而起，历时近一个世纪的南北对抗，把中国带进了一个完全陌生的世界里，中国人头一次听说天地间有一样东西叫“民主”。

号称“政治革命运动”的 YOUNG CHINA PARTY 在中国崛起，乃是一件石破天惊的大事。当时有人把它译作“少年中国党”，有人把它译作“兴中会”。两个名字的异同，无人考究。但从字面上看，前者有政党色彩，后者则仍未脱秘密帮会的窠臼——也许，这更符合创始者孙文等人的初衷。

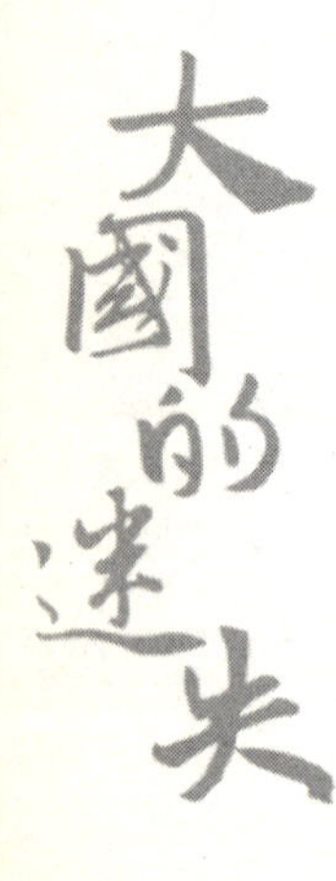

最后名垂青史的，是兴中会，而非少年中国党。这虽然是一件微不足道的小事，几乎无人在意，历史学家也没有觉察二者的区别，但中国的悲剧，由此可见端倪。

1894 年，孙文在檀香山组织兴中会，提出“驱除鞑虏，恢复中国，创立合众政府”的政治目标。在 286 名兴中会会员中，有 271 个广东人。①当时华侨对孙文的主张，反应冷淡，“劝者谆谆，听者终归藐藐，其欢迎革命主义者，每埠不过数人或数十人而已。”②——读医出身的孙文，还没学会“革命”二字，他只是说“作反”而已。华侨们一听“作反”，马上关门上闩，掩耳掉头而走。

在国内，孙文的“合众政府”理想，同样处处碰壁，几被视为毒蛇猛

① 冯自由《革命逸史》(第四集)。中华书局，1981 年版。

② 孙文《革命原起》。《辛亥革命》(一)。上海人民出版社、上海书店出版社，2000 年版。

兽。他也只能凭借桃园义气、瓦岗威风的江湖势力。离开了会党，寸步难行。因此，兴中会成员几乎个个都是天地会红花亭的座上客，或者本身就已经是入了圈，滴过血的会党分子。孙文在香港设立专门招待会党的机关，并派人到长江流域联系会党。“于是乃有长江会党及两广、福建会党并合于兴中会之事也。”①

青年孙文

清代广东珠三角、肇庆、韶州地区是天地会、添弟会、三合会、隆兴会、卧龙会的天下，惠州、潮州地区是合义会、天地会、牛头会、添弟会、三点会、双刀会的地盘，共计有21路英雄好汉。1899年，兴中会、哥老会和三合会首领在香港成立兴汉会，孙文被推为总会长。

1900年7月，北方大乱，义和团围攻各国使馆，联军进攻北京，首都旦夕不保。孙文认为时机至矣，策划在粤东举义，他在台湾说服日本总督支持。日本的向背，似乎成了革命成败的关键所在。孙文后来承认：“本人之事业系于日本，日本既不能主动占居主导地位，则本人之事业即将无可作为。”②

负责在粤东召集人马的是一位南洋的江湖大老，他一声令下，六百多名会党分子（以新安县的绿林好汉为主，还有一部分是来自嘉应的三合会会员），便应声而来，在三洲田扯旗举事。当时南方遍地伏莽，来者千千，去者万万，无不蠢蠢欲动。兴中会在香港的西文报纸上发表公

① 孙文《革命原起》。《辛亥革命》（一）。上海人民出版社、上海书店出版社，2000年版。

② 《福冈县知事深野一三致外务大臣青木周藏的报告》，高秘字第1131号，1900年11月15日发。引自杨天石《从帝制走向共和》，社会科学文献出版社，2002年版。

告，与义和团划清界线，革命党的目标是“誓灭满洲，以兴中国”。呼吁英、美、日各国助成革命义举，否则置身局外，以示两不偏袒之意。这便是知识分子介入江湖后，为江湖带来的一种新现象。

草莽英雄的文化水平虽低，但其社会动员能力、组织能力，却一点也不低。起事仅一月有余，出平山墟，过佛祖坳，飞越淡水，直逼汕尾，攻城略地，如入无人之境，队伍扩大到两万多人，闽、粤两省震动。

会党连战皆捷，孙文闻报兴奋莫名，他给在上海的李鸿章幕僚刘学询写信，希望李鸿章出面支持成立新政府，并打算请李鸿章或刘学询出任新政府主政：“先立一暂时政府，以权理政务。政府之格式，先以五人足矣，主政一人，或称总统，或称帝王，弟决奉足下当之，故称谓由足下裁决。”①

为了争取官僚集团的支持，甚至开出让他们当皇帝的支票，这种策略，本身就带有很浓的江湖味。尽管由于信使的耽误，信件未能及时送达刘学询手里，但可以肯定，即使送到了，也不会起任何作用，老于官场世故的李鸿章，怎么可能被一个民间医生许诺的“帝王”徽号所打动呢？

义军推进虽然神速，但原来答应提供帮助的台湾日本总督，却因为国内政局的变化，临时转舵，不让孙文入境。负责购买军械的日本人也卷款而逃。义军最后弹尽援绝，只好就地解散，各自回家。

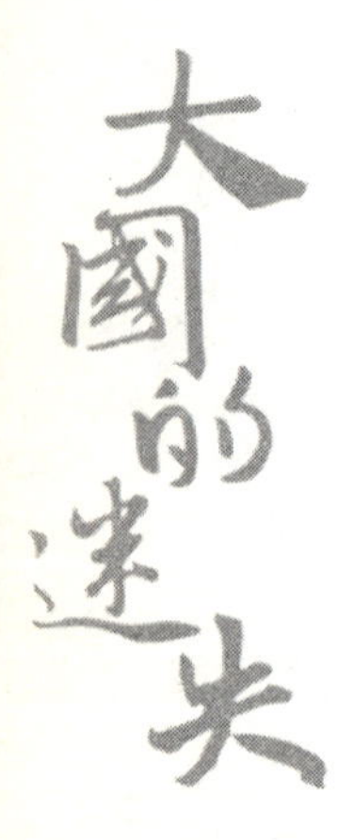

孙文面对失败，仍气壮山河：“如果我有洋铳万杆，野炮十门，则取广州省城如反掌之易。广州既得，则长江以南就是我们的囊中物了！”②孙文深信靠几个冒险家，可以在一夜之间，扭转乾坤。他的这种性格，后来一再使中国历史发生戏剧性的突变，也使他得了一个“孙大炮”的绰号——粤语“车大炮”为吹牛之意也。

1903年，兴中会的几位冒险家又在策划另一次暴动。这次是由兴中会首领谢缵泰和太平天国的瑛王洪全福主持。洪全福是洪秀全的从侄，当年转战桂湘鄂皖苏浙各省的左天将。谢缵泰从小就是洪门成员。他们在香港中环德忌笠街设立总机关，又在广州城内设立秘密机关，贮存军火、军服、旗帜等物。然后飞檄江湖，传令北江、东江各路绿林人

---

① 冯自由《革命逸史》（初集）。中华书局，1981年版。

② 孙文致犬养毅函。《国父全集》补编。台湾，国民党中央党史会，1973年版。

马，同时响应。洪全福自号兴汉大将军。可惜事机不密，还没有发动，就被官府侦破，香港的机关也被港英当局破坏，好几名党人被捕，起义又复流产。

兴中会的暴动，几经受挫，再而衰三而竭，大家的元气都泄了。谢缵泰黯然退出革命，埋头办报纸去了，但孙文却是一位具有豪杰性情与胸襟的人物，他认定了一个目标，便义无反顾，虽千万人吾往矣。哪怕只是一出独角戏，也要一演到底。因此，在江湖上，出现“革命党消，革命领袖兴”的情形，兴中会衰败下去了，但孙文的名字，反而冒了起来，愈叫愈响，简直如雷贯耳。

汤武革命，顺乎天应乎人。革命党的出现，一开始赢得留学生的热烈支持，然后渐渐得到国内开明士绅和新军人的附和，但真正的推波助澜者，却是三山五岳的黑社会大哥。

孙文为了争取华侨的支持，决定加入海外洪门。1903 年他第二次到檀香山时，在洪门大老黄三德的介绍下，填了红单，进了香堂，“孙文亲在五祖像前发三十六誓，愿遵守洪门二十一条例，十条禁，于是洪门封以红棍之职，孙文欣然接受之。”①加入洪门以后，情形果有天渊之别。筹款由洪门出面，人们踊跃捐输，事半功倍。在洪门资助下，孙文得以游历美洲、欧洲各埠，到处演讲革命，华侨也不再给他闭门羹吃了。

洪门的历史，可以追溯到明崇祯皇帝在北京煤山上吊，清军入关之后，大批忠于明朝的士大夫、明室宗藩后裔纷纷逃亡，流落江南，与南方各地的草莽英雄相结纳，投靠梁山，落草为寇，组织起无数打着反清复明旗号的秘密团体，江湖上呈现风行水涌的滔滔之势。

相传清康熙年间，朝廷围烧福建少林寺，有五僧逃出生天。这五僧便是被洪门奉为“前五祖”的蔡德忠、方大洪、胡德帝、马超兴、李式开。五僧逃亡过程中，又得到吴天佑、洪太岁、姚必达、李式地、林永超五位义士的相助救护，这五位义士即洪门的“后五祖”。五僧在白鹤洞下普庵会商举义，图覆清廷，爰集合志士于下普庵后堂红花亭，择吉于甲寅年七月二十五日，同盟结义，成立洪门。而有崇祯帝的孙子朱洪竹参加大会，众以黄炎甲胄，明室正统，遂公推朱洪竹为盟主。这次聚会，洪门

① 黄三德《洪门革命史》。1936 年版。

中人称为“洪家大会”。

这类稗官野史，颇有志怪传奇、词鼓演义色彩。天地会的起源，实与南方根深蒂固的宗法社会有密切关系。生活在社会底层的人们，官府在远，拳头在近，械斗是家常便饭。不同籍贯、不同姓氏宗族之间、土客之间，一言不合，就要上演全武行，往往酿成命祸。于是，人们便纷纷结拜异姓兄弟，互济互助，一旦打起架来，拳头也多几双，嚷嚷起来声势也大些。群殴总好过单打独斗。

老实说，江湖上哪有那么多胸怀反清复明大志的会党？庙堂之高，江湖之远，谁做皇帝干百姓何事。哪个皇帝来了都一样要纳粮。会党初起时并无政治色彩，结拜异姓兄弟一个最原始的原因，不过是为了打架，为了争地盘，为了求生存。故凡有聚众械斗风气的地方，必有结党拜盟之事。啯噜会、青莲教、江湖会、仁义会一类组织，也就在这温床之中，应运而生。

洪门也即天地会，三合会和哥老会属其分支。三合会在海外称为洪顺堂，或义兴会，在日本也有称为三点会的，在美洲则称为致公堂。华侨十之八九都入了会，势力极之雄大。江、浙一带，洪门又有终南会、双龙会、白布会、伏虎会、龙华会、平阳党等小团体。

革命党在短期内发育成长，有赖于它所高揭的民族主义大旗。“驱除鞑虏”的主张，和康熙年间洪门聚义时“满覆明兴”的主张，一脉相承。大汉族的理想，曾激发起无数仁人志士彻底牺牲自我以救世的勇气。

在南方，反抗专制的革命党，把众多不同出身、不同阶层的人，上至名门望族、达人雅士，下至贩夫走卒、屠儿刽子，团结在一个团体之中。这种成功，不是主义的成功，而是秘密帮会的成功。

1905年，日俄战争刚刚结束，在“火红的夕阳”照耀下，满洲原野依然硝烟弥漫，日本人还没有从纵情狂欢之中平静下来。但是，对于中国人来说，把自己的锦绣山河提供给外国人打仗，天朝尊严，扫地无遗。在亡国空气的笼罩下，反叛情绪油然而生。离经叛道的言论，在中国留日学生中，尤为畅销。谈论革命，已经成了公开事情。

7月30日，孙文与来自湖南的黄兴、宋教仁、陈天华、来自广东的冯自由、胡毅生、汪精卫、朱执信等人，在日本东京共同组织“中国同盟会”。同盟会所揭橥的宗旨为：“驱除鞑虏，恢复中华，创立民国，平均地权”。在东京加盟的留学生就有好几百人。除甘肃没有留日学生外，17省的人都有。第一年（1905年7～12月）入会的成员，如果以籍贯划分，广东人数最多（170人），湖南居其二（158人）；陕西最少（4人）。可见王朝叛徒，多出于南方。

同盟会本部设在东京。孙文（广东籍）担任总理，绰号黄胡子的黄兴（湖南籍）担任庶务部总干事，马君武（广西籍）、陈天华（湖南籍）负责书记部，程家柽（安徽籍）、廖仲恺（广东籍）负责外务部，宋教仁（湖南籍）为司法部检事，汪精卫（广东籍）为评议部长。后来马君武入京都工科大学就读，书记部一职，孙文指定由广东人胡汉民接任。会中要职，几乎全由南方人掌握。孙文的亲信，有所谓“上三”、“下三”之说，“上三”是指胡汉民、汪精卫、廖仲恺；“下三”是指朱执信、邓铿、古应芬。这六个人全是老广。

黄　兴

同盟会纲领第一条“驱除鞑虏”，把同盟会革命定位于“汉族革命”，这已经使中国现代化的进程，偏离了正确方向。驱除鞑虏之后，是否平均地权就为最重要和最急迫的事情？如何平均？这一切，在当时人们已各持歧见。许多人觉得，平均地权并非急务，且陈义过高，不利于发展组织，建议删除。

但孙文认为革命成功后，要避免重蹈欧美日本的故辙，就必须平均地权，节制资本。他宣布自己的政治主张是共和主义。“人民自治是政治的极则”。但何为“共和”？孙文向友人解释说，共和“是我国治世的真髓，先哲的遗业”，可以上溯到三代之治，“而所谓三代之治，的确掌握了共和的真谛”。由此可证，孙文心目中的“共和”，与近代世界的民主制度，扯不上什么关系，欧、美、日的模式全是“覆辙”。他承认他的理想是怀古的，不过，“其所以怀古，岂不正是抱有伟大理想的证据吗？”①

无论从理论或实践上看，孙文的共和思想都是十分混乱与模糊的。他的平均地权与节制资本，也无任何具体实施计划，直到 1924 年前后，才在苏俄顾问的帮助下，搞出一个二五减租的方案和制订劳动法，但始终没有认真贯彻。

南方人并不是天生有民主、共和的基因，而是由于地理关系，长期耳濡目染，较易接受西方的文化概念，也意识到这是一种强势话语，于是借钟馗打鬼而已。从洪秀全的皇上帝天父始，以迄于今，各式各样的“改良”、“变法”、“革命”，概莫能外。

在孙文的心底里，也许更多地把自己视作天下寄其身的圣人，而不是某一党派的领导。他成立同盟会的目的，是希望把它变成全国帮会组织的大同盟，以“驱逐鞑虏”的旗帜，一统江湖，号令天下。同盟会盟书、宣言、方略上的日期均以“天运某年某月某日”纪年，所谓“天运”者，乃洪门三合会的年号。

在讨论成立同盟会的会议上，有人对孙文的理想表示怀疑，提出质问：“将来革命成功，先生其为帝王乎？抑为民主乎？”当时孙文、黄兴均默然相对。现场气氛变得十分尴尬。安徽党人程家柽急忙打圆场：“如果吾人之心中，苟无慕乎从龙之荣，则君主无自而生。今日之会，只问满清要不要打倒，不问是帝王还是民主。”②他的回答很妙：如果你们都不想做臣子，哪来的君主呢？

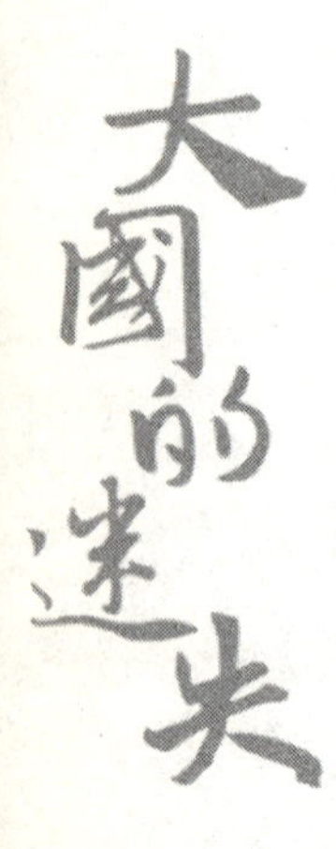

1906 年 12 月 2 日，同盟会在东京神田锦辉馆召开《民报》周年纪念会。赴会者竟达万人。孙文在会上宣讲革命方略，他的理想是建立一个五权分立的民主国家。其大旨可分为军政、训政和宪政三个时期。听众们如醉如狂，欢呼声、鼓掌声如同暴风骤雨。

这是一个风云激荡的大时代。

然而，大会刚刚结束，同盟会为了革命军的旗帜式样，便发生了一番明争暗斗。孙文建议采用青天白日旗：旗帜上一轮白日，周围是十二

---

① [日]宫崎滔天《三十三年之梦》。花城出版社、三联书店（香港），1981 年版。

② 冯自由《革命逸史》（第六集）。中华书局，1981 年版。

道叉光。青色代表平等，白色代表博爱，十二道叉光代表干支之数，富有中国味道。

其实，这面旗子是当年兴中会用过的，如果同盟会沿用之，则意味着奉兴中会为正朔。但实际上兴中会早已消亡，同盟会中有兴中会历史的人，不过寥寥数个，如何能令以黄兴为首的、人数最多的华兴会信服？

黄兴提出反对青天白日旗的理由是：这个图案与日本太阳旗相似，“有日本并华之象”，应尽快毁弃。不如改为井字旗。井字代表井田制，井田制同样很有中国味道。与孙文信赖日本的态度相反，黄兴对日本没有多少好感。

孙文绝不稍让，坚持用青天白日旗，因为在以往的革命中，“托命于是旗者数万人”，决不能放弃。井字意思虽好，图案太缺乏美感了。双方愈吵愈激烈，黄兴甚至怒不可遏地声称要退出同盟会。

这些革命家们在策划推翻帝制时，脑子里充满了对尧舜时代那些古老传说的憧憬。

最后黄胡子为了团结，虽然十二万分不情愿，也勉强接受了青天白日旗。但宋教仁却从这次争论中，感觉孙文不易共事，有了另起炉灶的打算。他辞去同盟会庶务干事一职，离开日本回国，到东北和白山黑水的会党联络去了。

其实，这场争吵完全不是什么美感问题。因为这面旗帜将作为一个永恒的标志，载入史册，所以采用谁的旗帜，似乎就等于承认谁是历史的创造者。几乎每个政治家，都沉浸在同样的梦想中。

【叁】当孙文向皇权宣战时，他相信会有3500万帮会成员追随他的革命事业。革命党之所以能够把人们团结在一个团体中，不是主义的成功，而是秘密帮会的成功。

旗帜式样的争论，终于告一段落。1907年农历新年刚过不久，孙文和胡汉民一起离开日本，前往南洋筹划革命军事去了。

形势发展之快，出乎人们的预料之外。

孙文作为中国民族主义的象征，他把自己大部分的精力和时间，都花在策动下层造反这一艰巨工作上面。尽管他游历过世界很多地方，能说流利的英语，并在香港公理会教堂受洗成为基督徒，他对西方政治和社会具有比其他中国人更深的认识，但他在从事革命工作时，却更热心于利用江湖游民中的秘密帮会。据他估计，全国的秘密帮会中，大概有 3500 万会员会追随他的革命事业。

孙文他们经新加坡到了安南（越南），在河内设立秘密机关。孙文化名高达生，胡汉民化名陈同，以饮食业为掩护，招纳亡命志士。这是胡汉民第一次从事实际的武装革命。他发现在民间活动的所谓革命党人，竟大部分为江湖道上的绿林好汉、贩夫走卒。孙文在策动他们起义时，金钱的力量远远大于主义的力量。

孙文用来收买会党的钱，主要来源是靠西贡的银行买办曾锡周和巴黎富商张静江的鼎力支持。

张静江夫妇

张静江是浙江吴兴南浔镇人，他的家族为南浔四大巨富之一，他在上海设有通运公司、通义银行和大纶绸缎局，在巴黎、纽约均有通运公司的分公司，此外还兼营汇兑和其他进出口贸易。他本人长年住在巴黎。

孙文向胡汉民介绍张静江时说：

"他是一个很奇怪很豪爽的人。他曾经对我说，'你是主张革命的，我也是很赞成革命的，我老实告诉你吧，我在法国做生意，赚了几万块钱。你发动革命时，我可以拿五万元来帮助你，打电报的时候依 A、B、C、D、E 的次序，A 字要一万元，B 字要二万元，E 字要五万元。这就算是你打电报给我要钱和要多少钱的密码吧。'"

胡汉民觉得这近乎天方夜谭。他问孙文试过没有。孙文说没试过，"但我觉得这个人是一个信实人，不会说谎的。"这时他们正好急需一笔钱在黄冈、惠州、防城、镇南关策动起义。胡汉民半信半疑，给巴黎拍了一个 A 字电报，那边果然立即汇来一万元。他们再打了个 E 字电报，五万元也很快就汇到了。

胡汉民写了一封长信给张静江，说明这笔钱的用途，以示妥慎负责。张静江并不回信，只是托朋友转告："我并不需要你们写长信，难道我是接到你们的长信才相信你们的吗？以后你们只要实行做革命事业，就胜于发长信给我了。"

现在，资产阶级的钱，开始源源不绝地流入江湖好汉的手中了。

胡汉民从河内到香港，协助黄冈、惠州会党起义。革命党在日本买了一批军火，用船运到汕尾。等到运载军火的船靠岸时，胡汉民才发现连装运军火的驳船、工人一个也没有，岸上反而挤满了瞧热闹的闲人。官府觉得事有可疑，派了一条兵轮前来检查。军火船只好匆匆避往香港，军火全让日本警方扣留了。

以后革命党在惠州、防城又发动了一连串的起义，虽然秘密帮会非常热心，每次举事，总能啸聚一帮徒众。但最后都是莫名其妙地失败了。

有一次孙文在一位帮会弟子身上发现一包毒药，他惊奇地问："你总是随身带着这种东西的吗？"那个帮会弟子慨然说，"大丈夫死不足惜，一旦被擒，这就是我的唯一归宿。"孙文冷冷地说："你很害怕被杀吗？你带着毒药，就是怕死的证明！我们广东人有句话，'大丈夫自有人来杀我，我不自杀'。这才是革命者的气概，我劝你还是不要带这些毒药。"

在镇南关，胡汉民曾经追随孙文、黄兴星夜抢占一个炮台，准备向清军发动进攻。道路崎岖，行进艰难。胡汉民一介书生，从未受过行军之苦，刚爬到半山腰，就倒地昏迷不醒了。几位冒险家终于登上炮台。等到天明以后才发现，大炮的方向全是对着安南的，根本打不到中国境内。在他们中间唯一会打炮的，是一位雇来的有鸦片烟瘾的法国退役炮兵中尉，此刻正在一旁吞云吐雾。等他过足了瘾，象征性地打了几炮，然后匆匆撤离。

行动之草率，令人难以置信。但孙文就喜欢冒险，和其他中国人一样，有时重象征甚于重实际。孙文反清 20 余年，这是头一回亲自向敌人开炮，其象征意义非常重大。谁也没有指望这些冒险能够成功，包括孙文在内。它们与其说是军事革命，不如说是一种宣传更为恰当。其作用不在于一举推翻政府，而在于造成声势，使朝廷疲于奔命。

然而，由于不间断地发动起义——继镇南关之后，钦廉、河口等地相继发难，但无一例外地遭到失败——已耗掉了20万元，经济面临困境。那些能拿得出钱来的人，远离事件中心，对革命党募捐的用途，难免产生怀疑。筹款愈来愈困难了。而同盟会内部，因筹款问题，引致以章太炎、陶成章为首的江、浙人与孙文交恶，双方形同水火，黄兴居中百般调停，也没有效果，江、浙人在党内发动了一场气势汹汹的“倒孙运动”。

汪精卫在东京每每谈起这些事情，都流露出悲观、愤懑的情绪。终于，在1909年，他绝望地表示，在不得已的情况下，他只好效法荆轲刺秦王，不惜“伏尸二人，流血五步”，去暗杀朝廷大员。他的妻子陈璧君为了帮助丈夫行刺，也在努力学习击剑。

当时胡汉民正在香港和赵声等人筹划一次新的起义，他深知汪精卫一介寒儒，根本不是干这种事情的料，从公从私，均须全力阻止。他立即去信规劝，建议汪氏在东京续办《民报》，以牵制他潜返内地的计划。但汪氏终于抛开一切，毅然回国，北上古都，密谋暗杀朝廷大员。临行前，他给胡汉民写了一封血书：“我今为薪，兄当为釜”。

这时，他们在香港筹划的起义，又是胎死腹中，来日大难，后顾茫茫。黄兴、赵声和胡汉民离开香港，飘洋过海，到南洋为下一次举事筹款。在新加坡，胡汉民接到香港电报，汪精卫谋刺摄政王失败，于4月16日在京被捕，判处无期徒刑。

【肆】革命党的每一次起义，总是经过长时间筹备之后，到最后关头变成了仓促混乱的军事冒险。失败接二连三地降临。

由于单纯依靠会党的起义，接二连三地失败，同盟会开始把目光转向新军。1908年，有一批湖南和广西的同盟会员随新军调入广东，策划以新军为主力的暴动。他们模仿哥老会的做法，在新军里散发一种叫“保亚票”的凭证，这是一张四角印有山堂香水和内外口号诗句的纸片，领了它就等于入了会。

没几天时间，新军士兵几乎个个怀里都揣着一张保亚票了。他们

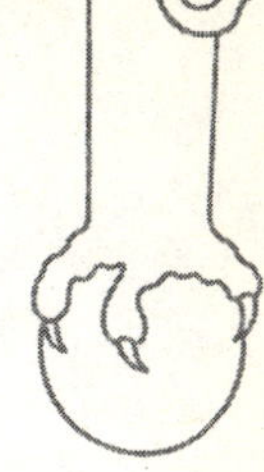

与同盟会联络，寻求支援，同盟会资助了他们几百块钱，作为暴动的经费。可惜还没来得及花，保亚票就被官府查获了。官府对新军进行大规模搜捕，一夜间抓了几百人，两名首领被迅速押解到广州天字码头斩首，血溅城门。

这一事件，虽然被扼杀于萌芽之中，但它标志着革命势力已经渗透到军队中了。军队加入到反叛的行列，对朝廷来说，是一个不寒而栗的凶兆。

1909 年 6 月，孙文到了庇能。他丝毫也没有气馁，相反，他告诉大家，他已经计划好在广州再次发动起义。孙文委托胡汉民再筹 5 万元。但人们始料未及的是，广州新军竟于此时仓促发动起义，才一天就被镇压下去了。

同盟会在广州最好的机关被破坏了，最便利的地盘失去了，从新军逃出来的党人，恓恓惶惶，多如过江之鲫。虽然帮会兄弟讲究江湖道义，但为了招待安插他们，已经捉襟见肘，实在无法可想。

大家一致决定，以办中国教育义捐为名，向华侨筹款。这是为了避免居留国政府干涉。同时初步议定，这次举事的经费为 10 万元。英属、荷属各筹 5 万元，暹罗、安南 3 万元。美洲未计。即席便捐得 8000 多元。

然而，筹款比想象中更为困难。胡汉民遍游各埠，筹定之款，尚不满一万，离孙文提出之数，相去殊远。孙文运用他在洪门中的影响力，说服加拿大温哥华、维多利亚、多伦多各埠的致公堂，变卖或按押楼宇，陆续筹了 10 万余元巨款。后来民国成立，洪门曾打算请南京临时政府出资把这些物业赎回，但他们的要求却石沉大海。其实那时的南京政府，也是光棍一条，家无隔夜粮，还背着 500 万元债务，哪有钱还给洪门？直到 1921 年才由华侨自己集资赎回部分物业，无法赎回者仍不在少数。①

不久，胡汉民返回香港，他已心力交瘁，甚至想通过赌博筹集营救汪精卫的款子，结果连仅有的 100 元也输掉了。孙文激励他说，营救汪精卫的最好办法，莫过于再发动一次大规模的起义。刺杀太上皇居然可以免死，在中国历史上，绝无仅有。朝廷之所以不杀精卫，实在是慑

① 黄三德《洪门革命史》。1936 年版。

1911年11月，孙文回国后与同盟会成员在上海议事

于风起云涌的革命势力。

1911年5月，孙文第三次赴美国筹款。他和黄三德协商后，决定把同盟会与致公堂合并。凡入了同盟会而未入致公堂的，一律加入致公堂；凡入了致公堂而未入同盟会的，也一律加入同盟会。

当时许多同盟会员对此不以为然，觉得致公堂是江湖帮派组织，其入会手续繁琐复杂，又要开坛喃唱，又要传授秘密手印，又要背诵隐语暗号，又要跪拜受训、歃血为盟，宗法迷信色彩太浓，与革命宗旨相异趣。但孙文反倒觉得，迷信是一个团结会众的好方法："宁可社会上没有香烛供应，亦要自己造香烛，来维持这个迷信。""这个迷信破弃了，这恐招来全部涣散。"①不是搞政治的人，说不出这么生动深刻的话来。

孙文让同盟会与致公堂合并，主要是想利用致公堂筹款。经过艰苦努力，筹到的钱终于突破原定计划。孙文曾经说过，能否筹足这笔款子，只是起义的安危问题。其实，不论筹足与否，起义都是岌岌可危的。

黄兴和赵声在香港等候胡汉民。他一到来，武装起义的统筹部就

① 温雄飞《回忆辛亥前中国在美国成立的经过》。《广东文史资料》第25辑。

成立了。这是一个军事指挥中心，由一群热血沸腾但各持己见的党人组成。黄兴、赵声担任统筹部正副部长，胡汉民担任秘书课课长，编制课课长由33岁的海丰人陈炯明担任，他是秀才出身，以优等成绩毕业于政法学堂，但在海陆丰一带的草泽绿林中，一呼百应。

当时广东是三套马车，两广总督张鸣岐、驻防将军孚琦和水师提督李准。起义前夕，统筹部认为非用暗杀手段把李准干掉不可，此人枭鸷狡诈，实力最强。一名从庇能来的党人冯忆汉自告奋勇，承担暗杀任务。他甚至还不会使用炸弹。统筹部派人从最基本的动作教起。黄兴警告说，暗杀不宜离发难日期太近。但冯忆汉却突然不辞而别，杳乎如入于渊，直到1月中旬才回来，自称在乡下堕水染病。赵声已看出他是个色厉内荏之徒，和他约定最迟不能超过3月20日动手。届期冯忆汉还是畏葸不前。

4月8日，广东的大官都到燕塘视察飞机演习。从南洋来的独行侠温生才在未和统筹部商量的情况下，独自潜往东门外谘议局，准备行刺李准。

黄昏时分，官员们陆续返回城里，温生才见其中一顶轿子护卫森严，以为是水师提督，便冲上去连开数枪。坐轿者饮弹立亡，而温生才也逃走不及，被巡警抓住了。事后才知道死者是孚琦将军，一位以昏庸无能见称的八旗将军。一个星期后，温生才在当天行刺地点斩首。他用自己的生命，换了一个庸人的生命。

这次暗杀，不见其利，反见其害。一时间风声鹤唳，侦骑四出。担任起义主力的新军二标，传说5月初就要退伍；党人在旗界租了九处地点准备届时纵火，有四处已被迫迁出了；南洋方面因为筹款，已经风声远播。

一直犹豫不决的党人，必须马上作出抉择。

南海、番禺、顺德、东莞，乃至海陆丰的绿林好汉，都已秘密潜伏广州周围，随时准备发难。黄兴匆匆前往广州。他担心胡汉民是本地人，容易给人认出，所以由他先去布置一切。起义日期定于4月26日，黄兴23日到达广州。

鉴于在日本、安南购买的军火，要27日才能运到，所以将起义日期压后一天。胡汉民预定在发难前夜率领香港的党人到广州，这时却突然接获黄翮子电报，嘱他们暂缓行动，在河南集结的另一批党人，也暂行解散。统筹部临事游移，已经败兆毕现。

4月26日，张鸣岐、李准调巡防二营回省戒备，其中三哨占领了龙王庙高地。新军二标士兵的枪械被收缴了。官方并非无的放矢，革命党内出了奸细。胡毅生等人都主张变更起义日期，原来云集省城的各路帮会弟子，又被遣散了300多人。黄翻子继续犹豫不决，当大部分起义军解散之后，他又得到一个坏消息，官府将于5月3日以前挨户搜查。黄翻子大惊失色，匆忙决定，起义在4月27日举行不变。

26日晚上，在香港如坐针毡的胡汉民，终于收到黄兴电报，“母病稍愈，须购通草来”。这是命令香港的党人全体开赴广州。但这时由香港至广州的最后一班船已经开出了。胡汉民一面致电广州，请将日期推后一天，一面派人在次日早晨乘船到广州报告。当胡汉民的代表见到黄兴时，留在省城为数甚少的党人已经整装待发了。时间是4月27日下午4时。

当初貌似严密的统筹部，实际上已经不复存在。这次起义和过去一样，在经过长时期的筹备之后，到最后关头却变成一次仓促混乱的军事冒险。

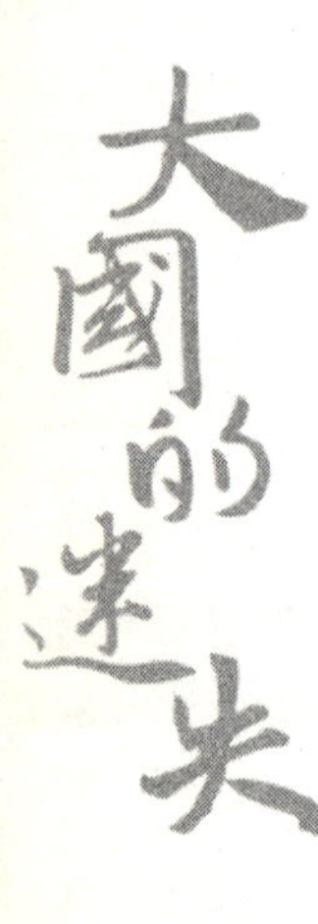

黄翻子给每个敢死队员发了一块大饼，一条毛巾和枪械炸弹。5时30分，这支以世家子弟和会党分子为骨干的敢死队出发了，向两广总督署迅猛扑去。成败存亡，掷诸孤注。

在督署门口，他们遇到了官兵卫队的抵抗。起义军一面猛冲，一面高喊：“我们是为中国人吐气，你们也是中国人，赞成的请举手！”经过短暂的驳火，起义军成功地击溃了卫队的抵抗，突入署内，但张鸣岐已经逃之夭夭。黄翻子想在署内纵火，以号召各方，但就是找不到引火材料，最后他把火种扔到张鸣岐的床上，便率领众人向外冲去。

在东辕门，他们突然遇到李准调来的巡防营，一阵枪炮乱轰，大部分党人不是当场丧生，就是在突围时被俘。黄翻子右手打断两指，血满袍襟，但总算奇迹般逃出生天。在这次惨烈的起义中，死难党人不计其数。官府直到5月1日才函知广仁、爱育、方便、广济各善堂收拾遗骸。由于连日阴雨，尸体已经霉胀，爬满蛆虫，一派凄惨景象。

南部同盟会经此一役，损失惨重，精华丧失殆尽。孙文后来为这次大牺牲，写下了一段激情澎湃的纪念文字：“是役也，碧血横飞，浩气四塞，草木为之含悲，风云因而变色。全国久蛰之人心，乃大兴奋。怨愤所积，如怒涛排壑，不可遏抑，不半载而武昌之大革命以成。则斯役之价值，直可惊天地、泣鬼神，与武昌革命之役并寿。”①

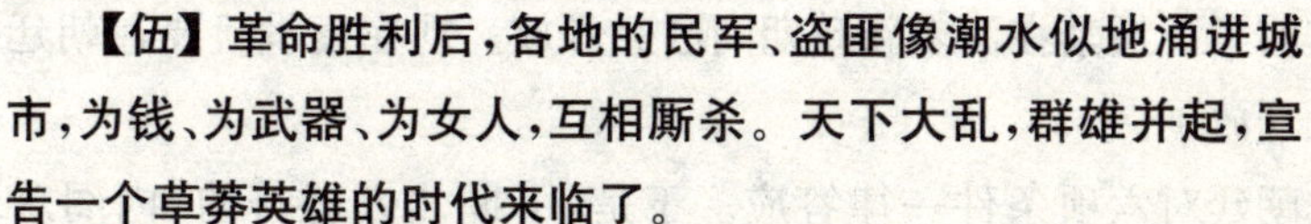
【伍】革命胜利后，各地的民军、盗匪像潮水似地涌进城市，为钱、为武器、为女人，互相厮杀。天下大乱，群雄并起，宣告一个草莽英雄的时代来临了。

动乱由南向北蔓延，草莽英雄纷纷下山，奔走江湖。各种名目的秘密会党，今日结盟，明日宣誓，闹得如火如荼。

1911 年（农历辛亥年）10 月，革命终于爆发，但不是在广东，而是在长江中游的武汉三镇。

那里也是一个龙蛇混杂的地方，帮会势力非常浩大，三合、哥老、洪江、孝义等山堂各守码头，呼风唤雨，啸聚江湖。直至革命前夕，由一批帮会大老出面，将湖北地界的各山水堂统一为中华山兴汉水光复堂，以“共进会”名义，号令江湖，成为武装起义的中坚力量。

辛亥革命号称是中国的“资产阶级革命”，但翻遍革命党人的名册，没几个是“资产阶级”，有的只是一批江湖好汉。

10 月 9 日，武汉革命党一个秘密机关被官府破获，30 多名党人被捕。这一事件使革命党内人人自危。10 月 10 日晚，武昌草湖门四马路民房失火，城内工程营乘机聚众发难。士兵们扯掉原来的肩章，臂缠白布为号，呼啸而出。其他营的汉籍官兵也纵起火来，一声“反了！”便杀出营门。

这是继太平天国之后，中国的又一次的南北大决战。

楚望台、军械局很快就被起义军占领了。这股狂潮突破了城门，迅速向四下扩散。督署在稍后也插上了象征革命的十八星铁血旗。半夜，武昌的枪声停息了，起义军已经控制了这座城市，并成立了临时的革命政府。一位与革命毫无关系的旧军人黎元洪被推举为新政府的首领。

---

① 孙文《黄花岗七十二烈士事略》。广东省社会科学院历史研究室、中国社会科学院近代史研究所中华民国史研究室、中山大学历史系孙文研究室合编《孙中山全集》（第六卷）。中华书局，1981 年版。以下不再注明编者。

朝廷敦请以养病为由在河南隐居的袁世凯出山，领军平乱。袁世凯向朝廷提出六项条件，其中包括召开国会、组织责任内阁、宽容武昌事变诸人、解除党禁等。从袁氏提出的条件看，他已经走到民主政制的门槛前了。报禁在清末新政期间已经开放。现在袁世凯要逼朝廷把党禁也开放了。

朝廷对六项条件一律答应。于是，手握北方虎符的“内阁总理大臣”袁世凯，指挥北洋大军，兼程南下。黄兴也赶到武昌，出任革命军总司令。两军在汉口展开对决。猛烈的炮声震撼着长江三镇，刘家庙一带几成废墟，死伤者狼藉遍野，周围的弹药不时爆炸，燃起阵阵烈火和浓烈的硝烟。入夜，四处的火光忽明忽暗，天空是一片混浊的血红。

汉口被北军攻陷。他们为了避免巷战，索性放火烧城。武汉谣言满天，人心大乱，革命军阵脚大乱。但也是清祚已尽，异代方起，与革命党对阵的袁世凯，手上“北洋六镇”的筹码，根本不打算押在朝廷一边。汉阳失陷后，袁世凯向南方革命党提出“南北联合，要求清帝退位”的建议，革命党便急不可待地和北方开始了讨价还价。

12 月 2 日，在汉口英国领事的调停下，达成南北双方的第一次停战协议。由革命党控制的各省开了一个会，同意只要袁世凯响应革命，即选举为临时大总统。为了推翻清廷，革命党已经流了太多的血了，现在看到有早日推翻清廷的“捷径”可走，便不假思索地把这颗果子吞了下去。

在这个会议上，通过并宣布实行美国式总统制的《临时政府组织大纲》(大纲凡 21 条，至 1912 年 3 月 11 日《中华民国临时约法》公布后废止)。这是中华民国第一部法典。

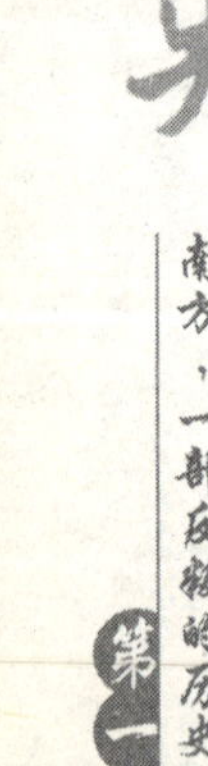

这时，广东还没有从“三·二九起义”的惨败中恢复过来。继武昌革命之后，湖南、陕西、江西等内地省份，以帮会和新军为主力，纷纷举起义旗，但广东的革命党人，还在费尽心机去暗杀某个政府官员。

九大善堂、七十二行商总商会和各团体代表，在广州十七甫的爱育善堂开紧急会议，讨论广东何去何从。大会决定，即日成立监督官吏改良政治总机关，建议官府借独立的名义，改良政治，革除秕政。但官府一口拒绝。九大善堂、七十二行商总商会和各团体代表开第二次大会。支持革命的呼声，愈加沸腾了。首鼠两端的张鸣岐先是通电宣布独立，后来听说汉口失守了，又下令取消独立，在街头布置防军，构筑工事。

10 月 29 日，胡汉民获悉革命风云，席卷天下，立即率领一批华侨从军青年，搭"金陵号"轮船奔赴香港。三天以后，另外两名粤人陈炯明和邓铿，在惠州淡水拉起一支队伍，号称循军，与政府对抗。粤东望风披靡，循军打着井字旗，长驱直下，一举占领归善、博罗、河源、和平、海丰、惠州等地。

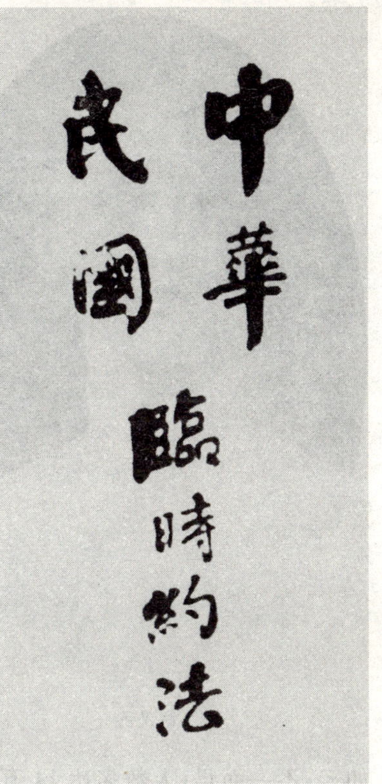

中华民国临时约法

张鸣岐勇气尽失，11 月 8 日，他在一片独立声中微服逃走。广州是千年商都，绅商势力一向很大。11 月 8 日、9 日两天，绅商代表在谘议局开会，宣布独立。全城市民和商铺都燃放炮仗庆祝，许多商铺门前的龙旗，被行人撕扯下来。广东兵不血刃而完成易帜，这在各独立省区中，是罕见的例外。

各界代表会议决议 10 项应付时局的办法：一、欢迎民党组织共和政府临时机关。二、宣布共和独立，电告各省及各国。三、所有向日官吏，愿为新政府服务者听，惟必宣誓忠于中华民国。四、所有旗满人，一律看待……九、对于省会及各处会党，以前所犯，一切不问。自新政府宣布之后，不得有扰害地方治安行为。十、练民团。①

第九条颇值得注意，它表明广东绅商即使没有把会党看作是共和政制的敌人，但至少也没有把他们看作朋友。各界人士随后推举胡汉民为广东都督，陈炯明为副都督。11 月 10 日，胡汉民和十几名港绅一同赴省。

革命并没有给这座南方的通都大邑，带来多少新气象。

---

① 邹鲁《广东光复》。《辛亥革命》(七)。上海人民出版社、上海书店出版社，2000 年版。

胡汉民

胡汉民白面书生，手无寸铁，为了张大革命党的声势，他采取稳住新军，“而张民军之势，以压迫降军与防营”的策略。[①] 同盟会的朱执信、胡毅生都已到了广州，他们二人与广东绿林的关系极深，胡汉民的主意，很可能就是他们出的。于是纵容四乡民军进城，甚至出钱为民军代购枪械。从 11 月中旬开始，二十五路民军一哄而起，像潮水一样涌入广州。王和顺的惠军、陆兰清的兰字营、周康的康字军、黎萼的建字军、关仁甫的仁字营、石锦泉的石字营、李福林的福字营，从龙如云，不一而足，人数多达 14 万。

所谓民军，实际上是由农民、市井无赖和土匪组成的乌合之众。真正的兴风播雨者是秘密帮会。他们不穿军衣，或只佩带一块布质符号，或什么标记也没有；武器也是五花八门，有扛七九、毛瑟的，也有提十二响、驳壳、左轮、曲尺的，甚至还有的赤手空拳，腰间挂几枚土制炸弹、刀剑匕首之类的利器，便招摇过市，横行无忌了。

三山五岳的草莽英雄云集一方，难免会引起种种纠纷。民军与民军之间，民军与营勇兵警之间，经常爆发火并，为钱、为武器、为女人，互相厮杀，搞得乌烟瘴气，小市民惶惶不可终日。香港《华字日报》一篇社论说：“光复之顷，绿林好身手咸集其部属，各树一帜，号曰民军……既而恃功而骄，凭借官势，以欺压平民，非官非贼，亦官亦贼。”[②]这些民军凭借什么官势？无非就是胡汉民对他们的纵容。一名民军统领甚至手

① 《胡汉民自传》。存萃学社编集《胡汉民事迹资料汇辑》(第一册)。大东图书公司，1980 年版。

② 《华字日报》1913 年 4 月 14 日。

拿炸弹到都督府索饷，胡汉民忍无可忍，下令将这名胆大妄为的统领逮捕枪决，将所属民团解散。

胡汉民对局势多少有点束手无策。虽然他没有明示出来，但事实上他完全控制不住民军。陈炯明的循军已改编为陆军第一军，以北伐之名，从惠州开往广州。他向胡汉民建议，要稳住广东局势，只有采取快刀斩乱麻的手法，彻底扫除那些为非作歹的民军组织。11 月底，第一军浩浩荡荡开入广州。空气顿形紧张，陈炯明公开宣示他的裁军主张，矛头直指其他民军组织，很快就引起了他们的反感和抵制。

胡汉民担心做酒容易请酒难，搞不好天下大乱，何况民军是他招来的，内心深处，惟恐背上"兔死狗烹"的恶名，因此和陈炯明发生意见分歧。省城谣诼乱飞，说胡、陈二督交讧，广州将面巨大战祸。省城的绅商迫切希望尽快解决民军问题，恢复社会秩序。他们是站在陈炯明一边的，因为陈炯明是原省谘议局议员，以主张禁赌而誉满全省，而对胡汉民他们并不熟悉，只知道他是同盟会的一员干将。

正当胡汉民感到万分苦恼之际，12 月初，黄兴从前方来电，请广东派兵北伐。也许这是解决内部纷争的最后办法了。

当时长江沿线战况，险恶万状。袁世凯的北洋军攻陷汉阳，双方形成僵持局面。本来，以北洋军的实力，夺取武汉三镇，热熬翻饼耳，但袁世凯老谋深算，他对气数已尽的清政府，兴趣索然。在收复汉阳之后，便勒兵不前，托英国公使朱尔典斡旋停战，并派唐绍仪为议和代表。

尽管战事已近尾声，但广东还是迫不及待地要派兵北伐。他们是有不得已的苦衷。万一各路帮会在省城火并起来，可不是闹着玩的。陈炯明出任北伐军总司令。但由于南北议和已经开锣，广东的北伐军除了一支先遣部队以外，并未真正出动。

陈炯明志不在北伐，他的目的是要解决民军问题。12 月 21 日，孙文由欧洲回国，途经香港时，胡汉民以迎接孙文为名，突然挂印而去。陈炯明代理都督，这是天赐良机。他立即采取行动，先遣散一些零星集合，没有武器的小营。不愿退伍的，编为工兵；凡服从遣归的，分别给予恩饷功牌，而各统领则继续支薪水。不显山不露水，杯酒释兵权。芟夷枝叶之后，再向那些不服命令、扰害公安的民军开刀，杀了一名违抗军令的民军头领祭旗，然后宣布惠军罪状，一举将其缴械遣散。其他民军无不震慑，陈炯明成功地在短短 10 天之内，宣布编遣民军 40 多营，共三万多人，稳住了广州的大局。

沧海横流，方显出英雄本色。如果不是陈炯明铁肩担当，力任艰难，广东大局，如何能在惊涛骇浪之中，轻舟强渡？他的政绩，有目共睹，获得人民的普遍欢迎。

第二章
坐失良机

【壹】清帝退位，民国成立，但孙文却把政权交给了北方官僚袁世凯。同盟会面临四分五裂的局面。

自古以来，治国平天下就是读书人的最高理想。在漫长而沉闷的历史岁月里，它对大多数人来说，不过是个遥远的梦，可望而不可及。

然而，1911 年并不沉闷。

中国的知识分子突然发现，这个梦想已经变成了现实，国家就在你的案头上，你只消起草和颁布法令、开会演讲、出席各种宴席、签发委任状，整部机器，就在你的指挥下运转起来了。

战火还没有完全熄灭，聚集在上海的革命党人，就开始了另一场角逐。大家都密切注视着未来政府的人事安排。一些所谓的宏儒硕学、耆宿名流，现在频频出入于革命党人的寓所，挥毫题诗，拍照留念，互相吹捧。

12 月 25 日，孙文一行人抵达上海，船泊吴淞。上海都督陈其美和黄兴等人都来迎接。汪精卫已从北京出狱，这天也来欢迎。大家相见狂喜。

孙文召开党内高层干部会议。黄兴、宋教仁、胡汉民、汪精卫、张静江、陈其美都出席了。关于未来的建国模式，孙文在回国之前，曾对《巴黎日报》的记者表示，中国“于政治上万不宜于中央集权，倘用北美联邦制度实最相宜。”①宋教仁主张未来政府采取内阁制。但孙文说，内阁制是平时用以防止寡头政治，现在是非常时期，他必须独揽大权。不过，他保证不会自居于神圣地位，以误革命大计。最后大家同意了采取总统制。

12月29日，孙文当选为中华民国临时大总统，定于公历元旦入南京就职。旅沪的广肇潮嘉同乡会募集了70万元军费，以壮临时大总统的行色。

1912年1月1日上午10时，上海各界欢送孙文赴南京就任中华民国临时大总统

1912年1月1日，所有热爱自由的中国人都永矢不忘的一天。上午10时，孙文偕各省代表由上海乘沪宁线专车赴南京。下午5时，汽笛一声长鸣，火车驶入了下关车站。当晚，孙文到达总统府所在地：旧两江总督署。晚上10时举行总统受任礼，改元为中华民国元年。

中国的君主专制从此结束。

孙文没有忘记举行祭祀天地祖先的仪式。他带着一群甘苦与共的党人，亲自到明太祖孝陵拜祭。孝陵在钟山之阳，当年诸葛孔明登临此

① 孙文《与巴黎〈巴黎日报〉记者的谈话》。《孙中山全集》（第一卷），中华书局，1981年版。

山，意味深长地说了一句“钟山龙蟠”；据说晋元帝曾看见山上有紫气缭绕，因此又把钟山称作紫金山。风水学认为这里是“众山之杰”。康熙年间，洪门五祖立下“反清复明”、恢复炎黄甲胄的宏愿，在经历237年之后，终于由洪门的弟子实现了。

孙文站在钟山北麓，眺望茫茫大地，一时间胸中血气翻涌，不能自已。

然而，人们很快发现，真正操控局势的人是袁世凯，而非孙文。袁世凯手里有一张王牌，就是他能够左右北京那个小朝廷，他以制造军人骚乱和拉拢党人的办法，使不少人相信孙文无法驾驭各个党派，使之协调一致。

长期以来，史家咸谓，孙文是被同盟会的同志所迫，不得不让位给袁世凯，但揆诸史实，早在11月16日——距武昌起义时仅一月，南北议和尚未开始，孙文仍在伦敦——他在致国内各省的电报中，已提出推举黎元洪或袁世凯为总统。“但求早日巩固国基，满清时代权势得禄之争，吾人必久厌薄。”[①]据胡汉民说，孙文表这个态，是吴敬恒打电报给他出的主意。当时孙文意气飞扬，心情愉快，对国内各种政治势力的情况，并不十分清楚，他决不会因吴的一封电报，便改变初衷，委婉承顺。

比较可信的解释是，吴电与他不谋而合。尽管是为了表示清高，但出于孙文主动，并非受到外间压力，则殆无疑义。

孙文从来没有真正信任过“狡猾善变”的袁世凯。在他回国时，孙、袁二人的总统呼声都很高，孙文依然主张由袁上台，不过是纵横家的谋略。途经香港时，孙文向胡汉民解释拥袁的动机，只是利用袁来推翻满清，同时要做好打倒袁的准备：“谓袁世凯不可信，诚然，但我因而利用之，使推翻二百六十余年贵族专制之满洲，则贤于用兵十万。纵其欲继满洲以为恶，而其基础已远不如，覆之自易，故今日可先成一圆满之段落。”[②]可见，早在共和政制正式奠基之前，孙文已经在打着“二次革命”的腹稿了。

---

① 孙文《致民国军政府电》。《孙中山全集》(第一卷)，中华书局，1981年版。

② 《胡汉民自传》。存萃学社编集《胡汉民事迹资料汇辑》(第一册)。大东图书公司，1980年版。

同盟会的党人都不愿意再打仗，黄翳子宣称，就算和议不成，他也不能下动员令，如果一定要打，“惟有剖腹以谢天下”。① 孙文宣告“禅让”，但条件是废黜宣统皇帝和定都南京。袁世凯一口应允。2 月 12 日，大清宣统皇帝退位。紧接着孙文向临时参议院提出辞职，并荐袁世凯以代。

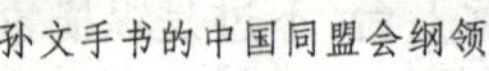

孙文手书的中国同盟会纲领

孙文对领导这样一个混乱、衰败的国家，缺乏思想准备，他甚至连维持同盟会的团结都做不到。当初同盟会为自己订立的政治目标，乃“驱除鞑虏，恢复中华”，这个目标，并非只有革命党人才可以做到，袁世凯也可以做到，而且他确实做到了。因此不能说袁篡夺了革命成果，只能说这场革命简直是为袁度身订做的。

“驱除鞑虏”一直是同盟会最有号召力的旗帜。谁也没有想到这么快就实现了，以后的路该怎么走，好像一下子失去了方向。再没有什么东西可以把昔日与“鞑虏”斗争的同志凝聚起来，于是，分裂便不可避免了。

导致分裂公开化的关键，是国家政治体制的问题。

3 月 3 日，同盟会在南京举行大会，照例又成了一次吵架大会。对政党政治一往情深的宋教仁认为，既然革命已经成功，同盟会就应该变成一个公开的政党，从事宪法国会的运动，代表国民监督政府。

这是一项非常重要和正确的政治主张。

但在帮会里混久了的会员们则竭力反对，他们认为“革命目的尚未达到，党中还应该保持秘密工作，不宜因侧重合法的政治竞争而公开一

① 《胡汉民自传》。存萃学社编集《胡汉民事迹资料汇辑》(第一册)。大东图书公司，1980 年版。

切”。胡汉民把宋教仁等“组党派”称为右派，而“帮会派”则称为左派。左右两派已俨然对立。

在制定约法的问题上，胡汉民和宋教仁大开舌战。宋教仁主张中央集权，胡汉民主张地方分权。胡是孙文的代言人。孙文虽然还没有放弃美国的联邦制，但他所争持的重点，已由大权独揽的总统制，转向地方分权了。

宋教仁认为，起义以来，各省纷纷独立，中央形同虚设，如果不改变这种状况，势必天下大乱。而且只有中央集权，国力才能振复，日本就是一个很好的例子。

“中国地大而交通不便，”胡汉民反驳说，“满清末年就是一味想集权，挽救颓势，结果造成中央有权而无责，地方有责而无权。况且中国变君主为共和，不能和日本相比。美国十三州联邦，共和既定，也没有分裂。”他特别提醒大家，“这次中国革命的大火，并未烧到北京，那里还是几千年封建专制老巢。如果对他们的野心不加防范，共和马上就完蛋，还谈什么富强?”

宋教仁说：“你不过是怀疑袁世凯罢了。改总统制为内阁制，则总统政治上之权力至微，就算他有野心，也不得不就范，无须以各省监制。”

胡汉民说：“内阁制完全依靠国会，中国国会本身基础，非常薄弱，一旦受到压迫，根本无力反抗。今革命势力在各省，而专制余毒，积于中央，此进则彼退，其势力消长，专制与共和互为倚伏。”①

两人相持不下，由孙文出面调停，建议在中华民国临时约法上加上一条：“中华民国主权属于国民全体”。一来可以表明革命的意义所在，二来也可以防止个人窃国。这固然是人人都可以接受的，但一纸具文，是否有效，却殊堪怀疑。以一笼统口号，掩盖了一场至关重要的辩论，对政治前途未必有利。

3 月 11 日公布的《中华民国临时约法》，对当初在汉口订立的组织大纲，作了重要修改，由美式总统制改为法式内阁制。革命党解释，武昌首义，各省响应，当时的情形有类于美国的 13 州联合，所以宜仿美国

---

① 《胡汉民自传》。存萃学社编集《胡汉民事迹资料汇辑》(第一册)。大东图书公司，1980 年版。

采取总统制；现在各省已告统一，宜建单一国家，所以要学法国的内阁制。说穿了，无非是总统制有利于孙文独揽大权，便宜施政；而内阁制则是要钳制袁世凯，防止他独揽大权。

国家政制这么严肃重大的事情，也随便因人而易，可见“民主共和”的血清，在胚胎中就已经受到了污染。

迎袁专使合影：汪精卫(左一)、刘冠雄，左四起为魏宸组、蔡元培、钮永键

两天以后，袁世凯当选为临时大总统。临时政府派汪精卫、蔡元培、宋教仁等人为专使，北上请袁世凯到南京就职。但是，幻想迅速破灭。袁世凯支吾其词，就是不肯动身。2月29日晚，北京发生兵变，乱兵抢掠多家商铺。流弹从南方使者下榻的旅馆上空呼啸而过。袁世凯正为找一个拒绝南下的理由挠破头皮，这场兵变真是及时雨，老袁大喜过望，连呼“天助我也！”

袁世凯借口坐镇北方大局，拒不南下。汪精卫、宋教仁诸人惊魂甫定，亦同意了他不到南京就职。

1912年4月1日，孙文正式卸任。偕同胡汉民、汪精卫、廖仲恺等人离开南京，辗转南下。4月24日孙文抵达香港，换乘兵轮，次日下午抵达广州。省城万人空巷，热烈欢迎这位下野总统。

孙文的南下，对于北方政府来说，喜忧参半。孙文一再表示，下野之后将致力于中国的铁路建设。但袁世凯不敢肯定，这位洪门大哥，是否真的会一门心思去修铁路，还是韬光养晦，蓄势待发？为了摸清孙文

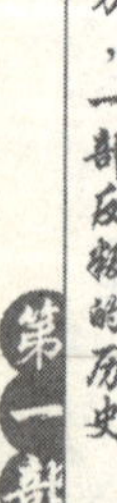

的底牌，袁世凯邀请他到北京一晤。孙文慨然答应了。

8 月 18 日，孙文启程北上。8 月 24 日，由天津入京，受到极其隆重的欢迎。当他乘坐的专车驶入前门车站时，军乐队奏着欢快的乐曲，儿童队伍唱着欢迎歌，礼炮轰鸣，人们挥动着帽子，掌声雷动。孙文乘坐一辆金碧辉煌的朱轮马车，车内衬着黄缎，驾以白马，前有 30 名骑兵开路，后有几十名军警拥护，从正阳门直入迎宾馆。

继孙文晋京之后，黄兴、陈其美等人也联袂北上。南北巨头举行了十几次会谈，话题无所不包，但最重要的还是经济问题。孙文向袁世凯谈到了引进外资、修筑铁路、平均地权等问题。袁氏乃官场上的千年老道，对孙文所说的，一律点头称是。

在一次宴会上，孙文豪情万丈地举杯对袁氏说："愿袁大总统练 200 万精兵，孙文造 20 万里铁路！"①这 20 万里铁路，并非信口开河，孙文在众多场合，都一再宣称他打算花 10 年时间，筑 20 万里的铁路线，纵横五大洲之间。他的计划是由十大公司自行借外债。铁路初归民有，40 年后收归国有。事权不落于外人之手，国家不负债务，到期收路，不出赎资。

铁路是国家经济的命脉，如果一位下野总统能够放弃长期积累下来的政治资本，去从事铁路建设，亦不失为一桩垂范千秋的美事。不过他的计划太夸张了，中国的铁路，直到 1982 年(即孙文提出该计划 70 年后)，才修了五万公里(10 万里)。

9 月 16 日，孙文、黄兴和袁世凯共同协商，制定了八项《政治纲领》：一、立国取统一制；二、主持是非善恶之真公道，以正民俗；三、暂时收束武备，先储备海陆军人才；四、开放门户，输入外资，兴办铁路矿山，建置钢铁工厂，以厚民生；五、倡资助国民实业，先着手于农林工商；六、军事、外交、财政、司法、交通皆取中央集权主义；七、迅速整理财政；八、竭力调和党见，维持秩序，为承认之根本。

这八项纲领，条条在理，但对许多涉及民主共和政体的关键问题，如行政与立法的关系、国会的地位、政党的地位、司法独立、军队国家化等等，却无明确说明。孙文和袁世凯还达成了一项君子协定，即南方对

---

① 白蕉《袁世凯与中华民国》。《近代稗海》(第三辑)，四川人民出版社，1985 年版。

北方的中央行政不加干预，但北方对南方在经济建设方面的用人也不要干预。

表面看来，北方搞政治，南方搞经济，各干各的，井水不犯河水。但天底下哪有这样的政治？南方既没有从事经济建设的环境，也没有这方面的人才，更没有任何切实可行的计划。这种空口白话，双方都不会当真。一切只是纸上谈兵，微弱的光芒一闪即逝。

留在北方的宋教仁，几乎是孤军奋战。他日夜忙于组织政党，这倒是一件实实在在的事情。袁世凯一向很看重宋教仁的才干，视同子侄，早在辛亥革命前就想招揽他人幕，只是双方没有谈入港。宋教仁以为有了政党就可以和袁氏抗衡。在原来同盟会的核心层中，他是唯一致力于使同盟会摆脱帮会影响和草莽英雄形象的人。

黄兴则自鸣清高，扬言“功成身退，解甲归田”；孙文也采取以退为进的办法，主张将国事完全交给袁世凯，同盟会从事社会事业。1912 年 10 月，孙文成立了一家铁路总公司，制订了一个耗资五亿元，修建一万英里铁路的空中楼阁方案。他劝胡汉民和陈炯明合作，把广东建成一个模范省。

与宋教仁的活动相呼应，陈炯明是一位在基层推动地方自治和民主建设的急先锋。他热情高涨，把模范省当成了自己的职志，在广东又是禁烟，又是禁赌，又是剿匪清乡，又是振兴商务，整顿交通，拆除街闸，安装路灯，疏通城市排水系统，忙得不亦乐乎。

到了这年的秋天，宋教仁的努力似乎有了结果。在他的奔走撮合下，统一共和党、国民共进会、共和实进会、国民公党和同盟会终于合并而成一个大党——国民党。

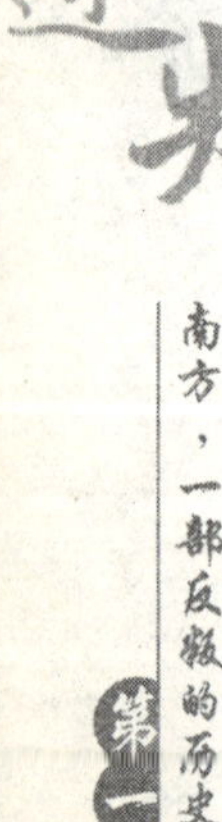

由同盟“会”变成国民“党”，是一个进步。宋教仁追求的，不仅是名义上的改变，还要有实质的进步。后人批评宋氏援引大批官僚政客入党，以造成表面声势，结果把腐败的空气带进党内，致使国民党自创立伊始，其宣言党纲，以及人员，完全失去革命的主义和精神。其实，宋的原意并不是要搞五党合一，而是要解散同盟会，另造一个新党，但受现实条件所限，只能先走这一步。

在宋教仁看来，政党的意义恒不限于“革命”二字，欧美式的政党，纯以政见结合，并没有严密的纪律约束，与后来俄国的列宁式政党，是南辕北辙两回事。宋教仁的理想是走欧美的代议政制道路。孙文并不喜欢这个大杂烩党，虽然大家公推他当国民党的理事长，但他以要埋头修铁路为由，把职务交给宋教仁代理了。

宋教仁

宋教仁相信有了这个大党，就能控制国会，制约总统。国会正式开会时，议员主要来自国民党、民主党、统一党和共和党，但后三党的人数加在一起，仍不及国民党多。国民党稳居国会第一大党的位置。当时"北京之国民党，以所谓参议院派者占中坚，十八九皆宋派也。"著名政论家黄远庸感叹，"故北京之国民党本部，平心而论，实渐近政党之模型"。[①] 宋教仁以为在这场角逐中，已经稳占上风，因此开始到处发表演说，以在野反对党自居，公开指责袁世凯的种种劣迹，同时宣扬自己的政治主张。

宋教仁的组党和基层竞选活动，卓有成效，开创的局面，真有些气象万千，是中国有史以来最具现代民主色彩的事件。然而，中国这个有两千多年帝制历史的国家，又岂是一朝一夕可以走上民主共和之路的？历史学家常说，袁世凯搞帝制搞得走火入魔，其实，走火入魔的不是袁世凯，而是宋教仁。作为一个政治家来说，他对自己的对手一无所知。

1913年3月21日，当宋教仁和国会议员乘搭火车北上时，在上海车站被人开枪行刺。宋教仁腰部中了一枪，大叫一声"有人刺我！"就倒了下去。

凶手逃进了夜幕沉沉的街道，消失无踪了。前去送行的黄兴、陈其美、廖仲恺等人急忙把他送到靶子路沪宁铁路医院抢救。但因为子弹

① 黄远生《宋遁初君死后之观察》。中国社会科学院近代史研究所、中华民国史研究室主编《民初政争与二次革命》(上编)，上海人民出版社，1983年版。

有毒,终告伤重不治,年仅 32 岁。他的最后遗言是:“我为南北和解的苦心,被人误解,真是死不瞑目!”

宋教仁以推行民主实验开始,以进了烈士祠告终。呜呼哀哉!

追查凶手很快发现,幕后人竟是现任内阁总理和内务部一名官员。租界巡捕房把疑犯抓获,移交江苏都督程德全,由中国法院审理。这一重大政治丑闻,显然牵涉到袁世凯。大胡子程德全把证据统统对外公布了。黄兴一时怒从心中起,恶向胆边生,曾想“以其人之道还治其人之身”,用暗杀手段对付袁世凯。

孙文自辞职后,一直耿耿于怀,憋着一肚子气,这时终于有理由爆发出来了。上海车站那一枪打响时,孙文正在日本,他立即结束行程,赶回国内,25 日抵达上海。当天召开党内高干会议,孙文斩钉截铁地说:“事已至此,只有起兵。因为袁世凯是总统,总统指使暗杀,则断非法律所能解决,所能解决者只有武力。”①

但这时黄兴已冷静下来,改变主意了,他认为现在是民国,是法治时代,宋案可由法律解决,不应诉诸武力。他建议向北京要求成立特别法庭,公审宋案。江苏省辖下的上海地方检察厅,已两次发出传票,要求国务总理到厅作供。这在中国近代史上,乃绝无仅有之事。如果国民党能坚守法律,利用强大的社会舆论,把袁世凯逼入法律范围内,对推进民主、法治,未尝不是好事。

但孙文对法律嗤之以鼻,根本不相信它有任何作用。宋案只是一个导火索,其实早在袁世凯还没上台时,孙文就已经准备将来要推翻他了。在清末民初崛起的那一代革命者,恒有一种观念,认为破坏与建设是两回事,一定要先把旧的彻底破坏了,把地面打扫干净了,才能开始建设新的。因此,孙文终其一生都觉得破坏没有完成,至死还是“革命尚未成功”,所以建设也就无从谈起。像宋教仁那样,以建设作为破旧的手段,寓破于立当中,反而被视为远水不救近火。

现在,南北两造,恩断义绝,立即发动“二次革命”的时机,已然降临,由江西、湖南、安徽、广东、福建五个由国民党控制的南方省份兴师讨袁。速战速决,出其不意,攻其不备。同时联合日本,对袁世凯政府施加压力,增强革命的声势。

① 《孙总理训词》。《国民党周刊》第 2 期。

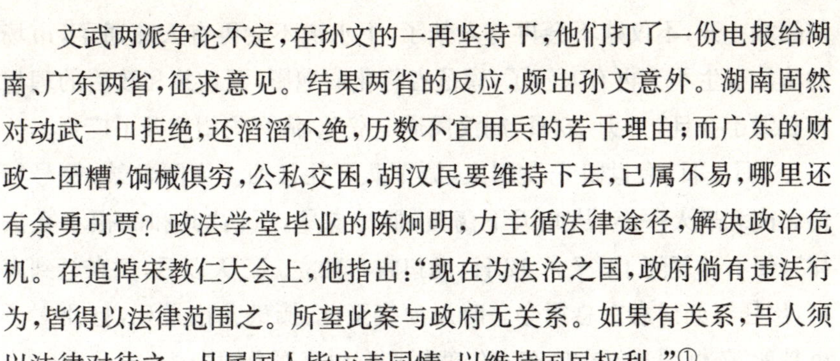

文武两派争论不定，在孙文的一再坚持下，他们打了一份电报给湖南、广东两省，征求意见。结果两省的反应，颇出孙文意外。湖南固然对动武一口拒绝，还滔滔不绝，历数不宜用兵的若干理由；而广东的财政一团糟，饷械俱穷，公私交困，胡汉民要维持下去，已属不易，哪里还有余勇可贾？政法学堂毕业的陈炯明，力主循法律途径，解决政治危机。在追悼宋教仁大会上，他指出："现在为法治之国，政府倘有违法行为，皆得以法律范围之。所望此案与政府无关系。如果有关系，吾人须以法律对待之。凡属国人皆应表同情，以维持国民权利。"①

没有陈炯明的支持，胡汉民动弹不得，但为了表明立场，他还是和湖南都督谭延闿、江西都督李烈钧、安徽都督柏文蔚联名通电，抗议中央向外国非法借款和指出宋案与袁政府的牵连。

孙文得不到党内同志的支持，怒不可遏，声称要亲自到日本寻找日本政府的援助。黄兴对此更不赞成了，依靠外援来反袁，"是不容易得到国人谅解的"。② 这无疑是一个吃砒霜拉屎去毒狗的计策，所幸没有实行，否则，国民党将遗臭万年矣。

结果，反对动武，争取法律解决的意见，在党内占了上风。

然而，南方一方面很清楚自己没有动武的本钱，但一方面又不停摆出动武姿态，甚至以"粤省兵尚充实，械亦精利，军心团结。谁为祸首，颠覆共和，当与国民共弃之"的激烈通电③，向北方直接叫板。袁世凯亦撕破面皮，公然威胁说："彼等若有能力另组政府者，我即有能力毁除之。"④

从 5 月开始，北京政府陆续调军队南下，准备兵戎相见。6 月 14 日，袁世凯下令免去胡汉民本兼各职，调为西藏宣抚使，而以陈炯明为都督。江西都督李烈钧也被免职。

胡汉民在台上时，以广东没有动武的实力答复孙文，如今下台了，却力劝陈炯明立即组织讨袁军队，兴兵造反。但陈炯明犹豫不决，他深

---

① 陈炯明《在国民党粤支部追悼宋教仁大会上的演说》。段云章、倪俊明编《陈炯明集》（上卷），中山大学出版社，1998 年版。

② 李书城《辛亥前后黄克强先生的革命活动》。全国政协文史资料委员会编《辛亥革命回忆录》（第一辑），中华书局，1961 年版。

③ 引自邹鲁《回顾录》。岳麓书社，2000 年版。

④ 黄远生《最近之大势》。中国社会科学院近代史研究所、中华民国史研究室主编《民初政争与二次革命》（上编），上海人民出版社，1983 年版。

知战端一开，不仅赌不会再有人禁了，下水道不会再有人疏通了，市场的清洁卫生不会再有人管了，模范省将化成泡影，而且共和政治的理想亦必毁于一旦。6 月 20 日，胡汉民通电辞职，满怀失望离开了广州。

7 月 5 日，袁世凯先发制人，派军队开往江西。渔阳鼙鼓，警号频传。南北战火一燃，从此天下荡覆，群雄虎争，所谓“共和的根本在法律”，便不可复问了。7 月 12 日，湖口宣布独立。三天以后，黄兴赶到南京，出任江苏讨袁军总司令。时局演变至此，撕破龙袍是死，打死太子也是死，陈炯明只好在广东宣告就任广东讨袁军总司令。

战争终于爆发了。

【贰】中华革命党是孙文在经历一连串的失败之后，再次援引秘密帮会的形式来组织革命。也许这是一种更为得心应手的形式。

在北洋军的攻势下，国民党的抵抗顷刻瓦解。广东并没有直接卷入战争。陈炯明宣告广东独立后，银业行、金铺行、生药行、南北行、冰行、洋参行、入口洋货行、米行等，纷纷表态，反对独立。市面纸币由兑白银八成，急跌至三成左右，无辜小民，惊恐万状，开往香港的船上，难民满坑满谷。

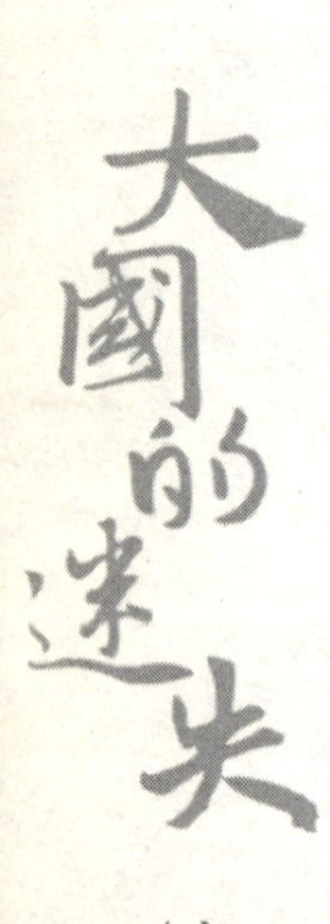

陈炯明在独立后的第 17 天，就被倒戈的部属所逐，仓皇出逃，以致故垒尽失。副护军使龙济光的军队从西江顺流而下，打着拥护中央的旗号，广州乱成一团。

当时胡汉民、朱执信在上海协助陈其美作战，但失败来得太快了，杀虎不成，反被虎伤。8 月 2 日，当北洋军向讨袁军最后一个据点吴淞发动猛攻时，孙文和胡汉民乘坐轮船，离开了硝烟滚滚的上海，准备南返广东。次日途经马尾，日本驻福州领事馆武官告诉他们，广东的独立也完了。孙文大失所望，只得临时改变计划，改道前往日本去了。“二次革命”得道寡助，败不旋踵，则尤使革命党人感觉惘惘然。

国内风声紧急，凡参加“二次革命”的人，武职旅长以上，文职厅长、省议员以上，一律通缉追捕。孙文、黄兴、陈其美、陈炯明等人，均在通缉名单之内。8 月 7 日，国民党两院部分议员在北京开会，宣言不变更组织，维持现状，在法律范围内，从事政治活动。但这不过是一厢情愿，袁世凯已经把柄在手，岂肯轻易放过？11月4日，袁世凯以叛乱为辞，悍然解散国民党。

两年前袁世凯出山时，曾向朝廷提出六项条件，其中有解除党禁一条，似乎视政党政治为救国良方，但现在就职还不及一月，便解散了国民党，兴兵讨伐“暴民专制，土匪横行”的南方。凡是国民党籍的议员要离开北京，必须有五人以上结保，担保离京后不再从事任何反对政府的活动。1914年1月10日，袁氏复下令解散国会。历史的倒车，一下子开回到黑暗的专制年代。

袁世凯

宋教仁自民国成立后，对建立民主体制所作的一切努力，至此化为乌有。同盟会肇创民国，一向备受绅商士民的拥戴，然“二次革命”之后，形象严重受损，信誉跌至谷底，几被一般人视为“暴徒”、“乱党”。

不少国民党人亡命日本，他们讨论起失败的原因时，难免互相指责，意见纷纭。孙文和黄兴之间的裂痕，愈来愈深。也许两位伟人也不想从此分手。黄兴把东京的党人召集在一起，提出四个问题让他们研究：一、国民党为什么会失败？二、国民党在政治上和军事上为什么会处于被动地位？三、敌我双方力量的对比究竟如何？四、今后的革命纲领和倒袁策略是什么？

这次会议没有演变成公开的对骂。大家坐而论道，第一个问题是由于国民党组织不纯，鱼龙混杂，意志薄弱。第二个问题是由于没有掌握军队。第三个问题，袁世凯手里有北洋陆军和一大批丧心病狂的贪官污吏。至于最后一个问题，同盟会成立时有三民主义作纲领，改组后宋教仁为了迎合温和派，把政纲降低至与进步党相差无几，今后必须恢复三民主义政纲。但他们没有涉及到一个关键问题：以武力代替法律，到底是对还是错。

孙文对那个由宋教仁搞出来的国民党失去信心，他要重组一个政党，一个对他绝对忠诚的政党。黄兴和很多党人都不以为然，他们觉得孙文把自己的位置摆得太高了。而且自从民国成立以后，他们对帮会那一套已经深感厌恶。

1913 年秋，孙文在东京发起中华革命党，每个入党的人都要在一份誓约上按上指模。誓约要求人们“愿牺牲一己之身命自由权利，附从孙先生，再举革命……如有二心，甘受极刑”，看上去完全是秘密帮会帮规的翻版。

一场风波平地而起。党人们对此交口指责，他们互相询问，为什么要对孙文个人效忠？为什么要采取按指模这种帮会式的入党仪式？黄鬍子断然表示，对个人效忠是不平等，盖指模是形同侮辱，两者都不能接受。“加入中华革命党要打指姆印，无论如何不能同意！”①

孙文解释说：“革命必须有唯一的领袖，然后才能提挈得起，如身使臂，臂使指，成为强有力的团体人格。革命党不能群龙无首，或互争雄长，必须在唯一领袖之下，绝对服从！我是推翻专制，建立共和，首倡而实行的人，如果离开我而讲共和，讲民主，则是南辕北辙。忠心革命的同志不应作‘服从个人’的看法。一有此想，便是错误。”

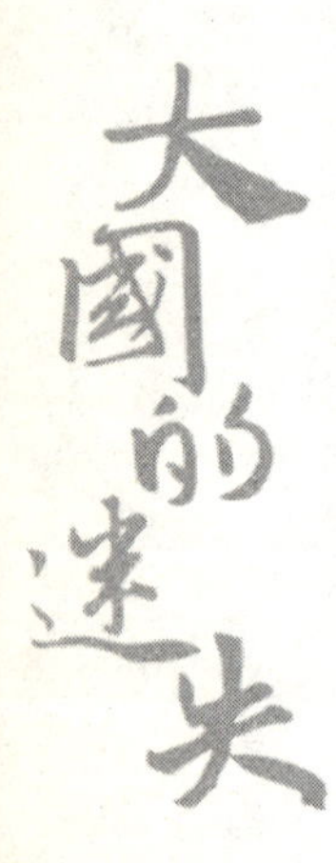

孙文愤然指出：“我为贯彻革命目的，必须要求同志服从我。老实说一句，你们许多不懂得，见识也有限，应该盲从我！我绝对对同志负责任，决不会领导同志向专制失败的路上走去！我是要以身结束数千年专制人治的陈迹，而开亿万年民主法治的宏基！”

孙文继而告诫大家：“再举革命，非我不行。同志要再举革命，非服从我不行。我不是包办革命，而是毕生致力于国民革命，对于革命道理，有真知灼见；对于革命方略，有切实措施。同志鉴于过去之失败，蕲求未来之成功，应该一致觉悟。我敢说除我外，无革命的导师。如果面从心违，我尚认为不是革命同志，况将‘服从孙先生再举革命’一句抹杀，这是我不能答应的，而无退让之余地的！”

孙文态度极为坚决，认为打指模是昭信誓、验诚实、重牺牲、明团结的必要之举。南山可移，此案不动。

在中华革命党的总章中规定，革命分为三时期进行：军事时期、训

① 柏文蔚《五十年经历》。《近代史资料》总 40 号。

政时期、宪政时期。又引起了人们的种种猜疑。大家对军事与宪政，分歧不大，但对训政一条，则认为那是皇帝时代的把戏，以皇帝来训小百姓，革命党既不做皇帝，何来训政？

孙文批评党人："你们太不读书了，《尚书·伊训》说太甲是皇帝，伊尹是臣子，太甲年幼无知，伊尹训之不听，还政于桐宫。我们建立民国，主权在民，这四万万人民就是我们的皇帝，帝民之说，由此而来。这四万万皇帝，一者幼稚，二者不能亲政。我们革命党既以武力扫除残暴，拯救无知可怜的皇帝于水火之中，就是要行伊尹之志，以'阿衡'自任，保卫而训育之，使一些皇帝如太甲之'克终允德'，则民国的根基巩固，帝民也永赖万世无疆之庥。"①

显而易见，宋教仁的去世，标志着以一个政党——而不是以某个杰出人物——来治理国家，实现西方式的民主政治的尝试，已告失败。孙文成为国民党的唯一领袖。现在，尽管他和南方秘密帮会的关系日渐疏远，但那些秘密组织对他的影响，肯定还将持续一段相当长的时间；在这期间，他和东部（上海）秘密帮会的关系仍然相当密切，上海青帮大头子陈其美一直伴随在他左右。孙文并没有打算和帮会一刀两断。这就是说，在孙文的领导下，中国将不会走代议政制的道路，很可能是实行以领袖人物通过执政党来控制政权，安排国家的民主进程这一政治方式。

孙文在写给南洋党人的信中，明确表明，他要建立一个帮会组织，而不是现代意义上的政党："本党系为秘密结社，非政党性质。各处创立支部当秘密从事，毋庸大张旗鼓，介绍党员，尤宜审慎。"②时光仿佛倒流到了兴中会时代。

7月8日，中华革命党正式成立时，黄翤子公开表示不屑为伍，他宁可远赴欧洲，也不肯入党。李烈钧、陈炯明等人亦纷纷大加反对。他们一致拒绝入党。当时陈炯明在南洋，孙文几次写信叫他去东京，他都不去。甚至连朱执信这样忠心耿耿的党人，也迟迟没有履行入党手续。

为了搞一个折衷方案，胡汉民曾经约了一批党人，在青山町七丁目

---

① 居正《中华革命党时代的回忆》。《近代史资料》总61号。

② 孙文致陈新政及南洋同志函。《孙中山全集》（第三卷），中华书局，1981年版。

一番地举行会议，历时七小时反复讨论，终于达成协议，将誓约中“附从孙先生”字样，改为“服从中华革命党之总理”。

本来这是最有希望为众人接受的，但由于陈其美的坚决反对而告搁浅。鉴于他在帮会的历史和地位，也许他觉得还是秘密帮会那一套更为可靠，对人的控制更为严密，甚至可能连按指模这类主意都是他给孙文出的——虽然没有证据证明这一点，但他的大半生就是在帮会中度过的。

在经过将近一年漫长的争吵、辩论之后，当中华革命党正式成立时，党员人数不过600多人，和九年前同盟会成立的头一年人数差不多。在6月底的选举大会上，孙文当选为党的总理。

1915年是一个内外交困的年头。1月18日，日本政府委派他们的驻华公使直接向袁世凯提出了著名的“对华二十一条要求”。

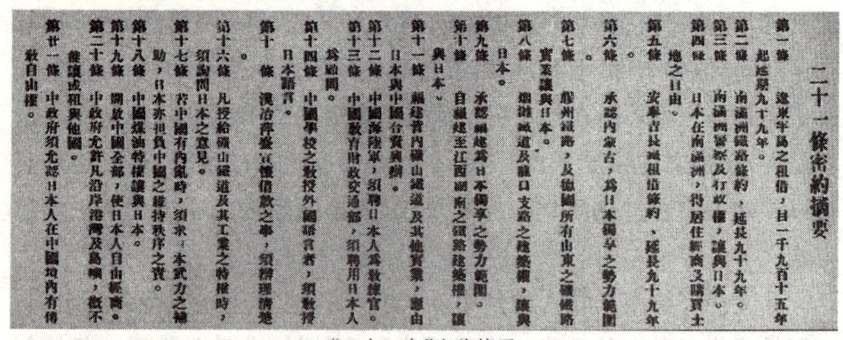
二十一條密約摘要

第一條　遼東半島之租借，自一千九百十五年起延限九十九年。
第二條　南滿洲鐵路條約，延長九十九年。
第三條　南滿洲警察及行政權，讓與日本。
第四條　日本在南滿洲，得居住新商及購買土地之自由。
第五條　安奉吉長鐵路租借條約，延長九十九年。
第六條　承認內蒙古，爲日本獨享之勢力範圍。
第七條　膠州鐵路，及德國所有山東之礦鐵路實業讓與日本。
第八條　煙濰鐵道及龍口支路之建築權，讓與日本。
第九條　承認福建爲日本獨享之勢力範圍。
第十條　自福建至江西湖南之鐵路建築權，讓與日本。
第十一條　福建省內礦山鐵道及其他實業，應由日本與中國合資興辦。
第十二條　中國海陸軍，須聘日本人爲教練官。
第十三條　中國教育財政交通部，須聘用日本人爲顧問。
第十四條　中國學校之教授外國語言者，須教授日本語言。
第十　條　漢冶萍發官償借款之事，須辦理清楚。
第十六條　凡授給礦山鐵道及其工業之特權時，須詢問日本之意見。
第十七條　若中國有內亂時，須求日本武力之補助，日本亦担負中國之維持秩序之責。
第十八條　中國煤油特權讓與日本。
第十九條　開放中國全部，使日本人自由經商。
第二十條　中政府允許凡沿岸港灣及島嶼，概不能讓或租與他國。
第廿一條　中政府須允認日本人在中國境內有傳教自由權。

“二十一条”密约摘要

文件共分五号，第一号关于山东问题，把胶州湾和胶济铁路及其沿线采矿等权利让给日本，开山东各主要城市为商埠，山东沿海一带土地及岛屿概不让与或租借他国等；第二号关于东北问题，延展旅顺、大连湾和南满、奉安两铁路租借权99年，日本在南满、东蒙享有土地所有权或租借权、采矿权，延长吉长铁路管理经营权；第三号关于汉冶萍公司各矿附近的矿山概归日本独占开采和经营；第四号关于日本独占中国沿岸港湾及岛屿；第五号要求中国政府聘用日本人为政治、财政、军事等顾问，在中国享有土地所有权，合办中国警察，合办兵工厂，取得武昌至九江南昌、南昌至杭州、南昌至潮州之间铁路建筑权，划福建为其势力范围等。

多年以后，中华民国总统蒋介石在《中国之命运》一书里，对“二十一条”有这样的评论：“举凡中国政治、法律、军事、警察、赋税、交通、矿产、盐务、宗教、教育，一切立国所需文化、国防、经济的要素，在精神与事实上，早已在各国累次所订的不平等条约中出卖、断送、分割无遗了。‘二十一条’乃是把列强所分享的特权，集中而加强于日本帝国主义者之手，而由他来独占，来垄断罢了。”①

消息很快传遍民间。几乎人人都看得出来，这是日本灭亡中国的第一步。在亡国危机下，革命党再次面临着抉择关头。

一批重要的革命领袖公开表明了态度。黄兴与陈炯明、李烈钧等人联名发表通电，主张“暂停革命”，立即放弃讨袁工作，一致对外。

直到袁世凯正式承认了“二十一条”之后，为了挽救国家危局，孙文、黄兴、陈炯明等革命党人摒弃前嫌，求同存异，重新站到了同一阵线上。人们不再犹豫，一些在美国的党人，也开始动身东归。一场改变历史的暴风骤雨，正在无声酝酿。

9月1日，北京参议院开会时，来自山东、江苏、甘肃、云南、广西、湖南、新疆、绥远等省区的所谓“公民代表”，纷纷呈递请求变更国体、废民主而立君主的请愿书。

袁世凯称帝时身穿洪宪皇帝装

① 蒋介石《中国之命运》。台湾，黎明文化事业公司，1976年版。

10月10日，袁世凯下令取消国庆日的所有庆祝活动。

11月20日，全国各省区“国民代表大会”进行了国体问题的投票，全体赞成君主立宪制。

12月12日，袁世凯申令接受帝位，改民国为洪宪元年。

一幕称帝闹剧，上演得如此之快，令人眼花缭乱。但一切又都在预料之中。第二年的2月5日——刚好是农历的正月初三，一个沉闷而黯淡的春节——胡汉民从菲律宾回到东京，发现大部分党人都已经回国了，他也匆匆赶到了上海。讨袁护国战争最先从云南燃烧起来，有如狂风烈火，从南向北席卷全国。湖南、贵州、浙江、陕西、四川相继独立。国民党要重返政治舞台了。

陈炯明由香港潜回粤东，1916年1月6日，在惠州召集旧部，成立共和军，高揭起反袁讨龙(济光)的义旗。在上海指挥反袁战争的是青帮大亨陈其美。他在黑道中有极其崇高的地位，在上海跺一脚，黄浦滩都得抖三天。他一到上海，就组织了一个帮会式的“十三兄弟”，专门从事暗杀工作。但他的暗杀工作还未奏效，自己却被袁世凯派来的密探先下手暗杀掉了。

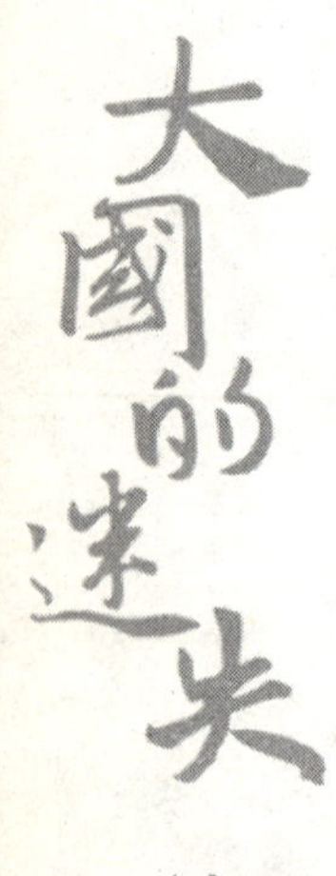

1916年6月6日，一心想当皇帝的袁世凯，在全国讨伐声中，带着他的帝王梦，“龙驭上宾”，一死百了。护国战争结束。黎元洪继任总统，恢复约法，召开国会，议员们联翩入京。9月8日，胡汉民和廖仲恺联袂北上，代表孙文和总统黎元洪、国务总理段祺瑞商谈国是。但双方显然都缺乏诚意，会谈了无结果。胡汉民回到上海后，孙文便对他说：“我将要造反了!”

他的目标始终如一，就是重掌国家政权，不管北洋政府怎么做，是恢复约法，还是恢复帝制，来自南方的革命家都是要“造反”的。

陈其美死后，孙文和上海帮会的主要联系纽带就此中断；而作为南方最重要的军事领袖的黄兴，也不可能再出什么力了。他回国以后，积劳成疾，10月10日胃血管突然破裂，延至10月31日去世。

【叁】由于发生约法问题，南北关系迅速恶化，孙文发誓一定要推翻北方政府，重掌国家政权。

1917年，由于发生参战问题，在北方引起了一连串政治并发症：国会解散，张勋复辟，黎元洪下台，军人横行无忌。民主社会的理想，再一次受到无情嘲弄。

孙文对北方不抱期望，他断言“君主专政之气在北，共和立宪之风在南”，“今日欲图巩固共和，而为扫污荡垢，拨本塞源之事则不能不倚重南方。”[①]他的见解，可谓一针见血，但北方固然是君主专政的老巢，而南方也未必有真正的共和立宪。用当时一句流行的话来说，“南北一丘之貉”。中国的悲剧，殆在于此焉。

孙文和海军总长程璧光在上海会面，他们是广东香山（今中山）的同乡。海军在北洋军队里是庶子，与嫡子陆军没法相比，多年受克扣军费、军饷之苦也受够了，于是，程璧光在7月22日宣布海军自主，提出拥护约法、恢复国会和惩办复辟祸首的三大主张。率领十几艘军舰，启碇南下，远赴广东。孙文、廖仲恺、朱执信、何香凝等人也一同前往广州。轰轰烈烈的护法运动，于焉开始。广东人再次显示了他们的反叛精神。

8月25日，南下护法的旧国会议员150多人，在广东省议会成立非常国会，组织中华民国军政府，推举孙文为陆海军大元帅，广西军阀陆荣廷、云南军阀唐继尧为元帅。但陆、唐二人都不肯就职。军政府从一开始就暴露出先天不足的病征。

最迫切的问题是军队。如果堂堂陆海军大元帅，连一支可供驱使的陆军都没有，那真是笑掉人家的下巴。但现在确实没有。

然天无绝人之路，这时朱庆澜省长恰好受到广西人——所谓“桂系集团”　的压迫，他们借口他是北方委派的官员，不宜在护法旗帜下任省长，要赶他下台。朱省长的警卫军原来是陈炯明的旧部，被桂系收归督军署直辖，朱在离任之前，把最后的20营亲军拨给了陈炯明接收，名义上是海军陆战队。这支军队日后证明是至关重要的。

10月27日，北京政府下令陆荣廷出任广东督军，由莫荣新代理。这两人都是绿林出身的草莽英雄。广西的十万大山一向是令人闻风丧胆的土匪窝。

胡汉民在向桂系争取那20营省长亲军时，曾拍胸口保证，决不留

① 孙文《答广州某报记者问》。《孙中山全集》（第四卷），中华书局，1981年版。

任陆海军大元帅时的孙文

在广东，一定向外发展。事实上，这支军队如果不趁早走开，最终也会被消灭。12月2日，孙文以大元帅名义，任命陈炯明为援闽粤军总司令，邓铿为参谋长，率军攻打福建。1918年元旦过后，他们便收拾细软，匆匆开往汕头。人们普遍有一种逃出樊笼的感觉。

这时，不仅南北形同水火，南方内部亦一团混乱。孙文打算在广州成立临时政府，选举总统，然后“荷戈援桴，为士卒先”，以武力统一北方。他豪气干云地表示：“若论南北之实力，南方必占优胜……历次战争，南方之师皆能以少数胜多数也。”①但事实上，最大的阻力，并不来自北方，而是南方自己。桂系坚决反对成立正式政府，更反对选举总统。

孙文深受掣肘，一怒之下，竟发动武装政变。他集合了一群血气方刚的军人，号召他们去推翻军政府属下的桂系省政府，他甚至亲自指挥海军向督军署开炮。但军队没有服从他的命令，程璧光也不同意海军卷入这种内讧中。

时隔不久，程璧光就在广州长堤被人开枪暗杀。刺客是孙文手下最得力的干部朱执信派去的。朱执信和帮会的关系一向密切，可以说是孙文和南方帮会之间的联络人。程死后，胡汉民执笔起草讣电，数易其稿，写到动情之处，涕泪皆下。原稿中并无提及缉凶，朱执信亲在电文中加上“现在严缉凶手”一句。

帅府没有预计到暗杀一名海军总长，会引起什么后果。春分前后，

① 孙文《对广州各报记者的谈话》。《孙中山全集》(第四卷)，中华书局，1981年版。

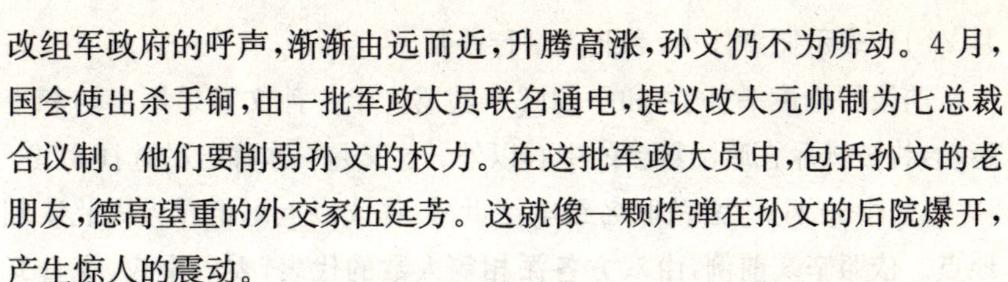

改组军政府的呼声，渐渐由远而近，升腾高涨，孙文仍不为所动。4 月，国会使出杀手锏，由一批军政大员联名通电，提议改大元帅制为七总裁合议制。他们要削弱孙文的权力。在这批军政大员中，包括孙文的老朋友，德高望重的外交家伍廷芳。这就像一颗炸弹在孙文的后院爆开，产生惊人的震动。

在孙文周围的人，分成两派，一派主张联合一切粤系武装与桂系对抗；另一派则主张对桂系暂时妥协。胡汉民、汪精卫都属于这一派。

4 月 10 日，国会提出改组军政府大纲案。当天派了三批代表分别去征询帅府、督署和海军办事处的意见。莫荣新和海军方面，对改组当然是喜形于色。然对于孙文来说，5 月 20 日，是一个阴暗的日子。非常国会不顾孙文反对，选举了七名总裁，孙文的票数排行第四。这位被强行削权的大元帅决心离开广东。

一切得从头开始。

孙文乘坐信浸号轮船，黯然离开广东，经日本转道前往上海。一批忠实党员如胡汉民、戴季陶、廖仲恺、朱执信都在他的周围，奉孙指示，专心研究中小学教育问题。孙文也以眼病为由，过着几乎是半隐居的生活。他们的策略，表面按兵不动，实际上伺机待变。

他们把最后的希望寄托在陈炯明身上。

粤军开赴潮汕地区后，迟迟没有开入福建。尽管孙文函电促驾，急如星火，但陈炯明却举棋不定。他想在东江招兵买马，扩充军实，建立一个独立的政治区域。孙文心急如焚，派帅府参军蒋介石到粤军总部，督促和参与制订援闽作战计划。

经过数月筹谋，陈炯明终于大起三军，自任中路，许崇智、邓铿分任左右指挥，麾军攻入福建。其势锐不可当，攻城略地，指东打西，闽军无不胆寒。不久，粤军在闽南开辟了一个拥有 26 个县的护法区。陈炯明驻节漳州，以龙溪为县治，自任军民两政长官。粤军的大胜，在未来的停战谈判桌上，为南方争取了一个重要的筹码。

1918 年 9 月。北方国会选举徐世昌为大总统，南方立即表示否认，同时宣布由军政府代行国务院职权，摄行大总统职权。中国出现南北两个政府了。美国驻广州领事向军政府提出说帖，劝告双方速息内争，自谋统一。实际上是向南方施加压力。南方政府作出积极的回应。11

月 22 日，表示愿意停火，和北方举行谈判。

前线的枪声平息了，和平的呼声甚嚣尘上。孙文如果不参与和平运动，将被排斥在政治舞台的中心以外。这又是一次痛苦的选择。

11 月 30 日，七总裁联名致电徐世昌，提议以上海租界为南北谈判地点。依照辛亥前例，由双方各派相等人数的代表，委以全权，克日开议。国务总理钱能训答复说："会议商决的是内政问题，不宜在行政区域之外。"他提议改在北洋政府控制下的南京。

关于地点的争论持续了近两个月，南北双方互不让步。

在代表问题上，南方政府内部也争持不下。陆荣廷早就表示，南北都要以国事为重，不纠缠于国会问题。这和徐世昌、钱能训的主张不谋而合。所以，北方俨然只以陆荣廷为交涉对手，把坚持首先解决国会问题的孙文排斥在外。

唐绍仪从国外回来，他也是七总裁之一，在外交界享有盛名，和徐世昌又是结拜兄弟，一到广州，他就宣布议和总代表人选如果不征求他的同意，以后对军政府的一切事务概不负责。在国民党和一些政客团体的支持下，唐绍仪当上了南方议和总代表。

胡汉民作为唯一的国民党代表，加入了南方议和代表团。但显而易见，他的意见是不会受人重视的。

北方的代表团在朱启钤——一位由于参与了洪宪帝制而名声不大

南北议和，唐绍仪与伍廷芳在上海会面

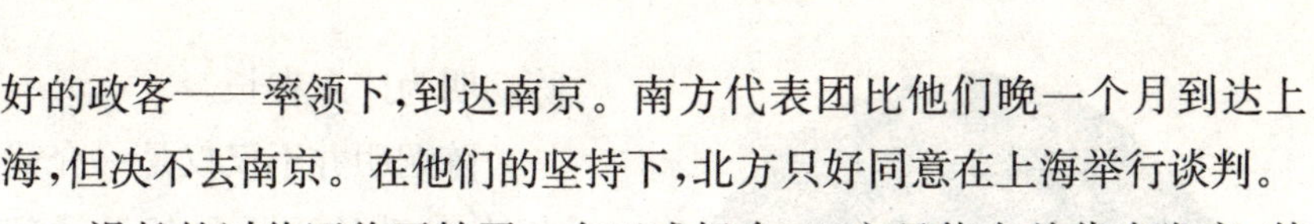

好的政客——率领下，到达南京。南方代表团比他们晚一个月到达上海，但决不去南京。在他们的坚持下，北方只好同意在上海举行谈判。

漫长的讨价还价开始了。在正式场合，双方只能由总代表发言，其他代表的意见必须在非正式场合递交给自己的总代表。胡汉民是唯一主张先解决国会问题的人，他显得孤立无援。

谈判两个多月，双方基本上没有谈及国会这个话题。孙文大失所望，但这也在他的意料之中。他指示胡汉民，如果“他日争之不得，则只有辞职一个办法”。本来他对南北和谈就没有什么兴趣。胡汉民也对汪精卫说：“我看中国的真正和平，还离得很远。上海和会，干不了什么事。”

他们都在期待着。

秋天，西风满树，衣袂生凉。期待中的否极泰来，终于佳音天降。

1919年春至1920年秋期间，陈炯明以高涨的热情，在闽南推行他的政治实验。积极训练军队，整饬军纪，改良币制，修筑公路，整理教育，派遣青年赴法、美、英、日留学。创办《闽星》杂志和《闽星日刊》，提倡社会主义，推动新文化运动。又常常邀请朱执信等人，到漳州讨论学术，研究新思潮的发展趋势。1920年元旦，《闽星日刊》以“红年大热”为标题，祝贺苏联十月革命成功。他不但赞成“五四运动”的宗旨，而且在闽南付之实践，为闽南护法区赢得了“模范小中国”的美誉。

1920年8月12日，陈炯明在漳州誓师回粤，驱逐桂系，实行粤人治粤。这支曾经忍辱含垢、离乡背井的粤军子弟，要杀回江东了。孙文命令他手下的人迅速南返。9月，朱执信在策动东江军队倒戈时，不幸被乱兵开枪打死。胡汉民闻讯，悲痛万分，挥泪长吟：“盗犹憎主谁之过，人尽思君死太轻。”

朱执信的去世，在近期来说是国民党的重大损失，他们少了一位非常高效率的实干家。从长远来说，则使国民党和南方帮会的关系渐渐淡化。

11月1日，粤军攻克广州。当时陈炯明还在石龙，立即致电孙文，请他速回广东，主持大局。在粤军入城宣言中，陈炯明再次表明与孙文共筹善后的立场。11月1日，军政府委任陈炯明为广东省长兼粤军总司令，并宣布裁撤广东督军。11月2日，陈炯明回到广州。省议会推举

朱执信

陈炯明为广东省长。

陈炯明并不仅仅是一介武夫，他的政治理想显然远远超越了许多国民党人，他对于中国现状和前途的观察，也比许多国民党人更加深刻。他认为广东远离北京，中央绠短汲深，这是非常有利的地理位置，完全可以而且应该实行自治，把广东建设成全国的模范省。

陈炯明在广州设立现代化市政府，任命孙科为广州市长。继广州成立市政厅之后，海口、高州、北海、江门、惠阳、汕尾等地的市政厅(局)也先后成立。各地拆城墙、修道路、筑公园，推行市政建设，进行得如火如荼。

政府还规定，所有医生(不论中西医)均须注册，方能执业。所有机动车、人力车、汽船、民船，亦须注册；市民生死婚嫁，都要实行登记注册；酒肆旅馆戏院和公共娱乐场，要执行政府颁布的卫生规则；卫生局每天派人打扫街道，疏通改造市内排水管和沟渠；举办卫生知识展览，印制了许多宣传食物卫生的小册子，逐家逐户派发。

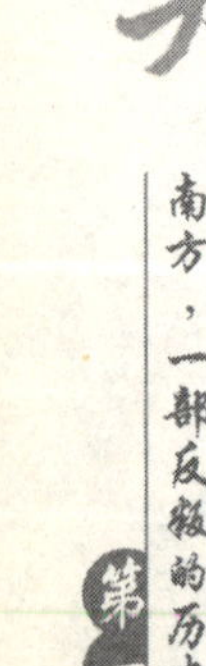

1921年，短暂的和平时期，给了陈炯明一个尽展抱负的机会。他热心推行地方自治，实行县长民选；设立"经济调查局"，发展地方实业；邀请陈独秀南下主持"广东省教育委员会"，推进广东教育事业；举办"广东第一次全省美术展览会"，并亲自担任会长，请著名画家高剑父为筹备主任，推动广东文化事业发展；实行司法独立；禁烟禁赌；省议会还一口气制定了《广东省自治条例》、《县自治暂行条例》和《广东省宪法草案》等法例。

劫后余烬的广州城，顿时焕然一新，呈现欣欣向荣之态。陈炯明的事业水银柱，迅速窜升至顶点，他个人的声望，亦如日中天。全国教育会发起人之一的黄炎培，在游览广州之后，感慨良多，写了一本小册子，盛赞其耳闻目睹的新景象。他归纳出广州在五个方面的变化：

一、尊人道。如严禁警察无故鞭打人力车夫。

二、言论自由。广州市日报有33家之多，虽有指斥当局，甚至倾向北洋政府的，也从未加以干涉。

三、整风纪。如严禁妓女私入旅馆卖淫，厉行禁吸鸦片。

四、一方面提倡工会，一方面劝戒罢工，同时积极推行工人教育，设立工人补习学校。

五、卫生行政方面，特聘专门人才，以科学的方法，锐意改革。如对医院、化验室、屠场、市场、浴场，以及药品、食料、饮料、茶楼、酒馆、牛奶房、剧场的管理，对妓院的检查和取缔。①

"五四运动"后，一些文人学者认为，既然南北政府都无力统一全国，与其连年征战，不如各省先行自治，把自己的事情办好了，再实行联省自治。如此便可以不靠武力而最终实现全国统一。北美13州独立战争后，经由11年高度地方自治的"邦联"，进而建立"联邦"的历史范例，似乎为久经战祸、渴望和平统一的国人提供了另一可行选择。

联省自治的主张一经提出，不仅风靡南方各省，而且迅速波及北洋政府治下的北方省份。《太平洋》杂志有一篇文章，对当年倡导联省自治地区的分布，作了一个简明的介绍："欲收拾现在时局，统一南北，亦惟联省自治可以成之。盖主张联省自治，已为各省人民普通之心理。湘浙粤桂川滇黔闽苏皖赣鄂，以及奉吉黑，或省宪已实施，或宪草已成功，或制宪正在进行之中，或人民已有主张联省自治之表示。"②

东三省的联治，只是出于战争失败后，一种闭关自守的策略而已，并非真正附和自治主张。真正热心推行联治的是东南各省，1920年7月，湖南谭延闿一鸣惊人，倡言"还政于民"、"湘人自治"，打响联省自治第一炮。

当时知识界有一种论调，希望把政治制度还原到辛亥革命时的原状，从头再来。1920年代，无政府主义在中国风行一时，许多知识分子为之着迷。联省自治运动实际上也有无政府主义的印记。用章太炎的

① 黄炎培《一岁之广州市》。上海商务印书馆，1922年版。

② 唐德昌《联省自治与现在之中国》。引自胡春惠《民初的地方主义与联省自治》，中国社会科学出版社，2001年版。

谭延闿

话来说，辛亥革命后“起初未有中央政府，各省何等一致？自设有了南京政府，就闹出争端来了。这样看来，分离反是统一之母，统一反是涣散之源”，因此，他对湖南寄予极高的希望，甚至亲自到湖南，给谭延闿打气。

为什么湖南会成为焦点呢？章太炎提到很重要的一点，就是“绅权”的发达，他说：“南方六省，只有湖南是交通便利的地方，只有湖南是文化最高的地方。所以湖南负的责任比各省更重。如提倡自治一节，湖南向来本有绅权，本与各省专制不同。今日更进一步，由绅权变为民权，总比各省要容易些。”他在长沙演讲，激励三湘人士：“但望湖南人士不要妄自菲薄，以为民权断非中国所可行，北方不是南方所能倒。如存了这种意见，就辜负各省人民的期望了。”言下之意，南方是有能力扳倒北方的。

然而，知识界希望通过联省自治，在中国实现“民治”，而各省军政当局所倡议的联治，却大多是“军治”。两者南辕北辙，背道而驰。

谭延闿宣言自治时，广东还是桂系的天下，等到章太炎去湖南时，广东已被陈炯明收复，陈氏对联省自治心驰神往，在他治下的广东，成为联治运动的中坚力量。但陈氏头上还有一个军政府，这就决定了他很难做到真正的“自治”。尽管章太炎轻蔑地说，这个军政府是无用的长物，“存灭无关轻重，假如广州军政府不倒，不妨以罗马教皇相待”，①但孙文并不仅仅满足于做一个精神领袖，他的理想是成立一个正式的中央政府，由他担任总统，领导全国革命。

1919年10月，孙文把中华革命党改名为中国国民党。比宋教仁的

① 《大公报》1920年10月21日。

国民党多了中国二字，以示区别。1921 年 1 月 12 日，非常国会在广州复会，选举总统之议，响彻云霄。孙文号召国民党人，像推翻清政府、袁世凯那样，再发动三次革命、四次革命，来推翻北洋政府。

对此主张，陈炯明心既非之而口亦不是。他认为：依总统选举法，总统由两院联席选出，出席议员至少须全部的三分之二，即 580 人才能举行选举总统会，现在广州的旧国会议员才两百多人，还不够原众议院人数的一半，且实行记名投票，岂不是自毁法律？和北方毁法，又有何本质不同？一旦广东成立正式政府，南北之间将再次陷入战争之中。什么地方自治，什么建设模范省，统统变成镜花水月。

孙文则批评陈炯明的“保境息民”，实怀有私心，是想关起门来做山大王。双方围绕总统问题，互相扯皮，龃龉丛生，最终以陈炯明让步告一段落。

1921 年 4 月 7 日，两百多名议员召开非常国会，表决通过了中华民国政府组织大纲，只规定了大总统的产生和权限，却无任期，也无规定政府的组织结构。一切政务、军务、内阁任免，均由大总统“乾纲独断”。国会开会前，陈炯明曾询问胡汉民，今天是否要选举总统？胡汉民回答：“只是国会开谈话会。”

但会议突然宣布选举总统，并采用记名投票方式。“各(议员)皆目瞪口呆，及至分派选票时，多有先行避席者，均被关闭议场，硬要写选举票”。① 结果孙文得 218 票，陈炯明得三票，废票一张。孙文当选为中华民国大总统。

下午 5 时，胡汉民忽然打电话给陈炯明，作吃惊状说：“想不到今日竟选出孙总裁为大总统，孙总裁也不知道有其事，如何是好？”②

4 月 8 日，粤军将领举行秘密会议，商量阻挠选举总统的办法。当天，由湖南首先发难，以省教育会、农会和工会名义，通电反对广州选举总统；4 月 10 日，湘军将领通电指责选举为非法行为，敦促孙文严辞拒绝。13 日，湖南省议会也通电反对。在广东省政府中，持异议者也大有人在。

---

①② 《华字报论孙总统未敢就职原因》。政协广东省文史资料委员会等编《有关陈炯明资料》。1965 年油印本。引自段云章、沈晓敏编著《孙文与陈炯明史事编年》。广东人民出版社，2003 年版。

在一片反对声中，孙文毫不动摇。他沉着地回答："此次军政府回粤，其责任固在继续护法，但予观察现在大势，护法断断不能解决根本问题。"①

这是孙文第一次公开对"护法"这面旗帜提出怀疑。

为了换取陈炯明的支持，孙文表示愿意支持联省自治。他在一次政务会议上，提出了组织联省自治政府的议案，并获得通过，会后分电湘、滇、赣、川各省，承认联省自治"实为目前救国切要之图"。② 孙文的就职宣言，也写得义正辞严，具有相当强的说服力："今欲解决中央与地方永久之纠纷，惟有使各省人民完成自治，自订省宪法，自选省长。中央分权于各省，各省份权于各县。"③

后来的史家恒称孙文并非赞成联省自治，而是以县自治对抗联省自治。然孙文就职后不久，国民党的一批高层领导——吴敬恒、汪精卫、王伯群、居正、覃振、张继——即发表联衔通电，解释孙文的主张，明确指出："近闻各省颇有联省自治之议，各省有鉴于中央集权之弊，为此对症发药，挽回危局，意甚善也……我西南扶持正义，亦既有年，尤当本民治之精神，为有系统之联合。行远自迩，则变乱纷争之局，不难速定，即始之怀疑于联省自治之议者，亦当废然思返矣。"④

孙文不赞成联治是真的，但他一再表态支持联治也是真的。陈炯明并没有被孙文的表态打动。在利用合法与非法问题阻止孙文失效之后，陈炯明直截了当地建议，孙文最好暂不就职，即便就职，也可以大总统名义赴欧美各国作政治活动，不必留在国内。孙文费尽周折才当上总统，就是为了要在国内革命，怎么可能"流放"海外？他向陈炯明保证，一旦当选总统，立即出师北伐，即使失败了，也不返回广东，广东就完全交给陈炯明。

5 月 5 日，孙文终于排除一切阻碍，在惊涛骇浪之间，就任非常大总统。从此，不仅孙、陈之间的短暂蜜月宣告结束，而且南北之间也骤起战云。

---

① 孙文《在广州军政府的演说》。《孙中山全集》(第五卷)，中华书局，1981 年版。

② 《华字日报》1921 年 4 月 19 日。

③ 上海《民国日报》1921 年 5 月 12 日。

④ 《华字日报》1921 年 6 月 2 日。

【肆】陈炯明与孙文分道扬镳。孙、陈分裂的症结，在于对民国政制建设的取向不同，非“革命”与“反革命”之争，乃两种政制模式之争。

孙文当选总统和西征、北伐，实为一件事情的三个环节，互相紧紧相连。

6月，孙文任命陈炯明为援桂军总司令，叶举为前敌总指挥，开始第二次粤桂战争。虽然陈炯明不愿意打，但有确凿证据表明，陆荣廷已经集结了大军，准备反攻广东。这对陈炯明的自治计划是一大威胁。

6月8日，陈炯明下达对桂总攻击令。粤军挟着回粤驱桂之役的余勇，士气高昂，威无复加，扫荡广西全境，竟势如破竹。士气低落的桂军望风而逃。7月8日，陆荣廷等人仓皇逃入越南。8月初，粤军进驻南宁。两广传檄而定。陈炯明主张“桂人治桂”，军民分治，乃推举广西籍的工学博士马君武为广西省长，期以“模范起信”与“联省自治”，推动两广建设。

孙文的内心充满了光明，过去有人预言，只有战争才能使他和陈炯明之间保持协调。看来情况确实如此。他迫不及待地催促粤军立即北伐，并要求广东政府接济军费400万元。胡汉民、汪精卫、居正、程潜四人，作为孙文的代表，到南宁和陈炯明磋商“北伐大计”。

陈炯明深知粤桂战争花费巨大，能动用的钱所余无几，即使竭其所能，亦只可筹到200万元。双方信使，徒劳往返，无济于事。孙文亲赴南宁，当面向陈炯明晓以大义。陈初不稍让，坚称经此战争，民亦劳止，汔可小康，不宜再动干戈，仍持其先定省宪，以确立民治基础；再议国宪，循序渐进地推进统一的政治主张。

然孙文的目光是全国性的，不受一时一地的条件所限。他相信非统一全国，不足以开创一个新时代，重造一个真民国。他决心不再等待。9月初，率领大本营向广西出发，沿漓江到达桂林。这时陈炯明驻节南宁，却故意避而不见。孙文愈加痛感陈炯明已成为统一大业的障碍。

10月29日，孙文在梧州设大本营，一面派汪精卫回广州筹饷，一面躬亲督师，溯江北上，向桂林前进。11月，陈炯明由南宁东返广州。邓铿在孙、陈之间极力斡旋，但效果似乎不大。孙文愤然表明：“我已立誓不与竞存共事。我不杀竞存，竞存必杀我。”[1]这位不改江湖本色的大总统，心头一狠，把手枪交与部下，令其在陈炯明赴梧见面时，将其刺杀。[2]但终因陈氏不肯赴会，刺杀行动始不了了之。

经过一番周折，1922 年 2 月 3 日，孙文决计取道湖南，进兵北伐。但由于连年被兵，湖南方面无论是当局还是人民久已厌战，故宣布保境息民，公开拒绝北伐军假道。入湘计划于是告吹。3 月 26 日，孙文在桂林召开会议，决定班师回粤，改道江西北伐。这时广州发生了一件凶案。

3 月 21 日，陈炯明的亲信、负责为北伐军在后方筹划的粤军参谋长邓铿从香港公干回省，在广九车站突然遇刺，两天后身亡。国民党官史向来坚称邓铿为陈炯明所杀，然事实岂真如是？据时人记述：“(邓)公知凶手所自来，且身中要害，知不能免，急命司车者驶回省署，告陈公(炯明)暨家人亲友以后事。”[3]即使《陈炯明叛国史》一书，代表国民党正统官史对陈全盘否定，然亦有如下记述：“邓被刺后，抬入总司令部，曾向大众叹气言曰：‘我知参谋长地位危险，何必自己人杀自己人。’有问凶手为谁者，邓又叹气，谓：‘我认得，真不料他杀我。’”[4]

用常情判断，如果邓铿认得凶手与陈炯明有关，断不会在受伤后马上返回省署(陈炯明办公的地方)，又命人通知陈炯明，后来陈炯明辞职离开广州时，“邓仲元(铿)夫人及邓之介弟闻讯，赶至车站送行，陈与之谈话甚久，语及邓仲元身后时局之状况，相对泣下。”[5]由此可见，邓铿的亲属亦不认为陈炯明是幕后黑手，陈、邓两家还一直保持着通家之好。

邓案是否程璧光案的翻版？当时密切关注局势发展的驻穗美、英两国领事馆也认为，刺杀邓铿，可能是孙派国民党人所为。美国副领事在 1922 年 4 月 4 日有报告称：“关于谋杀邓铿的动机，我从外国情报探得两报告，一说是广西系所为，另一说是国民党，以警告陈炯明而下毒手。”英国总领事在 4 月 22 日也有报告称：“国民党谋杀陈炯明的参谋

---

① 《华字日报》1922 年 6 月 24 日。

② 见章太炎《定威将军陈君墓志铭》，事亦经总统府参军黄大伟本人撰文证实。

③ 罗香林：《革命先烈邓公仲元传》。

④ 谢盛之、鲁直之、李睡仙编《陈炯明叛国史》。大海出版社有限公司。

⑤ 《申报》1922 年 4 月 30 日。

长邓铿，现已为众所周知的事实。”①

究竟谁是真凶，几十年来，官私文献滋多，各执其词；史家之论，更是众议成林。公说婆说，迄无确凿证据，以解悬疑，但邓案对孙、陈间本来就脆弱不堪的关系，造成致命一击，却是不争的事实。

邓铿之死，成了陈炯明一生重大的转折点，也是粤军的一个重大转折点。它标志着陈炯明的政治理想完全破灭了。广东注定还要乱，还要在背叛的狂潮里历尽磨难，陈炯明并无回天之力。

在大本营内，胡汉民、蒋介石均主张先行回师解决“陈家军”，然后北伐。4月9日，孙文令在桂各军一律返粤，潜师而行，兵临梧州，陈炯明方才惊觉。孙文派人转告陈氏：一、陈炯明参加北伐；二、筹措500万元的军费。汪精卫、廖仲恺都劝陈炯明到梧州向孙文认错，但陈炯明认为无错可认。蒋介石命令大军由肇庆进逼三水。陈炯明无法接受孙的条件，遂被罢黜，内政部长、陆军部长、广东省长、粤军总司令四职，一夜之间，悉数褫夺。陈炯明一怒而去，独自返回惠州。

至此孙、陈之间的矛盾，由里及表，由暗而明，乃全面扩散。4月23日，孙文在广州总统府召开全体幕僚会议，决定行止。大本营内，有两种意见，一是主张暂缓北伐，先清内患；二是立即转道北伐，避免与陈炯明直接冲突，双方仍留转圜余地。孙文赞成第二种意见，决定亲自督师北伐。

孙文急图北伐，与北方形势的变化，不无关系。4月下旬，第一次直奉战争爆发。孙文与奉、皖军阀结有秘密三角同盟，这是联合奉、皖军阀，夹击直系的千载良机，必须立即出兵策应，实已无暇顾及解决陈炯明问题了。

岂料直奉开战，仅及一周，不争气的奉军便被直军击败，狼狈退回关外。南北夹击直系的计划，顿成泡影。然南方的北伐，却如弦上之箭，不得不发了。

5月9日，孙文在韶关大誓三军，旌麾北指。6月2日，北洋总统徐世昌在巨大的压力之下，鞠躬下台。由于孙文曾一再发表政治宣言，相约与徐世昌同时下野。故舆论普遍认为，徐世昌辞职后，停止内战，和

---

① 段云章、沈晓敏编著《孙文与陈炯明史事编年》。广东人民出版社，2003年版。

陈炯明

平统一的曙光，终于出现。6月3日，蔡元培、胡适、高一涵等两百多位各界名流，联名致电孙文和广州非常国会，呼吁孙文实践与徐世昌同时下野的宣言。但孙文认为革命尚未成功，不予理会。

孙文既不肯让步，陈炯明又不肯低头，一干政客复从中兴波作浪，添油加醋，军人肆意干政，骄横不可理喻，以致双方的关系，变成一团乱麻，剪不断理还乱，最后酿成国之大故。

驻守在广西的粤军，听到陈炯明下野的消息后，沸反盈天。5月8日，孙文委任陈氏部下叶举为粤桂边督办，以示对粤军的信任。然叶举并不领情，亲率60多营粤军，以“清君侧，除宵小”为名，突然开入省城。

广州的情势，险象环生，一触即发，而陈炯明则继续滞留惠州。各界吁请其回省的函电，好像雪片飞来，见诸报端；前往劝驾的使者，车水马龙，络绎不绝。甚至连陈独秀也到了惠州，劝陈炯明不如加入共产党，领导华南地区的革命。

孙文对北伐无故受阻，极其愤慨。他电召程潜到韶关，令他回省和陈炯明协商，无论如何要先稳住他再说。程潜回广州后，与汪精卫、居正一道赶往惠州，和陈炯明反复讨论，达成妥协：一、由陈炯明担任陆军总长，驻肇庆；二、陈炯明于本月28日回省，欢迎孙文回省见面；三、关于后方秩序，由陈炯明完全负责。

当即拟好电报，请陈炯明拍发。陈炯明先是勉强同意，但后来又改变了主意，表示28日他不能回省。谈判落空了。

孙文决定回广州镇压。胡汉民竭力劝阻，他列举了孙文回穗的三大害处：一、总理去定受包围；二、如受包围，消息就要隔绝；三、如果陈

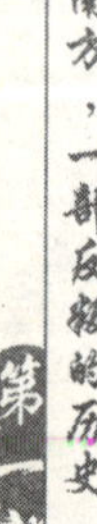

炯明毫不听命，前途不堪设想。孙文不以为意，轻蔑地说："陈炯明不敢造反，他的部下都是一班利禄之徒，若是造反，无异自掘祖坟。"

6月1日，孙文以惊人的勇气，率领两营警卫，从韶关返回被粤军占据的广州，并一连拍了三封电报，要求陈炯明立即到广州面商一切，又派人到惠州催驾。但陈炯明拒绝在这个时候到广州。他声称，在省城军队撤出之前，他将不踏足广州，免招外界猜疑。陈炯明深知，一旦粤军叛孙，则"天下之恶皆归焉"，这是他避之惟恐不及的。然此时大局的恶化，已成下坂走丸，无可逆转之势矣。陈炯明想独善其身，也是一厢情愿的妄想。

6月3日，叶举宣布广州戒严，大街通衢，遍布岗哨。6月12日，孙文邀请广州报界出席茶会。他决心透过报纸，向陈炯明摊牌，他宣布："我下令要粤军全数退出省城30里之外，他若不服命令，我就以武力压服他。人家说我孙文是车大炮(讲大话)，但这回大炮更是厉害，不是用实心弹，而是用开花弹，或用八英寸口径的大炮的毒气弹，不难于三小时内把他六十余营陈家军变为泥粉。"①

6月15日深夜，粤军高级将领在郑仙祠召开紧急会议，决定发动军事政变，驱逐孙文下台。就在这危急关头，"陈炯明在惠州派秘书陈猛荪持亲笔信劝止叶举……信大意说孙文出兵北伐如果能胜固好，如其失败，我以陆军部长身份暂将部队调返东江训练，做充分准备，到时仍可收拾残局。陈猛荪持信送到郑仙祠。叶举阅后，当着陈猛荪的面将信掷落地上，说陈炯明不知军事，还说：回东江哪里找吃的？叫陈猛荪回报陈炯明事情已不容不发……陈炯明怒不可遏地把茶盅也打碎了。"②

陈炯明虽设法阻止，但政变仍然发生，徒呼奈何。粤军本来就是一支良莠不齐的军队，未脱草莽习气，陈炯明既身为统帅，无论粤军从善从恶，成王败寇，他都不能置身事外，而要咽下这颗苦果子了。6月16日凌晨，粤军围攻总统府，短兵相接，炮火乱轰。孙文脱险登上军舰，宣布和粤军开战。

南方，在叛乱中战抖。

---

① 《申报》1922年6月19日。
② 彭智芳：《叛孙前后的陈炯明部队》。

孙文与陈炯明的政治分歧，几经波澜起伏，最终不得不诉诸武力，以悲剧收场。从此，陈炯明便由“革命的马前卒”，摇身一变，沦为“千古罪人”矣。

平心而论，孙、陈分裂的症结，在于对民国政制建设的取向不同，非“革命”与“反革命”之争，乃两种政制模式之争也。陈炯明的联省自治主张，固有其时代局限，不无可议，然与国民党加诸陈炯明头上的“犯上”、“弑主”、“逆伦反常”等宗法罪名，实风马牛不相及。当时著名学者胡适，对“叛逆”、“叛弑”这样的罪名，亦提出了疑问：“秘密结社的仪式究竟是否适宜于大规模的政党？秘密结社用来维系党员的法子，在现代社会里是否可以持久？这一个‘制度’的问题似乎也有讨论的价值罢！”①

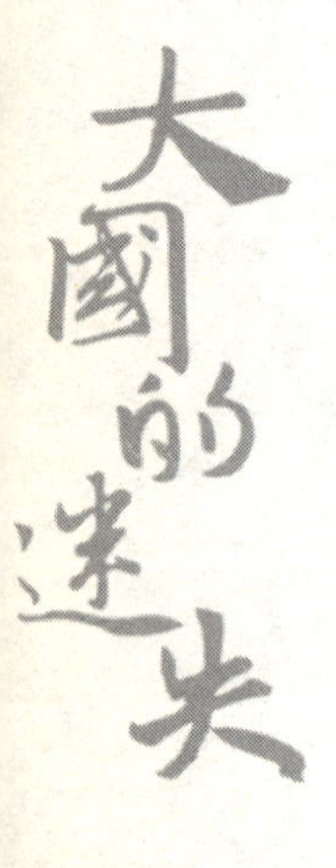

① 胡适《评秘密会社与组织政党》。《努力周报》第16期。引自段云章、沈晓敏编著《孙文与陈炯明史事编年》。广东人民出版社，2003年版。

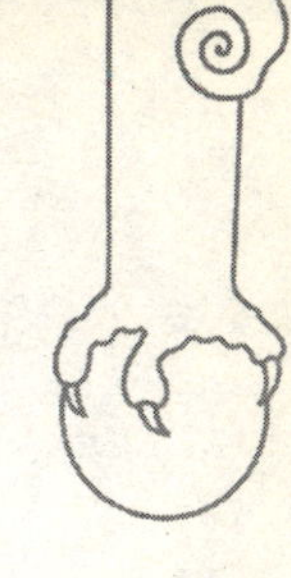

第三章
南方的狂潮

【壹】在中国，共产主义学说萌生于北京，共产党组织成立于上海，但把这种学说真正变成一种社会运动，在中国社会生根开花的，却是在南方。

粤军叛乱既作，孙文传令北伐军迅速回师靖难，誓言“必率舰队击破逆军，戡平叛乱而后已”。6月29日，蒋介石从上海赶来，登舰随侍左右。海军与粤军在珠江沿岸隔水为战，不断互相炮火攻击，造成大量平民死伤，民居住宅，十室九空。“此种惨状，为十年来所未见，诚巨劫矣。”①各界人士不断从中斡旋，希望调解孙、陈关系，使广州免遭兵燹。然粤军坚持要逐孙出广东，而孙文则不肯放弃职守，坚持待援平乱。双方竟成僵持之局。

7月1日，陈炯明向全国发出关于改革政治体制的通电，分析民国以来内乱频仍的原因：“中华民国光复，由各省共同构成，其取地方分权之制，本属于自然。徒以中央与地方之权限，尚未规定，遂成纷扰之媒，起分裂之渐。中央恶各省之异已，而思以兵力制服之，各省患中央之专制，而思以兵力抵抗之。兵革既起，政治之纷乱，乃愈不可收拾矣。近世以来，国家与民之关系愈密，则政事愈繁，非如古之循吏，可以宽简为治。一切政事皆于人民有直接之利害，不可不使人民自为谋之。若事事受承于中央，与中央愈近，则与人民愈远。不但使人民永处于被动之地位，民治莫由养成。中央即有为人民谋幸福之诚意，亦未有实现也。

① 《民国日报》1922年7月9日。

准是以言，则联省自治政府之组织，诚不可缓。”①

陈炯明派代表到孙文的座舰，表示愿意和解。孙文断然答复：“陈炯明对我，只能悔过自首，不能求和！”

然孙文翘首期待的北伐军，在回师途中，不幸被粤军所败。外援既绝，孙文孤悬白鹅潭，械弹两缺，死守下去，亦难有作为。8月9日，孙文被迫乘英国炮舰赴港，然后转赴上海。在上海撰文简述事变始末，沉痛指出：“文率同志为民国而奋斗垂三十年，中间出死入生，失败之数不可偻指，顾失败之惨酷，未有甚于此役者……此役则敌人已为我屈，所代敌人而兴者，乃为十余年卵翼之陈炯明，具其阴毒凶狠，几敌人不忍为者，皆为之无恤，此不但国之不幸，抑亦人心世道之忧也。”②

回师失败的北伐军，退入福建境内。许崇智接到他们从汀州打来的电报问善后办法。许崇智根据孙文的意图答复：“实行孙（文）段（祺瑞）携手，闽浙联防。”段祺瑞是北方少数几个不管在台上还是台下都能影响政府决策的重臣之一。他和徐世昌、冯国璋三人一向被视为北洋

1914年7月8日，中华革命党在东京成立时合影。前排右起田桐、廖仲恺、居正、胡汉民、孙中山、陈其美、许崇智、郑鹤年、邓铿；中排左一萱野长知、右三谢持，后排左五戴季陶。

① 陈炯明《致西南各省电》。段云章、倪俊明编《陈炯明集》（下卷），中山大学出版社，1998年版。

② 孙文《致海外同志书》。《孙中山全集》（第六卷），中华书局，1981年版。

的化身，现在徐世昌作为文人总统下台了，冯国璋死了。而孙文则准备和最后一位北洋元老“携手联防”了。他的另一位合作伙伴是盘踞在东北的奉系军阀张作霖。

自从和陈炯明决裂后，孙文对联省自治的态度，发生 180 度的转变。在离粤赴沪途中，他已迫不及待地加以公开谴责：“至如今日之所为联省自治者，如果成立，则其害，上足以脱离中央而独立，下足以压抑人民而武断，适足为野心家假其名而行割据之实耳。”①

秋天，汪精卫带着一份合作计划到了东北，向张作霖建议，军事方面，由南方政府下令讨伐直系军阀，从广东出兵北伐，牵制长江以南的直系军队，而张作霖由东北直捣北京，南北夹击。政治方面，在打倒了直系军阀以后，召开国民大会解决国家统一和建设问题。

可以肯定，这种借助皖系、奉系军阀之力去打直系的“革命”，即使成功，最后也必然会沦为又一次的军阀混战，对中国前途毫无裨益。

经过了漫长而沉寂的秋天，11 月，受孙文重金运动的滇桂粤联军，在大湟江举行白马会盟，四万大军誓师东下讨伐陈炯明，迅速将叶举的粤军逐出广州。1923 年 1 月 15 日，陈炯明宣告下野。2 月 15 日，孙文重返广州，取消总统称号，续行大元帅职权。

这次粤军政变，对孙文的美丽梦想，是致命一击。在经过几十年的努力之后，他吃惊地发现，他所倡导的三民主义，不仅与民众漠不相干，而且连自己的党员，也都是一知半解。他在痛苦之余，下决心对国民党来一番脱胎换骨的改造。

然而，孙文理想中的国民党应该是怎么样的呢？是俄国布尔什维克那样的吗？当然不是。是美国民主党、共和党那样的吗？也不是。他理想中的政党，仍然是中华革命党那样的——如果党员们都能自觉履行誓约的话。但是，这只是一种理想。事实上，孙文在帅府里整天颁布命令，签署文件，究竟有多少真正付诸实行，他也是一本糊涂账。

1923 年 10 月 25 日，孙文委派胡汉民、邓泽如、林森、廖仲恺、谭平山、孙科、吴铁城等人为国民党临时中央执行委员，汪精卫、李大钊、古应芬等人为候补执行委员，组织国民党临时中央执行委员会，并聘请苏联特派代表鲍罗廷为顾问，开始着手进行国民党的改组工作。尽管没

① 蒋介石《孙大总统广州蒙难记》。

有明说，但孙文内心对国民党旧有组织，已经深感失望。他从来都是一个孤独的理想主义者，今天和会党合作，明天和军阀合作，对外一会亲美，一会亲日，一会亲德。结果到最后总是赔了夫人又折兵。

现在，他在南方的合作者是滇桂军阀，在北方的合作者是皖奉军阀。对外，他开始和苏俄接触。

1919年，经“五四运动”，马克思主义的学说，在中国大行其道。一批共产主义者，在北方和无政府主义者结成了同盟。但这种结合并不长久，无政府主义者很快就相率退出。年幼的共产主义者深感缺乏足够的和强大的力量来指导酝酿中的共产党的出世。

直到1921年7月，共产党在上海成立时，内部意见仍无法统一。在第一次全国代表大会的12名代表里，已经分裂成社会主义学术研究派、社会民主主义、无政府主义和共产主义四个派别。

嘉兴南湖，“中共一大”会址

当时，这批年轻的“五四青年”，对孙文和国民党并不看重。中共武汉区党委书记包惠僧说，中共“对一个大而无当的破烂的国民党，认为

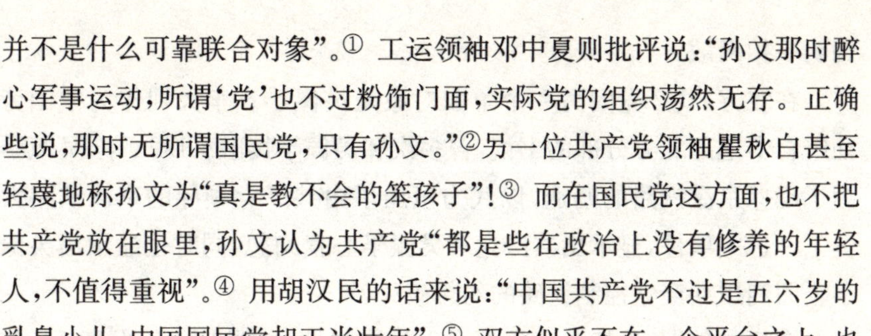

并不是什么可靠联合对象”。[①] 工运领袖邓中夏则批评说：“孙文那时醉心军事运动，所谓‘党’也不过粉饰门面，实际党的组织荡然无存。正确些说，那时无所谓国民党，只有孙文。”[②]另一位共产党领袖瞿秋白甚至轻蔑地称孙文为“真是教不会的笨孩子”！[③] 而在国民党这方面，也不把共产党放在眼里，孙文认为共产党“都是些在政治上没有修养的年轻人，不值得重视”。[④] 用胡汉民的话来说：“中国共产党不过是五六岁的乳臭小儿，中国国民党却正当壮年”。[⑤] 双方似乎不在一个平台之上，也缺乏共信与互信的基础。

1922 年 8 月，苏联人民外交委员会副委员长越飞到中国访问，一面和北洋政府作外交往来，一面和孙文联系。在经过短暂的接触后，孙文决意联俄。他迫切需要得到苏俄的金钱和武器支援，但对于他们的政治制度，则加以严拒。1923 年 1 月 26 日，孙文和越飞发表联合宣言，其中第一条就是针对共产主义运动的：“共产组织，甚至苏维埃制度，事实上均不能引用于中国。”

陈独秀后来有一段回顾，证明了孙文的联俄，是看中苏俄的物质援助，而不是像一些研究者所说，是用联俄换取容共。陈独秀说：“他（鲍罗廷——引者注）的皮包夹有苏俄对国民党巨量物质的帮助，于是国民党始有 1924 年（民国十三年）的改组及联俄政策。”[⑥]

几乎就在同时，刚刚和无政府主义分手的共产党，也在寻找合作者。他们在陈炯明和北方军阀吴佩孚之间举棋不定。

共产党希望利用陈炯明来发展海陆丰地区的农民运动。1923 年，在著名的“七·五农潮”中，陈炯明曾应共产党的要求，函请海丰县府释放被捕农民，并致电中共党员彭湃，“敢请即来惠城，共商革命大计”。可见当时双方关系颇为融洽。直至共产党决定和孙文合作后，才和陈

---

① 包惠僧《回忆马林》。中央统战部、中央档案馆编《中共中央第一次国内革命战争时期统一战线文件选编》，档案出版社，1991 年版。

② 邓中夏《中国职工运动简史》。人民出版社，1953 年版。

③ 瞿秋白《中国革命与共产党——关于 1925～1927 年中国革命的报告》。

④ 《中共广东区委联席会议记录》（1924 年 10 月）。引自王奇生《党员、党权与党争》，上海书店出版社，2003 年版。

⑤ 胡汉民《清党之意义》。存萃学社编集《胡汉民事迹资料汇辑》（第二册），大东图书公司印行，1980 年版。

⑥ 陈独秀《告全党同志书》。《鲍罗廷在中国的有关资料》，中国社会科学出版社，1983 年版。

炯明一拍两散。

在北方，共产党的另一个争取对象是吴佩孚。李大钊作为中国劳动组合书记部北方分部的书记，曾多次和吴佩孚接触。1923年，吴佩孚为了确保京汉铁路的畅通，以武力镇压了由共产党领导的京汉铁路大罢工。这一事件，显示出共产党对吴佩孚心存幻想，同时也显示出吴佩孚企图利用共产党控制铁路的幻想破灭。

惨痛的教训，迫使共产党不得不另寻出路。1923年1月12日，共产国际指示中国共产党，要和国民党实行合作。共产党内部立即大起风波。大多数党员只赞成民主革命的联合战线，反对直接加入国民党。而孙文则表明，决不实行联合战线的形式。

1923年6月，在共产党历史上举足轻重的第三次全国代表大会上，各种意见争得不可开交。张国焘反对共产党员加入国民党，他生气地说，那不叫国共合作，那是“国共混合”。在日本的周佛海也来信问共产党员加入国民党的作用，陈独秀回答：“第一步，利用国民党的招牌，发展共产党的实力……第二，就是使国民党共产化。”周佛海说，那还不如索性取消共产党算了。①

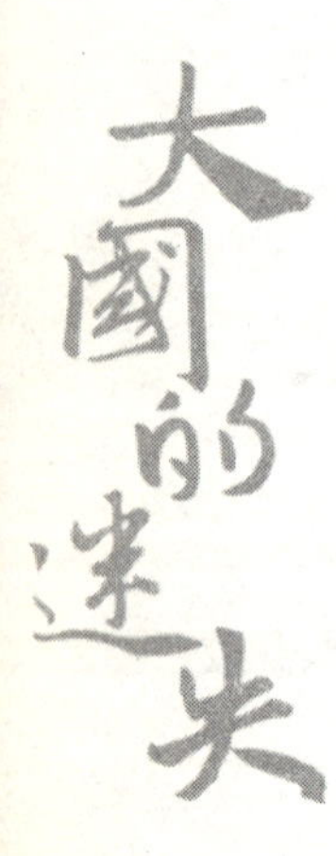

在大部分代表的坚持下，会议作出了决议，明确规定共产党员加入国民党，“但仍旧保存我们的组织，并须努力从各工人团体中，从国民党左派中，吸收其真有阶级觉悟的革命分子，渐渐扩大我们的组织，谨严我们的纪律，以立强大的群众共产党之基础。”②

由是可证，共产党之所以和国民党合作，一不是对国民党有什么厚望，二不是政纲上有什么相同，而是一方面迫于国际共产的压力，另一方面为了通过国民党取得合法地位，进而争取国民革命的领导地位。值得注意的是，这时中共已经把国民党分成左、右派了。

在国民党内部，对接纳共产党加入国民党的问题，也起了轩然大波。尽管孙文本人联俄容共的态度非常鲜明，但一些敏感党员如邓泽如、汪精卫、林直勉、林森、邹鲁、居正等人，纷纷表示怀疑。汪精卫说：

① 周佛海《逃出了赤都武汉》。蒋永敬编《北伐时期的政治史料—1927年的中国》，台湾，正中书局，1981年版。

② 《关于国民运动及国民党问题的决议案》。广东革命历史博物馆编《中共“三大”资料》，广东人民出版社，1985年版。

“共产党如果羼入本党，本党的生命定要危险。譬如《西游记》上说，孙行者跳入猪精的腹内打跟斗，猪精如何受得了？”在公开和私下的场合，他们与积极赞成这一政策的廖仲恺、张继等人，反复讨论。廖仲恺认为：“我们在国际上正缺少朋友，现在俄国既诚心和我们联络，我们便不应该拒绝它的党徒。”①从廖氏这段话也可看出，当时国民党把共产党看作是一个国际性组织，容共是联俄的一个先决条件。

经过一番争长论短，张继改变了初衷，成为激烈的反对派分子。后来，邓泽如、林直勉等人起草了一份《检举共产党员报告书》，希望引起孙文的注意，但孙文似乎不以为意，他以他独具的自信和乐观精神，对报告书批示：共产党“初欲包揽俄国交际，并欲阻止俄国不与吾党往返，而彼得以独得俄助，而自树一帜，与吾党抗衡也。”

孙文安慰他的党员们，“凡共产党员以个人名义加入本党的，如果真正信仰本党主义，共同努力于国民革命的，才可以收容。收容以后，如果随时发现了他们有旁的作用，或有旁的行动，足以危害本党的，我们应该随时加以淘汰。”②

当时，孙文之所以容纳共产党员加入国民党，主要有两个原因，首先是共产党现阶段的主张——对内打倒军阀，对外打倒帝国主义——和国民党有共同点；其次是为了“合全国而为一，群策群力，努力而行，则将来成功，必定更大”。

这和过去孙文联合秘密帮会、联合各地军阀，并无本质区别。洪门的宗旨是反清复明，和同盟会基本相同，孙文就加入洪门；地方军阀要反对中央武力统一，和国民党有一致的利益，孙文就联合地方军阀。

因此，孙文以极大的毅力顶住了党内的巨大压力，坚决将联俄容共政策贯彻下去。

1924年初，中国国民党第一次全国代表大会的筹备工作，告一段落。1月19日，由胡汉民主持召开了一次谈话会。在会上，汪精卫来了个原地立正、稍息、向后转，公开表示拥护孙文的联俄容共政策。成为会议的一个有趣插曲。

---

① 蒋永敬《胡汉民先生年谱》。台湾，中国国民党中央委员会党史委员会，1978年版。

② 邓泽如《中国国民党二十年史迹》，台湾，正中书局，1948年版。

次日，1月20日，中国国民党第一次全国代表大会，在广州国立省高等师范开幕。出席代表165人，共产党员占了14%。

在当天审查委员会讨论大会宣言时，矛盾一箩筐，国共两党发生激烈争吵。审查委员会里，除了胡汉民、戴季陶等五名国民党员外，还有李大钊、于树德两名共产党员。他们的分歧焦点在民生主义问题上。国民党要按民生主义解释共产主义，而共产党则坚持按共产主义解释民生主义。双方僵持不下。

戴季陶

曾经短时期加入过共产党的戴季陶表现得最为激动。他滔滔不绝地发表议论，有时甚至离题万里，不知所云。胡汉民不得不打断他的话头，摇铃大呼："你的姐姐来了！""姐姐"是戴季陶对夫人的称呼。他夫人常常不让他多说话，以免弄坏身体。戴很怕夫人，一听姐姐二字，便立时低头收声。

为了平息争论，孙文在21日特意发表讲话，他提醒大家："刻既有此现象，恐兆将来分裂，发生不良结果。"①

在第二次扩大审查会议上，争论再度趋于激烈。宣言中原有关于收回租界、收回海关、取消外国人在中国的特权等反帝国主义纲领，国民党的审查委员坚决要求删去。双方又是争得面红耳赤。最后胡汉民大叫："你们的话都说到题外去了，就此停止吧！我们仍然回到本题的讨论上。"

他提出一个折衷方案。他认为大会海外党部的代表众多，他们也有苦衷。"如果此时把收回租界、海关等反帝纲领太明显具体地提出，

① 《中国国民党全国代表大会会议录》第四号。政协广东省、广州市委员会文史资料研究委员会、广东革命历史博物馆合编《中国国民党"一大"史料专辑》，广东人民出版社，1984年版。

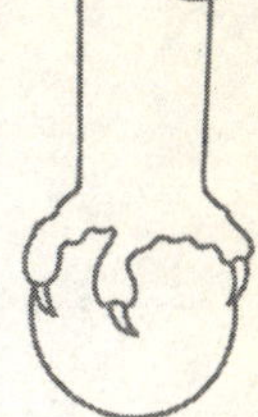

的确影响太大，"胡汉民说，"甚至本党地位也不无顾虑之处。我建议把反帝政纲条款说得笼统一点，不必太明显太具体。"①

共产党接受了他的意见。1月23日，大会通过了这份历史性的文献。孙文对宣言深表满意，他兴奋地说："此次我们通过宣言，就是重新担负革命的责任，就是计划彻底的革命。"

然而，分歧并未消除，在1月28日的大会上，突然有人提议在党章里加上"本党党员不得加入他党"的条文，显然是针对跨党的共产党人。大会马上爆发了激烈辩论。

李大钊代表共产党向大会发表声明，他说："我们加入本党，是一个一个的加入的，不是把一个团体加入的，可以说我们是跨党，不能说是党内有党。"随后他又强调："我们留在本党一日，即当执行本党的政纲，遵守本党的章程及纪律；倘有不遵本党政纲、不守本党纪律者，理宜受本党的惩戒。"②

李大钊

接着又有多名代表先后发言，既有赞成，也有反对，一时众口喧腾，莫衷一是。

不管是国民党，还是共产党，在今后的日子里，都将备受这个问题的困扰。有人问共产党的总书记陈独秀，万一两党的纪律或命令发生冲突时，这些跨党的党员首先应服从谁？陈独秀毫不迟疑地回答："我们应该服从共产党的命令和纪律。因为我们是奉第三国际的命令加入国民党的，所以对于我们的最后的、最高的指挥权，当然仍在共产党。"

---

① 蒋永敬《胡汉民先生年谱》。中国国民党中央委员会党史委员会，1978年版。

② 《北京代表李大钊意见书》。政协广东省、广州市委员会文史资料研究委员会、广东革命历史博物馆合编《中国国民党"一大"史料专辑》，广东人民出版社，1984年版。

中国国民党第一次全国代表大会开创了南方革命的新时代，然而，危机的阴影也随之而来。可以肯定，这种颇为尴尬的合作形式，具有先天不足的缺陷，最终必将导致痛苦的结局。

【贰】商人阶级一直是国民党的社会基础，但商团事件把这个基础动摇了。孙文决定放弃广州，他的最后一次北上，不是和北洋政府作战，而是和谈。

大批国民党元老都不赞成联俄容共，但出于对孙文个人的感情和尊重，他们暂时还不会公开翻脸，然而，来自民间的反对势力就不同了，商人们首先考虑的，不是政治家的利益，而是自身的经济利益。他们不可能成为“共产”主张的拥护者。

在广州这个南方最大的通商口岸里，商人的力量是不容忽视的。

1924年，孙、陈两军在东江交战，忽热忽冷，时起时伏。几十万滇军、桂军、粤军、豫军，还有各路赣军、陕军、攻鄂军、建国军、海军、空军、军校、教导团之类的建制，五花八门，十三家七十二营，云集广东，各自画地为牢，坐地瓜分，开烟赌、设娼寮、铸毫银，截税抽饷，无所不为。

广州、曲江、北江等地的所有国税、厘捐和禁烟、筹饷、铁路收益，几乎尽入滇军、桂军囊中；东江、潮梅是陈炯明的粤军地盘，所有税收，自然归粤军所有。烟赌税成了军队的主要收入，全省赌禁大开，大小番摊，都有军队保护。省长廖仲恺形容当时的困境：“粤省虽号富强，而军兴以后，财政久陷分裂。厘捐粮税悉为各军截收，赌饷烟捐亦由各军支配。是全省税收，业已瓜分豆剖，点滴无遗。”①

由于军队私铸劣质镍币，毫洋硬币的成色，最高只有八成，低至二三成的也有，拖累政府发行的双毫银币，也几乎无法流通，甚至连造币厂也无人敢出头承办。而港币则雄霸市场，价格一路攀升，与双毫比价，每千元贴水近30元。

为了筹措军费，在广州市长孙科的主持下，对全市公产进行了大规模拍卖。占地450亩的农林试验场，价值200万元，在省财政厅和广东

---

① 廖仲恺《辞财政部长职通电》。《双清文集》(上册)，人民出版社，1985年版。

银行的互相勾结下，以80万元贱价卖出；价值60万元的大佛寺以30万元卖出；被贱卖的还有黄沙西鱼栏官滩、米埠填地、马棚岗、公安局北面空地、东较场等等……

拍卖狂潮，已近乎失控。报纸披露了不少经办拍卖公产的官吏贪污、贿赂的黑幕，引起学界、商界、宗教界一片抗议浪潮。孙科还想把南海、番禺县署卖掉，但因为反对的呼声太高，无人敢出头承买。

广东民间纷纷发表通电，痛切陈词，指年来兵连祸结，殆无虚日，万民怨嗟，倒悬待救，何堪再经抽剥采渔。其中一份通电列举了当局的种种苛政：

"(1)收没全省寺观庵堂庙宇会馆乡约公所，强行变卖；(2)嗾令党徒诬报人民私产为官产，迫令缴价，违则勒迁拍卖，动辄一案，数千家人民流离失所，苦泣于道；(3)强卖瞽目老人育婴三院，使残废无依，流为饿殍；(4)创设筵席鲜鱼品茗三鸟靴鞋火柴，乃至冥糨棺木横水渡坟墓苦力等苛细杂捐，名目繁多，至为百余种，百行失业，相继罢市；(5)预征各行厘金至(民国)十九年，地丁钱粮至(民国)十七年，勒派军费已四五次，民不堪命；(6)广州勒收租捐至四五次，各属有至九次者，贫民滞纳，动辄拘捕，有被迫自尽者；(7)变卖坟场，暴露白骨，附郭一隅至数万户。"

政府还大开烟赌，"(1)官卖烟，导民吸食，灯馆满市，烟帜招摇，僻壤穷乡，无远弗届；(2)军队抢烟，动辄巷战，伤毙人民，无门告诉；(3)驱商迫店，改作赌场，狭巷通衢，杂赌罗列，男女混沓，妨碍安宁；(4)军队争庇赌场，时于斗杀，遍地危机，良民裹足；(5)赌徒失败，盗窃卖淫，甚而自尽者，腾载报章，日有数起。"①

孙文对这些情况，究竟了解多少？也许，就算他知道实情，也无可奈何，因为他根本控制不了各路客军的胡作非为，也无法通过正常的财政税收筹集到数额庞大的军费。没有足够的钱，他就养不活这三山五岳的军队，他就没有北伐的本钱了。

胡汉民提醒孙文，目前发生在广州的种种问题，如重征租税、苛抽杂捐、强拉夫役、变卖公产、杂赌公开、鸦片公卖，甚至白昼杀人、掳人勒赎等等，已经引起民怨沸腾，如不疏导平息，恐怕祸不旋踵。

---

① 《华字日报》1924年11月15日。

1924年2月，适逢旧历年关之期，各军催饷，急如星火。孙文再也无计可施，命令广州善堂以善产为担保，发行50万元“军用手票”，聊以卒岁。讵料，商民忍无可忍，一呼百应，相约拒用滇军、豫军的“军用手票”，演变成广州全市罢市的轩然大波。善堂召开紧急会议，议决请孙文收回“军用手票”。

这时，政府与商民的关系，已经暗潮汹涌，出现种种不祥迹象。

罢市工潮频频发生，则是暴风雨前的又一征兆。政府杂税，把鱼贩、黄包车夫、戏院、酒店、饭馆等等，一网打尽。鱼税引起鱼场罢市，刚刚调解复市，饭馆税又引起全市大小饭馆闭门停业，但政府坚持征收。海关经纪人的工会被罚款十万元港币，工会认为政府非法罚款，实际上是抽取军饷之用，码头装货工人等，都卷入了罢工中。广州的空气，急速地恶转，山雨欲来风满楼。

1923年10月，毕业于美国哈佛大学的宋子文来到广州。他是孙文夫人宋庆龄的弟弟，他南下所肩负的主要责任是整顿广东财政。在他的建议下，政府采取了一系列广开税源的措施。对工商界来说，不啻百上加斤，他们除了要应付政府的捐税之外，还得应付各地驻军强征的捐税。据阳江小北江一带商民投诉，从连阳县到连江口各站，除正式完税之后，无论大小出入口货船、空船，每到一埠，每船交的保护费，多则六七十元，少则三四十元。商民处此，应付几于无法。

宋子文强烈反对军队参与征税。大本营一再严令撤销所有由军队把持的重抽机关。宋子文甚至组织了一支高效率的私人武装来保护政府的正常税收。

这样一来，他两头得罪，既得罪地方军阀，又得罪地方商人。但导致商人和政府对抗的原因，至为复杂，不仅仅是宋子文的财政措施。这些商人本来大部分是孙文的支持者，现在因为联俄容共政策而分道扬镳。

普通商人参加反政府活动，多半是出于担心共产。在他们心目中，共产总是和没收财产、共妻这些恐怖的字眼连在一起。虽然孙文在各种场合一再强调共产制度绝不适合中国，但人们对他身边忽然来了那么多俄国人感到忧心忡忡。

广东商团出现于清末民初，他们与革命党的关系一直良好，在辛亥革命前后，发挥颇为积极的作用。商团初期“纯为保护商场和资本家的生命财产，属于自卫性质”，并没有政治色彩。① 1924 年 5 月，广东商团设立全省联防总机关。由广东商团总团长陈廉伯担任全省商团联防总长，佛山商团团长陈恭绶为副长。陈廉伯由于卖力地“提倡国货”、“关心社会公益”，而名声鹊起，成为商民拥戴和信赖的商人领袖。

当商民与政府的关系变得紧张时，商团的政治色彩，便愈来愈浓了。

商团和政府的冲突，是由购买军火问题引起的。当时，蒋介石担任校长的黄埔军校刚刚开学，因为武器奇缺，大部分学员都是手无寸铁。8 月，商团向香港南利洋行订购的枪械运抵广州时，孙文下令海关截留，全部军火起存黄埔军校。

陈廉伯向内政部说明，这批军火，是事先呈奉军政部核准发给务字 53 号护照，准予分饬沿途关卡查验放行，请大元帅令行粤海关监督，转知税务司，随时准予商团起卸。但内政部的答复很简单，只有 11 个字：“奉大元帅令撤销前发护照。”双方的冲突，乃由里而表，全面激化了。

陈廉伯宣布辞职。商团代表云集河南福军司令部，请李福林为他们作主。李是广东有名的绿林好汉，现为民团统率长，实际是土匪统率长。李福林支吾其词，而与此同时，政府却下令通缉陈廉伯，并查封他的住宅。省长廖仲恺主张对商团严厉镇压，这意味着官商决裂。在他身旁出谋划策的是鲍罗廷。胡汉民希望不要走到这一步，他劝孙文采取和平方式解决这次危机。

胡汉民派南海县长李宝祥到商团公所，请商团派代表到大本营磋商调停扣械案的办法。商团派出三名代表到大本营，胡汉民亲自接见他们，提出两项解决办法：一、商团补办购械手续，每支枪定价 160 元，除已缴付陈廉伯的 100 元外，再补交 60 元；二、联防总部应停止活动，商团必须受政府指挥监督。

代表们表示需要和同人商量后，才能答复。而他们商量的结果认为，接受政府指挥监督一条，绝不能接受。

对抗面临升级的危险。

孙文又派代表到商团宣示政府意见。但商团仍然不肯让步。8 月

---

① 《工商界老人回忆商团事变》。《广州文史资料》第七辑。

20日，商团还在西关宣布戒严，晚上9时30分便将闸口关闭。21日，联防总部迁往佛山，同时下令在全省范围内实行总罢市。当天由佛山首先发难，所有商店一律上板关门。到了25日，广州也加入了罢市。

一场惊天动地的官民大战开始了。

孙文赫然震怒，强硬地警告商团："若果明日（27日）仍不复业，我当派遣大队军队，拆毁西关街闸，强制商店开市；如有一泥一石伤及军队，我即开炮轰西关，使之变成泥粉。所可怜者，无知商民同受波累耳。"①其草莽英雄的豪气，溢于言表。

8月29日，英国总领事致函广州交涉员，声称如果政府炮轰西关，英国炮舰也将炮轰大元帅府作为报复。但孙文从来不向恫吓屈服，9月4日，他在报纸上发表激烈的反英宣言。一位政府官员说，这是一场"胜则无民，败则无兵"的战争——政府赢则失民心，输则失军心——但孙文决不能无兵，因为他还要用武力统一中国。这位革命冒险家再次显示出"虽千万人吾往矣"的气概，义无反顾，决以革命铁腕，犁庭扫穴。

9月12日，孙文率领部分军队出师北伐。他在这个时候离开广州是非常奇怪的。后方岌岌可危，已到了千钧一发之际，任何人都看出这不是出兵北伐的适当时机，但孙文仍匆匆启程，使人觉得他好像急于离开这个令他愤怒和失望的地方。

然而，值得注意的是，蒋介石这位新崛起的军事领袖并没有随孙文出师北伐，他仍留在广州东郊的黄埔岛上。

15日，陈廉伯通电拥护政府，但无表示悔过。孙文下令赦免陈廉伯，但不发还军械。商团扬言要进行第二次罢市。省议会部分议员呼吁陈炯明出兵靖乱。

孙文三番四次从韶关给蒋介石拍电报，叫把军校迁移往韶关，以全力孤注一掷于北伐大业。但蒋介石坚拒，表示决不会离开黄埔。他的动机和当年陈炯明如出一辙：广东不稳，北伐将徒劳无功。

一向主张强硬手段的廖仲恺，被迫辞职，由胡汉民接任省长职务，胡一直主张和平解决纠纷，和商团的关系较好。鉴于省城军队多数同情商团，胡汉民建议先发还部分枪械。孙文考虑再三，同意发还5000支枪械给商团。

① 《华字日报》1924年8月29日。

商团以为政府开始让步，态度转趋激烈。10 月 4 日，全省 188 埠商团代表在佛山开会，向政府提出以下要求：将政府设立的苛捐杂税，一律取消，并裁撤其机关，永不得复抽；将政府强行投变的官产、市产、民产、庙堂一律发还；将政府扣留变卖的大小商船，一律发还；将商团枪械全部发还，不得少见一枪一弹；恢复全省人民自治机关。随后，广州开始第二次总罢市，西关街闸再度关闭。

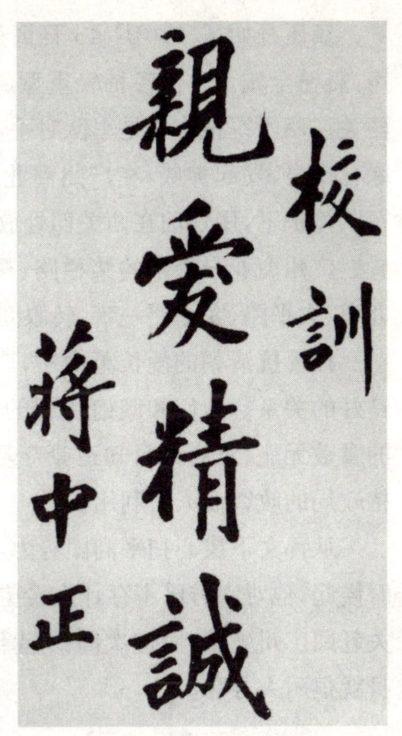

蒋介石为黄埔军校题写的校训

这次商团的算盘打错了。政府的稍微让步，往往意味着大规模的反击即将开始。

当天，广州民众举行国庆游行，在太平路和商团发生冲突，商团在混乱中开枪射击，当场击毙十几人。次日，商团声称发还枪械不足半数，拒绝开市。并提出无条件发还枪械、废除苛捐杂税、造币厂改由商办、以商团军代替警察维持秩序、孙文下野等要求。

这正是政府所希望听到的，现在他们有理由镇压了。

孙文电报指示，“商团叛形既露”，应由李福林宣布其罪状，令各地民团“协助防乱，毋为所惑”。政府中的苏联顾问和共产党人都坚决支持镇压。蒋介石和苏联顾问在黄埔军校成立革命委员会，接管省政府。革命委员会的成员由孙文圈定，包括许崇智、蒋介石、汪精卫、廖仲恺、陈友仁和谭平山六人，孙文自任会长。

13 日凌晨，由吴铁城率领的 1500 名警卫军，乘坐 20 辆铁甲车，浩浩荡荡向省城挺进；吴铁城宣布就任广州市公安局长。粤军第一师师长李济深和留在省城的滇桂军都赞成用武力解决了。

10 月 14 日，胡汉民以大本营总参议的身份代理革命委员会会长，下令解散商团。警卫军、工团军、农民自卫军、飞机队、甲车队、兵工厂卫队、陆军讲武学校、滇军干部学校，统归蒋介石指挥。

镇压开始了。10 月 15 日清晨 4 时，枪声骤起，火光烛天，隆隆炮声，震撼全城。手持各种轻重型武器的军队，一路开枪扫射，一路攻入西关。商团军根本不是军队对手，一触即溃，四散逃窜。福军本来就是绿林出身，发起神威，在广州商业最繁华地带，大肆焚掠。理发工人在军队掩护下，用煤油在西关四处放火。熊熊火光，标志着军队推进的位置。广州商业最繁荣的浆栏路、杨巷、西堤二马路、十七甫、第四甫、上九甫、太平路、龙津路一带，转眼间化作瓦砾废墟。

在反抗清朝的漫长革命中，广东商人和孙中山一直保持着密切而良好的关系。他们和政府决裂的原因，至为复杂。主要得归咎于政府的腐败无能、对商民只知道豪夺巧取，以致于激起民愤，被一部分想把持政局的政客商人所利用。

从孙文下决心扫平商团势力，甚至不惜炮轰西关，使之毁于一旦的时候起，他对南方已不存什么希望了。当初粤军在省城谋叛，孙文从韶关赶回广州坐镇；而这次商团起事，他却匆匆离开广州前去韶关，这本身就很耐人寻味。

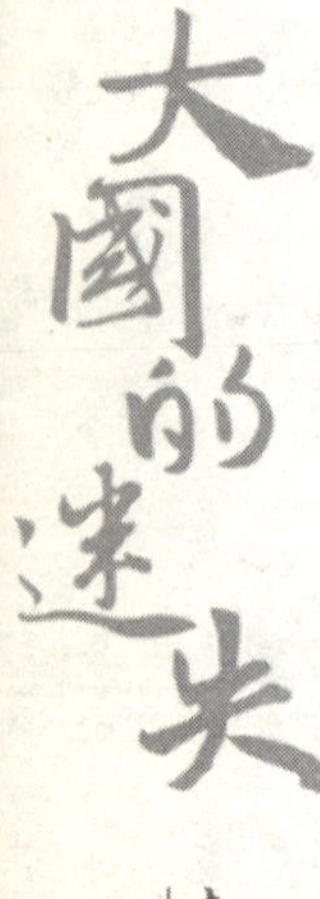

在激烈动荡的大时代，群雄岳峙，人怀问鼎。南方政府的威信，空前低落。不仅商人们背弃政府，甚至连工人、农民，一旦被政治家鼓动起来，也不把政府放在眼内。以反叛起家的国民党，现在处处面临着反叛。

1925 年初，孙文似乎感到自己的身体状况正在急剧恶化，他已经没有时间和精力再领兵北伐了，统一中国的梦想正在渐渐地离他远去。对于一个理想主义者来说，没有什么比这更为痛苦了。

孙文宣布他要北上和处于四分五裂的北方政府“共筹统一建设的方略”。南北和谈的条件，现在并不比 1919 年更为成熟，当时北方总统尚可驾驭北方大部分省份，现在几乎号令不出都门。但 1919 年孙文坚决反对和谈，而现在却执意北上。他甚至斩钉截铁地表示：不论成败，决不再回广东。

有人劝孙文打消北上的念头，因为那样等于承认了军阀及其背后的帝国主义有左右中国革命势力的权威。他们建议国民党自行在广州召集人民的和平会议。共产党的工运领袖和宣传家蔡和森断言：“中山

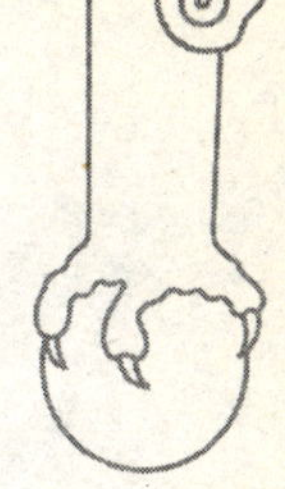

先生现在若上午入北京，我可断定他在革命上的信用下午便要破产。”①

但孙文的上海之行不改，蔡和森继而又以惋惜的语气问，先生干吗要忙着入京做军阀的高等俘虏呢？“我们希望中山先生留在上海相当时期，造成全国的舆论及民众的后援，才有可能进而制胜军阀，退而扩大宣传。”②

孙文没有采纳他们的建议。他这次北上的动机，没有人猜得透。

11月13日，孙文启程了。这是他一生中第几次北上呢？他的理想比民国元年北上和袁世凯见面时更前进了一步吗？

途经日本时，孙文再一次——也是最后一次——向人们讲解中国的南北问题，这是中国近代政治、经济、文化的症结所在。孙文说：

“中国在满清的时代，南北是统一的，只有一个政府。但是另外还有主人，要听外国人的话，对于本国的人民，就是杀人放火，也是要做。像这样的政府，虽然在名义上是统一，但是在事实是，对于南方人民，只有害而无利，又何贵乎有这种统一政府！假若在满清的时候，中国政府不是统一，北京政府的压力不能达到南方，以南方的强悍，专就香港而言，便不致失去那些领土。”

如果北方政府是一个昏庸无能的政府，那么，分裂比统一更好。孙文当年放弃总统的职位，南下护国、护法，就是基于这种信念。人们发现他的信念并无改变。

记者问及孙文，这次北上是不是准备做大总统，他说：“南北是不是统一，就在北方政府能不能赞成我们南方的主张，废除不平等的条约，争回主人的地位，从此以后，再不听外国人的话，来残害南方的人民。如果这一层做不到，南方人民还是因为北方政府怕外国人的关系，间接还是受外国人的害，南北又何必调和？何必统一？我又怎么情愿去执政权？”③

他扶病入京后，没有和政府举行任何形式的和平谈判。最后，在病危之际，他对身边的人说：“我这次放弃两广北上，实为和平统一而来；

---

① 蔡和森《北京政变与国民党》。《蔡和森文集》，人民出版社，1980年版。

② 蔡和森《欢迎孙中山先生离粤来沪》。《蔡和森文集》，人民出版社，1980年版。

③ 孙文《与门司新闻记者的谈话》。《孙中山全集》（第十一卷），中华书局，1981年版。

我所主张的统一方法，就是开国民会议，实行三民主义、五权宪法。现在为病所累，未竟全功，不无遗憾。希望诸位同志努力奋斗，使国民会议早日开成，达到实现三民主义、五权宪法的目的，那我死也瞑目了。”①

他曾称不论成败，决不再回广东，现在又用了“放弃两广”这样的措词，使人感到他的用心，非常深远。

孙文弥留之际，汪精卫请他留下一些训诲，以便遵守。孙文对侍疾榻前的老朋友、老同志们说：“我要留下说话给你们，会有许多危险。当今无数敌人正包围着你们，我死之后，他们更将向你们进攻，甚至必有方法，令你们软化；如果你们强硬对抗，则又必将被加害，危险很大。所以我还是不说为好，则你们应付环境，会比较容易一点……”②

1925年3月12日，孙文连呼“和平、奋斗、救中国”，在北京溘然长逝。这位杰出的民族主义者，一生都在借助各种势力来实现自己的政治理想，从早年利用秘密帮会推翻清廷，到南下护法，利用地方军阀反对北方政府，到联俄容共，借助工农的力量和国际援助，肃清两广的地方军阀。纵横捭阖，一生如此。他既做过中华民国的临时大总统，也做过黑社会的龙头大哥。

他的遗体后来葬在南京的钟山，陵墓建筑气势雄伟，远远超过了明太祖的孝陵。

孙中山葬入中山陵

① 罗家伦主编《国父年谱》，台湾，中国国民党党史会，1985年版。
② 罗刚《中华民国国父实录初稿》(第六册)。台湾，正中书局，1965年版。

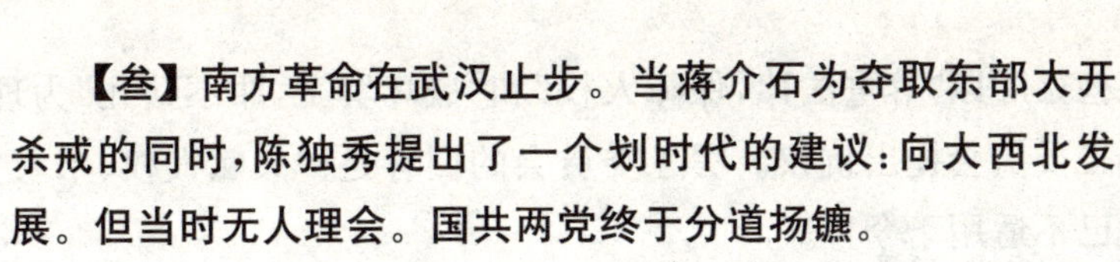
【叁】南方革命在武汉止步。当蒋介石为夺取东部大开杀戒的同时，陈独秀提出了一个划时代的建议：向大西北发展。但当时无人理会。国共两党终于分道扬镳。

孙文的去世，标志着一个时代的结束。

1925年2月，上海日本纱厂的工人举行了一次大规模的经济罢工。5月15日，日本纱厂打死工人事件的发生，成了“五卅”运动的导火索。全国各地都掀起了猛烈的工潮。在南方，6月19日，震动中国历史的香港工人大罢工爆发了。

共产党终于从孙文的巨大身影下脱颖而出。罢工工人在广州成立了罢工委员会，由海员出身的共产党员苏兆征担任委员长。委员会的机构和政府相差无几，作为最高议事机关的工人代表大会，具有绝对无上的权限；在罢工委员会里，负责财政的有财政委员会；负责立法的有法制局；负责司法的有会审处；负责审计的有审计局；负责工商管理的有工商检验货物处、工商审查仇货委员会；负责市政建设的有筑路委员会；负责治安的有工人纠察队。

以20万罢工工人为后盾的共产党，开始成为国民党的对手了。

具有政权性质的罢工委员会，把广东政府撇在一边。它可以处置一切与罢工相关之事，广东政府不得过问。罢工委员会自订法律，不仅罢工工人要遵守，而且各界人民都要遵守。

罢工委员会曾专门开会讨论，哪个部门有权抓工贼。少数人认为应由政府负责；也有人主张由纠察队负责；还有人主张人人都可以捉拿工贼，付表决时，全场十之六七都举手赞成。最后决定人人都可以捉拿。

捉到工贼以后，怎么处理呢？

在一次审判偷运劳工去香港的英籍船员时，纠察队先把这名船员押到夏天的太阳底下暴晒了一通，目的是让他“知道中国人的厉害”。然后，一名审判员和一名工人升堂，身后是各工会派来的十几名会审委员，周围是纠察队员。那名英籍船员要求：“要审，可以让政府来审。”工人把桌子一拍，厉声说：“你要到哪里去？你犯的是破坏罢工罪，就得在这里审问！”

在另一次审判中，罢工工人把一名煽动复工的“奸细”判处死刑。

广东检察厅以“尊重法律，保障人权”和“破坏罢工，罪不致死”为理由，向罢工委员会提出抗议。罢工委员会的回答是：“天赋人权、个人主义之说已不适用于今日。”

香港的报章，曾指责罢工委员会是“第二政府”。邓中夏自豪地承认：“这个罢工委员会，按其实际，实不啻一个政府，它有绝对权力，可以处置一切与罢工相关之事，广东政府不得过问，所以后来香港帝国主义宣传广东有‘第二政府’，就是指此。”[①]对共产党来说，第二政府就第二政府，这正是他们所要的。

国民党的头头们对此忧心忡忡，真正热心搞工运、农运的，只有廖仲恺一人，然而，当他情不自禁地喊出“苏俄开辟的社会主义道路，也是中国革命之最终出路所在。如果中国不能联俄，就没有出路”[②]的口号以后，他在老朋友当中，便愈来愈孤立了。

廖仲恺

由于联俄容共问题的分歧，大批元老先后失势。在广东权倾一时的人物，按资历排名，原为汪精卫、胡汉民、许崇智、廖仲恺和蒋介石，前面四位全是粤人。但随着蒋介石的崛起，这种情形开始改变了。

1925 年 8 月 20 日上午，国民党中央执行委员会召开常会，廖仲恺在抵达会场时，遭到刺客狙击，身中三枪，当场死亡。

一场大清洗，随即铺开。

汪精卫、蒋介石及时地利用了这一事件，对异己分子进行全面扫荡。国民党右翼元老们纷纷逃离广州。他们在军队中的支持者也土崩瓦解。许崇智接受军事委员会的劝告，放弃了军权，离开广州到上海当寓公去了。胡汉民的寓所也遭

---

① 邓中夏《中国职工运动简史》。人民出版社，1953 年版。
② 廖仲恺《各派社会主义与中国序》。

到搜查，蒋介石以保护为名，派人把他送到黄埔岛，然后和孙文的儿子孙科一起，以派往苏联考察的名义放洋。胡汉民的亲密战友古应芬也被迫辞职离粤。

在清扫了保守的元老派之后，政府似乎变得纯洁了，然而，很明显，在国民党内部，“广东帮”（汪精卫）和“江浙帮”（蒋介石）对立的阴影，已隐然出现。这种明争暗斗，一直持续到抗日战争的爆发。

廖仲恺去世以后，政府和工人、农民的联系更加疏远了。虽然工运、农运愈闹愈红火，但国民党领袖们不感兴趣，而且戒心重重，他们的目光都盯着党权、军权。

这种官民脱节的情况，在远离城市的乡村，尤为严重。国、共对农民的政策，始终是摇摆不定和自相矛盾的。他们一方面鼓励农民参政，另一方面又深惧农民参政，担心失控而触发政治危机。

1925 年 4 月，广东全省已经成立农民协会的县只有 22 个，会员有 21 万。时隔五个月之后，已急剧地发展到 33 个县和 45 万会员。到 1926 年 4 月，全省成立农协的县达到 66 个，会员人数共 62 万之众。当农民处在最水深火热的社会底层时，要他们起来革命，并非难事。当中共提出减租减息、平粜阻禁、废除苛捐杂税、反对加押退佃的口号时，农民便一哄而起，如怒潮排壑似地投奔而来了。

国民政府发动统一两广的战争，中共领导的工农运动，紧随着东征军步伐，迅速填补陈炯明军队败退后遗下的空白点。大大小小的工会和农会组织，在惠、潮、梅各属，遍地开花，几乎每天都有工会、农会成立的“盛大庆典”举行，游行集会，无日无之，舞狮的锣鼓声、鞭炮声、口号声，终日不绝于耳，沸反盈天。政府也是沾了他们的光，才得以在粤东各属挂牌营业。

农民参政的愿望非常强烈。他们成立农会，组织农军，并且在广州创办了“农民运动讲习所”，训练农民干部，夺取乡中政权和财政权。声势之猛，真使同盟会出身的老前辈们瞠目结舌。

毛泽东在广州的番禺学宫，为第六届农民运动讲习所学员们讲授《国民革命与农民运动》的课题。他提出了一个前无古人的论点：“农民问题乃国民革命的中心问题”。农村的封建阶级，是国内统治阶级国外帝国主义的唯一坚实的基础，不动摇这个基础，便万万不能动摇这个基础的上层建筑物。[1]

毛泽东为农民的觉醒大叫“好得很”，在他的老家湖南，一场农民暴动的飓风，愈刮愈猛。从1926年10月至1927年1月，仅湖南一省的农会会员便从三四十万，激增至200万，能直接领导的群众达到1000万。他们的口号是“一切政权归农会”。由国民党主持的县一级政府已基本瘫痪，农会不顾一切地夺取乡中的政权，不仅干预各区的经济活动，而且开始砍杀土豪劣绅。政府的法律，在乡下根本行不通，农民有自己的法律。他们甚至不用像罢工工人那样和政府组织联合法庭，他们设在祠堂的法庭，就可以处决一切胆敢对农会说个不字的敌人。他们即使把地主押到县衙，也是为了把县官升堂和枪毙人犯当作闹剧来观赏。

“农会权力无上，不许地主说话，把地主的威风扫光”，乡村的绅权被彻底打翻了，“反对农会的土豪劣绅的家里，一群人涌进去，杀猪出谷。土豪劣绅的小姐少奶奶的牙床上，也可以踏上去滚一滚。动不动捉人戴高帽子游乡，‘劣绅！今天认得我们！’为所欲为，一切反常，竟在乡村造成一种恐怖现象。”毛泽东把它称作“一个空前的农村大革命”。[2]在《湖南农民运动考察报告》中，他对湖南农村的现状，作了生动而详细的描述。

中共之所以能够在短期内打开农村局面，造成云奔潮涌之势，与会党的推波助澜、因风吹火，有着互为因果的关系。

农会的大门向会党敞开，无任欢迎，甚至把会党称作“革命团体”。湖南第一次农民代表大会宣言称：“遍布南方各省的三合会、三点会、大刀会、哥老会，以及北方的捻子、白狼、红枪会等团体，先后发生，不谋而合地相继与封建的统治阶级争斗，与帝国主义争斗……他们这些革命的团体是没有广大的联合战线，是不明白政治的策略的。”[3]因此，要把他们纳入到革命的联合战线中来。

面对这种情形时，政府的官员们，显得茫然不知所措。

---

① 毛泽东《国民革命与农民运动》。中共中央文献研究室编《毛泽东文集》（第一卷），人民出版社，1993年版。

② 毛泽东《湖南农民运动考察报告》。中共中央文献编辑委员会编《毛泽东选集》（第一卷），人民出版社，1991年版。

③ 《湖南省第一次农民代表大会宣言》。魏宏运主编《中国现代史资料选编》（二），黑龙江人民出版社，1981年版。

当广东政府为民众运动大伤脑筋的时候，蒋介石正积极地进行着另一场的“战争”，这就是把江、浙的势力引进南方，为将来的政治中心东移铺平道路。

当时国民党仍以粤人占绝对优势。直到1926年10月，北伐军已经打到长江边了，上海和江苏的国民党人加起来才5491人，以学生为主；而广东一地的党员已达15.69万人，其中农民约占40%，工人占25%，学生占25%，商人不足10%。①

北伐是蒋介石摆脱广东势力的一个机会，因此他对北伐最积极。在广东的六个军长中，除第一军蒋介石是来自东部外，其他都是来自南部省份：第二军谭延闿是湖南人、第三军朱培德是云南人、第四军李济深、第七军李宗仁是广西人(第四军的基本队伍是粤军)、第五军李福林是广东人、第六军程潜是湖南人。

当时张国焘作为一个旁观者，有一个强烈观感：“也许广东人的排外心理是较浓厚的，使外籍的‘英雄’总觉得广东并非用武之地，如果能回到长江下游的本土，或可建立霸业之基。有些广东籍将领则不免想到如果这些外省‘英雄’，到省外去打江山，他们就可成为广东的真正主人了。大多数客籍将领都觉得到外省去打天下，可解除现在苦闷而获得发展机会。因此，‘北伐’的代名词，是‘向外发展’”。②

对廖仲恺一案的处理，为蒋介石建立江、浙势力，奠定了基础。由于革命政府建立在广东，广东人的地缘优越感，是自然而然的。在广东人占压倒性多数的情形下，他们的排外心理，反而趋于淡化。但蒋介石是一个外来人，满嘴宁波口音，他要在广东打天下，对于建立以省籍为核心的权力基础，自然格外留意。

权力永远不会处于静止的状态，如果它不是在扩张，就是在萎缩。权力是一种四处游荡的东西，就看谁能够把它抓住。身为国府主席的汪精卫显然没有觉察到这一点，他正热心地帮蒋介石把大批的广东籍元老赶到遥远的北方或者海外去。虽然汪、蒋关系，在1926年初已很紧张，但汪精卫仍然只把这看成是蒋介石个人的原因，而没有看到在他背后，庞大的江浙集团，正在迅速崛起。

---

① 王奇生《党员、党权与党争》。上海书店出版社，2003年版。
② 张国焘《我的回忆》(第二卷)。东方出版社，2004年版。

这年 3 月，发生中山舰事件，汪精卫的态度颇为暧昧，“他存心令蒋去职，却又不公开执行，只希望蒋因之自去”。① 其后，又幻想通过“闪电式”的行动，把蒋介石驱逐下台。讵料，蒋介石的行动比他更快，在短短的几个小时之内，由浙江籍的蒋鼎文团长，率领大批军队，断绝了广州市的交通，包围了苏联顾问的住所，羁押了黄埔军校和第一军第二师的 40 多名共产党员。汪精卫的住宅也被军队包围了。

汪精卫这才如梦方醒，愤怒地说：“我是国府主席，又是军事委员会主席，介石这样举动，事前一点也不通知我，这不是造反吗？”② 军队的造反，既不是第一次，也不是最后一次，何足怪哉？

几天以后，深感绝望的汪精卫，悄悄离开了广州，经香港转赴法国。至此，当年孙文手下的“上三”、“下三”中，廖仲恺、朱执信、邓铿三人已死，胡汉民、汪精卫、古应芬三人扫地出门，六名核心干部一个不留。

不久，蒋介石让江浙财阀张静江出任国民党中央常务委员会主席，而他自己则接替汪精卫出任中央军事委员会主席，又兼任了中央组织部和军人部部长之职，并由江苏人叶楚伧担任中央执行委员会秘书长，浙江人邵元冲担任青年部长。黄埔军校的大部分财源和军火来源都在江、浙，由已故的上海青帮大亨陈其美的侄子陈果夫、陈立夫兄弟一手操办，并且为蒋介石在江、浙地区招募了大批军校学员。

1926 年 11 月，陈氏兄弟在广东组织浙江革命同志会，其成员大部分来自江苏、浙江、安徽几个东部省份，逐渐控制了国民党的各级党部。后来有一句很流行的话：“蒋家天下陈家党”，就是从这时开始的。

从孙文逝世、廖仲恺遇刺、广东籍的元老派被逐、汪精卫下台，可以看出一条清晰的脉络，即广东人对南方政治的影响力，正在急剧地下降。相反，江浙财阀迅速渗透国民党，影响力与日俱增，大有涵盖党、政、军之势。

在这种情形之下，广东政府必须把内部迅速发酵膨胀的压力宣泄出去，不然就有爆炸的危险。而宣泄的最好途径就是北伐。

①② 黄仁宇《从大历史的角度读蒋介石日记》。时报文化出版企业股份有限公司，1994 年版。

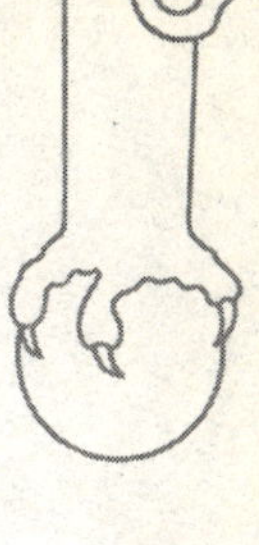

1926年的夏天来临了。

蒋介石以国民革命军总司令的身份，大誓三军，再一次拉开了南北大决战的帷幕。北伐是孙文后半生为之奋斗的理想，蒋介石一直是这个理想的最坚定的支持者。几年来他把大量心血倾注在黄埔军校，就是为了建立一支能够帮助他统一中国的军队。

在蒋介石的内心深处，他的军事目标与其说是北伐，不如说是东征。他认为要统一中国，首先要夺取东部——江、浙和上海，这是中国的经济命脉所在。

“必须马上向北方进军!”蒋介石对苏联顾问和国民政府说。

苏联顾问并不认为北伐的时机已经成熟。他们说，以南方军队的实力，打到武汉是没有问题的，但要一口气打到北京，就有点力不从心了。这是一个奇怪的心理定势，一说起北伐，大家都觉得应该是沿粤汉铁路、京汉铁路向北推进，这似乎是不言而喻的，但蒋介石心里的计划根本不是“一口气打到北京”，而是一口气打到上海。

对于北伐，共产党并不热心。1926年5月，中共中央发了一份通告，表示:“目前只要广州政府及北方国民军能守住现有的实力，等待直奉冲突之到来，已是很大的胜利。”①两个月后，陈独秀发表了一篇题为《论国民政府之北伐》的文章说:“现在的实际问题，不是怎样北伐，乃是怎样防御，怎样防御吴佩孚之南伐，防御反赤军势力之扰害广东，防御广东内部买办土豪官僚右派的响应反赤。”②

在4月20日中国共产党致第三次全国劳动大会的信、同日致中国第一次农民大会的信上，都只字不提北伐；在这两个大会的宣言中，也没有任何关于北伐的内容。直到7月底，全国总工会才发表了一篇支持北伐的宣言，这也是由共产党领导的全国性组织第一次正式和公开的表态。但与此同时，中共中央又向党内发了一份通告，提醒要“预防过分宣传北伐之流弊”，劝告民众不要“对北伐预有过分之希望而终于失望”。并规定目前党的总政策口号是召开国民会议，不是争取北伐的

---

① 《中央通告第101号》。中央统战部、中央档案馆编《中共中央第一次国内革命战争时期统一战线文件选编》，档案出版社，1991年版。

② 陈独秀《论国民政府之北伐》。魏宏运主编《中国现代史资料选编》(二)，黑龙江人民出版社，1981年版。

北伐时期的蒋介石

胜利。①

然而，共产党对形势的估计显然错了。北洋政府气数已尽，以千百就尽之卒，战百万日滋之师，两军交战，南军大捷。盘踞在西北地区的另一股军阀势力冯玉祥和阎锡山，也乘时而起，蠢蠢欲动，想在这场南北战争中，分一杯羹。他们代表着中国社会最愚昧落后、最冥顽不灵的西北地主集团。

10 月初，北伐军占领武汉，国民党政治会议决定迁都武汉。蒋介石坚决反对，他说："总理主张建都有两个地方，第一个是在南京，第二个是在武昌。"但没有人理睬他。

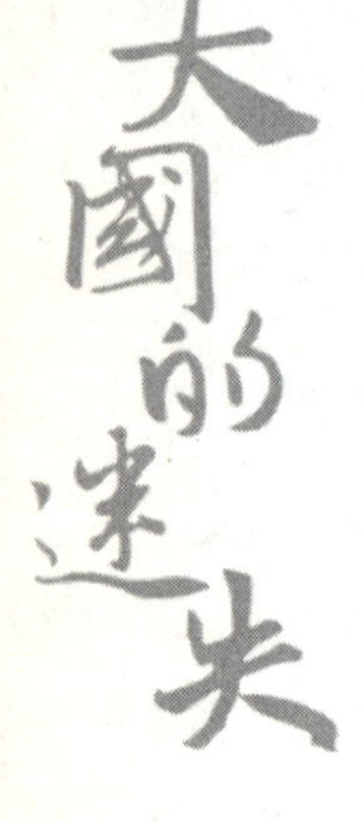

中央党部和国民政府出发北上了。一路走湖南，一路走江西。蒋介石再次运用他的枪杆子，把江西一路扣住了。他急于把政府置于他的势力范围之内，由他引导着政府向前走。尽管在此之前，他一直主张先廓清江西之敌，然后再解决福建，但是，当政府决定迁都武汉以后，福建方面的战事就提前展开了。蒋相信东路军能够战胜敌人，开辟东南的新局面。

南昌克复后，蒋介石立即调整了部署，把东路军分成两支，一支由何应钦率领，另一支由白崇禧率领，分别向江、浙地区挺进。

1927 年 3 月，当北伐军逼近上海时，共产党领导上海 80 万工人大暴动，策应北伐军。当时起义的指挥机构，对前方情况并不了解，直到 3 月 15 日才听说北伐军已经打到，他们曾派人和白崇禧联系，但没有结果。3 月 21 日，沪杭路上的北军开始向龙华退却，中共江浙区委立即下

① 《中央通告第 1 号》。中央统战部、中央档案馆编《中共中央第一次国内革命战争时期统一战线文件选编》，档案出版社，1991 年版。

达暴动指令。市内各大百货公司纷纷拉上铁门;电车全部从南京路驶进厂里;南京路各店开始罢市了。影响所及,附近的商店也相继加入罢市。

手持武器的工人从工厂冲出来,向各处的警察局发起进攻。第一个被工人攻陷的是虹镇警察局,人们轻而易举地缴了警察的枪,胆子更大了,接着又打了闸北四区警察总局,把一名平日作恶多端的巡官绑在电线杆上枪毙了。

工人的队伍还未到达北车站,巷战已经开始了。驻守北站的鲁军用排枪、机关枪和大炮向暴动者射击,附近的民房陷入火海。双方躲在障碍物后互相射击,从凌晨一直对峙到晚上。全上海除了北站之外,已落入暴动工人的手里。

当虹口警察局被围攻时,上海帮会也出面了。自从陈其美死后,上海法租界和公共租界的帮会,由水果店学徒出身的青帮悟字辈弟子杜月笙一统江湖。

在这个风云际会的大时代,最大的赌局是政治。从袁世凯当总统,到洪宪帝制的覆亡,到南北分裂,到皖、直、奉系此消彼长,朝荣夕灭,到国民革命的兴起,令人有"看着他起高楼,看着他宴宾客,看着他楼塌了"的感慨。

政治局势的变幻无常,南方国民党势力的蓬勃壮大,国民革命的风起云涌,所有这一切,在号称"上海皇帝"的杜月笙眼中,都是一局最激动人心的赌博。如果不敢下注,将永远被排斥于局外。他决定把赌注押在蒋介石身上。

然而,当工人发起暴动时,青帮弟子却纷纷帮着警察对付暴动工人。形势变得非常混乱。杜月笙一听说青帮在虹口和暴动工人干上了,立即亲往制止,他对这次暴动的组织者并不了解,以为是国民党为了配合北伐而策动的。他命令帮会子弟全力支持暴动工人,迎接北伐军的到来。

3 月 22 日天亮以后,工人纠察队从四面八方向北车站勇猛进攻,鲁军负隅顽抗,还四处纵火,在车站里埋设地雷,企图阻止工人的推进。附近的居民都把家中的棉被、麻袋、砖石、木板送给工人纠察队架设障碍物。

中午,天通庵车站的鲁军终于缴械投降了;商务俱乐部的敌人也在

杜月笙

下午被击垮了，北军只剩下北站的最后据点。于是各路队伍十几万人，浩浩荡荡向车站涌去，猛烈的枪炮声、工人震天的呐喊声、敌军的鬼哭狼嚎声，震撼着大上海。经过一个多小时的猛攻，白俄兵逃进了租界，鲁军丢盔弃甲，狼狈逃窜。暴动工人经过两天一夜的血战，完全占领北站，获得了最后的胜利。

领导暴动的共产党和总工会在夺取上海以后，曾派代表请白崇禧立即入城。但当时上海的北军残余已有降意，白崇禧在占领松江之后，便勒兵不进。但共产党并不想让上海北军投诚，他们计划夺取北军的武装。在这种情况下，白崇禧别无选择，只好驱师入城。

在此之前，上海一度成为赤旗飘扬的天下。不过，尽管工人和市民组织了市政府，但这个政府却是共产党、军人、买办、民族主义者和自由主义者的混合体，松散而缺乏权威。蒋介石写信给他们，要求“暂缓办公”。市政府的委员们纷纷挂冠而去。

3 月 26 日，蒋介石来到上海，他被眼前汹涌澎湃的工人运动震惊得目瞪口呆。他觉得如果不及时稳住局面，上海作为全国最繁荣的工商业城市——也作为他未来政府的经济支柱——就要垮了。

“我们先要占领上海，”他通过报纸，以急迫的态度对外界表示，“因为上海是中国经济的枢纽，如果上海再落在共产党人的手里，和汉口一样，弄得外交、经济、政治都扰乱不堪，使国民革命不能成功，那不但是稍有资本的商人不能安居乐业，就是一般民众，怕也要受他们的压迫威胁,而无可告诉了。”①

蒋介石急于向东南发展,甚至不惜和中央分道扬镳,以及他选择上海作为和共产党最后决裂的地点,都不是偶然的。

3月23日,东路军攻入南京。至此,东部中国已在蒋介石的掌握之中了。

蒋介石一到上海,行装甫卸,便向租界当局和商人们保证要建立上海的法律与秩序。这是给上海金融界和工商界一服镇静剂。自从北伐军占领湖北后,已有2000万到3000万银元流入上海。上海的银元储备高达1.3亿到1.4亿。上海的经济地位比任何时候都重要。

从3月开始,蒋介石采取了一系列严厉措施,反对上海总工会,禁止总工会集会。为了和共产党的总工会对抗,蒋介石拿出大量金钱,支持上海工会和杭州工会。这两个工会里有不少活跃的帮会分子,是当年陈其美的徒子徒孙。

就在这人心汹汹之际,汪精卫突然从莫斯科回国,在上海和蒋介石会面,他们进行了长时间的谈话。蒋公开表明他的反共决心。

汪精卫警告说:“如果这一回,东南与武汉开战,你失败了,我们国民党必就此消失,共产党必就此起来;如果你得胜了,武汉被东南打倒的时候,无论右派的军队、左派的党员,一定不会同你蒋介石合作,你在党内的生命,怕要从此消失。”

蒋介石决然回答:“现在不是这个问题,现在是国民党生存的问题。如果国民党可以生存,无论什么责任我都可以负担起来;绝不能自己不负责任,从中取巧,来做一个好人。现在我们只有不管成败利钝,同共产党分离!”

尽管汪精卫同意他的基本观点,但不同意操之过急。当时的旁观者李宗仁已经预感到,“汪氏一去,国民党的分裂遂无法避免,而分共清党也就势在必行”。②

在汪离沪前夜,蒋介石召集了上海的国民党军政大员,在龙华会议,正式决定清党。李宗仁将他的军队调到南京附近,监视沪宁路上的

---

① 蒋介石《国民革命与经济的关系》。引自[日]古屋奎二《中日关系八十年之证言》,哈尔滨出版社,1989年版。

② 《李宗仁回忆录》(上卷)。广西壮族自治区委员会文史资料委员会,1980年版。

左倾部队。蒋介石又把倾向工人的军队调离上海。在采取了这一系列的布置之后，上海顿时呈现密云待雨的紧张状态。

4月8日，蒋介石去了南京，上海的一切工作由白崇禧直接负责。4月9日，蒋在南京恢复了被第二军封闭的国民党市党部和工会。这是一个信号。

蒋介石的代表和上海的帮会大亨们，在聚义堂上商讨反共大计。杜月笙这才明白，原来国民革命中暗潮汹涌，国共两党的分裂，已势在难免。蒋总司令就会在上海有所行动了，青帮务必密切配合。

帮会分子把胸脯拍得山响："上海劳工中至少也有八成是我们这边的人，如果我们真跟总工会打的话，不用说总工会，就是其他所有的左倾势力，都不堪一击。"①

上海帮会开始行动了。

杜月笙亲自挑选的帮会"死士"，组成"中华共进会"，准备以暴力捣毁总工会。与此同时，另一批帮会分子设立了"上海工界联合总会"，和上海总工会分庭抗礼。秘密帮会纷纷浮出水面，以各种合法社团的名义，公开活动了。

4月11日，上海的军队忽然散布步哨，戒备森严。上海大部分地区实行了戒严。

数百名身穿党军服式、臂缠白布"工"字符号的壮汉，冲击商务俱乐部。工人纠察队一名副队长上前理论，被当场击毙。双方爆发枪战。二十六军第二师派出第五团前来，将纠察队全部缴械。另一批青帮弟子在杜月笙亲自指挥下，攻占了工人纠察队的重要据点商务印书馆。

南市方面，二百多缠白布黑"工"字臂章的青帮死士，从法租界南洋桥乘汽车冲入华界，手持手枪、盒子炮、炸弹，分三路包围了南车站前的华商电车公司，向纠察队开火进攻。沪西曹家渡也出现了佩戴白布"工"字符号的帮会弟子，冲击申新、民生、丰田各纱厂工会，将工会委员长等四名工会领袖当场打死，又将各工会砸得稀巴烂。

纠察队被"尽解其甲"的消息传出后，上海工人和市民在4月12日举行群众大会，向国民党严重抗议，并要求立即恢复工人武装、保护上海总工会和取缔反动团体。

---

① ［日］三谷孝《秘密结社与中国革命》。中国社会科学出版社，2002年版。

"反动团体"显然是指杜月笙的"中华共进会"。但当天的谈判，并无成果。4月13日上午，总工会再于闸北青云路召开大会。工人游行赴宝山路天主堂二十六军司令部请愿，要求释放被拘工人。行到宝山路三德里附近，突遇第二师士兵向游行队伍开枪，驱散人群。并用机关枪扫射，死者血流街头，伤者纷纷倒地，一时秩序大乱。其时雨势甚大，宝山路上血流成河。附近各商店纷纷闭门停业，居民惊恐万状。

4月14日，由中共领导的上海总工会、中国济难会被查封。4月15日，国民党部分中委在南京召开二届四中全会（因不足法定人数，改为谈话会），宣布清党和奠都南京。推举胡汉民为国府主席，蒋介石为军事委员会主席兼国军总司令。18日在南京举行就职典礼。

当国民政府迁都武汉以后，农民运动的中心，也从广东移至湖南。1926年12月13日，中共中央在汉口召开临时会议，对日趋高涨的农民不满情绪和农村骚动进行了讨论。毛泽东主张急进的土地政策，即使引起国民党的对抗，也在所不惜。中央犹豫再三，依然决定采取抑制的政策。

究竟农民运动有没有过火的地方？是不是犯了幼稚病？要不要加以纠正？对这一系列问题，共产党一直没有定见。他们时而主张没收一切地主土地，时而又主张征收土地税；时而是土地赎买，时而又是政治没收（即只没收反革命分子的财产）。

正如许多人预料的那样，随着北伐战争的胜局已定，国共两党势必分道扬镳。

1927年4月，蒋介石在江浙财阀的支持下，在上海和共产党决裂了，广州立即步其后尘，从南部到东部中国，发生了一连串屠杀共产党的血腥事件。

汪精卫在上海和蒋介石见了一面，便不辞而别到了武汉。他不可能站在蒋的一边，因为他急于要报一年前被蒋逐出国的一箭之仇。国民党现在公开分成了武汉的国民党（汪精卫）和上海的国民党（蒋介石）。

武汉政府面临来自南方农民、西北地主集团（冯玉祥）、东部资本家集团和帝国主义列强的重重压力与威胁。他们简直有点茫然不知所措了。当东部资本家公开表明反共态度后，由武汉政府领导的湖北省总工会急忙向工人发出命令:“应该暂时停止对资本家的斗争。”

暮春的长江三镇,这个南北双方的交界点,东西两部的结合处,水和天,春寒与雾气,全都浑然一体,停止不动,凝滞起来了。只有江面上的小舟,似乎还保持着往日的柔和与平静。然而,谁都知道,已经到了生死存亡的一刻了。武汉街头行人寥落,到处贴着“不要同洋人冲突”、“让外商企业和工厂复工”、“服从革命法令”、“打倒危害武汉金融市场的蒋介石”、“逮捕造谣者”、“禁止哄抬物价”的标语口号。一种四面楚歌的危机感,压得人们喘不过气来。

对于武汉政府来说,唯一可以依靠的,似乎只有南方的农民,然而,在土地问题上,他们迄无定论。调查土地问题特别委员会4月召开会议,毛泽东提出土地改革的主张。会后,特委会成立了一个土地调查委员会,以便确定没收土地的办法和标准。毛泽东指责这是无故拖延时间。

不久,土地调查委员会决定将没收土地的限度定为500亩,但有一个附带条件,即没收土地只限于没有人在国民党军队中当军官的地主家庭,否则,不管有多少土地,一律不没收。实际上还是政治没收。

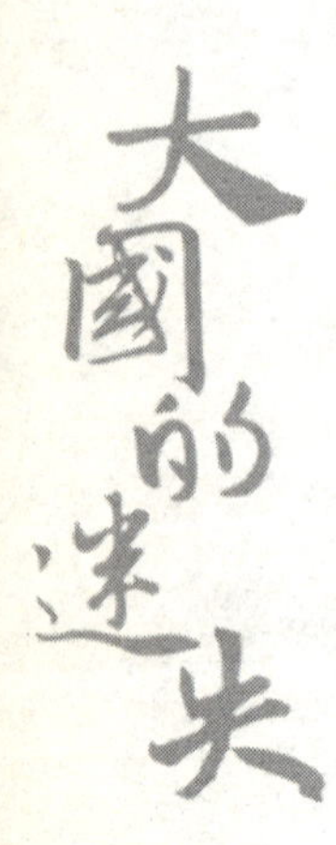

在鲍罗廷和国际共产代表罗易之间,发生了激烈的争吵。鲍罗廷要继续麾师北伐,其用心和当初孙文北伐有相似之处,是为了避开已经失控的南方;而罗易则坚持先土改,后北伐。罗易是一位39岁的印度人,领导着第三国际中亚局的工作。

4月27日,共产党的第五次代表大会在汉口召开。关于是先北伐还是先土改的争论,仍然沸沸扬扬,无休无止。

陈独秀对目前的局势深感悲观,他对与会代表们说:“中国革命,无论在广州,还是在上海、天津、汉口或任何工业最发达的地方都不能发展!”为什么呢?“是啊,为什么呢?这个问题我也想了很久,结论是因为在这些地方,在中国的沿海和中部地区,帝国主义和中国资产阶级占有更强大的地位。”

那么,共产党革命的出路在哪里?

陈独秀宣称:“中国革命的唯一出路,就是退到大西北去!因为这些地方帝国主义的影响比较薄弱,革命力量容易积聚起来,然后再来摧毁帝国主义的统治!”①

这意味着放弃南方！放弃城市！退到荒无人烟的不毛之地！10年后的中共才意识到陈独秀这个意见的价值，但如今西北是冯玉祥等军阀的地盘，他们是典型的投机分子，很可能会站到在这场角逐中占据上风的蒋介石一边，因此几乎所有人都起来反对陈的意见。

陈独秀

只有鲍罗廷表示支持，但他的出发点是觉得大西北离苏联较近，容易获得物质上的援助。他竭力主张继续北伐。

武汉的国民党赞成鲍罗廷的主张；共产党则意见不一，有人建议南伐，回师广东；有人建议东征，先打倒蒋介石再说；有人支持鲍罗廷的意见；也有人质问：为什么不想办法保住两湖？在一片异议蜂起声中，蔡和森断言“北伐和东征都不是我们的事！和我们毫不相干!”他劝告自己的同志，“我们不要再为他人做嫁衣裳了，让我们来干自己的事情，取得我们自己的地盘和武力。就是说，让我们注意直接摆在我们面前的任务，即解决两湖问题!”②

所谓两湖问题，就是立即占领粤汉铁路，以湖南为根据地，向湖北和广东进攻。这意味着和国民党公开宣战。鲍罗廷期期以为不可，共产党人还没有足够的力量实行决裂。

在第五次代表大会上，虽然提出了许多解决时局的方案，但没有一个是切实可行的，几乎全是纸上谈兵。大多数人都在有意回避土地问题，因为这个问题实在太棘手了。

军队和农会的对立，与日俱增。5月，当湖南的国民党军队发动政变，强行推翻省政府和捣毁农民协会以后，普遍的看法是必须限制农

①② [美]罗伯特·诺思、津尼亚·尤丁编著《罗易赴华使命》。中国人民大学出版社，1981年版。

民。在中共中央政治局的会议上，鲍罗廷严厉批评："一切错误都是工农运动过火，我们的同志太幼稚，不能真正领导农民运动。领导湖南农民的是'地痞'和哥老会而不是我们！"①

秘密帮会在南方的势力依然很大，甚至比孙文时代还大。

鲍罗廷与罗易的分歧在继续扩大。鲍罗廷主张减租减息、乡村自治，号召群众拥护国民党中央及其政府；罗易则主张立即推翻国民党中央及其政府。罗易决定绕开鲍罗廷，直接向武汉政府和汪精卫施加压力。他把国际共产的一份电报交给汪精卫看。这份电报向共产党提出了四点要求：一、农民自动没收土地；二、武装共产党五万人；三、推翻反动的国民党中央；四、组织革命法庭，严惩一切反革命。

汪精卫大吃一惊，立即表示武汉政府无论如何不能接受这份电报的条件。

破裂已成定局。人们后来把国共最后决裂，归咎于罗易把共产国际的电报给了汪精卫看。其实就算没有这份电报，国共两党间脆弱的合作关系，也已经山穷水尽了。

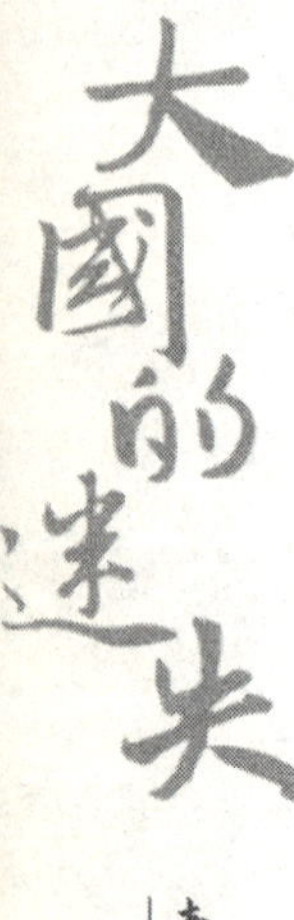

几乎是辛亥革命和护国战争的翻版，当南方革命军已经接近全面胜利，完成统一大业之际，这场革命的民主色彩却在迅速消褪，只为新的军事独裁者搭好了表演的舞台。

以军事北伐开始，以政治南伐告终，成了现代政治一幕唱完又唱的老戏。

7月中旬，中共发表对时局宣言，宣布撤回参加国民政府的共产党员。7月15日，武汉国民政府中央举行会议，正式分共。28日，国民党军队占领武汉总工会，工人纠察队全部缴械。乡下的农会大部分瓦解，小部分转入地下。大批工运、农运活跃分子被杀。

共产党被迫离开城市，进入了深山密林。

从太平天国、戊戌变法、辛亥革命、护国战争、护法战争、国民革命，南方对北方发起了一波又一波的冲击，虽然潮起潮落，但南方人以永不言败、永不妥协的精神，毕竟把中国一步一步推向前进。

① 蔡和森《党的机会主义史》。《鲍罗廷在中国的有关资料》，中国社会科学出版社，1983年版。

第二部

北方，帝国龙脉所系

◇第四章　沉寂的帝都

◇第五章　还政于清

◇第六章　道德调和的失败

第四章
沉寂的帝都

【壹】当袁世凯定都北京时，已决心维护帝制了。因为北京具有最雄厚的专制文化基础和成熟的官僚政治体系，新旧政府只要办理一下移交手续就行了。

说到北方，不能不从义和团说起。

有关义和团的来龙去脉，已有无数学术著作论及，史料也基本上搜罗俱尽，罔有遗漏，在此亦无庸赘述。然则在历史上，没有哪一次类似的社会运动，会引起那么多、那么复杂而激烈的争论。有人说它是伟大的反帝农民运动，有人说它是盲目排外仇教的暴民运动。这种争论不仅发生在后世，即便在当时，也已经引起统治集团的分裂，不少朝廷重臣，因为支持拳民而血溅法场，丢了吃饭的家伙。

义和团的开坛老祖朱红灯，是山东泗水县柘沟镇宋家庄一个贫苦农民，据说曾参加过白莲教，为此遭到政府通缉，遂遁入江湖，专门结交天下豪侠、捻军余党、大刀会首领等，深受流行于山东的八卦教影响。不少论者指出，后来他创立的义和团，与八卦教是有其思想渊源的。甚至有人指义和团为白莲教的一大分支，亦有人说义和团是洪门的支派，是由洪门后五祖之一的洪太岁后裔创立的。

不管这些说法是否成立，但这伙北方的草莽英雄，最初是从山东西北平原崛起，则确实无疑。义和团老家93%的人口都是农民，“是山东省最纯粹的农业地区，但却毫无繁荣的景象”。① 从最纯粹的农业地区，

① ［美］周锡瑞《义和团运动的起源》。江苏人民出版社，1998年版。

便孕育出最纯粹的农民暴动。

1900 年义和团把北方闹得天翻地覆，是中国与东西方列强多年积怨的一次大爆发。义和团极端仇外，认为中国的一切灾难，都是洋人带来的，洋人都是妖魔鬼怪。干旱是因为教堂遮蔽天空，外国人蓝眼睛是因为他们都是乱伦的产物。（乩语有云："男无伦，女行奸，鬼孩俱是子母产。如不信，仔细观，鬼子眼珠俱发蓝。天无雨，地焦旱，全是教堂止住天。"）语虽荒诞不经，但反映了当时民间对洋人和洋文化的认识水平，亦无可厚非，史家不能以今天的认识水平，苛求古人。

然朝廷对西方文化的认识，经历了洋务新政、戊戌变法，与西方接触频密，毕竟比民间清楚得多，却妄想利用这些草莽英雄，替天行道，扶清灭洋，挽救日渐衰败的大清江山，则是病急乱投医，吃不成羊肉，反惹一身膻了。

1900 年春，山东义和团大队人马，在朝廷的默许下，把孔夫子的"尊王攘夷"口号变化一下，变成"扶清灭洋"，从孔夫子的家乡出发，像蝗虫大军一样，掠过故城、景县、东光、阜城，杀入直隶。"仙出府，神下山，附着人体把拳传。兵法艺，都学全，要平鬼子不费难。拆铁道，拔线杆，紧急毁坏火轮船"。沿途攻打教堂，拆毁琉璃河至涿州之间的铁路，烧了高碑店、涿州、琉璃河车站；继而又拆毁琉璃河到长辛店 100 多里铁路和桥梁；火烧了京津线上的黄村车站。

义和团自称会画符念咒，刀枪不入，最擅放火，据说可以用刀枪向房屋门上指画，再向地上指画，一声吆喝"着"，立即火鸦火鼠乱窜。拳术练三个月就有神附体；红灯照练五个月即能飞天，随意取物；沙锅罩

1900 年，义和团围攻使馆后，八国联军在天津登陆，开始了攻击北京的战斗

练成后，空锅能够生出食物。京城哄传大师兄已派遣红灯照飞往各国，阻击来敌，然后再将中国境内的租界一扫而平。

江湖公开提出要扶助庙堂的口号，在历史上是不多见的。而庙堂居然也公开扶助江湖，则更为罕见了。慈禧太后对义和团采取招抚之策，并命令义和团开进北京抗洋，与官军实行联合军事行动。义和团在京城奉旨团练，设坛作法，烧毁洋宅、教堂、施药房、医院，杀死传教士和教民，最后发展至配合官军进攻外国使馆，闯下弥天大祸。1900 年 8 月，由英、法、美、德、意、日、俄、奥组成的八国联军，攻陷北京。

事后有些江湖人物为义和团丑表功，称义和团实际上是在“间接反清”，他们烧教堂、杀洋人，并非灭洋，恰恰相反，是想激怒洋人来灭清，后来八国联军攻陷北京，他们的目的已达到了，便不辞而行，回山西太行山息影去了。这种天方夜谭，见诸坊间《中国帮会三百年革命史》一类书籍。殊不知，如果义和团真的有预谋地借洋人来打北京、灭清廷，那就比“扶清灭洋”更可恶了。秘密会党要充大头鬼，把义和团拉来壮声威，实不足采信。

事实证明，所谓庙堂之高与江湖之远，其实距离并没有人们想象中那么大，甚至就像一个铜板的两面，相互依存，缺一不可。

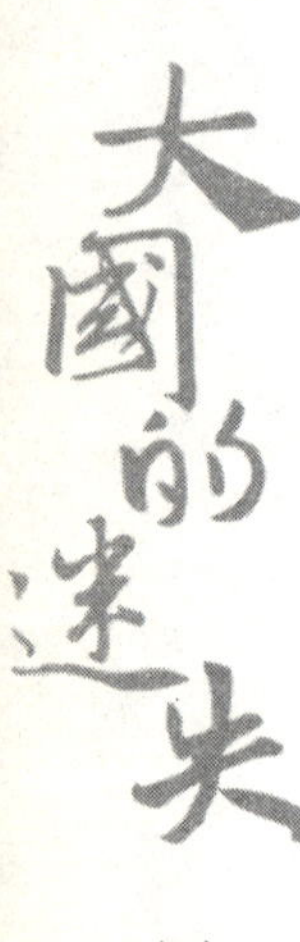

君不见朝廷的六部、五寺、四院官制，在江湖的山堂里，亦有袖珍的微缩版。哥老会的内八堂、外八堂，其组织架构之严密，分工之明确，等级之森严，与北京皇城内的各大衙门，不相上下。那些帝王将相、国家栋梁，也不全是满腹经纶、阳春白雪的鸿儒硕学，当国家遭遇大故时，照样露出一身下里巴人的江湖味、痞子味来。直隶总督裕禄不也把黄莲圣母接到官署里，下跪叩头，请求拯救天下苍生吗？大阿哥溥儁在颐和园里，不也是一副义和团装束，头裹红布，趾高气扬，自称二师兄吗？老佛爷慈禧一怒之下，下诏同时向西方 11 国宣战，不也充满了草莽英雄的豪气吗？当满朝文武高唱着“外国有你的格林炮，中国有我的红灯照”壮胆时，这些庙堂上的当权者，与江湖中人，竟是没有多大的区别啊。

义和团既没有能够杀尽洋人，也没有能够救活大清，但在朝野两面，却各有深远的影响。在野方面，刺激到大江南北的秘密会党大盛，反洋教运动蔓延至中部和南方各省；在朝方面，为一个人日后登上权力的顶峰，做好了铺垫，这个人就是袁世凯。

袁世凯根本不相信义和团那套东西管用，他当山东巡抚时，就曾严厉镇压过义和团。义和团是被他赶得鸡飞狗跳，走投无路，才离开山东，移师直隶的。庚子巨变之后，朝廷红黑变脸，支持过义和团的朝臣，人头纷纷落地；镇压过义和团的人，则平步青云。袁世凯合当发迹，叙功升赏，由直隶总督升入军机，一时权倾天下，成为推动清末十年新政的重臣。

清末十年新政，是中国近代史上最动人心弦的事件之一。可惜匆匆光阴，都成逝水，百载基业，已及残年，无论如何努力，最后还是以失败告终。辛亥革命一声巨雷，把两千多年的封建王朝震坍了。继之而来的是一套从西方传过来的代议政制，诸如国会、内阁、总统，以及公民投票选举权，所有这些让西方感到自豪的概念，在中国已一应俱全。

但是，权力制度的表层结构，并不能完全代表一个民族的深层人格精神，和许多非工业化国家一样，中国的所谓民主政制，其实是西方国家的压力和盲目的模仿心理的产物。

尽管没有出现实质的转变，但革命至少给人们一线希望。孙文回国之前，已在伦敦向国内宣布："此后社会当以工商实业为竞点，为新中国开一新局面。"①1912 年由官方主持召开的全国临时工商会议，使这种假象的可信程度，达到极点。100 多名代表提出了一系列发展实业的计划。谁亲耳聆听着人们的慷慨陈词，都会以为新时代已经降临。

但这仅仅是天边闪现的一道曙光，真正具有现代意义的经济体系还没有建立，而且不知道怎么建立。政治家们对此毫无兴趣。

北方既是一块培养义和团的土地，也是一块培养袁世凯的土地。

由前清士大夫阶级里脱胎而出的官僚集团，迄今仍是北方政治的主导力量。

中国是一个家族结构的社会。1894 年清廷开始建立新军（新建陆军），以取代暮气日深的八旗、绿营旧军。最初主其事者并不是袁世凯，而是广西按察使胡燏棻。1895 年袁世凯写了一篇《上督办军务处禀》，陈述练兵之法与营制饷章，大获赞赏，于是接替胡燏棻，负责督练新军。在距天津 70 里的新农镇（俗称小站）建营驻扎，并在淮、徐、鲁、豫等地

---

① 孙文《致民国军政府电》。《孙中山全集》（第一卷），中华书局，1981 年版。

招募壮丁，开始练兵。这就是北洋军阀的基本班底。

从那个时候起，袁世凯就梦想着建立一支强大的现代化军队，但究竟什么才叫“现代化”？它和传统的兵由将招，军以将名，官兵之间以私人感情为维系的部曲制度，究竟有何分别？袁世凯自己也说不清楚。在他心目中，采用西方国家的军制与操练方法，再装配现代武器，就是现代化陆军了。但这支军队的效忠对象，仍然只是个人，而非国家——所谓“个人”，不是紫禁城里的爱新觉罗氏，而是袁氏。

经过10年奋斗，他如愿以偿了。北洋集团的势力足以控制大半个中国。这是一个由军人、官僚和政客组成的松散联盟，臃肿、迟钝、保守、顽固。袁世凯虽为一代枭雄，亦不曾料及，这个集团居然可以助他登上总统宝座，最后又把他推下了皇帝的宝座。

在北方的政治社会中，人际关系起着至关重要的作用。政治势力划分派别的依据，恒在于人与人之间的熟悉和亲近程度。这种关系建立在籍贯、历史、私谊、利益的分配、各个派别的相互作用等等上面。政治伦理弥漫着强烈的人性色彩，在西方奉为圭臬的抽象观念，在中国没有谁会当真。

真正懂得现代民主的军人几乎没有。他们之所以和共和制度妥协，是因为这个制度本身可以大大利用，谋取更多的利益。那些带兵打仗的军人们，看上去像是在为新世界浴血奋战，其实他们对新世界一无所知。每个军阀都想扩张自己的势力，以便将自己的意志强加于国家，最后狠捞一笔。

南京临时政府成立伊始，北方的官绅并不把这个南方人的政府放在眼里，他们已经在积极谋划，准备一旦朝廷退位，便组织北方的临时政府，拥立袁世凯为大总统。如果南方政府不承认，便索性拥袁为皇帝。

然而，孙文很快便同意，只要清室退位，他愿意把大总统的位置让给袁世凯，但有三项附带条件：一、临时政府地点设于南京，为各省议定，不能更改。二、辞职后，俟参议院举定新总统亲到南京受任之时，大总统及国务各员乃行辞职。三、临时政府约法为参议院所制定，新总统必须遵守颁布之一切法律章程。

出生于南方的孙文，坚持把首都建在远离官僚政治核心的东南方地区——南京，或者武汉。他说：“南京是民国开基，长此建都，好作永久纪念，不似北京地方，受历代君主的压力，害得毫无生气，此后革故鼎新，当有一番佳境。”①

不过，金陵就没有帝王气了吗？岂不闻：金陵自古帝王都。南京人常常骄傲地自称“六朝古都”，只不过定都金陵的王朝，大都是短命王朝而已。满脑子帝王思想的袁大头，非把北京作为首都不可。他的判断力并不亚于孙文，他清楚知道，要维持天威，必须借助于紫禁城的凤阁丹墀。

从南向北走，过了淮河、秦岭一线，就进入温带季风气候的北方了。这里四季分明，春季干旱风沙大，夏季炎热雨水多，冬季千里冰封，万里雪飘。华北是农业地区，以种植小麦、杂粮、棉花为主，工商业十分落后，除了大运河之外，几乎没有什么内河航运，农村的交通工具，有钱人用马车，穷人用独轮推车。长途贩运的距离，能跑上300公里就差不多是极限了，因为超过这个距离，运费就比货物本身的价值还要昂贵了。

北京位于华北平原的北端，坐落在永定河的冲积扇脊之上。西部连接太行山脉，东面是京杭大运河的起点，南面是一片平畴，北部为燕山山地。再往北去，就是汉代以来中原的大患——匈奴的地盘了。匈奴性情强悍，工骑善战，主要活跃于外蒙、热河、察哈尔、宁夏四省，及陕西、甘肃北部，直至天山以北、阿尔泰山以南大部地区。

秦始皇筑长城，是要防止北方游牧民族南侵。汉朝与匈奴连年征战，也是为了争夺西北地区——甘肃的楼兰、月氏、乌孙诸国地盘，打通陆上丝绸之路。

秦时明月汉时关，万里长征人未还。表面上看，中原汉人与北方游牧民族是世仇，但实际上，不是冤家不聚头，无论地理与文化，两者都是互相纠缠，犬牙交错，既互相依存，又互相竞争。在中原同化四夷的过程中，胡服骑射的文化，也在不断改造着中原文化的基因。

早在春秋、战国时代，北京就是燕国国都，辽置陪都于此，金正式建都，公元1421年，大明王朝的首都从南京迁到北京，从此改变了中国地缘政治的格局，奠定了北京在政治版图中至高无上的地位。“皇天眷

① 伍廷芳《共和关键录》。引自李新主编《中华民国史》第一编，“中华民国的创立”(下)，中华书局，1982年版。

命，奄有四海，为天下君”。在以后的六百年间，北京一直是中国最大的政治、文化中心。

作为一个帝都，北京理所当然地被视作皇权的象征。它承担着向溥天之下、率土之滨推广政教风化的使命。为了完成这一任务，建立庞大的官僚体制，是势不能免的。在两千年的历史里，这一体制经过不断的自我完善，到了明、清两代，已经渐臻尽善尽美了。

在政治上，官僚体制的最大作用，就在于“辅弼和谐其政”，即协调君臣之间的关系。它通过复杂的、重叠的、互相牵制的政府机构和繁琐的公文程式，起到生克制化的作用，使双方都不至于逾越纲常。

不管今天看来，官僚体制如何颟顸、腐败，如何可恶，但它是社会文化体系的必然产物，却无可否认。令人困惑不解的不是它何以产生，而是它何以偏偏产生于北方？有人说，凡是建都南方的王朝都是短命的，而建都北方的王朝却大多长命百岁。是不是北方有一种特别适合皇权政治生存的人文环境？

在南北双方的谈判过程中，孙文一再强调，在南京建都，不仅是他个人的意见，南北主张共和、疾恶于旧日腐败官僚政治的人们，都会同意。

然而，在北方人看来，国都乃数百年根本所在，也是他们的权力所及，决不能轻议变迁。他们并不欢迎带有新思想的南方人，而南方人对北方腐败的官僚气氛，也觉得格格不入。广东籍的外交家伍廷芳曾警告刚刚来北京的美国公使：“你抵达那个巍峨的北京城之后，要当心，那儿的空气是沉闷的。那气氛似乎会把人压倒，使他们变得保守。看来没有什么人抵抗那种力量！”①

对于南下就职，袁世凯是决不会答应的。

他声称南方人以虚荣厚礼诱他就范，乃调虎离山计。北方有军队几万，皇族旗丁的处置还未妥帖，他决不能离开，宁愿辞职回乡下，把这破天荒的总统让给贤者。袁大头身边的谋臣也纷纷献策，那怕和南方开战，也不能到南京就职。自古以来，只有西北可以制东南，而东南不能制西北，地利使然，不可改变。

---

① ［美］保罗·S·芮恩施《一个美国外交官使华记》。商务印书馆，1982年版。

"他们一定要我到南京，就让他们来接收北方军队。如果他们有本事接收北方军队，我就心甘情愿地到南京就职。"在 2 月 15 日给南京政府的电报中，袁世凯就以这个作为不能南下的理由。为了证明不是虚声恫吓，北洋军队在北京、天津、保定搞了一次"兵变"，大肆焚掠，最后南方人向他屈服了。

尽管人们知道，那个死守帝都的政府，是社会发展的一大障碍，但迄今为止，还没有人找到一条根治恶疾的良方妙药。这种政治制度，成了近二百年无数流血革命的直接诱因，但每一次革命，除了制造一批新官僚填补被推下台去的旧官僚遗下的空缺，几乎完全没有触动权力的基本结构。

这是为什么？原因究竟在哪里？

袁世凯不肯南下就职，孙文反对把首都定在北京，本身就是一场关乎中国命运的对抗。这时，南北已成为一个鲜明的政治概念。袁世凯的胜利，标志着北方作为君临万邦、四夷宾服的天朝中心，依然如故。这是中国的悲哀，历史的悲哀。中国奠都北京，从此，正如孙文所说，"任天下怀庙宫未改之嫌，而使官僚有城社尚存之感"。①

在这种政治气氛下，刚当上总统的袁世凯，已经沉浸在他的皇帝梦里了。当他还住在铁狮子胡同的时候，就想着搬进紫禁城，一尝帝王滋味。他一旦有了这个念头，自然会有一班承颜候色的谀臣，替他操心。

于是有人进言，京师最近流行谣谚，即有前清"颐和园"三字和"与乎袁"谐音，兼童谣和名物之兆而有之，可见率土式望，在袁一人，天意人心都是一样。袁果然大悦，并说"过去天子是四海一家，现在我是总统，便三海为家"云云。三海乃指紫禁城旁边的南、中、北三海。袁大头要搬进中南海，坐江山了。

中国人都喜欢说"打江山"。江山是打下来的。谁打的江山谁来坐，似乎是天经地义的事情。但袁世凯坐上了由同盟会流血牺牲打下来的江山后，几乎毫不迟疑地向南方人开刀了。第一刀，先砍在由南方人担任总理的责任内阁身上。

第一届的内阁，由孙文的同乡唐绍仪担任总理。唐绍仪既是南方人，同盟会员，也是袁世凯的朋友，他的上台，本来带有很浓的"南北调

① 许师慎《国父当选临时大总统实录》(下卷)。国史丛编社，1967 年版。

唐绍仪

和”色彩。但北洋官僚们对有这样一位南方人，在他们的地盘进进出出，觉得非常刺眼。

这位唐总理其实并无实权，事无大小，都要请袁圣裁。唐绍仪每天都在公府和内阁之间往返奔走，请示报告。他和袁世凯虽相识有年，但并不在其个人、地域与党派圈子之内，属于“非我族类”之列。某次在谈论外交问题时，袁世凯忽然对唐说：“少川（唐绍仪字），我已经老了，你就来做总统吧。”把唐惊得爆出一头冷汗。他很清楚这句话的斤两，但不清楚的是，大总统究竟根据什么不信任他？难道就因为他是一个南方人吗？

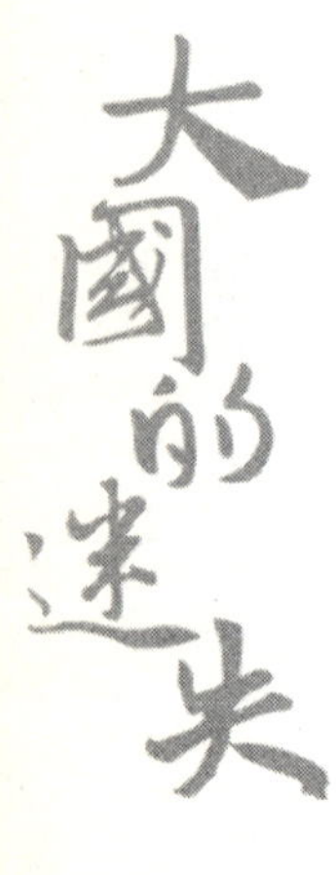

时隔不久，这位南方人，在北京便再也呆不下去了，导因有二。其一，袁世凯主张总统制，以便大权独揽；而唐绍仪则主张内阁制，设国务会议，总统的任何命令，均须国务院通过，始能生效。袁世凯对此深为不满。其二，黄兴曾经向唐推荐同盟会员王芝祥担任直隶都督。辛亥革命时，王芝祥在广西揭竿响应，当了一个军政府副都督，后被推为桂军援鄂司令，率军北上，其实因为他是直隶人，被广西人排挤出来，时任南京政府的第三军军长。唐绍仪请示袁世凯，袁痛快地答应了，叫王芝祥马上来北京等候委任。

表面上，袁总统胸襟宽平，度量广大；其实内心深处，阴云重重，气愤填胸。王芝祥虽为直隶人，但有南方同盟会的背景，袁的卧榻之侧，岂有他鼾睡的位置？6 月间，王芝祥正拟束装就道，忽闻一份以“直隶五路军人”名义发表的通电，严辞拒绝王芝祥担任直隶都督。军人干政的恶例，由此开其端，但袁世凯以此为由，改任王芝祥为南方宣慰使。

唐绍仪自觉失信于南方，难免心生怨气，总统既已金口玉言，岂能出尔反尔？他表示决不副署这个命令。没有国务总理的副署，命令就不能发表。

然而，这道命令竟然发表了。

唐意识到，是急流勇退的时候了。6月16日，他留下一道辞呈，也不和袁世凯道别，便乘车直奔天津。袁世凯派总统府秘书长梁士诒到天津挽留。

梁士诒也是粤人，1894年应殿试，得了二甲第15名进士；1903年再应经济特科考试，中一等第一名。当时北方官僚出于对南方人的不信任，在慈禧太后面前进谗："梁士诒是广东人，为梁启超之弟，其名末字又与康祖诒（即康有为）相同，梁头康尾，其人可知。"朝廷竟因这种无稽之谈，对他弃而不用。后来邮传部成立，梁士诒得到唐绍仪的汲引，才开始踏足政坛。民国成立，袁世凯当了大总统，梁士诒任秘书长，并特许参与各铁路事，兼任交通银行总理。

经过一番假戏真做的慰留、坚辞，再慰留、再坚辞，第二天，总统便批准了唐绍仪的辞职。中华民国的第一届内阁，成立仅仅两个月，便告倒台——倒在"直隶五路军人"的枪把子之下。

内阁倒后，又发生了政府把在武昌起义中立下汗马功劳的两名湖北将领骗到北京加以拘捕杀害的事件。

这一事件，成为共和制度下司法权一次最严重的考验。

任何立宪国家，司法的独立，都是不可怀疑和动摇的。但在中国，官僚们无法准确地把握这些从西方输入的抽象观念，他们对司法权的理解，完全是基于《大清律例》一类陈旧法典和多年为官的经验。

袁世凯就任大总统后，公布《临时大总统宣告暂行援用前清法律及暂行新刑律令》，除个别修改之外，几乎照搬前清的法律。随后公布的《暂行新刑律》和《暂行法院编制法》，也都是沿用清末的旧法、旧制。

司法权完全受制于少数大军阀、大官僚，各级司法机关形同虚设。整套司法体制尚未发育，即告进入更年期。以后两年（1913年、1914年），各省的审判厅高等分厅和地方分厅相继裁撤；地方厅裁去三分之二，初级厅则全部裁去，恢复了县太爷升堂审案的旧例，由县知事以兼理司法，省长有监督司法之权。

民国初肇，虽说是百废待兴的过渡时期，但从北京治安管理系统的建构来看，军权至上、军人干政的趋势，已彰彰甚明。

在海陆军大元帅统率办事处有一个军法处，主要负责缉捕、监押、处理革命党人的案件，一向由总办直接向总统请示决定发落。袁世凯是最高法官，金口御断，完全没有斟酌余地。这个机构直到洪宪帝制失败后，才被取消。

负责维持北京城内治安的包括步军统领衙门、警察和军队三个部门。步军统领衙门是清代旧制，民国成立时本拟裁撤，但有些官僚提出，它可以补警政不足，于是便原版保存下来。按法规所定，步军统领衙门主司城门启闭和四乡车捐。但实际上它的权力远不止此，民初张振武一案，便是由步军统领衙门会同军法处处理的。

1919 年成立的京畿卫戍司令部，权责与步署、警厅相似，而权力比它们大得多，直属大总统，卫戍军队平时由陆军部指拨；有特殊情况时，由陆军部指派京师附近军队归总司令调遣。必要时，政府得令地方军警长官受总司令指挥。

与军权有关的司法机关，还有陆军部的军法司，本来应属高等军法会审性质，但其受理的案子竟包括抢劫盗匪一类的刑事案。京畿军政执法处也是一个拥有比司法部更大权力的机关，它直接向总统负责，在政府的编制中，甚至无法找到有关这个机构的组织法规，可见其非同一般。

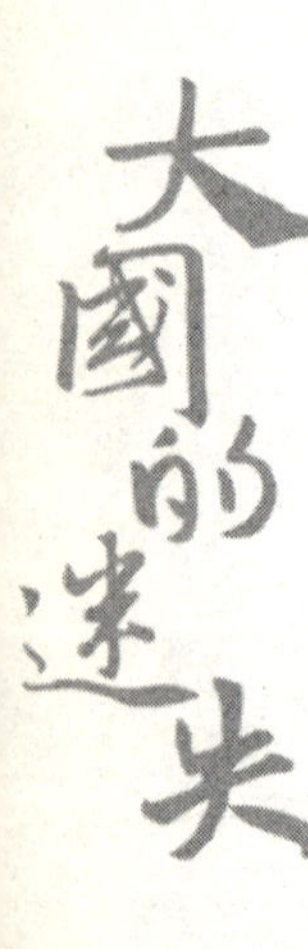

军法处第一次显示其无限权力，是在 1912 年 8 月对张振武一案的公开处理。

张振武是辛亥武昌首义的主要军事领袖之一，战功卓著，曾在军政府里担任军务部副部长一职。民国成立后，黎元洪出任副总统，张振武到中央任职。但张振武到北京后，椅子还没坐热，就被步军统领逮捕，押至军法处，未经正式审讯，便枪决处死。

事发后，国会议员向袁世凯提出质问。袁世凯傲慢地回答："他自然有罪名，自然要宣布，此事是我袁某的主意，大家不同意，到国会弹劾我好了。"

总统的权威，甚于法律，而军法处就是维持这种权威的恐怖组织。孙中山曾经说过："袁氏可为善，勿逼他为恶。"不知是立法机关逼他为恶呢，还是军法处逼他为恶？

北方官僚决心不让他们所习惯的那种生活因革命而中断。这种决心在袁世凯当上总统不久，便显露出来了。政治上的谋杀和军事上的讨伐，不过是要遏止南方的"叛乱势力"到处蔓延的应急手段，要维持那个属于他们的旧世界万世不堕，根本办法，还是重新提倡尊孔和推广教化。

中国儒学认为一代丕兴，赖乎个人的道德修养；而个人道德修养的核心在于礼乐的陶冶。一个国家的兴亡，并不会因有多少人参与政治而改变，完全是由礼乐的得失来决定的。因此，儒家并不鼓励人民参政，只要人人以礼乐自治其心身，各尽性以成德，政治便可托付给帝王和官吏，从而安人、安百姓、天下平。

这套理论，在汹涌的民主浪潮面前，是旧官僚的救命稻草。

革命对北京并没有造成多大的冲击，虽然这里改挂了五色国旗，但人们依然过着和光绪、宣统年间没有多少区别的生活，甚至政府中的官员也没有多大变动。唯一给北京带来新空气的是一些从南方来的人。

1913年10月10日，寂静的秋天来了。袁大头在紫禁城太和殿举行总统就职典礼，这里以前是皇帝登极的地方。当他坐着八人大彩轿，身穿钴蓝色的陆海军大元帅礼服，来到主席台，从南面入座的时候，俯视着参加典礼的文武百官，一种"君临天下"的欣喜，难免使他目眩神迷。袁庄严地宣读着他的就职宣言：

"历办革新诸政，凡足以开风气者，必一一图之。但余取渐进而不取急进，以国家人民为重，未可作孤注之一掷，而四千年先民之教泽，尤不可使斫丧无余也……清帝逊位，共和告成，以五大族之不弃，推为临时大总统。此种政体，吾国四千年前已有雏形，本无足异，乃事权牵掣，无可进行，夙夜彷徨，难安寝馈。"

他告诫国民，建立道德观念是当务之急。"立宪国重法律，共和国重道德。顾道德为体，而法律为用。今将使吾民一跃而进为共和国民，不得不借法律以辅道德之用。道德范围广大，圣贤千万语而不能其词，余所能领会者，约言之，则忠信笃敬而已……以上忠信笃敬四字，余矢与国民共勉之！日诵于心，勿去于口，盖是非善恶，为立国之大方针。"①

国民党的"二次革命"已经一败涂地，那些满嘴民主共和的南方人，纷纷逃往日本。湖北、湖南、江西、安徽、江苏这些东南省份，都已落入

① 白蕉《袁世凯与中华民国》。《近代稗海》(第三辑)，四川人民出版社，1985年版。

北洋派的手里，南方人还有什么能够与这位“民国大总统”抗衡呢？

袁氏解散国民党时，司法总长梁启超——大名鼎鼎的广东人，进步党的党魁——曾试图阻止，因为这项命令并未经国务会议的讨论。但当他冲破侍卫人员的重重阻拦，终于见到大总统时，袁世凯只是简单地说：“它已经拿去发表了。”

梁启超

国民党一经解散，以国民党为多数派的国会，便面临无疾而终的命运了。兔死狐悲，进步党也将失去国会这一重要舞台。在国务会议上，梁启超以解散国民党的命令未经国务会议通过，主张内阁总辞职以示抗议。但大多数内阁成员都不敢附议。

与此同时，袁世凯命令全体人民必须尊奉孔道为至圣。他强调指出，确立传统的信仰是至关重要的，必须把孔道的伦理道德原则作为教育的一部分，贯彻到平民百姓中去。

12 月 20 日，袁世凯发布祀天命令。这是过去历代皇帝每年都要举行的仪式。不久，祀孔典礼也恢复了。举行典礼时的衣冠、祭服和仪式，几乎是从前清全套拷贝过来的。卿、大夫爵位也一并恢复了。

祭天对于中国官僚来说，具有特殊意义。它表明统治者上承天心宽容以涵育万民的地位。废除祭天典礼的危险在于，万一遇上荒年，老百姓一定会怪罪政府。因此，内务总长朱启钤告诉外国人：“祭祀并不能一定保证丰收，但无论如何，却可以减轻政府的责任。”当统治者面对上天的时候，他是百姓的代表；而当他面对百姓的时候，却成为上天的代表。这种特殊位置，使统治者在任何情况下都不必承担责任。

从另一个意义上看，祭天和祭孔所产生的气氛，使人们怀念起在天子脚下的生活。在北京的外国人听到了一些窃窃私语：“这件事意味着袁氏正在趋于僭取帝位。”[①]当袁世凯发现北方官僚士绅对恢复祭天祭孔坦然接受时，他要彻底复辟帝制的信心更足了。

每个到过北京的人都会觉得这里的居民有一种保守倾向。他们对旧礼仪、旧文化、旧的生活方式特别偏爱。北京的深宅大院和紫禁城的基本结构大致相仿；几乎所有的商店门口，都悬挂着古色古香的横匾；人们玩古董成风，以经营古董字画的琉璃厂终年生意兴隆。北京人有一种莫名其妙的自大心理，处处想显示与天子同住一城的荣幸。如果由于民国而使皇上登基、出巡、圣诞、祭祀这些盛大典礼不复再见，他们会觉得生活变得单调和寂寞难耐。

北京是前清遗老遗少麇集之地。由于溥仪逊帝仍然住在紫禁城里，维持着一个小朝廷的形式，这给他们带来了无限的希望。

一切从西方来的现代观念，都让他们寝席难安。1913年，在一群遗老的倡导下，以“尊孔读经”为宗旨的孔社，在北京成立，各界名流100多人加入；不久，另一个以著名保皇领袖康有为为会长的孔道会，也在北京成立，两百多名学者文人列名会籍。一时间，旧文化复兴的声浪甚嚣尘上。同年的大成节，一班故老遗民在山东曲阜召开全国孔教大会，把一场“光复故物”的闹剧，推向高潮。

尊孔读经本身并没有什么不对，但在特定的历史环境下提出来，就有特定的含义。袁世凯提倡尊孔读经，显然是为了给这个政权寻找合法性的资源。

虽然袁世凯当上了民国政府的大总统，但在北京，几乎没有人相信这是长久的。尤其是当前清隆裕太后去世后，袁世凯下令全国下半旗志哀，文武官员服丧27天，并在太和殿举行国民哀悼大会。与此同时，早已停工的光绪陵墓也开始复工营建。

这年的冬天，这项在“共和国家”里为皇帝大建陵墓的工程，终于完成。光绪和隆裕入土为安，各地的孤臣孽子，又复倾巢而出，前往拜祭。虽然大雪弥天，仍跪起丹墀之下，不敢忘敬，一派犬马恋主之象。

前清的遗老遗少，不禁喜形于色，也许大总统很快就会“还政于清”了，甚至在紫禁城里的逊帝溥仪，也抱着同样的梦想。

---

① [美]保罗·S·芮恩施《一个美国外交官使华记》。商务印书馆，1982年版。

1914年是北京的复辟年。2月3日，袁世凯下令停办各地方自治会。2月28日，下令解散各省省议会。接着又恢复了三卿士大夫的官秩，并拟规复王侯五等，其理由是民国既是五族共和，其他四族都有王侯，汉族不能独无。又设立清史馆，擢用前清旧臣。一位前清遗老写了篇《共和解》的文章，劝袁世凯把政权交还清室。袁世凯不仅没有责备他，还请他到北京做参议。人们额手相庆，大清帝国就要东山再起了！

【贰】袁世凯帝制自为，在官僚集团中丧失了道德基础；南方骂他出卖共和，北方骂他出卖清室，他是被南方的护国军和北方的前清遗民合力打倒的。

“山雨欲来风满楼”，是1915年全国形势的真实写照。

帝制运动的兴衰，在国际上和日本有着非常密切的关系。1914年日本对德国宣战，旋即以武力攻占青岛。1915年1月18日，日本驻华公使打破国际惯例，向袁世凯直接面递二十一条要求文件（内容见本书第二章），并婉转暗示：“若开诚交涉，则日本希望贵总统再高升一步。”①

袁世凯一则以惊，一则以喜。外交部的官员主张屈从。梁士诒说：“这么重大的事件，总得交涉交涉吧？”在袁授意之下，他在上海的御用喉舌《亚细亚报》，含含糊糊，披露了日本向中国提出蛮横无理的要求，立即触发全国反日浪潮。袁世凯即以此作为筹码，经过一番拖延与还价，终于同意除第五号“容日后协商”外，其余全部照单签收。而作为报酬，日本暗示支持袁世凯复辟帝制和代平内乱。

政治不外乎交易。袁世凯私心以为，在这场交易中，只要能助他登上九五之尊，便物有所值了。

从暗杀宋教仁，解散国民党，到祭天祀孔，大事复旧，直至解散国会，恢复帝制的叫嚣，简直风靡整个北方官场。报纸上倡议复辟、抨击共和的文章，像潮水一般汹涌而来。著名政客杨度谈及共和制对军队的影响，他说：“当君主时代，当兵者之常曰：‘食皇家饷，为皇家出力耳。’今忽去其有形之皇室，代以无形之国家，彼不知国家为何物，无可

① 白蕉《袁世凯与中华民国》。《近代稗海》（第三辑），四川人民出版社，1985年版。

指实，以维系其心。”①

对于带兵出身的袁世凯来说，这番话真是说到他的肺腑里了。军队必须效忠于个人，而不是效忠于抽象的概念，这是中国军队建军的伦理基础，决不能废弃。

纵观北方的整个政治环境，根本不会接受一位真正推行民主政治的领袖。所有复辟帝制的舆论，并不是袁氏一个人造出来的，他是被这股潮流推着往前走。作为一位资深的北方官僚，袁氏也不会接受民主政治的概念，他不知道什么叫民主，但他深知什么叫君主皇权。

5月1日，“新约法”公布。该约法恒被史家认为是袁氏恢复帝制的先声，并非真正意义上的法律，因此在民国宪政史上，往往弃而不论。但细细揣摸这个约法，却可以看出在“民主”名义之下，袁氏如何为自己的独裁统治，寻找合法性依据。他的手法，亦常被后来的统治者所沿袭。

新约法号称集世界各先进国家的宪法精华，熔于一炉。大总统只对国民负责（即行政元首不受议会监督）是学美国的；大总统总揽统治权，统帅全国军队，掌握宣战、媾和大权、颁布与法律有同等效力的命令是学日本的；大总统经参政院同意，有权解散立法院是学法国的；人民自由权利统受议院法律限制则是学英国的。总之，各取所需，为我所用，务求把大总统的权力扩大到最大，把国民的权力缩小到最小。无论你批评他哪一条，他都可以振振有词地反驳，这是学民主宪政国家的。

然而，学美国的总统制，却不学美国的总统选举方法。经梁士诒提议，参政院在8月通过修改“总统选举法”，规定总统任期为10年，连任无限制，即终身总统；总统继任之人，由现任总统预先书名，藏之金匮石室，且无亲属限制。这与世袭总统无异。“政治改革”改到这一步，总统与皇帝，也仅是一个名称的区别而已。

既然如此，袁世凯为什么非要复辟帝制不可呢？原因在于，在共和政体下，他总觉得政权的合法性，不断受到质疑，以致纲纪废弛，人心涣散，这是因为在新的价值体系中，缺少一个全体人民共同认可的合法性象征符号。

袁自己玩不转国会、政党、司法独立、民主、自由这些概念，也认定

---

① 杨度《君宪救国论》。《近代稗海》（第三辑），四川人民出版社，1985年版。

全国人民都和他一样玩不转，最后只能用皇权来填补被淘空的政治权威。

在外人看来，袁世凯人前人后，一再声明自己不当皇帝，并用“一部廿四史，不知从何说起”来回答人们的质疑，但恢复帝制的浪潮，却又铺天盖地，滚滚而来，难免使人猜想，袁是准备帮助清室复辟。于是，聚居在青岛、大连租界的前清遗老们，个个咸鱼翻生，弹冠相庆，忙着把昔日的朝衣顶戴翻出来晒太阳。

然而，1915 年 12 月以后，形势却急转直下，令那些望穿秋水的保皇派们大跌眼镜。19 日，政事堂奏请设立大典筹备处；21 日，袁世凯给 19 名官员封爵；31 日，下令以明年（1916 年）为洪宪元年，预备登极。

袁氏宣布帝制自为之后，北方的官僚集团始恍然大悟。原来袁世凯不是还政于清，而是自己当皇帝！国民对他的道德期许已完全落空，国家交付给他的政治责任也完全落空。无论在南方，还是在北方的审判台上，他都断然地从政治上和道德上，宣判了自己的死刑。对革命的南方而言，他出卖了中华民国，出卖了共和；对不忘故主的前清旧臣而言，他是篡位的奸臣贼子。

徐世昌

袁世凯把他的老朋友徐世昌从青岛请回北京，担任国务卿。徐世昌是天津人。1855 年出生于河南省汲县，是一个世宦家庭。他 27 岁考中举人，四年后中进士，为翰林院庶吉士。帝制时代，他官至皇族内阁的协理大臣。在北洋集团的文职官僚中，他的名望最高，资历在袁世凯之上。

民国之后，徐世昌耻食周粟，一直与前清恭亲王、前清两江总督张人骏、兵部尚书吕海寰、邮传部尚书于式枚、两江总督周馥、东三省总督赵尔巽等一班孤臣孽子，在青岛过着半隐居的生活。青岛是效忠前清的宗社党大本营。徐世昌一再表示决“不入贰臣之传”，当他准备动身入京时，弟弟苦苦相

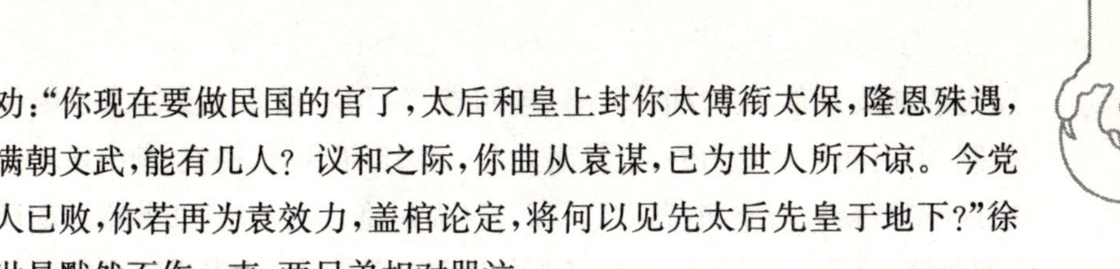

劝："你现在要做民国的官了，太后和皇上封你太傅衔太保，隆恩殊遇，满朝文武，能有几人？议和之际，你曲从袁谋，已为世人所不谅。今党人已败，你若再为袁效力，盖棺论定，将何以见先太后先皇于地下?"徐世昌默然不作一声，两兄弟相对哭泣。

入京后，袁世凯多次征询徐世昌对共和的意见，徐含糊其词，欲言又止。如果能够还政于清，他也许乐观厥成，但如果袁是想自己当皇帝，他就避之若浼了。

袁世凯摸不透徐的真实心思，还以为他是因为辈行较先，不愿称臣，所以申令封徐世昌、赵尔巽、李经羲、张謇为"嵩山四友"，给他一个大大的荣誉虚衔。徐世昌私下对朋友说："嵩山四友者，永不叙用之别名也。"终不肯承受。当外间劝进之风愈刮愈烈时，徐索性托病请辞，归隐家中，自书"谈风月馆"一匾，悬于书斋，表示不问政治。

北方官僚以前清遗老居多，他们对袁世凯逼隆裕太后和宣统孤儿寡妇下台的恶行，记忆犹新，因此，对袁绝无好感。除非他还政于清，以赎前罪，否则和此人无话可说。因此，支持与反对帝制，都是一批南方人闹得最欢。替袁氏操办一切是梁士诒，全国请愿联合会在北京成立，把劝进闹剧推向高潮，梁士诒是领衔的发起人；内务总长朱启钤是贵州人，他对古建筑研究的贡献远比在政界大，这时也成了帝制的一个吹鼓手。

帝制派与共和派大打笔墨官司，正反两造的经典文章——杨度的《君宪救国论》和梁启超的《异哉所谓国体问题者》——都出自南方人的手笔。

杨度是湖南湘潭人，字皙子，号虎公，精通经史，早年在日本时与孙文私交甚笃，后来成为袁世凯身边的头号策士；梁启超是广东新会人，当年康梁变法的主角之一。两人都是当代文章巨擘，才名齐天。梁启超那篇《异哉所谓国体问题者》雄文，高屋建瓴，痛快淋漓，猛烈批驳帝制主张。文章一出，全国轰动，为之洛阳纸贵。当时《亚细亚报》悬赏3000元，征文反驳梁启超，竟无人敢出头应征。

1915年10月的《字林西报》指出："本报北京访函详论各省舆情，谓反对帝制最力者，仅为湘、鄂、粤、桂四省。”①但不遗余力支持袁世凯搞帝制，上书劝进最卖力的，也是南方人。1915 年 8 月，杨度（湖南籍）、孙毓筠（安徽籍）、李燮和（湖南籍）、严复（福建籍）、刘师培（江苏籍）、胡瑛（湖北籍）号称“六君子”，组织了恶名昭彰的筹安会，为袁世凯登极鸣锣开道。其中孙、李、胡、刘四人都是老同盟会员，真是成也萧何，败也萧何。

国际舆论的变化，诡谲莫测。9 月 6 日，日本政府召见中国驻日公使，出乎意料地表示：“中国民主、君主，非日本所问；唯万一因此致乱，殊有碍难。”和谈判二十一条时的态度，竟截然不同。

一个月后，日本驻华代理公使，约同英国、俄国驻华公使，在北京拜会中国外交总长，提出三国共同的劝告：“中国近所进行改变国体之计划，今似已猛进……反对暗潮之烈，远出人臆料之外，不靖之情，刻方蔓延全国……甚望中华民国大总统听此忠告，顾念大局，而行此展缓改变国体之良计，以防不幸乱事之发作，而巩固远东之和平！”②

日本不相信中国政府能够平息反帝制的运动，日本军方和大陆浪人的倒袁声浪，也日益高涨。然而，袁世凯深信只要造成既成事实，各国的态度实不足虑。帝制的步伐并没有停止，也没有减慢。

1915 年 12 月 12 日，袁世凯申令接受帝位。次日，在怀仁堂接受百官朝贺。所有政府局长以上官员、军队师长以上各员，依次分批晋宫朝贺。

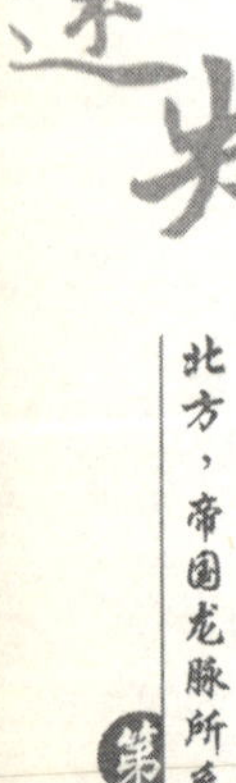

袁世凯宣布洪宪帝制之后，黎元洪称病不奉朝请，闭门不出。袁世凯的第一道诏令，便是封黎元洪为武义亲王，取消他的副总统名号。但黎元洪辞爵不受，和袁世凯见面时，还是行副总统和总统的相见礼。

12 月 25 日，一声霹雳，轰开满天顽云，云南宣告独立，三千滇军将士，在湖南人蔡锷的率领下，揭起“护国”旗号，向数十万北洋军宣战。

南方人的反叛性格，再一次改变了历史的进程。当北洋军和护国军的川南苦战时，广西又宣布独立，成了护国战争的转折点。袁世凯在南方人如火如荼的攻势面前，手忙脚乱、焦头烂额。

①② 白蕉《袁世凯与中华民国》。《近代稗海》（第三辑），四川人民出版社，1985 年版。

和袁世凯宣布更改国体之前相比，那时每天灌到他耳朵里的，尽是拥护帝制的声浪，使他对恢复帝制的成功深信不疑。现在，仅仅隔了几十天时间，竟然百川沸腾，山冢猝崩，高岸为谷，深谷为陵，举国上下掀天揭地，几乎全是讨伐帝制的浪潮。袁世凯终于明白，帝制失败了。但他始终不明白，为什么在恢复帝制之前，人人都赞成帝制，可一旦付诸实行，却变成了四面楚歌。

蔡　锷

袁氏家族的上两辈人都没有活过 59 岁。这是一个迷信的关口，今年他已经 58 岁了，恐怕也迈不过这道坎。

1916 年 3 月 20 日，由坐镇江苏的北洋大将、宣武上将军冯国璋领衔，与山东将军靳云鹏、江西将军李纯、浙江将军朱瑞和长江巡阅使张勋联署，劝袁世凯“迅速取消帝制，以安人心”。这便是轰动一时的“北洋五将军密电”，对袁世凯是沉重一击。冯国璋原本就是君主立宪派的，后来为了服从袁世凯，才放弃自己的立场；张勋更是赫赫有名的复辟派中坚，至今还留着一条象征忠于清室的大辫子。

南方讨袁打的是“护国”旗号；而前清保皇派则要“护清”，为替隆裕、宣统出一口恶气，南北两个对头，竟结成了奇特的讨袁联盟。代表南方的李根源，在上海与保皇派康有为等人见面，共商反袁大计。当时一位保皇派问李根源，倒袁之后，国政是否请宣统皇帝出来？李回答：“倒袁为一事，复辟又为一事。我们革命党人，复辟未敢苟同。”一向立场坚定的康有为，为了打倒袁世凯，也和稀泥说：“我们戮力倒袁，后事再说。”①

在南北夹击，双管齐下的压力下，袁世凯再也招架不住了，3 月 22

① 李根源《雪生年录》。文海出版社有限公司，1966 年版。

日，被迫向全国发出申令，宣布撤销承认帝位案。

但南方的攻势并没有停止，广东、浙江等省份相继独立。袁世凯仍然举棋不定，他抱着最后一线希望，虽然做不成皇帝，还想继续做总统。他问湖北籍的老官僚张国淦："你看西南打得倒我吗?"

张国淦一针见血地说："时局的关键不在西南，而在东南。"

东南也就是冯国璋。4 月 1 日，冯国璋致电袁世凯，劝他早作退计。一切变化得太快了。北洋派已经出现了裂痕，他的老部下已经出现反叛的迹象。分裂的原因，并不是北洋派反对帝制，而是他们反对袁世凯从清室手中夺取了皇位。段祺瑞甚至公然照搬当年袁氏"优待清室"的那一套，以其人之道还治其人之身，把北洋派拟就的对袁氏"优待条件"送给袁世凯审阅。其中包括：一、往事不追；二、公权不褫夺；三、私产不没收；四、住居自由；五、全国人民予以适当之优礼；六、民国政府每年给以岁费 10 万元。

大局全盘瓦解。袁世凯已彻底绝望了，他的健康也随之"全盘瓦解"，沉疴暴发，政躬违和，乃至一病不起。6 月 6 日，袁世凯在打过强心针后，气息奄奄，强支病体，对徐世昌、段祺瑞等几位顾命大臣说了一句："他害了我……"这个"他"是谁，永远不会有人知道了。袁氏到死也没有醒悟到，历史把一个做华盛顿的机会给了他，可是他自己没有好好把握，只会做王莽、曹操，与人何尤? 一世枭雄，最后在众叛亲离、舟中敌国的凄惨境况下，忧愤而死。

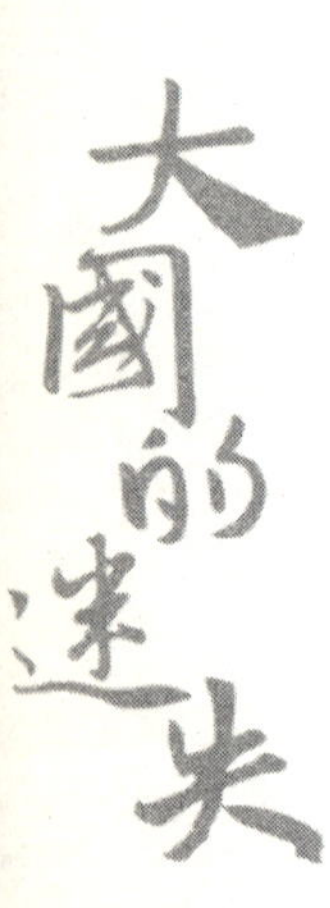

【叁】昙花一现的北洋实业，是南方人所发动最大规模的经济北伐——洋务新政的遗产。即使在袁世凯时代，北洋实业仍然操纵在来自东南财阀手里。

事大如天死亦休。袁世凯做了 83 天皇帝之后，一死了之。北洋历史，亦从此揭开新的一页。

提起北洋集团，人们会马上联想起一群耀武扬威的军阀。无疑，军事集团是北洋的轴心和灵魂，但非唯一成分。它的势力伸展到财政经济部门，如果没有财政的支持，为官僚集团补液输血，它们一天也生存不下去。

人们常说，在腐败政府和列强的压迫下，中国的民族工商业不可能成长起来。然而，事实上当时中国虽然政局风雨飘摇，国家内外交困，政府也像一部生了锈的老机器，但在城市绅商的不懈努力下，大部分官营企业，依然逐步以官督商办、官商合办的形式，向完全商办转化。政治上的原因并没有能够改变这个过渡方向。反过来说，工业化的完成，最终将在政治、社会、文化等方面产生骨牌式的连锁反应。

北洋实业的发端，可以追溯到清末的"洋务新政"（亦称洋务运动、自强运动）。洋务新政是由节制浙苏皖赣四省军务的曾国藩（湖南人），淮军首领、当过两广总督的李鸿章（安徽人），两江总督的左宗棠（湖南人），两江总督刘坤一（湖南人），两江总督沈葆桢（福建人），两广总督林则徐（福建人），湖广总督张之洞（虽是河北人，但长期在南方任职，当过两广总督），兼理各国事务大臣丁日昌（广东人），驻英公使郭嵩焘（湖南人）这样一批有东南部背景的官僚所推动的。

清康熙时代，中国的对外贸易，集中在粤、闽、浙、江四个海关。后来乾隆封闭闽、浙、江三个海关，仅保留粤海关"一口通商"。粤人与海外各大商行来往密切，搞洋务时间最长，经验丰富，轻车熟路。朝廷要了解西方国家，也往往依靠南方官员的奏报和南方人所撰写的书籍，林则徐更被后世史家誉为"开眼看世界的第一人"。

鸦片战争后，中国的外贸重心，由广东移到上海，当时在上海从事外贸的买办、通事，乃至跟班、仆役等人，几乎清一色是老广班底。李鸿章创办上海招商局，在里面主持大局的，也全是珠江三角洲的买办商人。

中国的近代工业，从军火生产起步。曾国藩组建湘军后，即在长沙、南昌等地设立制造鸟枪、抬枪、劈山炮及弹药的局所，后来又在安庆设立"内军械所"，专门研制洋枪、洋炮和轮船。可惜人才奇缺，原料不足，搞了半天，成绩乏善可陈，不得不和李鸿章的金陵机器局合并了。然而，中国近代工业的第一波浪潮，就从这里开始，由南向北，席卷而来了。

尽管那次新政没有取得预期成果，但这一时期创办的江南机器制造总局、金陵机器局、福建船政局、广东机器局等一系列机器制造局，为现代工业播下了种子。采矿、冶炼、铁路、轮船、电报、银行……一时比肩并起，盍兴乎来。

清末民初，与洋务新政一脉相承的北洋实业，实际上仍然掌握在一批来自东部和南部的人物手里。

北洋历届政府执掌农商(工商、实业)总长的王正廷(浙江)、刘揆一(湖南)、张謇(江苏)、金邦平(安徽)、张国淦(湖北)、李盛铎(江西)、田文烈(湖北)、李根源(云南);执掌交通总长的施肇基(浙江)、朱启钤(贵州)、梁敦彦(广东)、曹汝霖(上海)、汪大燮(浙江)、许世英(安徽)、龙建章(广东)、曾毓隽(福建)、叶恭绰(广东);执掌财政总长的熊希龄(湖南)、周学熙(安徽)、陈锦涛(广东)、李经羲(安徽)、梁启超(广东)、王克敏(浙江)、曹汝霖(上海)、龚心湛(安徽)、张弧(浙江)、董康(江苏)、罗文干(广东)、汪大燮(浙江)等,都是来自东南部的人,十占八九,又岂偶然哉。

袁世凯时代,执财政、金融、交通、实业等牛耳者,东部以皖系为台柱,北四先生周学熙是旗手;南部以粤系为核心,大老板是财神梁士诒。但见台前幕后,来来去去都是一班东南人,西北人几无置喙余地。

周学熙

周学熙,安徽省建德县人,豪门之后,1893 年中举人。与大名鼎鼎的南通张謇并称“南张北周”,两人都是排行第四,张称南四先生,周称北四先生,二人都是实业界的翘楚。梁士诒则是广东人,1903 年,在北京应考经济特科,名列前茅。他向袁世凯条陈时政,指出铁路事业是当前至关重要的大问题。他建议成立全国性的铁路管理机构。日后证明,这个建议,对维持北洋经济,意义殊为深远。

把梁士诒与周学熙的家庭背景与文化背景,作一比较,也很有意思。周学熙出身在北方的阀阅世家,在安徽拥有 4000 多亩土地,他的家庭与农村的旧势力,唇齿相依。而梁士诒的父亲不过是南方乡下的一名教书先生。由于地理关系,在南方对世界大势了解得比较清楚,必然对梁士诒的思想产生巨大影响。

交通系控制着中国主要的铁路干线。这些铁路几乎全是外资兴建，因此，交通系和外国财团的关系，必然十分密切。而以“利权回收”为理想的周学熙，比较完整地继承了洋务新政时代“以中国之伦常名教为源本，辅以诸国富强之术”的思想原则，对外国资本采取排斥态度，显示了强烈的民族意识。

周学熙是办银钱局，鼓铸铜元起家的。1903 年袁世凯委派周为“直隶工艺总局”总办。直隶工艺总局为北洋官营实业中心，初设天津的草厂庵，后迁至城东北的玉皇阁。工艺总局的宗旨，归纳为三点：“保护商利”、“打开风气”和“奖励实业”。总局还创办了一所工艺学堂，是中国第一所培养工业技术人才的学校，设置了化学、机器、化学制造、绘图等专业。在周北四的努力下，天津迅速成为北方工业的重镇。

各种新办工厂，有如雨后春笋般，在海河两岸生长起来，1905 年，直隶工艺总局从官银号贷款银 20 万两，开办了北洋官造纸厂。一个官府投资实业的高潮，随之而来。著名的北洋劝业铁工厂、北洋烟草厂、万益织呢厂、天津造胰公司、北洋火柴厂等，大股东都是权倾一时的大官僚。作为近代工业楷模的启新洋灰公司，主要投资者包括袁世凯、周学熙这些官僚集团的核心人物。

1915 年，担任财政总长的周学熙雄心勃勃，要在华北建立一家神话般的“华新纺织有限公司”。它将在天津、郑州、石家庄、青岛设厂，并将触角伸向了山西和陕西。号称拥有 10 万枚纱锭，规模之大，实属空前。它还向政府申请在直隶、山东、河南三省，赋予 30 年专利权。如有其它商人在上述地区经营同一事业，应由该公司合并。

中央政府对周学熙大开绿灯，很快就批准了华新公司的要求。以梁士诒、周自齐为首的交通系，亦不甘后人。周自齐利用担任农商总长之便，否决了华新公司的专利申请，同时自己则酝酿创办资金为 150 万元的裕亨公司和资金为 250 万元的裕元公司，与北四先生争利。在现代社会，工商业竞争本属平常事，但在中国，却渗杂了太多的政治因素，往往演变成权力派系斗争。两系人马，勾心斗角，互争雄长，闹出诸多插曲。

周学熙和袁世凯有亲戚关系，又占据着财政总长的有利位置，他和政府中的文治派徐世昌、武力派段祺瑞，关系千丝万缕。就在华新公司出台前后，负责纠弹官吏的肃政史，忽向平政院弹劾津浦路局长贪污舞弊。袁世凯下令该局长停职候审。讵料案件扩大，牵涉到交通部次长叶恭绰和京汉、京绥、沪宁、正太四路，全是交通系的地盘，闹得满天星斗，梁财神阵脚大乱，匆匆称病躲到北京西郊翠微山。

轰动一时的“五路大参案”之后，交通系元气大伤，为了尽快扭转被动局面，不惜冒天下之大不韪，在帝制闹剧中，主动献身。梁财神尝言：“赞成（帝制）不要脸，不赞成就不要头。”结果大家都要头不要脸。后来的史家指五路大参案与洪宪帝制有莫大的关系，虽属逻辑推论，但也绝不是无中生有。

清末民初，由于工商业的急剧发展，股份有限公司组织的大企业，已占据了支配性的地位。这些大公司在创业和扩张时期，需要庞大的资金，远远超出了个人资本家所能承担的限度，传统的票号、钱庄，也不能适应了。于是，银行业应运而生。

民国初年，大清银行改组为中国银行，赋予中央银行职能。曾担任中国银行上海分行副经理的张嘉璈——留学日本出身，当过短期的参议院秘书长——对组建中国银行的意义，有如下评论：“中国向来没有大公司，几千万的资本，千百人的股东，这种组织在从前的招商局略具规模，但仍非现代化的企业。中国银行成立，资本二千万，股东好几千，遇事依照法律，大家都能合力解决，为公司的利益着想。这种大公司的企业组织，可以说是从中国银行开始。没有大公司的组织，兴不起大的实业计划。”

中国银行是中国财政史上的里程碑，张嘉璈说：“中国以前发行钞票，总是不断供应，经常造成币制紊乱。中国银行对于处理财政部的贷款，并不依照旧的方法，而以发行公债等有限制的借贷，并不滥发行钞票而引起通货膨胀。像这样，便能使得财政近代化。”①然而，这个近代化过程，却长期受到政治的严重干扰，官商互相争夺控制权，充满曲折与困难。

1913年，交通银行由政府核准有代理国库和发行权。1914年，交通银行总经理梁士诒提议中国、交通两银行合资设立新华储蓄银行。这三家属国家银行。另有中华商业储蓄银行、浙江兴业银行、聚兴诚银

---

① 《张公权先生自述往事答客问》。台湾，《传记文学》第177号。

行、盐业银行、中国通商银行、四明银行、殖民银行，七家商业银行。10家银行总资本达2000万元。俨然成为一个新兴企业。

欧战爆发后，西方列强无暇东顾，大大刺激了中国民间的投资活力。民族情绪高涨，抑制了洋货的疯狂泛滥；铁路的不断延长，加快了工矿产品的流量和流速；银行的迅速发展，股票交易，世界性贸易市场的开发，这一切对中国实业，无不起着推波助澜的作用。

1916年，讨袁战争的燎原烈火，已烧遍大江南北。中央政府除了在军事上一败涂地之外，经济上也摇摇欲坠。由于各省相继独立，对中央的解款急剧减少，财政面临枯竭。由梁士诒任总理的“国内公债局”，先后发行三次国内公债，总额达到2000万元，而交通银行每次的认购额，均高居各银行之首，前两次已募得946万元。但还是填不满袁大头的无底洞，仅一个“大典筹备处”，已耗资2000万元以上。把三次公债的钱全投进去，尚嫌不足。到1915年止，交通银行已为政府垫款3115万元，占该行全部存款的80%以上。[①] 护国战争一打响，作为政府财政支柱的中国、交通两大银行，便陷入严重的金融危机了。

袁世凯需款孔殷，但他对财政一窍不通，全凭身旁两位财神长袖善舞。一位是交通银行老板梁士诒，一位是督办中国银行事宜的周自齐。

支撑危局的办法，集两位财神的智力，绞尽脑汁，也提不出什么锦囊妙计。为了避免坐以待毙，梁、周二人终于在5月提出了一个集中资金的方案——合并中、交两行！

整个金融界立即发生强烈地震。

合并两行，无非是为了把中、交两行各地分行所有库存准备金，统统调集北京。这无疑是一服竭泽而渔，饮鸩止渴的催命汤。当时洪宪帝制败局已定，“北方形势日危，一般富有造孽钱之大老，纷纷将存款提出”，转存外国银行，为一朝树倒猢狲散，铺好后路。5月7日，财政部密咨各部、院：“现闻各部人员纷纷向中国银行提款，殊属不顾大局，请传谕各员，不得将存款提放外国银行，如敢故违，一经查出，立即交付惩戒。”[②]这时有内幕消息的大老们，早把钱提光，剩下的就是一些升斗小

① 韩宏泰《北洋军阀时期的交通银行》。陈奋主编《梁士诒史料集》，中国文史出版社，1991年版。

② 中国人民银行总行参事室编《中华民国货币史资料》(第一辑)。上海人民出版社，1986年版。

民了。天津、济南分行,已经爆发了全民恐慌的挤兑潮。

5月10日,中国银行上海分行接获中央密令,要他们立即将银行从外国租界迁移至中国管辖的区域。但银行还没开始动迁,政府已经迫不及待地下令停兑了。5月12日,国务总理段祺瑞颁布命令:"自奉令之日起,所有该两行已发行之纸币及应付款项,暂时一律不准兑现、付现,一俟大局定后,即行颁布院令定期兑付。所有之准备现款,应责成该两行一律封存。"①

事态的发展,已演变成北方官僚集团(官)与东部财团(商)的一场较量了。京、津两地分行,因为地处天子脚下,已表示服从政府命令,即日停兑,只有东部的上海分行,决定抗旨。

中行上海分行宋汉章经理和张嘉璈副经理主持大股东会议,他们担心,一旦停兑,中国银行的命脉,将从此断绝;刚刚发育的近代金融体系,也将摧毁殆尽。在上海分行的两位首脑面前,摆着两种选择,要么屈服,要么抵抗。他们选择了后者。

大股东们的意见一边倒,为了维持上海金融市面,保全上海分行的信用,所有钞票必须一律照常兑现。中国银行商股联合会的立场,表达得非常清楚:

"佥以中国银行分行地跨十数行省,分行号达百数十处,有属于北,有属于南,有涉于军事地域,欲一一监督而保全之,股东等固无此权力,亦实势有所不能。且环顾全国分行之最重要者,莫如上海一埠,上海为全国金融枢纽,且为中外观瞻所系,故以为保全中国银行必先自上海分行始……因由同人决议,先求保全上海中国银行。"②

汇丰、道胜、正金、东方汇理、麦加利五家外国银行也连日开会,认为中国银行在国际市场上有相当地位,应该帮助它照常开业兑现。

宋汉章先后五次亲自到领事团协商,希望向外商银行贷款渡过难关。他又向汇丰、德华两家银行建议,以上海分行行址和苏州河堆栈,以及收押的道契作为抵押,商借透支。银行团既为挽救在沪外国企业的厄运,也为进一步浸透中国金融市场,慨然应诺。

疯狂的挤兑风潮,已在上海爆发了。急于提存和兑现的人,像着了

---

①② 中国人民银行总行参事室编《中华民国货币史资料》(第一辑)。上海人民出版社,1986年版。

魔似的扑向银行。这种混乱场面，持续三天，惊心动魄。官厅甚至出动军警弹压。银行职员忙得晕头转向。这简直是一场生死赌博。

太原、南京、徐州、九江、汉口、福州、张家口，以及黑龙江等地的中、交银行分行，都以上海分行马首是瞻，纷纷抗命，照常兑现。

经此惨烈一役，东部财团与北方官僚集团之间，已再无互信可言。

1916年6月，由于中、交两行停兑而触发的危机还未过去，从堂高帘远的中南海传来袁世凯病逝、黎元洪继位的惊人消息。东部的银行家们且喜且忧，喜者希望继任者能给政局带来转机，忧者担心政府在此似断似续之际又玩什么花招。

他们趁着政府大办丧事的机会，四处奔走联络，函电纷驰。经过几天密锣紧鼓的筹划，6月15日——袁世凯还未出殡——由中国银行上海方面的股东发起，联合各省商股代表组织的“中国银行股东联合会”已经挂牌成立，俨然是绅商与官方抗争的指挥部。

内阁委派徐恩源担任中国银行总裁，亦遭到银行强烈抵制。徐恩源出身官僚，惯拿鸡毛当令箭，在回银行上班时，竟随身带着三名由步军统领衙门派出的携枪保镖，招摇过市，以致惹动众怒，总管理处的三位高级主管，表示不屑于与这种人共事，相约辞职；连一位副总裁也挂印而去。

徐恩源自恃有财政部作后盾，既不承认股东联合会的合法地位，又扬言上海分行副经理张嘉璈是抗拒停兑的祸首，必须调往重庆分行，以示惩戒。股东们大为愤怒，对抗再度升级，股东们断然采取一个惊人之举，向上海地方审判厅申请将京行存上海的230万元假扣押，抵充商股股款。

银行与政府的斗法白热化，已超出了银行业的范围，影响到整个工商业。上海总商会匆匆出面调停。股东们勉强让步，撤销了假扣押申请书，但愤然表示，这完全是为了避免牵动大局，才不为已甚。上海中国银行股东联合会发表通电，字字掷地有声，就像是给政府下的一道战书：

“此次院令停止中、交两行兑现付存，无异宣告政府破产，银行倒闭，直接间接宰割天下同胞，丧尽国家元气，自此以后，财政信用一劫不复。”①

---

① 中国人民银行总行参事室编《中华民国货币史资料》（第一辑）。上海人民出版社，1986年版。

交通系在停兑事件中搅风搅雨，无非向袁世凯邀宠。梁士诒对推进帝制，作用尤巨。不料帝制南柯一梦，交通系赔了夫人又折兵，把自己的招牌搞臭了不说，梁士诒、周自齐还被南方列为帝制祸首，请明正典刑，以谢天下。政府下令通缉惩办。交通系鸡飞狗跳，梁士诒仓皇避居香港。①

相比之下，北四先生的运气就好得多了。周学熙的父亲周馥与青岛的保皇派、宗社党过从甚密，甚至被日本间谍列入宗社党主要人物的名单之内。因此，周、袁两家虽是儿女亲家，但周家是断不会支持袁氏称帝的。洪宪帝制失败，周学熙幸免失身，又有段合肥当政，皖系一手遮天。亲不亲，故乡人，前途一片光明。

1916年8月，以皖系官僚为首，联合部分商绅，再次拟定以1000万元资本在直隶、山东、河南一带，建立20万锭大纱厂的玫瑰园计划。在12位主要发起人当中，有八位是官僚。

官僚们对投资实业，趋之若鹜，原因无非有二：

一方面，企业的利润增长，大大超过地租的收入。以华新公司来看，1916年9月正式注册时，资本额为1000万元，1919年1月正式投产，两月后赢利10万元，当年3月至次年2月共赢利137万元。年平均增长14.7%。而地租收入，在华北平原的年平均增长才1.7%左右（以天津附近的庙产沙田地租为例）。天壤之比，能不令人怦然心动？

另一方面，官僚们热心投资企业，也反映出他们对官场风云变幻的担忧。政局动荡，党派倾轧，一朝天子一朝臣。投资企业，不失为一条退路。

这种以北洋官家为靠山的企业，一度是民族工商业的主要成分。它的优势在于能够利用天语纶音和官府的威权，在募集资本、专利特权、机器和原材料的收购、资金周转、税收、运输等方面取得较大的便利。

华新公司在天津招募分厂商股时，周学熙利用财政总长职权，从财政部拨出80万元订购纱锭2.5万枚的纺纱机。大大增强了股东们对公司的信心。

① 1918年2月，经代总统冯国璋批准，下令特赦梁士诒、朱启钤、周自齐三人。

华新投产后,在短期内取得惊人效益,并陆续在青岛、唐山、卫辉开设了三家分厂。1919年,公司规模日益扩大,流动资金很多,周学熙又创办了专为本公司服务的中国实业银行,其董事全为名重朝野的大官僚。周学熙再次援引官府势力,迫令长芦、东纲和两淮的盐引必须投资。

在自由经济正悄然崛起之际,官家仍然谋求垄断实业,周学熙组织了货栈运输公司和永宁保险公司,创办了兴华棉业公司。所有这一切,都是为了建立以官僚集团为靠山的华北棉纺业垄断体制。

直到1922年,在周学熙的王国里,控制着启新洋灰公司、开滦煤矿、华新纺织公司、耀华玻璃公司。前后16年,由他创办和投资的企业,多达15家,资本总额高达1600多万元。而实业银行的建立,标志着这一庞大的垄断体制,已基本告成,这就是著名的"启新一华新财团"。

从1920年代开始,政治上的不稳定,暴露出官家实业的弱点。北洋集团日渐式微,朝令夕改、五日京兆的现象,比比皆是,工商业受其拖累,完美的大厦开始裂痕频现了。

不管人们是否觉察到这一点,但他们已经作出了这样的选择。周学熙首先被排挤出实业银行,他的指令不再是一呼百应。他于1924年创办类似康采恩式的联合企业总管机关"实业总汇",仅一年时间就垮台了。他终于被自己一手创造的体系所遗弃。

晚年北四先生主持一个研究性质的实业学会。除了在孤独的内心保持着无用的优越感和聊以自慰的回忆之外,早茶晚酒饭后烟,已再无所作为了。

华新公司于1931年解体,各地分厂自立门户,独立经营。

第五章

还政于清

【壹】段祺瑞成为新的北方领袖，他以北洋正统自居，决心把自认为代表南方的总统黎元洪逐出公府。

袁世凯死后，北洋集团分裂成三大派系：直系、皖系、奉系。

它们都是以军队为基础的政治派系。它们并不是政党，既没有自己的政治纲领，也没有总部、分部一类组织系统，它们基本上是以籍贯划分的利益集团，靠金钱、地盘、职位、权力，以及私人感情，把一伙同乡、同族、同门、同袍的军人、官僚、政客扯到一起，抱成一团。

以地域划分势力，是中国政治文化的一大特色。

国务总理兼陆军总长段祺瑞是皖系的首领，也是最有希望继承袁世凯遗产的人，他确实具有某种异禀和卓超的才智。

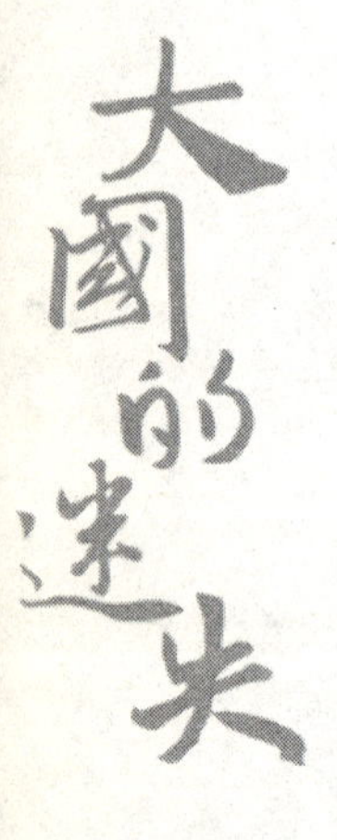

段祺瑞是安徽合肥人。安徽与湖北一样，地理位置十分特殊。湖北地跨南北，而安徽则介于东部与北方之间。故在这两个地方，可以看到很多过渡性的文化特色。周学熙在实业界虽然一言九鼎，但他说的话，用右耳听是一口官话，用左耳听却是四夷鸟语。段祺瑞的面目也同样模糊，他杀起南方的共和派来毫不手软，但北方的帝制派搞复辟时，他又成了再造共和的伟人。

副总统黎元洪当初之所以能够和袁世凯比肩而坐，带有南北一家的象征意义。黎也是军人，但不属于北洋集团。他私下也许觉得这种身份更好，当他面对南方人时，他是北方的代表；而当他面对北方人时，又好像代表着南方的势力。

虽然人们并不承认这一点。这事实上是他能够置身于政治舞台中心的悲剧性原因之一:他刚好站在南北两大势力的夹缝之间。

对南方抱有怀疑和厌恶心理的段祺瑞,从来不掩饰对黎元洪的蔑视。以前袁正黎副,尚可勉强接受,但谁也没有想到袁世凯死得那么快,竟让南方人空手捡个热煎堆,他们便寝馈难安了。段祺瑞希望弄出些事端来,好让总统尝尝和代表十几个省区的北洋集团抗衡的滋味。

黎元洪的性格,属于外柔内刚,在面对威胁的时候,往往忍声吞气,有"黎菩萨"的外号。就是因为这样,北洋集团才暂时容纳了他。

终于有一天,总统府和国务院之间微妙的平衡被打破了,段祺瑞下决心把黎菩萨赶出总统府。他采取了一项危险的行动,这项行动所引起一连串灾难性反应,一直持续到整个北洋集团覆灭为止。

黎元洪

1917 年 2 月 4 日,美国公使芮恩施分别拜会了黎元洪和段祺瑞。他刚刚接到国内来的消息,美国政府已经和德皇政府绝交了。他的首要任务是说服中国"按照美国政府的建议赞同美国的行动"。与此同时,日本的公使也在马不停蹄地活动。尽管各自的用意不同,但美国和日本都很热心地要把中国拖进一场莫名其妙打了三年的欧洲战争中去。

黎元洪对此兴趣不大。他向芮恩施提出一大堆质疑:"当前战况如何?交战各方的力量对比如何?"黎元洪的忧虑并非毫无道理。中国一旦卷入这种国际争端之中,国内的政治均势就会打破,马上就会引起剧烈的社会动荡。

与总统相反,段祺瑞表现出极大的热情。他和芮恩施深入讨论了欧洲各强的军事形势,他最关心的是在战争中他将获得什么好处。"战争结束后又会发生什么情况呢?"

芮恩施含糊地回答,"对德绝交,中国就可在战后议和的桌上取得独立的地位。"①

中国是一个长期自我封闭的国家，甚至当世界已经跨入 20 世纪以后，它依然企图保持封闭自足的超脱立场，这显然是不切实际的幻想。并且使中国在国际事务中变得非常尴尬，它既不可能做一个不偏不倚的局外人，也没办法以一个自由政府的姿态独立地参加世界政治活动。

当中国对国际事务表现出热情时，往往是国内遇到了棘手的难题，需要藉着参与国际事务，转移国内的视线，舒缓来自内部的压力。

在这一方面，日本更能理解中国政客的心理，段祺瑞的日本顾问西原龟三积极地为两国政府牵线，进行暗盘交易。

为了拉中国政府下水，日本已答应提供 3000 万日元的借款，作为参战和建军之用。但这笔钱是否真的用在对德战争上呢？西原龟三推心置腹地对段祺瑞说："参加协约国对德宣战，与日本推诚合作，利用这五六年的时间整顿国政，充实国力，提高国际地位，摆脱多年来欧美列强的压迫，日中两国同心合力确立东亚永久和平。"

段氏还未等翻译说完这段话，便站起来大声说："明白了，我也深有此感，一定照此进行。"②

这正是黎元洪所担心的事情。本来，参战与否，总统并不在乎，但如果北洋集团藉此扩充军力，最后用于国内的南北战争，那就后患无穷。

在内阁会议上，各部总长对向德提交抗议和绝交，一口赞成。段祺瑞和外交总长伍廷芳博士到总统府报告内阁意见。黎元洪顾虑重重，他拒绝在绝交案上盖印。段祺瑞勃然大怒，连夜去了天津。这是官僚们用罢工的手段来压迫总统屈服。

黎元洪马上就屈服了。

4 月 10 日，国会开会讨论对德绝交案，大多数议员都赞成中国参战，投票结果很顺利地通过了。

然而，一片反对之声从南方卷地而来。孙文猛烈抨击政府失策。代表南方利益的国会议员，也在各种场合指责政府行事过于草率。他

---

① [美]保罗·S·芮恩施《一个美国外交官使华记》。商务印书馆，1982 年版。

② [日]西原龟三《西原借款回忆》。《近代史资料》总 38 号。

们和总统一样，担心北洋集团利用这个机会扩充实力。

这股强大的震波，甚至一直传到了大洋彼岸的美国。担任驻美公使的顾维钧博士——一位只有 29 岁的年轻外交官——正在争取一笔 500 万美元的贷款。他遇到了意外的困难，国内纷纷谴责这笔贷款被北洋集团用于和国内反对派打仗。

顾维钧颇感郁闷，但他也看到了问题的症结所在。他说："南方反对参战，显然主要不在于反对中国站在美国一方，而是担心中国参战会使北方有借口，来取得美国、甚至整个协约国集团的各种类型的援助，以增强其武装力量，用以进攻和征服南方的反对势力。"①

黎元洪不胜懊悔，他决心不再让步。当段祺瑞提议即时对德国宣战时，他一口拒绝了。段祺瑞并不是一个轻易放弃主张的人，他几乎立即就通知各省督军晋京，这意味着他要用军人来干预中央政治了。

督军与清代的巡抚、元代的中书省，一脉相承，辛亥革命后的起义省份，成立军政府，一律用"都督"名称。袁世凯死后，南北双方为了这个名字，你争我闹，最后改称"督军"。督军是一省的土霸王、土皇帝，和黑社会的龙头大哥无异。陈独秀在 1918 年为这些人下了一个定义："毫无知识，毫无功能，专门干预政治破坏国法马贼式的恶丐式的军阀"，②用词虽然刻薄，但大体没错，督军与土匪的区别，只是一个领了合法经营牌照，一个是无牌经营而已。有了督军，中央陆军、参谋两部，都可以裁撤了，因为没有督军同意，它们连一兵一卒都调动不了。

4 月 25 日，福建、江西、湖北、河南、吉林、直隶、山西、山东八省督军，以及察哈尔和绥远两个区的都统、安徽省长都来到了北京。黎元洪几乎每天都接到有关地方军阀到京的消息，他目瞪口呆了。这个庞大的"督军团"，使首都空气变得骤然紧张。

督军们不少在倒了台的旧王朝担任过一定的官职，除山西督军阎锡山曾留学日本之外，其余均足不出国门，他们出身于贩夫走卒、市井流氓、绿林好汉，和江湖有千丝万缕的关系，当年连袁世凯的儿子袁克文，也是上海青帮的大字辈大老。他们深信，所谓"民主政治"，就是让

---

① 《顾维钧回忆录》（第一分册）。中华书局，1983 年版。

② 陈独秀《欧战后东洋民族之觉悟及要求》。《陈独秀著作选》（第一卷）。上海人民出版社，1984 年版。

他们为所欲为。

4月29日，督军们在国务院开会，段祺瑞拿出一块白缎，上书“赞成总理外交政策”八个大字，请督军们签名。这个场面可笑复可悲，督军们当真以为他们的签字会比法律更有效力。

伍廷芳

伍廷芳完全没有料到会出现这样的场面，作为一名法学家，他马上果断地和军方分手了。他曾经试图阻止军人们的胡作非为，但没有用，他是对牛弹琴。

在一次督军团会议上，陆军部的高级官员直截了当地说：“不赶走黎元洪是没有办法的了！”国务院秘书长张国淦大惊失色：“这是非常举动，本人不敢与闻。”文人比武官更能清楚地看到这种叫嚣的严重性，而且张国淦又是黎元洪的同乡。这种危险使张国淦和伍廷芳一齐递交了辞呈。

这时，狂热的督军们不合时宜地对粤籍财政总长陈锦涛发起攻击。据说一名商人曾向财政部行贿开办炼钢厂，被陈锦涛揭发。该商人反告陈利用职权令商人借垫私人股本，并威逼商人写字据证明总长并未受贿。

军人们借题发挥，把陈锦涛赶了下台。另一名西南派阁员交通总长许世英也因贿案被罢免。堂堂中华民国的内阁，罢的罢，辞的辞，在5月2日的内阁会议上，只剩下段祺瑞和海军、农商、司法三部总长出席。

在外面等候消息的督军们，早已不耐烦，他们公然闯进去捣乱国务会议，总长们气得瞠目结舌。眼前的情景，有如戏班开锣，军官们粗鲁地坐到了会议桌上，用手拍着桌子，大喊大叫。在这种情形之下，总长们的最后武器只有沉默。

身为国家元首，段祺瑞对代议制度，实际上既不了解，也无好感。5

月2日，他把未经内阁通过的对德宣战案送交国会讨论，并非尊重国会，而是他根本不相信国会敢跟他作对。

当天晚上，他和芮恩施晤谈，在谈到国会开会的事情时，段祺瑞傲慢地说："如果国会顽固不化的话，我就把它解散。"

芮恩施大吃一惊，他提醒对方，如果在这么重要的事情上无视国会，肯定将在美国和其它西方国家造成恶劣印象。

段祺瑞的回答十分简单明了："日本人向我保证，如果我继续实行强硬政策，就可以指望得到他们的支持。"①

在国会中，反对派的势力也在形成。大部分南方籍议员都强烈反对中国参战。在这些反对派议员中，不少人都在西方或者南洋生活过。

5月10日，国会爆发了相当激烈的辩论。段祺瑞在他的寓所里等候消息，芮恩施也在等候消息，日本公使林权助和德国公使欣策都在等候消息。但他们都没有料到，在国会外面竟出现一个戏剧性场面，使整个形势为之改观。

心急如焚的督军们，已经没有耐心等候国会的辩论了，在陆军部官员的嗾使下，一群地痞流氓（其中也不乏换了便装的士兵），打着公民团的旗号，把国会围得水泄不通。几个迟到议员被他们痛殴一顿。在远处看好戏的陆军部官员得意忘形，这才是他们心目中的"民主政治"。

国会立即中止辩论，议长打电话请段祺瑞速到国会。段祺瑞怒火中烧，他没有立即前去，直到傍晚时分，才在警察总监的陪同下，进入被围了半天的国会。饥肠辘辘的议员们一拥而上，质问、谩骂、尖声乱叫，甚至拳打脚踢，秩序乱作一团。段拙于言辞，却有个毛病，一生气鼻了就歪，故有"歪鼻子"绰号。这时他的鼻子早歪到一边去了。

军方组织公民团，原想恫吓一下国会，不料弄巧成拙，反对派大兴问罪之师。5月19日，国会议决缓议对德宣战案。内阁海军、司法、农商三部总长宣布联袂辞职。

内阁濒临垮台。张国淦劝段祺瑞，干脆宣布引退。段祺瑞不是那种轻易放弃的人，他以强硬的态度反问："我一旦引退，宣战案岂不功败垂成？"

---

① ［美］保罗·S·芮恩施《一个美国外交官使华记》。商务印书馆，1982年版。

段祺瑞

“总理就算不引退，宣战案目前也行不通了。”

“我就是不走，看总统奈我何？”

“总统有罢免总理之权。”

军官们起哄：“如果出此，我们就造反！”①

总统批准了海军、司法、农商三部总长的辞职，只留下外交总长伍廷芳，不予批准。他已经打算让伍廷芳代阁了。

段祺瑞怒发冲冠，鼻子一歪再歪。他接到日本政府传来的信息，他们对他是否维持总理职务相当留意，因此他已没有办法正常思考了。他选择了一条危险的道路：和总统决裂。

军人们就如何把最后决裂的责任推给总统，互相交换了意见。第二天，他们推举了一位年老的督军领衔，联名呈请修改宪法，他们指责宪法对内阁和内阁总理的地位没有确实的保障。

由于受到内阁垮台的鼓舞，黎元洪对这份呈文不屑一顾。他知道美国公使已经向军方施加压力，如果他们发动任何推翻国会的运动，将得不到美国的同情。因此，总统的态度变得强硬起来了。

5 月 21 日，督军团突然离开了北京。

事先没有任何人得到消息，然而，当事情发生以后，却人人都能意识到，这不是好戏的收场，而是刚刚开幕。只有黎元洪沉浸在胜利的喜悦之中。

当满载军人的火车刚一驶离前门车站，总统便下令罢免段氏的职务。人们十分纳闷，总统哪来的把握呢？5 月 22 日，黎元洪在为他的美

① 张国淦《中华民国内阁篇》。《北洋军阀史料选辑》(上册)。中国社会科学出版社，1981 年版。

籍法律顾问饯行时,心情愉快地对芮恩施说:“一切危险都过去了,我要免段将军的职,组织一个新内阁,并且让国会在不受强迫的情况下决定参战问题。”

芮恩施觉得很奇怪,他问:“不和段将军合作,政府能够维持下去吗?”

“哦,我想是可能的,”黎元洪说,“一切都已安排好了。”

芮恩施追问,总统准备依靠什么人来渡过目前的难关?黎元洪悠然自得地回答:

“张勋将军会帮助我的。”①

黎元洪曾被西方外交家认为对政府具有现代概念,但他生活在充满帝王色彩的北京,在遗老遗少的包围之下,他真的理解现代政治的意义吗?仅仅一年多以前,他对袁世凯的帝制运动采取了不合作态度,但现在他却主动把复辟的危险引入庙堂之上,铜驼之侧。

【贰】帝国的梦想:1917 年 7 月 1 日,北京人纷纷燃放鞭炮,挂起龙旗,狂热地欢迎皇帝回来。

中国的官僚都有一种根深蒂固的私臣意识,他们对“忠”的伦理判断,完全基于君臣“不贰”的私人关系,而非国家的利益。早在战国时期,这种君臣关系就高度官僚化了。

在被迫与共和制度妥协的前清官僚集团里,差不多人人都有某种程度的复辟倾向,只不过谁也没有张勋来得那么公开和强烈而已。这位长江巡阅使兼安徽督军的脑后,至今还挂着一条大辫子。他和北洋集团的头面人物不仅保持着密切来往,而且有着相同抱负。这些帝制分子包括前国务卿徐世昌、安徽省长倪嗣冲、山东督军张怀芝、直隶督军曹锟、福建督军李厚基,甚至还有副总统冯国璋。他们和张勋的区别,仅仅在于一个要绕大圈子,一个要直截了当。

北洋集团的复辟梦想,可以一直追溯到它的创始人袁世凯那里。这位以“八十三天皇帝”闻名的独裁者,从不相信共和制度的合理性与

---

① [美]保罗·S·芮恩施《一个美国外交官使华记》。商务印书馆,1982 年版。

张 勋

必然性。即使在他承认共和政体的时期，他还是坚信，一般人民是极端保守的，拥护帝制的。

他的观点代表着北方官僚集团的普遍看法，这些人(乃至广大的平民百姓)从未受过真正的民主政治训练，他们在现代的代议制度面前显得茫然无措。什么民有、民治和民享，完全一窍不通。

离开北京只有几里地的乡下，人们就已经把总统的官衔和皇帝的新年号混为一谈了。拥护帝制的人常常把这作为例子，证明共和制度不曾引起一般民众的兴趣，中国没有真正懂得法治的人，所谓民主政治，言之过早，"不合中国国情"，恒为朝野最常听到的理由之一。中国人喜谈"以人为本"，然则在政治上一味强调以人为本、德治天下，最终必然导致人治，也就是君明臣良的理想国，而不是一个现代法治社会。

袁世凯乃两千年专制文化培养出来的权力狂，别说他有六镇劲旅，就算他手下只有六个排的大兵，也不会甘心屈从于墨写的法律。正如老子所说："法令滋彰，而盗贼多有"，那些落草为寇，占山为王，像霉菌一样遍布中华大地的土匪，还有大大小小的巡阅使、军务督办、督军、师长、旅长，谁说不是一个个小袁世凯呢？自从民国成立以来，复辟的阴谋就一直没有中止过。最初人们相信袁世凯会还政清室，自己做个摄政王。但后来的事实证明，袁世凯的野心比人们的想象大得多。他竟要学王莽、曹操，这就使他自己即使在北洋集团之中，也失去了道德的立足点。

袁世凯死后，效忠于清室的复辟势力重新抬头。

督军团离开北京以后，并没有回到各自的省区，而是云集徐州。这里是张勋的大本营，军人们几乎所有关于复辟的密谋，都是在这里酝酿的。现在，督军们又向张勋许诺，只要他能把黎元洪赶下台，他想干什么都可以。坐镇南京的冯国璋，在前清时是禁卫军统领，又曾督办贵胄学堂，与许多皇族亲贵都有密切关系，武昌首义后就是他率北洋军攻陷汉阳的。他给张勋写信，半认真半玩笑地说，他愿充当辫子军的后路，以迅雷不及掩耳之势，以兵力直捣北京。

本来黎元洪属意的调人，并非张勋，而是冯国璋。但冯国璋不愿蹚这趟浑水，无奈之下，黎元洪只好退而求其次，请张勋出面。

性格鲁莽的张辫帅信以为真，这回黄龙要出洞了！

5 月 29 日，总统下令罢免安徽省长倪嗣冲的职务。机会来了！声名狼藉的倪嗣冲在安徽宣布独立，脱离中央。北洋系统的各省区纷纷效法。北洋各省的独立，与以前南方各省的独立，虽然同是反对北京政府，但也有不同之处，以前南方反对的是由北方军人操纵的北京政府，现在北洋反对的是一个由南方人当总统的政府。因此，当北方闹独立后，滇、黔、川、湘、粤、桂西南六省，纷纷摆起拥护中央的姿态，义正辞严，反对军人干政。

就在这时，张勋袍笏登场了。

他应黎元洪的邀请，率领五千定武辫子军，北上帝都。公开使命是调解总统府和国务院之间的矛盾，真正目的是复辟清室。冯国璋写信给他，保证“追随其间，遇事总与我哥取一致行动”。① 张勋深信他已经得到北洋集团的默许和外国势力的支持。

几乎就在同时，段祺瑞在天津组织了临时政府，推举徐世昌为陆海军大元帅，准备等黎元洪下台后，即召集临时国会，选举徐世昌为临时大总统。

张辫帅虽是戆头，也看出段祺瑞从前曾带头劝宣统退位，故对复辟之举，绝无赞成之理，将来发动复辟，将难免一战。

正因为如此，段祺瑞才推举徐世昌上台，以牵制复辟派的力量。徐世昌一面发表维持总统、恢复内阁和解散国会的三大主张，一面将就任大元帅的通电拟好，随时准备发表。

从这时起，张勋已经注定要成为北洋官僚集团的牺牲品。

6 月 8 日，张勋向北京发出最后通牒，如果不立即解散国会，他就不

---

① 《冯国璋函》。《近代史资料》总 35 辑。

再充当调人了。黎元洪再次屈服。总统的软弱，大大刺激了复辟派的气焰。6 月 14 日，张勋进入北京。

这时复辟已如箭在弦上，徐世昌的代表钱能训——光绪朝进士，官拜刑部主事、员外郎、郎中、御史、顺天府尹、陕西巡抚，一位资深的老官僚——突然从天津来到北京，和张勋秘密会晤，传达徐世昌的意见：对复辟是非常赞同的，并认为复辟后的国民投票制，比现在的共和制更为先进。

徐氏的主张大致有三点：一、给他以摄政王或类似的名义，掌握全部政权；二、把他的女儿许配给宣统为皇后；三、实行君主立宪。张辫帅嗤之以鼻，他再蠢也不会蠢到为徐世昌这种老官僚火中取栗。

交易没有谈成，徐世昌还不死心。这是千载难逢的好时机。过了一天，钱能训带着徐氏的新方案，去而复还。他向张勋建议，复辟条件还未成熟，可以从缓，不如先设立元老院，掌握国中最高权力，由徐世昌、张勋、段祺瑞、冯国璋等人担任，并请几个国民党人参加。

这是典型的官僚骑墙心态，首鼠两端，总想左右逢源。张辫帅把钱能训轰出门去，他要独立扮演一个勤王救世的角色。

7 月 1 日，天刚蒙蒙亮，霹雳一声复辟。北京全城悬挂起象征皇权

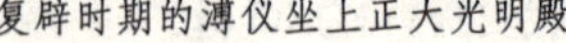
复辟时期的溥仪坐上正大光明殿

的龙旗。张勋向全国通电:“中国本为数千年君主之制,圣贤继踵,代有留贻制治之方,较各国为尤顺。然则为时势计,莫如规复君主,为各教计更莫如推戴旧君,此心此理,八表攸同。”①

正如张勋所预料的那样,老百姓对皇上重新掌权,感到欢欣鼓舞,他们早已习惯于金銮殿上有一位天子,共和制度倒让他们无所适从。坊间一时出现“旗人咸喜跃若狂,妇孺互相道喜”②的欢乐场面。时人所撰《复辟纪实》一书,有更为详实的描写:“一时老少填充街巷,眉飞色舞,颇形热闹,而如北城一带,甚且击罄焚香,谓为天公保佑,望空跪拜,尤属不少。”③

广东人马超俊记下了他在北京目睹的一幕:7 月 1 日那天,他住在骡马市大街广东七邑会馆,天将破晓时,就听见全城鞭炮声四起,茶房王疯子推门进来,向他作揖道喜。马问有何喜事,王疯子说:“张大帅来了,宣统皇帝已经复位,我们要太平了,从今天起,会有廉价米面吃。”他说话时,满脸骄傲,一副神气活现的样子。④

比过年还热闹的北京城里,出现了“沿城一带辫子多,城厢内外黄龙旗多,故宫门外红顶子多”的壮观景色。大栅京中报纸、衙门文书、布告,一律改奉宣统正朔,称“大清帝国宣统九年”。

但黎元洪坚决不交出政权,在一生名节的最后关头,泥菩萨变成了铁金刚。辫子军包围了总统府和官邸,黎对前来逼宫劝退的人说:“先生若以清室遗民来与元洪话旧,自当竭诚欢迎,若为复辟而来,今天我是民国大总统,我统御无方,使逆贼叛变民国,我当为民国尽忠,你是清室大臣,你也该为清室尽节,我们同归于尽吧。”⑤当晚,他只身逃出公府,避入日本公使馆寻求庇护。

中国人并非天生的帝制派,但他们判断是非的标准,是几千年的积习。政客们都知道,要使中国老百姓接受一事物,最好的办法,是让他们相信这一事物古已有之,只要能在古书里找到根据,总是可以说服他们的。

---

①② 许指严《复辟半月记》。《近代稗海》(第四辑),四川人民出版社,1985 年版。

③ 翘生《复辟纪实》。文海出版社有限公司。

④ 《马超俊先生访问纪录》。台湾,中央研究院近代史研究所,1992 年。

⑤ 《万耀煌先生访问纪录》。台湾,中央研究院近代史研究所,1993 年。

反对复辟的人纷纷逃离北京，但有人辞官归故里，有人漏夜赶科场。文圣人康有为风尘仆仆赶入北京，欲助武圣人张勋一臂之力。康，广东人也；张，江西人也。虽然帝制派大部分是北方人，但他们只会坐在租界里长吁短叹，空话连篇，真正付诸实行的却是南方人。推翻帝制的是南方人，复辟帝制的也是南方人。这是必然乎？是偶然乎？历史如此吊诡，亦可怪矣！

张勋实行复辟之后，在北方得到了广泛的同情。虽然反对声此起彼伏，但真反对的不多，骑墙观风的居多。山西、陕西、甘肃、新疆等西北省份，在一片讨逆声中，更是装聋作哑，迟迟不作表态。梁启超和前清遗老周善培的一段对话，真实地反映出蛰伏于北方的大清遗民们的心态。

当段祺瑞在马厂誓师，挂起了“讨逆军总司令部”的牌子时，梁启超劝周善培支持这场讨伐复辟的战争。周善培说：

“我不参加段讨复辟，不但我无参加的必要，段是辛亥最后的两湖总督，该不该讨复辟，他还需考虑；你该不该参加他的讨复辟，你更得考虑。”

梁说：“不讨张勋复辟，我们讨袁（世凯）就没有意义了！”

周说：“我们讨袁是替大清讨袁，不是替民国讨袁。革命党推翻清朝是对的，袁世凯始而利用革命党推翻清朝，已经该讨，他又进一步推翻共和政体，自己做起皇帝来。推翻共和国后由革命党去讨他，这个意义是永远存在的，同张勋复辟丝毫不相干！”

梁质问：“你就看着张勋复辟不问他吗？”

周说：“事情有该自己做的，有该听人去做的。讨袁，革命党该做，我们也应当做；讨张复辟只该听革命党去做，不必我们去做。”

然而，以驱逐黎元洪为目的的段祺瑞，如果要重返政治舞台，就必须向张勋宣战。他并不是一个共和主义者，他是受现实种种复杂因素的制约，不得不走到共和一边，他要取得某些他所欲求的东西，就必须屈从于另一些他并不想要的东西，比如共和；同时要剥夺一些他所欲求的东西，比如帝制。

当初附和复辟的督军们，现在全都变了卦。讨逆军从天津杀向北京，曹锟的直军云集芦沟桥。近畿战云密布。第三天，双方接上火了。只几天功夫，张勋的辫子军就垮了下来。张勋躲进了荷兰使馆，复辟的

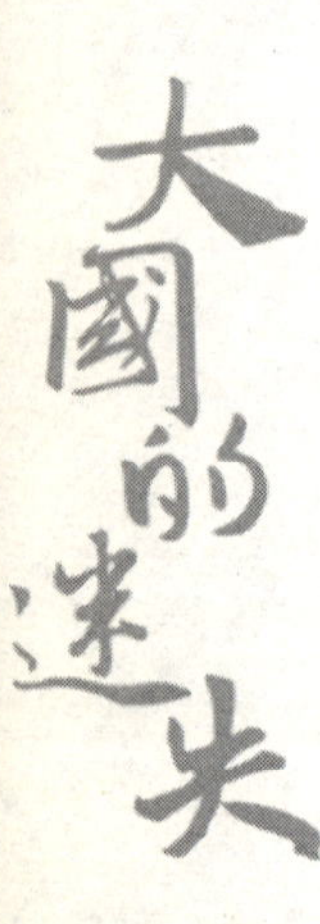

衮衮诸公,顿作鸟兽散。7月8日,段祺瑞的使者在北京和各国公使接洽,请他们向张勋转达四项停战条件:一、取消帝制;二、解除定武军的武装;三、保全张勋性命;四、维持清室优待条件。只有两人必须下台,一是张勋,因为他捅了漏子;二是黎元洪,因为他引狼入室。

这就是阴谋的目的所在。

在一份以"北洋军界全体"名义发表的公启里,把复辟说成只是张勋一人妄自尊大,以为天下皆莫己若,紫禁城里的小朝廷,不仅与此毫无关系,而且还竭力反对复辟,"迨至世续叩头流血,瑾妃痛哭阻止,"是张勋悍然不顾,把清心寡欲的逊帝挟上龙床,"与曹孟德欺人寡妇孤儿,何以异乎。"[①]讨逆军一再强调,复辟"纯系(张勋)一人之私,罪有攸归,法无滥及",说穿了,就是不能滥及那个"孑身冲龄"的逊帝溥仪。溥仪在回忆录里写道:"他们为什么这样为紫禁城开脱呢?……我得到的唯一结论是:这些人并非真正反对复辟,问题不过是由谁来带头罢了。"[②]

在整个事件当中,始终贯穿着外国势力的影响和北洋官僚集团内部的种种阴谋活动。粉碎张勋复辟,与其说是得力于民主势力,毋宁说是体现了中国官僚政治权力重新分配的一个必不可少的程序。

从形式上看,除了两次短命的流产复辟之外,北洋政府一直是实行代议政制的。对于20世纪的中国来说,代议制确实是一个美丽的理想。在政权转移之际,不再需要流血,不再需要暴力,不再需要宫廷政变。

在这种政治结构中,国会占据着非常重要的地位。它一身兼具立法、民意、制宪三大功能,享有弹劾权和同意权。在法律上,国会是不被解散的。

在中华民国第一部《临时约法》总纲中,参议院排列在临时大总统、副总统、国务员和法院之前,便是对国会地位的肯定。然而,从民国成立至张勋复辟,国会已先后两次被强行解散。按照《国会组织法》,众议院议员任期为三年,参议院议员为六年,但第一届国会两度解散,两度

① 许指严《复辟半月记》。《近代稗海》(第四辑),四川人民出版社,1985年版。

② 爱新觉罗·溥仪《我的前半生》。群众出版社,1964年版。

复会，中间又夹杂了政治会议、约法会议、参政院、广州非常会议、北京临时参议院、安福国会之类的插曲，纷纷扰扰，一拖就拖到1924年底，实在拖无可拖了，才宣告结业，长达12年之久。因此，这个“老而不”的立法机关，自身的合法性，也是十分可疑的。

这不能完全归咎于某个人，这不仅是袁世凯的问题，也不仅是段祺瑞或张勋的问题，这是中国的问题。是中国历史文化、政治传统的问题。

如果就个人修为而言，不可否认，民初的议员，不乏学养博厚、才智过人之辈。根据西方学者库柏所作的统计，在民国初年的参议员里，有31％是前清的官僚，有35.5％是民国的官僚，另外有24.3％是清代各级议会的议员。在众议院里，官僚的比例为33.2％，帝制时代的议员占了38.1％，他们大部分是科举正途出身的饱学之士。实业家和商人在参议院里只占1.3％。

从学历上看，也足可以证明这点。在参众两院议员里，具有传统功名的（包括进士、举人、贡生和生员）占21.3％，在国内接受现代教育者占40.6％，既有传统功名又接受过新式教育的占21.5％。所谓新式教育，是指留学外国。在议员里，留学日本的占41.5％，比例相当可观。[1]当时留学日本的热潮，远高于留学欧美。

然日本也是一个军人国家和警察国家，中国人能够学到什么？无非就是钳制思想和军人至上那一套东西，并无民主政治可学。因此，政客们的知识体系基本上是旧式的，喝帝制的奶长大的人，即使他们愿意迎合世界的民主潮流，但也不知道该做些什么。中国有两千年的帝制历史，难道一夜之间弄几个国会、内阁、总统出来，就可以一步登入民主殿堂？岂非三块豆腐就想升仙哉！

从政治和文化背景来看，议员们和官僚们几乎同出一辙，虽然南方籍的议员给国会引进了一些新思想，但也往往是不成熟的和自相矛盾的。即使这样，也给北方造成了不能承受的冲击，成为国会屡屡遭到北方官僚摧残的重要原因之一。

当国会受到专制力量的压迫时，议员们也会奋起反抗，但在中国政治传统中，行政权凌驾于立法权与监察权之上。国会的制衡作用，其实

① 张玉法《民国初年的国会》。书目文献出版社，1987年版。

微乎其微。国会两度遭政府解散，亦莫可如何。这就叫“形势比人强”。

黎元洪一生最大的污点，就是在张勋的压力下解散了国会。他引咎辞职以后，由副总统冯国璋代理总统职务。如前所述，冯即使不赞成帝制，但对帝制也怀有一份内疚之情，在反对张勋复辟的通电中，他强调自己：“国璋在前清时代，并非主张革命之人，迨辛亥事起，大势所趋，造成民国。”①复辟时，冯的秘书长（一位前清翰林）直接参与了阴谋活动，是最活跃的复辟派分子之一。

复辟敉平之后，冯国璋一直呆在南京，静观局势变化。各方面的政客纷纷赴宁，多如过江之鲫，请求冯支持恢复旧国会。冯国璋却不置可否，搪塞敷衍了事。其实，冯国璋根本无意恢复国会。在他代理总统期间，这个问题一直悬而不决。在超过一年时间里，因为没有国会，国家体制是残缺不全的。

人们在谈论国会和政府的冲突时，往往对国会持同情态度，这是由于人们误把中国的国会当成是民主政治的象征。

冯国璋

被政府非法解散的国会，延至1918年8月才告重新成立。在这个时候重组国会，显然是为了筹备总统大选。

各路英雄都在为总统大选紧张活动。围绕在段祺瑞周围，一个以“安福俱乐部”命名的政客团体粉墨登场。这个俱乐部的成员，相当一部分是旧国会议员。在徐世昌背后则有以梁士诒、周自齐为首的“交通系”作为支柱。交通系在旧国会里

① 许指严《复辟半月记》。《近代稗海》（第四辑），四川人民出版社，1985年版。

是一个与研究系、政学系三分天下的政客团体。

冯国璋在北京没有政客的支持，但要参加大选，没有政客不行。旧国会里政学系的议员大部分已南下广州，参加护法；交通系是拥徐的；这就只剩下研究系可供驱使。

冯国璋找到中国银行的后台老板、前财政总长王克敏为牵线人，和研究系的政客建立关系。王克敏慨然应诺，只要总统肯出 200 万元，不要银行垫款，竞选绝无问题。在经过一番开天索价，落地还钱之后，冯国璋答应出 40 万元，作为收买研究系之用。

这一类暗盘交易，在其它党派之间，也相当严重。当国会选举议员时，安福、研究两系战云弥漫，仅江苏一地，票价已经暴涨至 300 元一张，最后竟发生捣毁票柜的闹剧。在中央学会互选的选举中，一位议员以 8000 元收购了 20 张选票，但后来被安福系以两万元抢了过去，该议员愤恨至极，竟向京师高等审判厅提出起诉。

国会议员个人的恶劣表演，引起公众讥评。在民间流传着一句笑话："君主专制，贾卖御史；富豪专制，典卖议员。"

在新国会，安福系夺去了大部分议席。前清进士出身的安福党魁王揖唐，当选为众议院议长。据记者们揭露，安福系为争夺议席，在 6 月至 8 月间花去 900 多万元。另据透露，议员的选票是以每票 5000 元收买的，由安福系办的华通银行付款，大选经费是从日本借款中提用的。

安福系虽然大获全胜，但却招来一片物议。为了表示清高，段祺瑞宣布退出竞选，冯国璋也不得不作出相应姿态。这样一来，徐世昌冷手执个热煎堆，成了唯一的总统候选人。

9 月 4 日，徐世昌当选为第二任正式大总统。他的当选，令许多人相信，复辟势力将卷土重来。徐氏在就职以后即对紫禁城的三位内务府大臣说："咱们这次出来，不过是为幼主摄政而已。"他又表示，不能进驻中南海，在正式总统府建成之前，他在自己家里办公。他一上任就提倡读经尊孔，举行郊天典礼。在他的安排下，皇室王公有的当上了议员，有的授予将军称号。他无论对谁都把清朝称作"本朝"，把宣统称作"上边"。

章太炎对徐世昌恨之入骨，他断言自袁世凯以降，帝制、复辟、僭立，都是徐世昌一人为主，"首乱中国者，徐世昌也。二年以来，乱遍禹域，则世昌为始祸，冯国璋其次也，段祺瑞又其次也。”①

张作霖

事实上，北方从袁世凯时代以来，各种有关复辟的阴谋活动，一直甚嚣尘上，卷进这类阴谋中的，不仅包括徐世昌、冯国璋这些和皇室关系密切的人，也包括相当一部分国会议员，甚至包括张作霖这种翦匪出身，在前清不过是个巡防队统领的军人武弁。

1918 年初，北洋政府下令，除张勋外，复辟各犯一律赦免。8 月，张作霖呈请恢复张勋的自由，奉军一旅开到北京，一时盛传将有第二次复辟的发生。徐世昌出任大总统后，立即下令赦免张勋，张作霖进而推荐这位“民国罪人”担任长江巡阅使或陕甘巡阅使。北京的复辟空气，顿时为云为雨。

① 《太炎先生自定年谱》。《章太炎年谱长编》(上册)，中华书局，1979 年版。

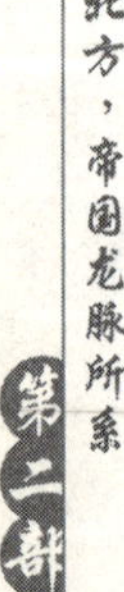

第六章
道德调和的失败

【壹】1920 年代的幻觉：一位民族主义者的诞生。他的愿望是当一位尊孔读经的华盛顿。直皖战争是武装改造北方政治的一次尝试。

由于贫穷和落后，中国成了贪官污吏、权门弄臣和军人政客繁衍生息的温床。他们的存在，又使中国更加贫穷的落后。同样，殖民化使民族主义抬头，而民族主义又使这个民族更加自卑，和世界的距离更加拉大。

似乎是不可避免的恶性循环。

正如人们所熟知的那样，中国的传统文化价值取向是我族中心，所谓“自古圣贤，不臣异俗”。因此，当旧日万方来朝，四夷宾服的优越感一旦被打破，民族主义必定抬头，作为对外力入侵的反应。这是维持民族心理平衡的自然反应。

其结果，民族主义有可能导致国家以自强自立的姿态参加国际事务，也有可能导致国家走向封闭自守、与现代世界潮流为敌。这一切取决于国民的道义性和伦理水准。1900 年“扶清灭洋”的义和团，就是一次民族主义大爆发，草莽英雄与官僚集团的大联合，几乎把中国拖入万劫不复的深渊。

由此看来，民族主义将会是一面拜关帝信弥勒的江湖好汉、激进的自由主义、民主主义者和保守的官僚士绅集团共同接受的旗帜。然而，这是否意味着中国将出现一批道义高尚的先知先觉之辈，把传统道德和现代文明巧妙地融汇在一起？

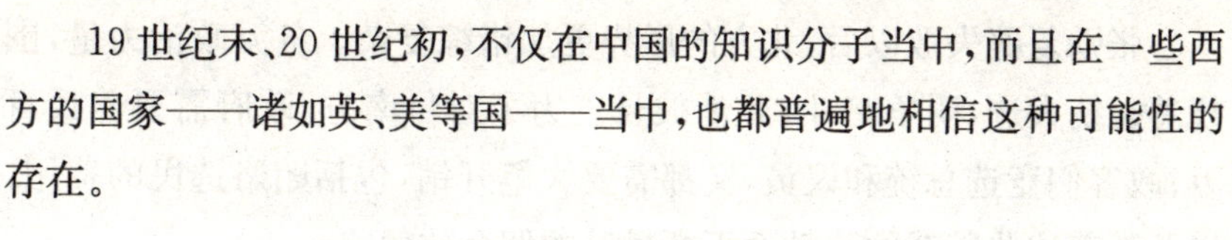

19 世纪末、20 世纪初，不仅在中国的知识分子当中，而且在一些西方的国家——诸如英、美等国——当中，也都普遍地相信这种可能性的存在。

1897 年，北京城来了一位蓬发垢衣、鸠形鹄面的汉子，他在城南的小胡同里踽踽独行，虽然一身落魄潦倒的样子，但两眼放光，神采奕奕。后来，他摆了一个写春联的摊子，生意十分清淡。当无人光顾的时候，他就捧着六壬八卦、奇门遁甲一类的书苦苦攻读。

这个人的名字叫吴佩孚。

这一年，袁世凯小站练兵，初见成效，朝廷任命他为直隶按察使。在他身边已形成了以徐世昌、段祺瑞、冯国璋、曹锟为中坚力量的官僚军人集团。

1898 年，就在袁世凯向西太后出卖维新派，把“六君子”送上断头台的同时，吴佩孚的春联摊子因生意不佳而垮了。他又在崇文门外帽儿胡同口摆了一个占卦算命的摊子，但收入更加不济。他一气之下，砸了课棚，投奔天津吃粮当兵去了。

吴佩孚是山东登州府蓬莱人。这是一个滨临大海，与朝鲜遥遥相望的地方。日本对朝鲜的入侵和甲午战争，给这里的人们留下了深刻印象。

吴佩孚出生在贫寒家庭。靠一间祖传的小杂货店维持生计。自幼失怙，由兄长抚养成人。吴佩孚只考取了秀才，以后便再无进展。23 岁那年，因为得罪了乡间豪绅，竟被革去秀才，并遭通缉。他走投无路，只得亡命北京。

当辛亥革命席卷天下时，北洋集团羽毛已丰，有足够的力量迫使革命党让出总统宝座。吴佩孚是这一幕幕政治闹剧的目击者，不过这时他距离舞台中心，依然十分遥远。直到讨伐张勋的战争，才使这位怀才不遇的秀才初试啼声。战后他以军功提升为北洋第三师师长，成为曹锟手下最骁勇的将领。

历史开始出现转机了。

没有多少人了解吴佩孚在想些什么，即使了解也不会加以重视，因为他不过是个小小的师长，人微言轻，要挤进官僚集团的核心，还有相当漫长的道路。

张勋复辟失败以后，北方的形势更加错综复杂。各派政治力量，围绕着总统大选，明争暗斗，此消彼长。为了对付南方，政府需要养兵百万；政客们竞选总统和议员，又都需要大笔开销，包括贿赂选民的费用，以及随着这些脏钱的流动而不断攀升的佣金数额。

在官僚、军阀、政客一体化的团伙里，谁能搞到更多的外国贷款，谁就可以执财政界的牛耳。各党派为谋取外款，已经近乎疯狂。

随着安福系的得势，亲日派迅速控制了中央政府。据不完全统计，从1917年8月至1918年12月，仅由安福系政客经手向日本贷款，就有32宗，款项达3.032亿元。段祺瑞在解释这些借款的用途时说，他很愿意派一支大军去欧洲和德奥血战。

尽管外国财团很清楚，这些贷款是用来对付南方，与欧洲战争风马牛不相及，但他们也很清楚，向中国增加贷款，意味着加强对中国财政的控制。

直到欧洲战争结束，中国并未派一兵一卒到欧洲。现在政府又有一个新借口，那就是南北和平。徐世昌在第一次接见美国公使时说："我正在试图和南方谈判，我们现在正遣散大部分多余的军队，但我感到焦虑，因为政府没有财政支援。"美国公使把这话理解为"徐总统的解决办法有点像收买他们"。

他的理解没有错。南北战争需要收买，南北和平也需要收买。

1918年，曹锟、吴佩孚率领北洋第三师向南方大举进攻。吴佩孚担任前敌总司令。在羊楼峒和湘军相遇，吴佩孚头扎青巾，手舞大刀，策马狂奔，领着第三师掩杀过去。激烈的战斗，一连打了三天，吴佩孚三天两夜没有合过眼。第三天清晨，直军发起最猛烈的一次冲锋，从中路突破南军的阵地，南军向南面溃退。

3月17日，即直军越过羊楼峒的次日，吴佩孚不费一枪一弹，占领了岳州。3月26日，顺利开入了已人去城空的长沙。

北京的主战派们欢欣鼓舞，占领长沙，意味着扼住了南方的咽喉。自古兵家认为，长沙右纳武昌，左抗荆门，控百粤而包九嶷，形势和荆州相颉颃。古人曾经评价长沙的战略位置，南出则广东的项背可拊，东顾则江西的肘腋可挟，西下则贵州的咽喉可塞，"争南服者，不得长沙，无以成席卷之势；欲北向者，不得长沙，则马首无所托。"

现在，长沙落入北军手中，还愁不能成席卷之势？还愁南方不可一鼓荡平？吴佩孚的第三师在南北战争中节节胜利，眼看段祺瑞“武力统一”大计，稳操胜券，然而，就在这个时候，段犯了一个错误，他把湖南督军的位置给了第七师师长张敬尧。张不仅毫无战功，而且在湖南烧杀掳掠，湘人对他恨之入骨，把他叫做“张毒菌”。

段的这一安排，带有明显的派系色彩。时北方军队分为三系：奉系张作霖、皖系段祺瑞、直系冯国璋。曹锟、吴佩孚都属于直系；而张敬尧是安徽人，段祺瑞的老乡，皖系大将。

直军拼死拼活，打下的江山给皖系坐。在前线卖命的北军第三师，怨气冲天。

吴佩孚，这位小小的师长，以冷静的头脑为自己的未来作出抉择——他对官僚政府的怀疑，对政客的深恶痛绝和对国事的忧虑，使他内心产生了一种崇高的使命感，至少他深信自己必须肩负起拯救这个国家的重大责任。

对暮气沉沉的官僚集团来说，这并不是好兆头。

吴佩孚在攻占衡山以后，拒绝继续南进。冯国璋也频频有密电，劝他适可而止，不可过于深入，为他人效力。于是，在吴佩孚的授意下，第三师全体官兵一齐向中央请假。开始人们以为不过是哗众取宠的噱头，中央匆忙授予他“孚威将军”的荣誉职衔，并派了一名代表到湖南安抚他，这位代表在历史上也是鼎鼎有名，他就是段祺瑞的亲信徐树铮。

徐树铮答应拨 20 万元给吴佩孚，条件是他必须继续南进，底定整个西南。从外国借来的钱，就是这样花掉的。

吴佩孚不为所动。小徐刚离开衡山，他便要求政府停止内战，停止卖国。他向全国宣布三大政治主张：一、官吏不卖国；二、武人不争地盘；三、召开国民大会。他自豪地向人们表明他是一个真正的爱国军人，因为他奉行不借外债、不住租界、不与外人勾结、不做督军、不抢地盘的“五不主义”。在北洋集团里无人可做到，而他却始终恪守不渝。

吴佩孚确实是一个典型的民族主义者，这也许和他家乡所处的地理位置不无关系。第一次世界大战以后，在巴黎和会上，关于山东问题的交涉，给了他很深刺激，并促使他下决心改造政府。当举世闻名的“五四运动”在全国兴起时，他明确地表明站在学生的一边，并痛斥军人对内之非。

这场运动的意义，已超出了山东问题，而成为民族意识的大觉醒。

徐树铮

伴随着对国运衰微的沉痛反省，科学和民主的思想，从西方涌入。吴佩孚虽然仍抱着“以义取人，以道自任”的士大夫式梦想，但他独特的感受力，却已经理解并接受了这一事实。面对政府的高压政策，他愤然质问：“试问共和国家，以人民为主体耶？抑以政府为主体耶？”①

这是谁也无法回避的问题。事实上，中国代议政制的最终瓦解，其根本原因亦在于此。这片古老土地的政治传统，是以严格的尊卑制度为基础的，自古以来的统治者都认为，人民参与政治，只会导致天下大乱。

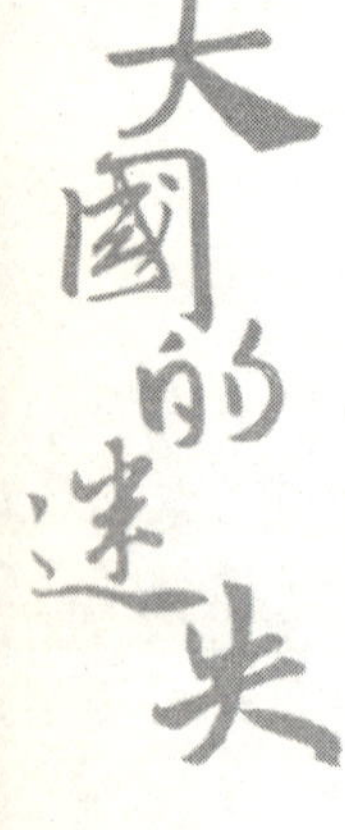

段祺瑞对南北议和，毫无诚意。他派安福国会的议长王揖唐为北方的议和总代表。任命公布，全国哗然。王揖唐秉承皖系宗旨，不是去议和，而是阻挠议和。接着又发生河南易督问题，河南是吴军北撤的必经之路，段祺瑞匆匆撤掉原来的河南督军，换上皖系军人。吴佩孚赫然震怒，立即向全国发表通电，怒斥：“全国之大，能否尽为一系所盘踞？疆吏之多，能否尽为一党所居奇？兆民之众，能否尽为一人所鞭笞？”②

一经发难，直系八省督军一致响应。

吴佩孚以区区一个师长的地位，尽管义正辞严，但不能见重于当局。从这个时候起，吴佩孚已经把粉碎官僚集团、扫除政治积弊、重振北洋雄风，作为自己的天赋使命，即使穷毕生精力，也要付诸实现。

吴佩孚从心底里是看不起南方人的，但当他发现自己身陷南蛮之地，四面环敌，段祺瑞把皖系的四个师安排在他的周围，形成压迫态势

① 濑江浊物《吴佩孚正传》。《近代稗海》（第五辑），四川人民出版社，1985年版。

② 陶菊隐《北洋军阀统治时期史话》（第五册）。生活·读书·新知三联书店，1958年版。

时，他采取了一个惊人之举，1919 年 11 月，他和南方军队签定了《救国同盟军草约》，鲜明地提出近期的政治目标："扫除内奸，废弃密约，选举良善国会，组织不党内阁"。①

政府当然不会理睬一个师长的发言。试问北洋军队里有多少个师长？

然而，吴佩孚不是那种徒托空言之辈。他相信武力可以解决一切。1920 年，他以"水土不服，欠饷未清，兵多怨言，将士思归"为由，宣布要将他的军队从湖南撤回北方，实际上，是用武力推行政治改造计划。

一时天下震动。北方官僚政治的积弊，非一朝一夕而成，哪怕第三师全体官兵誓死效忠，也不过一万余人，能有多大作为？徐树铮尤感愤怒，认为吴佩孚欺骗了他。

然而，段祺瑞马上意识到，一场战争已迫在眉睫——很有可能，这场战争将危及整个北洋集团的基础。他匆匆忙忙下了几道严厉命令："不得撤防"。

但吴佩孚断然回答："此次敝军回防，志决议定，断无变更……南北同属一家，并非外患雠敌，但期理由正当，不在兵力多少。"②

1919 年 12 月，冯国璋病逝，布贩子曹锟俨然成了直系首领。他向中央转达了吴佩孚的要求。中央一再严令阻止，吴佩孚却不屑一顾，他是唯意志论者，对上司的命令，是根据自己的判断来决定接受与否的。他已经开始自由行动了。

北方政府严禁吴佩孚撤防，南方人便出钱资助他北归。南方军政府答应秘密接济直军开拔费 60 万元，但求客去主人安。直军撤防后，武汉长江一线由湘军推进接防。

5 月 25 日，第三师分水陆两路，自动向北撤去。吴佩孚由衡阳乘"新鸿运"火轮向长沙进发。直军士兵把军械全部收起，在船上扣舷高歌。两岸观者如堵，牵袂成帷。不了解内情的人在看热闹，了解内情的人却知道，一场理想与现实的较量开始了。

---

① 《民国日报》，1919 年 11 月 27 日。

② 张敬尧报告吴师长不听劝阻决意北撤速筹办法密电。中国第二历史档案馆编《直皖战争》，江苏人民出版社，1980 年版。

6月7日，吴佩孚抵达武昌，立即登上开往郑州的火车。6月间，第三师陆续集结在河南，进驻许昌、驻马店、顺德、磁州、黄河桥、新乡县一带。沿途旌旗满目，帐幕相望，军容鼎盛。

吴佩孚的专车于6月10日中午抵达郑州，下午他向欢迎他的河南官绅军人发表演说，宣布“此行目的，在拥护总统，抵制安福，取消对外各种密约”。黄河沿岸，大军压境，战云密布。

吴佩孚又风尘仆仆地到保定和曹三爷（曹锟在家排行第三）见面。在经过一连几天的秘密磋商之后，公布了三条方针：一、拥护现任内阁，不反对段祺瑞；二、各省防军一律撤回原防地，南军可暂从例外；三、宣布安福系罪状，请求政府解散安福俱乐部。

重点在最后一条。它的更深一层意思，当时还没有人体味得出来：推翻安福俱乐部，意味着推翻现任国会，也即否定了徐世昌大总统的合法地位。曹、吴的主张，得到13个省的赞同，这回段祺瑞灾星临门了。

段身边的皖系军人纷纷请战，而他却闭门冥思。这位55岁的老军人，现在考虑的不仅是他个人的得失安危，而且还有整整一个朝代的存亡。北洋集团已经注定要四分五裂。他突然显得苍老和憔悴了。

6月19日，应徐世昌的邀请，雄踞关外的奉系领袖张作霖，作为调人来到了北京。张大帅是关东响马出身，百分百的绿林好汉。但一朝得志，连正途出身的一品顶戴也要看他面色行事。

曹锟

张作霖先在北京和段祺瑞见面，然后又跑到保定和曹锟见面。在会议上，吴佩孚一如既往地侃侃而谈，痛斥安福系卖国媚外，张作霖却没有兴趣听，他很不客气地问曹锟：“咱只问你一句，小徐（树铮）手里的军队比你多，兵器比你好，这个仗，你能打吗？”

曹锟肯定地回答：“能打。”

张作霖问：“为什么能打？”

曹锟说："子玉(吴佩孚字)说能打，就是能打。"

由于吴佩孚坚持以解散安福俱乐部为调解的首要条件，段祺瑞无法接受，战争便不可避免了。段氏指吴"目无政府，兵胁元首，围困京畿，别有阴谋"；而吴氏则指安福系"罪莫大于卖国，丑莫重于媚外，穷凶极恶，汉奸为极"。两造对骂，继而动手。民族主义方兴未艾，吴佩孚的出兵理由，当然更能获得舆论支持。

7月2日，徐世昌下令徐树铮交出兵权，所辖军队，由陆军部接收办理。形势急转直下，7月7日，张作霖以调解失败，连夜乘车离开北京。次日，段祺瑞在将军府召开特别会议，内阁成员和首都军警界要员百余人出席。段氏宣布，由于中央威信失坠，军事纲纪废弛，总统软弱无能，不能裁判，而事事惟命是从。他作为与中华民国的关系最深之人，不能不出而整顿一番！

徐世昌应段要求，颁布大总统令，吴佩孚开去第三师长署职，褫夺陆军中将原官暨所得勋位、勋章，交陆军部惩办；曹锟褫职留任，以观后效。段祺瑞在私邸召集近畿各师长会议，讨论作战问题，段祺瑞出任总指挥，徐树铮担任总参谋长。交通部转饬京汉路局尽快备专车运输军队。

北京陷入了混乱之中。钞价暴跌，达官贵人家眷纷纷迁徙出京，箱笼杂物，堆满了大街胡同，都往前门车站运。

处分曹、吴的命令发表之际，也是曹锟在天津举行誓师礼，派吴佩孚为前敌总司令，发誓要"直向神京，驱老段，诛小徐"之时。张作霖决定倒向直系一边。但他的宗旨与吴佩孚不同，他是为争夺北洋盟主地位而来的。7月13日，张作霖通电"武装调停"，奉军浩浩荡荡开入关内，遍布于天津北仓一带。

战争立即爆发了。

第三师全面出击，轻而易举地击溃了皖军主力。小徐只身逃入了北京的六国饭店，安福系的要人们鸡飞狗跳，忙着奔入东交民巷避难，箱笼盖铺，络绎于途。段祺瑞显然低估了吴佩孚的军事才能，于是他只好在一个后辈的挑战面前，引咎辞职，放弃了几十年奋斗赢得的崇高地位。

7月20日，直军前锋逼抵长辛店，和芦沟桥遥遥相望。吴佩孚突然下令"暂停前进"。军官们不解地问，为什么不乘胜追击，直捣北京？吴佩孚只是简单地说了一句:“是非之地,断不可往。”

在吴佩孚的心目中,北京是一个政治泥潭,一个污水横流之处,总有一天他会把那里打扫干净,但现在他必须先把这棵老树伸到各地的毒枝枯叶剪除掉。

他不仅自己不入北京,还向曹锟建议,张作霖的奉军退回关外,他的第三师退守洛阳,大家都不入北京,以避干政之嫌。

热情的民族主义者有理由相信,吴佩孚的胜利,对亲日的卖国政府是致命一击,是 1919 年那场大规模民族运动播下的种子,直到今天收获的辉煌成果。

西方政治家和商人们也向吴佩孚欢呼。他们希望由他来把西方一直引以为自豪的民主原则,在中国搞出一个翻版。8 月 20 日,已经卸任的美国驻华公使芮恩施,也在英文报纸上公开他致中国政府的备忘录,高度赞扬吴佩孚是民主大众的支持者。

吴佩孚登上 1924 年 9 月 8 日美国《时代》周刊封面

这种溢美之辞,在当时的西方人士中几乎处处可闻。像美国标准石油公司的梅里尔,曾撰文称赞吴佩孚是政治运动中唯一爱国而无个人野心的人。英国《泰晤士报》也以不加掩饰的赞赏语气说,吴佩孚是推倒亲日政府的英雄,全国希望集于一身,建议西方国家对他要多加支持和援助。

人们产生这样的印象不足为奇。直皖战争后,吴佩孚声望日隆,出任直、鲁、豫三省巡阅副使,亲自制订了国民大会提纲:

一、名义:国民大会。

二、性质：由国民自行召集，官署不得参与或监督，以免官僚政客把持操纵。

三、宗旨：国民自决统一善后、制定宪法与修正选举方法，以及一切重大问题，地方不得借口破坏。

四、会员：由全国各县农、工、商、学各会，互举一人为初选，如无工商等会组织，宁缺毋滥。初选会员由各省复选五分之一，齐集天津或上海成立，开会。

五、监督：由各省县农、工、商学各会会长，互相监督，官府不得干涉。

六、事务所：由各省县农、工、商、学总会，共同组织为各该省总事务所，由该所电知各县农、工、商各会，克日成立各县事务所。

七、经费：由各省县自治经费项下开支。

八、期限：限三个月内成立开会，限六个月将第三条所列各节议定公布。

一提国民大会，官僚集团倍感头痛。它不仅有违现实政治架构的基本原则，而且和古圣先贤关于父道政府的箴训背道而驰。官僚们群起抵制，大骂吴佩孚是英、美傀儡。张作霖当天就发表了强烈反对的通电，指中国人民还没有达到处理国家大事的程度，这件事绝对没有商量的余地，大有不惜直奉破裂之势。对徐世昌总统来说，真是“方除一纣，又生双秦”。

【贰】吴佩孚的政治改造计划遭到北洋军阀的强烈抵制，终于引发了第一次直奉战争。

当吴佩孚为国民大会舌敝唇焦，呼吁天下的同时，张作霖作为战胜者来到了北京城。他一面进宫谒见溥仪，一面向政府力保张勋出任巡阅使。前清遗老们不禁喜形于色，奔走相告，以为“参横斗转欲三更，苦雨终风也解晴”。

在北方各军事集团之间，几乎每发生一次战乱，北京都会出现一次复辟的谣传。但从袁世凯 83 天皇帝，到张勋 12 天复辟，到徐世昌光打雷不下雨，已是一蟹不如一蟹，现在轮到张作霖，还能玩出什么花样呢？复辟谣言愈盛，只能愈坚定吴佩孚政治改革、扫除积弊的决心。

1921 年，是吴佩孚战无不胜，攻无不克的辉煌时期。

6 月 4 日，湖北发生震惊全国的宜昌兵变；6 月 8 日又发生武昌兵变。两次兵变，给地方造成了极大破坏。“宜昌、武昌百年繁盛之地，以一夕而成废墟，而人民之死于水火、死于枪弹、死于刃梃、死于饥饿者以千万计”。[①] 当时的湖北督军王占元，是直系的一员大将。湖北人奔走哭泣，向全国呼吁支援，把王占元驱逐出湖北。

湖南首先响应，派出精锐之师北上援鄂，发起了“驱王战争”，实际上是想夺取湖北的地盘。

王占元的军队受两次兵变的影响，士气低沉，不堪一击。在湘军的攻击下，一触即溃。从 7 月 26 日湘军誓师北上开始，至 8 月 7 日攻克羊楼峒，仅 12 天时间，王占元大势已去。鄂军全无斗志，一听见枪声就向后狂奔，湘军的推进，直如猛虎赶羊。眼看北洋派的这块地盘，就要丧失在王占元的手上。

曹锟、吴佩孚和直系将领们，在保定召开关于湖北问题的紧急会议。会后不出三天，吴佩孚的大军已经集结鄂渚，大有飞将军从天而降之势。王占元以为他们是来救驾的，讵料直军到了武昌，便勒马不前。8 月 9 日，政府颁令免去王占元两湖巡阅使兼湖北督军职，同日任命吴佩孚为两湖巡阅使，萧耀南为湖北督军。

王占元一心盼来的援兵，却原来是招狼入室，悔之噬脐，为时已晚，王占元只得收拾细软，离开武昌。临行前，满怀苍凉地对前来送行的人说：“我年届花甲，为人所谋，如此下台，真是不值。”言下对吴佩孚的落井投石，极为忿恨，但自己祸鄂八年的罪孽，则全无反省。

吴佩孚赶走王占元后，麾师南下，逼湘军撤回原防。湘军还想贾新胜余勇，和吴佩孚一较高低。8 月 17 日，两军同时下达总攻击令。直军挟雷霆之威，杀向湘军。经过短暂的激战，湘军全线动摇。胜负形势立见。

直军攻下岳州后，吴佩孚主动发表停战宣言，表示当初他和南方人签订的两湖联防条约依然有效。这一做法，使吴佩孚的名声，再次震动大江南北。

---

① 湖北自治军将士兵民及各团体代表通电。中国第二历史档案馆编《北洋军阀统治时期的兵变》，江苏人民出版社，1982 年版。

这年冬季，继段祺瑞之后，一个新的亲日政府在张作霖的支持下，重操旧业。内阁总理是臭名昭著的梁士诒。

梁士诒

梁士诒号称“财神”，其实并无什么良方妙药。他一上台，便计划发行9600万元国内公债，作为偿还各种内外短期公债之用。这项九六公债，担保并不可靠，但由于利率十分优厚（八厘），吸引了不少人购买。事实上，这项公债除了还清所欠日本的短期公债外，其余部分后来均以担保不可靠，无法维持债信，使大批持券人无辜蒙受惨重损失。

在舆论的巨大压力下，政府不得不成立了一个专门的审查委员会，调查九六公债是否存有弊端。财政总长竟一溜烟逃到天津去了。审查结果，发现这项公债的发行黑幕重重。投机分子，兴风播雨，散布谣言，操纵市场，甚至捏造海关总税务司把这项公债置于所管基金范围之内，一并加以整理，藉此提高其债信。但总税务司坚决否认，致使九六公债的市价一泻千里。

梁士诒履任未久，便向日本表示，同意由中国政府向日本借款赎回胶济铁路。消息一经传开，举国哗然。

吴佩孚知道，打败段祺瑞，只是一个开始，要杜绝亲日派把持政局，必须彻底铲除张作霖的奉系势力。为此，他对现任内阁展开了异常猛烈的口诛笔伐，他痛斥像梁士诒这样的帝制祸首和亲日媚外的汉奸，根本不配做政治领袖。最后，他联合了鲁、豫、陕、苏、鄂、赣六省军人公开宣布，如果中央不罢免梁士诒，他们就和内阁断绝关系。

民族主义者、东西方的帝国主义者和社会主义者，对吴无不以充满欣喜的期待。

围绕在曹三爷周围的一群保定府的政客却纷纷惊呼：“直系绝不是奉系的对手，不能和奉系开战！”三爷犹豫不决。

直系头头云集保定，召开决定和战的秘密会议。吴佩孚强烈主张对奉系开战。曹三爷还是深信吴佩孚的打仗本事的，子玉说能打，就是能打。

当直系和战未决之际，奉军已经分东、西两路开入关内。张作霖与浙江卢永祥、广东孙文缔结了“三角同盟”，准备从北、东、南三面夹击直系。

吴佩孚严阵以待。天津成了两军对峙的前沿，全城陷入恐怖之中。市内各大商店统统关门下键，一片萧条。居民争相向租界迁居，扶老携幼，冒雨而行。白天马路上人潮汹涌，箱笼塞途；入夜则死寂无声。大小商店，熄灯闭门；各大饭庄，均无开火；戏园曲馆，也都全行辍演。街上满目漆黑，叫卖小贩，竟然绝迹。

4 月 29 日，大规模的冲突在良乡、长辛店一线爆发。吴佩孚卓越的军事才能，再次展现无遗。双方激战至 5 月初，直军几次陷于困境，但终能险中求胜，攻破奉军防线。5 月 3 日直奉两军在胜芳展开正面决战。双方互以大炮猛击，继而冲锋肉搏，直杀得天昏地暗。中午，直军攻陷落垡。奉军大批援军下午赶到，投入反击。

直军兵疲将乏，渐渐力不能支。正当他们阵脚开始动摇时，突然听到一阵嘹亮的号音，从遮天蔽日的浓烟里，杀出一彪人马，打着直军旗号，跑在最前面的，竟是八面威风的吴佩孚。直军顿时欢声雷动。

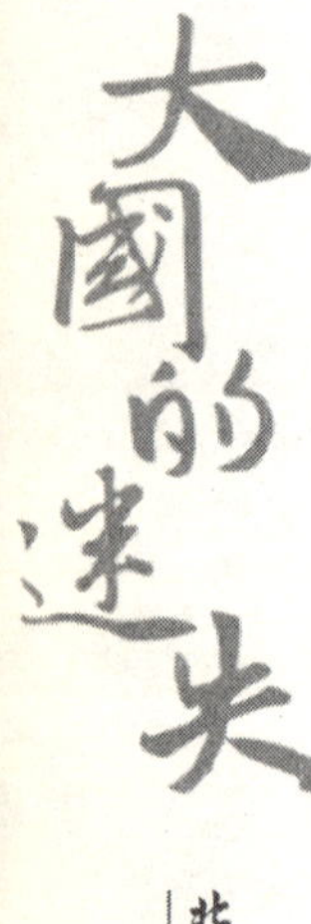

5 月 4 日，长辛店爆发了最后的激战。战况愈加惨烈，铁路沿线尽成焦土废墟。直军愈战愈勇，终于撕开了奉军的防线，敌人丢盔弃甲，狼狈退却。

徐世昌对此深感震惊和茫然。他身边那帮官僚政客，也陷入了不知所措的混乱之中。徐世昌仓促下令：“奉军退回关外，直军退回原防。”直军继续挺进。徐世昌又下令通缉梁士诒等人。

吴佩孚从军粮城赶到天津，对记者和政府代表强硬表示，“不惩办张作霖，誓不承认！”徐世昌慌了，又匆匆下了一道命令，罢免张作霖本兼各职。张作霖随即在滦州宣布，东三省独立。

北洋集团终于土崩瓦解了。作为一股完整的政治势力，它已经不复存在了！

一位美国记者在硝烟翻滚的战场上找到吴佩孚，问直军的进攻是否到山海关为止。吴佩孚断然回答：“我要打到关外去，把张作霖的军队彻底解决!”

记者问:“如果进军东北,引起国际干涉,将军准备如何应付?”

吴佩孚反问:“所谓有国际干涉,是指某一个国家要介入这场战争?”

“如果是呢?”

“你指哪个国家?”

“假定是日本呢?”

吴佩孚毫不迟疑地回答:“那我就打到东京去!”

他的这番豪言壮语,几乎引起一场外交风波。其实,当时直军已疲惫不堪,并无杀出关外的余力,但张作霖却如坐针毡。6月中旬,直奉代表在秦皇岛的英国军舰上举行和议,正式宣布奉系战败。

吴佩孚的勋业令名,在国内外达到巅峰状态,人们被他那种异乎寻常的魅力所倾倒。西方的政治家和观察家们,甚至断言他将在短期内统一中国,并创造出一种比美国还完美的民主制度。

受到感染的不仅是西方国家,苏联和共产国际也对吴佩孚寄予厚望。早在直皖战争时,苏俄政府机关报《消息报》就发表政论文章称:“吴佩孚已在中国发生的事变中竖起他的大旗,显然在这一旗帜之下,中国新内阁一定采取有利于苏俄的方针。”①据共产国际在中国的代表马林回忆,当时“在赤塔的俄国人坚信,为了中国的民族主义运动可以合作的人物是吴佩孚而不是孙文。他们认为孙文是不管用的梦想家,他们同意支持吴佩孚。”②

中国共产党也想和吴佩孚合作。他们赞扬他是“一个较进步的军阀”,并认为他的政治主张“是与中国资产阶级以极大的利益而易于发展,与外国资本帝国主义的侵略进行是极不利的”。③ 而吴佩孚投桃报李,对共产党领导的早期工人运动,也予以宽容和支持,“如宣传成立劳工局呀,赞成劳动立法呀,颁发肖像奖章呀,延见工人代表并赠送川资呀,无往而不企图笼络工人”。④ 因此,当时京汉路的工人运动,发展甚

---

① 《消息报》1920年10月9日,引自伊罗生《中国革命的悲剧》,东亚图书,1947年版。

② 王淇等选编《马林在中国的有关资料》(增订本),人民出版社,1984年版。

③ 《中国共产党第二次全国代表大会宣言》。

④ 邓中夏《中国职工运动简史》。人民出版社,1953年版。

为蓬勃。

这段蜜月，一直维持到1923年初，京汉铁路工人大罢工，才告中止。

【叁】吴佩孚把北洋官僚集团打得鸡飞狗走，四分五裂，却没有能力建立一种新的政治力量。他把自己赖以生存的基础捣毁了，他的末日也就来临了。

吴佩孚是一位当之无愧的民族主义者。但是，狂热的民族主义，往往是以牺牲民主为代价的。民族主义上升的国家，民主就处于低谷。这几乎是一条不变的法则。吴佩孚的思想体系和行为准则，是建立在儒家古老的经学正统之上，与现代的民主原则和伦理规范，相距霄壤。

吴佩孚的民族主义，是以“汉家不通无礼之国”为前提的自大狂。河南督军冯玉祥也是直系一员大将，他在回忆录《我的生活》中，对吴极尽嘲笑怒骂之能事，说吴佩孚一向认为中国的文化世界第一，连基督教也是源出于中国。他说日本人都是中国移民，说话都是江苏口音，他自己也是吴太伯之后，往后中日间若有什么交涉，他发封电报给天皇，把这段历史告诉他，无事不可成。

冯玉祥与吴佩孚的恩怨，在近代史上，是一笔纠缠不清的烂账，但这笔烂账，却实实在在断送了吴佩孚的一生。冯玉祥对吴佩孚的讽刺、挖苦、丑化，未免过于刻薄，不可尽信，然吴佩孚脑筋陈旧，一辈子生活在一个关羽、岳飞、戚继光时代的幻觉之中，与20世纪格格不入，却也是事实。他心目中的道德楷模，是以忠孝闻名的岳武穆。为了实现梦想，他愿意从道德上进行自我修养。

吴玉帅在自己的办公室里，挂起华盛顿的肖像，给人以亲西方的印象，其实他只希望能像华盛顿联合十三州那样统一中国。他所真正热衷的是塑造一个儒将形象，他最推崇孔孟的道德学问；潜心研究《周易》，著有弘扬传统道德的《循分新书》、《明德讲义》和《正一道诠》等书。他认为民国成立以来，内乱频仍，主要原因在于废弃了礼教。他的责任就是要恢复经学正统和推广教化。

中国社会是一个大家族，每个人都必须面对名目繁多而又等级森严的亲缘关系。这种大家庭得以维持不堕，全凭一个“孝”字。古人恒以父母在不敢言老为训，孝是人的本性，可以使人常葆赤子之心。由孝亲而事君、立身，所以，忠和义都是从孝派生出来的。

吴佩孚和曹锟的关系，正好体现了这种宗法家族观念。尽管他们的政治观点有许多迥异之处，许多人都感叹吴佩孚跟着布贩曹三，实在是明珠暗投，但作为自己的恩师与长官，吴对曹始终以赤子之心，奉若君父、事之如一。

也许，对于肉胎凡身的普通人来说，儒家的道德要求实在太高，可望而不可及。大多数人只把这些信条当作口头禅，实际早已放弃努力。吴佩孚的道德调和令人反感，他的某些改良措施被认为是对既存权力结构的威胁，而遭到咒骂和抵制。他或者向官僚集团屈服，或者身败名裂。二者必居其一，甚至——日后证明不幸言中——二者兼而有之。

直奉战争之后，吴佩孚开始着手恢复法统。这是他如日中天的事业走下坡的转折点。

1920年代，联省自治运动在全国风起云涌。民国以后，天天说宪政，但制宪制了十几年，也制不出一个像样的本子来，反而军阀割据、混战，把国家搞得乌烟瘴气，人们已经不耐烦了，一个“国民制宪”运动，从民间蓬勃兴起。

赞成联治的各省，都在着手制定自己的省宪。学者胡适大声疾呼：“用集权形式的政治组织，勉强施行于这最不适于集权政治的中国，是中国今日军阀割据的一个大原因。我们还可以进一步说：根据省自治的联邦制，是今日打倒军阀的一个重要武器。”[①]当时，章太炎、梁启超、蔡元培、胡适、熊希龄、李剑农、丁燮林、王世杰、李四光、张继等学者名流，都是一呼百应的联治派支持者。

陈炯明驱逐桂系，打的是“粤人治粤”旗号；援桂战争打的是“桂人治桂”旗号；湖南人喊着“湘人治湘”口号驱逐张敬尧；而湖北人则以“鄂人治鄂”为由驱逐王占元。这几已成为一股风靡东南的潮流。吴佩孚为保湖北地盘而与湖南人开战，恒被视为摧残联省自治运动，而为时论所不满。吴佩孚主张召开国民代表大会，也有某种缓和物议的需要。

直奉和约签署，战争结束，接着便到了政治分赃的阶段。直皖战争

---

① 胡适《联省自治与军阀割据》。《努力周刊》第十九期。

后是直奉两家的分赃，而这次只是直系一家，曹锟以为可以关起门来瓜分天下了。当他向吴佩孚询问有什么方法可以令国家统一时，吴佩孚的回答只有八个字："恢复法统，重开国会。"

有人认为，恢复旧约法，意味着否定孙文护法的合法性，其实，吴佩孚对南方并不太在意，他的主要矛头，还是针对徐世昌，他要否定徐世昌合法总统的地位，把这位老官僚逐出京门，把黎元洪请回来。

吴佩孚对肃清政治，信心异常坚定。他力排众议，以废督裁兵为先决条件，请黎元洪重任大总统，恢复旧国会，让著名的法学博士王宠惠组织内阁。

受吴佩孚的指示，各省督军纷纷发表通电，支持恢复法统，促进统一。1923 年 6 月 2 日，徐世昌在巨大的压力之下，不得不宣布辞职，当天下午便匆匆离京赴津。吴佩孚立即致电国务院，主张请黎元洪复职，恢复 1917 年被非法解散的旧国会。

从纯法律的角度看，黎元洪的复职，缺乏法律依据。黎元洪 1917 年 7 月 7 日下台后，所剩余的总统任期，已由合法的副总统冯国璋于 1918 年完全代满，属无职可复。

但支持吴玉帅的人则说，黎元洪的离职，是受武力压迫的结果，不是出于自动，所以不具法律的效力；因此，冯国璋的代职，也只是事实上的代职，而不是法律上的代职。

由于局势不明朗，南方因为孙文要当总统，所以对黎的复职反应冷淡，而北方的非直系省份也发出些营营扰扰的反对之声，令黎元洪迟疑不决。于是，保、洛两地前往劝驾的人便络绎不绝，仆仆于途。黎元洪提出，他复职的先决条件有四项：一、南北统一；二、恢复国会；三、废督裁兵；四、财政公开。

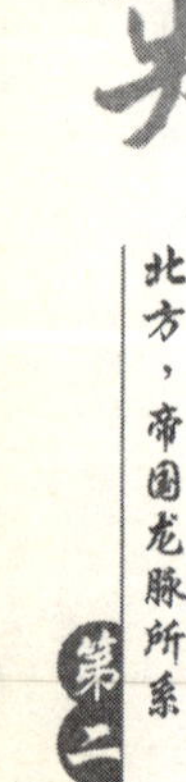

这只是吴氏政治主张的翻版。玉帅欣然命驾，前往天津与黎元洪见面。对统一问题，发表了重要谈话。他声称任何民族的发展，都是由分散而逐渐走向集中，此乃千古颠扑不灭的自然法则。自古以来，从未见有已形团结的民族，而再化为个体独立的原始状态。所以任何分割中华民国、中华民族的论调，不是迂阔，便是荒谬，而不论其为倡联省自治或南北分立之说者，凡此迂阔荒谬之徒，实在不可与谈中国的国民性。

吴氏继而指出，中国立国五千年，虽然有盛衰隆替的时期，但至少

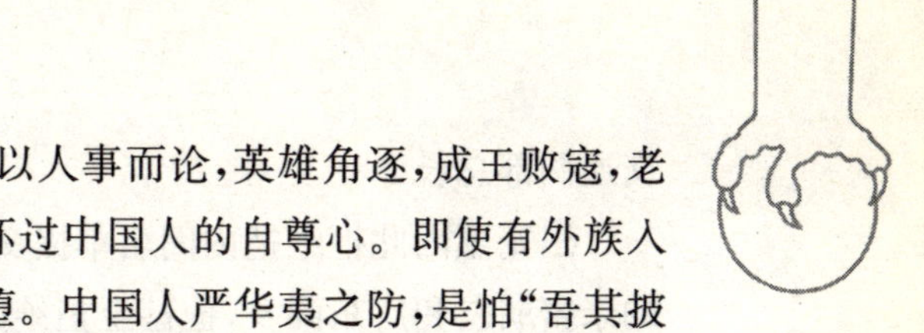

名份上从未有损于统一的局面。以人事而论，英雄角逐，成王败寇，老百姓视之为天灾人祸，但从未破坏过中国人的自尊心。即使有外族入侵，而中国文化却并不曾因此毁堕。中国人严华夷之防，是怕“吾其披发而左衽矣”，可是用不了多久，异族征服者持这种论调居然比中国人更激烈。由此可见，“王此大邦”者，终会被大邦所同化。在这样的历史背景，地理条件之下，要想把泱泱中华分割为无数小邦，根本就是既不合理，也不可能。

吴佩孚终于对联省自治主张，作出公开否定。

事有凑巧，几天之后，广州便发生粤军驱逐孙文事件。孙文在前往上海途中，发表强烈的反对联省自治谈话。后来国民党众口一词，大骂陈炯明勾结吴佩孚，破坏孙文的革命政府，其实，吴、陈二人，都是坚定的理想主义者，一个反对联治，一个支持联治，他们都不会为了一时的利益，而投机取巧，放弃原则的。

6 月 11 日，黎元洪，这位被张勋赶下台的湖北人，又在直系军阀和政客的簇拥下，回到了阔别四年 11 个月的总统府。

同一天，吴佩孚致电孙文、伍廷芳，请他们北上共商国是。吴佩孚的政治主张，盖有九点：第一，废除巡阅使和各省督军；第二，裁兵；第三，查抄奉系各要人家产；第四，组织超然内阁；第五，召集国会，制定宪法；第六，划分租税，国税概归中央；第七，各省设省长，直接对中央负责；第八，军队归于国家，军饷由中央发放；第九，各地治安由国军与省警分别担任。

但当时广东正处于风雨飘摇的状态，孙文宁愿和段祺瑞、张作霖这些败军之将合作，而不愿听吴佩孚居高临下的训话，除非吴佩孚肯信仰他的三民主义。

吴佩孚心高气傲，以为天下事可指麾而定，讵料他的激进措施，不仅未获孙文赞赏，反而导致直系内部分裂。几乎所有达官贵人，都把他视同怪物。曹锟身边食客三千，形成所谓保定系与天津系，和吴佩孚分庭抗礼。他们的目标是把曹锟捧上总统的宝座。

他们的拿手好戏就是倒阁。内阁总理王宠惠是吴佩孚扶上台的，内务总长和交通总长的人选也由吴佩孚指定他的心腹出任。背后由津、保两派撑腰的国会声言，当内阁名单提交国会讨论时，将杯葛内务、交通两部总长。

王宠惠因此拒绝把内阁名单提交国会。财政总长罗文干是王宠惠的亲密朋友和广东同乡，他甚至拒绝向国会支付法定的财政经费。

顾维钧

外交总长顾维钧预感，一场政治风暴正在酝酿之中。他一再提醒王宠惠，解决目前危机只有三个办法，一是把内阁名单交给国会讨论，如果有的人在国会通不过，再作些必要的更动；二是如果不把名单交给国会，那就应提出辞职，这样做也是符合宪法的；三是如果内阁名单中有两位吴佩孚的人遭到国会否决，应该请吴佩孚另外挑选两人补入。

事实上，第一种办法因为国会的反对，是行不通的；第三种办法因为吴佩孚的反对，也行不通。就只有第二种办法可行——宣布辞职。但王宠惠不愿意走这条路。

1922年11月18日，内阁成员在海军俱乐部参加海军总长的私人宴会。散会后，财政总长罗文干在回到私寓时，突然被卫戍司令部的士兵带走。

据说罗文干曾经擅自和德奥商人签定合同，允许以中国未收回利益的无效债券作变相的补偿，没有提交国务会议通过。外商则从华义银行的预存巨款里支付支票三张，其中8万镑给了财政部，3.5万镑入了罗文干的私囊，构成重大的贪污嫌疑。

次日，外交总长顾维钧跑去找黎元洪，他说，目前内阁是向总统负责的，怎么能不和政府、总理，或司法部长打个招呼，就随便逮捕阁员？

黎元洪矢口否认下过逮捕罗文干的命令。卫戍司令也佯装不知。似乎谁也没有下过命令。顾维钧据理力争，黎元洪勉强同意释放罗文干，但逮捕令上却明明白白盖有他的大印。政客们不失时机地利用这一事件，迫使内阁辞职。曹锟发表通电，列举内阁的五宗罪。直隶、江苏、浙江等省也纷纷通电呼应。

吴佩孚怒不可遏，立即通电全国，表明拥护内阁的态度，并痛斥逮捕罗文干是非法行动。

直系的内讧，终于由暗而明，揭布于世了。

黎元洪匆匆到监狱把关了几天的罗文干接出来，以平息玉帅怒气。但这次事件本不是一个罗文干的问题，而是直系内部的斗争。罗文干刚出狱，直系将领(除吴佩孚的嫡系之外)便以集体辞职为武器，向吴佩孚公开挑战。他们的要求包括：一、吴佩孚干政，应由大总统去电斥责，并饬吴佩孚声明从此不再置喙；二、内阁总辞职；三、罗文干还押。

黎元洪手忙脚乱，当天发表了一份措词严厉的通电，奉劝吴佩孚不要“遥断朝政，轻乱国彝，仇者快心，亲者痛首”。次日把刚刚出狱一天的罗文干又送回牢里。

众议院通过查办王宠惠、顾维钧案。在这次交锋中，洛阳方面显然落于下风，王宠惠不得不宣布辞职，黎元洪接受辞呈，这个受吴佩孚支持的内阁被津、保派挤垮了。而罗文干究竟有无犯罪，却一直不了了之。难怪罗文干在狱中哀叹：“中华民国人民，至于今日受身体不自由之痛苦极矣，有非法侵害之苦，有依法侵害之苦。其侵害一也，其告诉无门一也，何日吾国乃有人权宣言也。”①

来自津保派的排挤和围攻，并不足以动摇吴玉帅的声望，相反，政客们在他身上泼的污水愈多，他在民间的声誉就愈高。吴佩孚 50 岁生日时，文圣人康有为送了一副极尽谄媚的寿联给他：“牧野鹰扬，百岁功名才一半；洛阳虎视，八方风雨会中州”。

不过吴佩孚不是张勋那种武圣人，他是什么马屁高帽都照单全收，但原则立场却是雷打不动，所谓一条鞭主义，决不通融。真正令他的名声一落千丈的，是“二·七罢工”事件。段祺瑞打不倒他，张作霖打不倒

① 罗文干《狱中人语》。文海出版社有限公司，1966 年版。

他，直系的政客也打不倒他，但他自己打倒了自己。

由于吴佩孚的默许态度，两三年间，京汉路工人运动的发展，蓬蓬勃勃，各路段工人陆续成立“工人俱乐部”，1922年春，全路准备就绪，于4月9日在长辛店召集全路代表，决定组织总工会，并把总工会地点设在全路中心——郑州。定于1923年2月1日在郑州召开京汉铁路总工会成立大会，遍邀各工团各界到郑参加典礼。

当时谣传总工会一旦成立，即发动全国铁路工人联合大罢工，各地路政、军政当局异常紧张，函电交驰，向吴佩孚告急，请制止总工会成立大会。吴遂下令不得在郑州开总工会成立大会。工会坚持如期开会，并派代表赴洛阳，向吴佩孚作当面说明。

吴佩孚在洛阳接见工人代表时，工人向他保证，成立总工会只是为了统一沿线各段的工会组织，并无其他不良企图，亦与路政无碍，所谓总罢工，不过是谣传而已。吴佩孚则表示，工人的事，他没有不赞成的。但空穴来风，其来有自，他既已下令不准在郑州开会，就不能收回成命，工人如果同意改时间改地点开，则无不可。

代表返回郑州后商议，国民党籍的工运领袖认为，吴佩孚对工人开会，并无不准，只是误信谣言，命令既发，不能变更，亦属可谅，故主张接受吴的劝告，从长计议，改日易地开会。但共产党的工运领袖，则宁为玉碎，不为瓦全，坚持寸步不让。头可断，血可流，在郑州开会的计划不可变。

工人们群情激愤，纷起附和，气氛有如火药，遇火即爆。2月1日清晨，郑州全埠紧急戒严，军警荷枪实弹，沿街排列；商店闭门，行人断绝。前来开会的工人和警察发生冲突，2月4日，哄传中的京汉铁路全路总同盟罢工，终于见诸现实。

京汉铁路是直系的生命线。吴佩孚决不允许京汉铁路瘫痪，他命令萧耀南立即解决工潮，不惜采取武力。2月7日，全面镇压开始了。江岸工会遭到军队围攻，工人赤手空拳，与手执长枪大刀的士兵搏斗，死伤无数，血流满地。一名工人领袖手持罢工指挥旗，带头向士兵的队伍冲去，被子弹击中头部，倒在血泊之中，口中仍高呼“杀呀”。被捕的工会领袖，在街市当众“枭首”。武汉实行大戒严，各工会被封，工联会遭劫；军警密布街市，捕拿工人领袖。

共产党工运领袖邓中夏记述，在“持枪带炮的军队”血腥镇压中，工

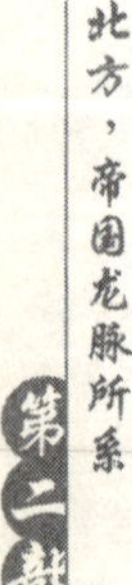

人当时死者40余人，伤者数百人，被捕入狱者40余人，被开除流亡在外者1000余人。① 而国民党工运领袖马超俊则痛心疾首称，惨案发生之后，“工人如丧考妣，重入深受压迫无可告诉之境……‘工会’二字，工人再不敢提及，实为全路工运之彻底摧毁时期。”②

邓中夏

在此之前，广东的陈炯明与洛阳的吴佩孚，恒被社会舆论并称为“南北两秀才”，一度被视为中国未来的希望所在。然而，陈炯明因与孙文分裂，立即从“革命的马前卒”，变为“千古罪人”；而吴佩孚因镇压“二·七罢工”，也从一个“爱国进步军人”，立变成“帝国主义忠实走狗”。世事沧桑变化无定，荣衰俄顷，亦莫过于此矣。

平心而论，把独裁专制的鹰犬、反革命、军阀这些罪名送给吴佩孚，均无不可，但说他帝国主义的走狗，则有欠公允。“二·七罢工”的悲惨结局证明了，吴佩孚的办公室自挂了华盛顿的画像，这种军阀，是不可能成为现代民主政治先驱的。血腥镇压发生一个月后，胡适公开宣称：“国人对吴佩孚早已非常失望了。”③

从此，知识界与吴佩孚之间，语言道断。

中国的官僚集团无法放弃几百年来，作为四夷宾服的天朝帝都的自豪感和文化优越感。不仅在政治上，他们已经习惯于以天潢贵胄自居，习惯于对一切化外之民施恩加礼，用示怀柔，而且在文化上，也自以

① 邓中夏《中国职工运动简史》。人民出版社，1953年版。

② 马超俊《中国劳工运动史》。引自《中国工人阶级历史状况》(第一卷第二册)，中共中央党校出版社，1993年版。

③ 胡适《武力统一之梦》。《努力周报》1923年3月18日。

为经承正统，不得不保持着维护伦常名教的责任。

中国自由民主的追求、民富国强的希望，在这沉重的历史负荷下，显得苍白无力，奄奄一息。吴佩孚即令有心救世，终于无力回天，“内圣外王”的梦想，至此亦难乎为继了。

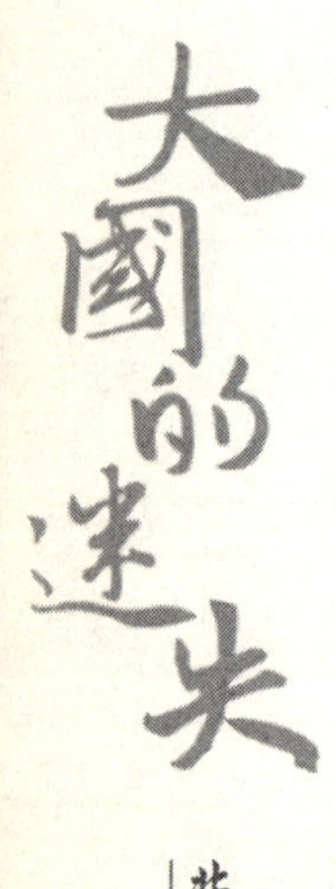

第三部

西北，固守着千年土围子

第七章
土皇帝们

【壹】大西北，是贫苦农民的地狱，是刀客和盗匪的乐园。和南方会党不同，西北的刀客并非革命的同盟者，他们只是一群由破产农民啸聚而成的破坏者和掠夺者。

在一望无际的荒原上，干燥的热风时而贴着山岗的脊背呼啸而过，时而又卷起巨大的尘柱，向混浊的天空升腾而起。狭窄而干涸的河床在赤色的土地上蜿蜒伸展，河岸两侧是一片荒凉，几株营养不良、枝叶稀疏的乔木，在风中瑟瑟颤抖。

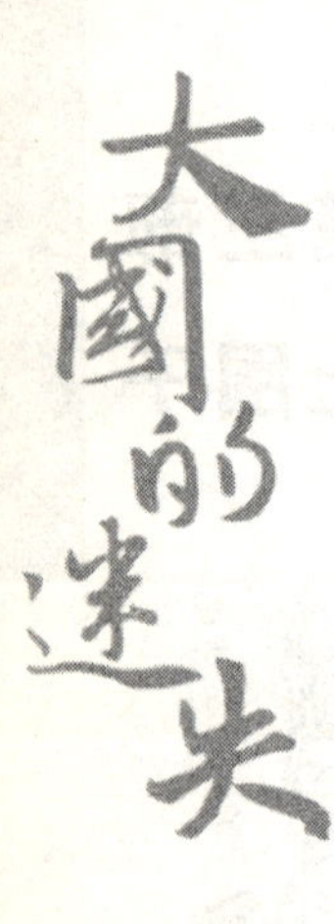

落日红红的，黯黯的，使每棵树和向西的山坡都染上黄黄的颜色，愈往高处看，黄色就愈显著，色调优美、浑厚，透着无限的苍凉。

在高旷的天空飘着几缕淡淡的白云，凝然不动，那几乎没有热力的太阳在深邃的天空中发着光。

侧耳远听，胡笳互动，牧马悲鸣，吟啸成群，边声四起。这就是大西北。是中华民族最初诞生的地方。

如果说中国北方确实存在着一种根深蒂固的官僚文化，那么，它的发源地是在这片遥远而荒凉的西北黄土高原。

这里是世界上最大的黄土高原，面积达 40 万平方公里，跨越山西、陕西、甘肃、青海、宁夏、河南等省区。

从历史上看，它是中国古代文化的摇篮，六千年前，太昊伏羲上观天象，下观地法，中观万物，画出八卦图像，成为中国文化思想的神髓；轩辕黄帝发明创制了舟车、文字、音律、医学、算数、冕旒、衣裳、釜甑等等，以显赫的文治武功，被后世尊为中华民族的人文始祖。伏羲、黄帝相传都是西北人。

中国的古都多在西北。尧都平阳，舜都蒲板，禹都安邑，均在山西汾河下游一带。周朝的首都设在陕西；而秦朝也是从西北东征中原，最终统一中国。从周开始，先后有十多个王朝在西北定都。

中国的官僚体制，就是在西北萌芽发育的。所谓以北京为核心的北方官僚文化，和植根于黄土高原的西北文化，有着惊人的相似之处。血统相承，一脉互通。在漫长的岁月里，黄土高原备受雨水侵蚀，沟壑交错，塬峁起伏，举步维艰，满目荒凉。“邻国相望，鸡犬之声相闻，民至老死不相往来”。而西北文化也像它的地理一样，凝固、封闭，和土地紧密相连。

西北人从来没有改变这种状况的欲望。相反，交通的闭塞倒成了他们保存固有文化传统的有利条件。20 世纪西方文明虽然像潮水一样涌入中国，但在海拔 1500 米的黄土高原面前，也只能望“土”兴叹，徒呼奈何。

除了大西北，中国没有一个地方会如此完美地保存着五百年前的风貌，也没有一个地方会让人感受到人和土地的关系是如此密切。西北的工商业依然停留在非常原始落后的阶段。西北有丰富的煤矿和铁矿，但由于交通不便，即使开采出来，也不易运出去。

人们靠土地生存，日出而作，日入而息，在恒古不变的循环之中，孳息不绝，迸迸不已。

西北是沉默的，但是，它对中原影响之巨大，也许再过几个世纪也无法磨灭。一曲“信天游”，就像周灭殷商，秦灭六国一样，它将改变中国的命运。

西北一向是秘密帮会、教门横行的地区，清代影响最大的收元教，主要就活跃于山西、陕西、河南一带。据清雍正年间的统计，山西有白莲教、混元教、混沌教、龙华会、皇天教等教门的流行；在豫西地区也有桥梁教、哈哈教、悟真教、大成教等五花八门的秘密教门，成为教案频发的地区。

哥老会是下层社会的真正主人。自从清末废科举之后，传统的入仕之途断绝了，乡村的士绅精英纷纷跑到城里，因为只有在城里，才有机会爬到社会的上层。而他们在乡下的空缺，就由土豪、恶霸、流氓、黑社会填补了。辛亥革命时，西北会党、刀客、盗匪串合纠结，群起啸聚，到处抢掠。陕西的军政府几乎全被哥老会控制，军政府张贴的布告，除了盖有兵马都督关防外，还要一律加盖"洪会公议"的戳记，方才生效。帮会的码头，直凌驾于地方行政之上，"但闻有洪会命令，几至不知其他"。[①] 哥老会根本不理会什么民主，什么共和，只知道革命就是会党打天下、抢码头，就是会党出头之日。

民国以来，因战乱困扰，地方长官频频易人，造成政治上混乱不堪。各小军阀分割防区，就地筹款，陕西省 1926 年已经预征了 1929 年的钱粮。苛捐杂税的名目数不胜数，牲畜税、斗佣、秤佣、血税、门牌捐，还有各县驻军直接勒索的维持费、修造费、粮秣费、犒赏费、购置军械费、棉袄单衣费、鞋袜费、年节费，五花八门，不一而足。田租本身也是重得惊人。农民无路可走，只好以土地、窑洞作抵押，借高利贷。

据华洋义赈会在 1923 年 10 月至 1924 年 3 月间的调查，农村每一人口至少拥有四亩至五亩田地，才能生活；较沃的田地也要三亩。但 1922 年，山西的农民平均每人才有 1.46 亩，甘肃只有 0.8 亩。河南、陕西的情况比较好，每人可有 3.3 至 3.8 亩。[②] 照统计数字看，河南、陕西两省完全有能力自给自足，但事实上这两省的情形比山西还糟。

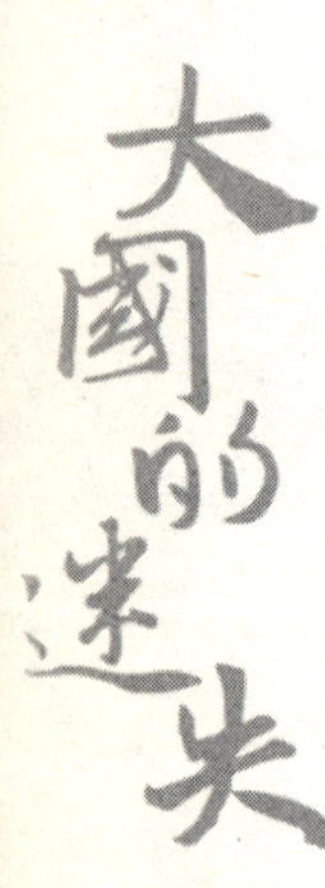

究其原因，三分天灾，七分人祸。由于连年战争，各省军队数目激增。1925 年河南省有案可考的军队，就有 15 个师 14 个旅，全年军费近两千万元。而河南全省一年收入，仅够军费开支。军队就地勒索、竭泽而渔，把大量土地用来种鸦片。

冯玉祥当陕西督军时，宣布严厉禁烟，他说："真的饿死也是可以的，鸦片却非禁种不可！你们若定要种，请先用手枪把我打死！"但实际上，冯玉祥自己的军队，就是靠强迫种植罂粟，征收鸦片税养活的。军阀们的所谓新政，大抵如此。

在西北地区，当兵似乎是无地农民唯一的合法出路，但军队生活十分艰苦，饷银常被克扣，人身也没有自由，并不是人人都捱得住的，于是便纷纷逃跑，据说民国初年军队开小差的比例，大约在 15%～30%之

---

① 陕西革命先烈褒恤委员会编《西北革命史征稿》(中卷)。1949 年版。
② 李大钊《土地与农民》。《李大钊选集》，人民出版社，1959 年版。

间,[①]许多逃兵都当土匪去了。和中国历代王朝一样,破产农民的不断激增,最后必会酿成大乱。这是古老的循环法则。

河南省是华北平原和秦岭山脉接壤的地方,黄河由西向东,贯穿全省。这里是西北人问鼎中原的必经之路,亦是草寇的天下。当地有一句谚语,"男子不当刀客(强盗)不算好汉"。一位在河南当过县长的人慨叹:"士绅富户,无不通匪,否则无以保其身家。其桀骜者更为土匪作掩护,坐地分赃。于是匪风益炽,绑票的案子,几乎天天发生。"当人们的生活无法维持下去时,当土匪便成了还有一线生机的出路。

1912 年,豫西农民白朗(又称白狼)揭竿暴动,先后攻占禹县、新野、邓县及湖北随县各地,然后又回师占领河南唐县、方城、卢氏等县,1914 年横越京汉铁路,取商城、固始、光山及安徽的六安、霍山等地,再杀入陇南,连克十三州县。

白朗起义震动中原,乃至在国际上也引人注目,南方的共和派革命党与白朗联络,北方的帝制派宗社党也与白朗联络,大家都想借刀杀人,打击袁世凯。俄、美、英、法国先后派军事人员到信阳等地观战。段祺瑞调动了 20 万大军,对白朗军进行围剿。大军所过之处,只见白骨高于太行雪,血飞迸作汾流紫。

1914 年 8 月,白朗起义失败,但乡间的骚乱,却此起彼伏。1914 年至 1915 年,环县农民暴动,杀死县知事,分了乡间豪绅的财物。先后响应有几万人,震动了陕甘宁边界上十几个县。1923 年至 1924 年间,河南庐县十几万红枪会、硬肚会、守望社、保卫团的人马,三次围攻县城,把陕西军队赶走。1926 年渭南有几万农民因征税太重,发起"交农"运动。就是把农具统统交到县衙门,实行罢耕。同年绥德、清涧一带农民,组织了六七百个"神兵"(红枪会)反对苛捐杂税,占领了一二百里地方。

在三山五岳的各路英雄中,牌子最响,势力最大的,要算红枪会。

红枪会发源于山东,逐渐向西流传,它的渊源可以一直追溯到白莲教。1914 年传到豫西,一下子蔓延了十几个县。因为每个入会的人都要拿一杆红缨梭标为武器,故称红枪会。它既不是土匪,也不属黑社会,而是农民为抵抗土匪而组成的自卫组织,但后来带有很浓的政治色

---

① [英]比林斯利《民国时期的土匪》。中国青年出版社,1991 年版。

彩，有的则被土豪军阀利用，成为他们互争雄长的工具；有的江湖盗匪也自称红枪会，烧杀掳掠，无所不为。

除了红枪会，在江湖上横行的，还有黄枪会、蓝枪会、白枪会、黑枪会、绿枪会，还有大刀会、小刀会、扇子会、提篮会、天门会、清道会等二三十种名目的组织。他们有的信奉孔子，有的信奉关帝、观音，有的信奉土地爷爷，有的信奉太上老君，还有的信奉猪八戒、孙悟空，巫医符咒、乩台沙语、阴阳卜筮、八卦五行，可谓无所不有。

红枪会信仰祖师，由传教师传授"神术"。其会员大多是愚笨的乡人。所谓神术，就是先在祖师神牌前烧上香，然后掐诀，念咒，把上身衣服脱光，右手拿砖头打左肋三下，再用左手拿砖头打右肋三下，然后双手拿砖打左右腿、膝盖各三下，接着打脊背三下，最后打头三下。每打一下，口里发出哈声。如此练一个月。然后增加"喝火"、"排刀"。喝火是用一个饭碗装上油，点起三寸高的火头，对着火头由上往下吸，要把火头吸灭。排刀是用一把刀背，用右手拿住，砍左肋三下；左手拿住，砍右肋三下，再用右手向腹上砍三下，砍时照样发出哈声。每晚如此，两个月后，就可以"刀枪不入"了。

还有一种"铁扇子"法术，据说经过一段时间的修练之后，就可以靠念咒语，用扇子把敌人的子弹打落。

从这些神术可以看出，西北地区的江湖文化，与北方的义和团是一脉相承的，都属于画符念咒一派，与东南方城市型的黑社会，有很大的不同。东南方的黑社会，不乏金融家、实业家、知识分子，在赈灾慈善机构、红十字会、市政建设部门、治安部门都有相当的影响力，和海外也有密切的联系。他们的信仰、行为准则、做事方式，和西北有天壤之别。

在西北，军队、土匪、红枪会，形成互相对抗，又互相依存的三角关系，你中有我，我中有你。在百姓与土匪之间，并没有很明显的界线。关于红枪会的"神术"，愈传愈神。连正规军队都惧怕三分，在碰上红枪会时，往往不战自溃。红枪会因此获得了大批装备，声势愈加浩大。

官府没办法平息匪患，就采取收编招抚的办法。其直接后果是造成兵匪不分。在军队里有许多官兵都是土匪出身，有些军队为了扩充实力，甚至把一些已经收编的下级军官又放出去拉杆子，等拉起了人马，再收抚回来，连长变营长，营长变团长。有些白天是兵，晚上是匪；打胜仗是兵，打败仗是匪；也有些上半年是兵，下半年是匪。在西北军队中，黑白两碗饭一齐吃的人，比比皆是。最为著名的有刘镇华和樊钟秀二人。

刘镇华本人并不是土匪，他出生在嵩山北麓的巩县，父亲是读书人，他自己是清末秀才，后来又在保定入北洋法政学堂，当过河南中州公学庶务。在动荡不安的20世纪初，刘镇华是当地一位活跃的革命分子。辛亥革命，陕西的义军从潼关打入河南，在刘镇华的奔走活动下，豫西大部分和民党有联系的绿林豪杰都投奔到革命军中。后来，以这些盗匪为骨干，成立了“镇嵩军”，刘镇华担任协统。

开始，这支军队并未得到中央的承认，粮饷无着，处境险恶。1912年，镇嵩军奉命开回豫西，任务是剿匪。刘镇华剿匪的策略有两点：一是放人出去拉杆子，把盗匪收编回来；二是把一些不服收编的悍匪杀掉。在这次大剿匪中，镇嵩军杀了3000多人。伊川、洛宁、嵩县、伊阳、卢氏、宜阳一带的盗匪，闻风而逃。镇嵩军因而得到中央的承认。

1917年，刘镇华出任陕西省长，镇嵩军进驻周至、户县。这里是著名的鸦片产区，陕西的烟价每两一元，运到洛阳就可以卖七元。镇嵩军一方面自己向河南运土，另一方面又征收烟税，从而发了大财。从镇嵩军的成长，可见西北地方军阀势力形成的诀窍。

樊钟秀是河南宝丰县人，父亲也是个教书先生。樊家拥有105亩田地，自己耕种，是自给自足的小农。1913年，因为受到土匪骚扰，全家逃往陕西宜川县。但次年又受到当地土匪骚扰。樊钟秀一气之下，索性自己拉杆子落草为寇。在陕西的河南同乡，怕受牵连，也都纷纷揭竿相从，他的队伍一下子扩充到200多人。

1915年，樊钟秀接受陕北镇守使的收编，由盗匪变成官兵。1918年，胡景翼等人竖起靖国军旗号，要驱逐陕西督军。樊钟秀率部在西安城外和靖国军激战了一个星期，然后把队伍拉走，声称要开回河南老家，实际是投靠靖国军。

当北洋政府派奉军进入陕西，向靖国军进攻时，樊钟秀又投靠了奉军。后来又把队伍拉回河南，投靠河南督军。冯玉祥把河南督军赶走后，樊钟秀又投靠了吴佩孚。1923年甚至不远千里，跑到广州投靠孙文。

这些绿林出身的大小军阀，大多没有政治信仰，也没有相对稳定的政治背景，今天投靠这个，明天投靠那个，忽左忽右，朝秦暮楚，有奶便是娘。然而，最后改变中国命运的，往往是这些桀骜不驯的土皇帝。

【贰】阎锡山之成为“山西王”，并非偶然。他是西北文化的化身，这就是以土财主的思想方式，解释儒家典籍，以其昏昏，使其昭昭。

在北洋官僚集团里，西北有两位显赫人物，一位是冯玉祥，一位是阎锡山。冯玉祥出身于北洋正统，从袁世凯的新军卫队一名正兵做起，慢慢地由副目、正目、哨长、营管带，成为权倾一时的佩剑将军。而阎锡山则和袁世凯的“新建陆军”毫无关系，他就读的山西武备学堂，也不属于由段祺瑞督办的北洋陆军学堂系统。

然而，由于政治风云的变幻，使这两个人在西北相遇，并结下了不解之缘。

1883年，阎锡山出生山西省五台县河边村永和堡一个地主兼开钱铺的家庭，六岁丧母，九岁启蒙，在私塾读过《三字经》、《百家姓》、《论语》、《孟子》、《大学》、《中庸》等儒家典籍。16岁成亲，在五台县城的积庆昌商号当相公，从“五壶四把”（茶壶、酒壶、水烟壶、喷壶、夜壶和笤帚、掸子、毛巾、抹布）做起，学习怎么记账、怎么算利息，怎么出外讨债、打探行情和做投机生意。

明清是晋商的黄金年代，雄踞中国十大商帮之首。但山西为什么不能像江、浙那样，进化为一个繁荣的现代商业社会呢？看看晋商经商的路线就清楚了，几百年来，他们主要是和俄罗斯、蒙古、新疆、东北等地的游牧民族做生意。这种农耕社会与游牧社会之间的生意，再做一百年，也做不出一个以海洋文明为背景的现代商业社会来。

五台县的经商风气，虽然也是盛极一时，但阎锡山却无心经商，1902年，他凭着一篇《韩信将兵多多益善论》的文章，考取了山西武备学堂。两年后，由巡抚衙门指定派往日本留学。和许多热血青年一样，在日本接触到了孙文的民族主义思想，并为之心醉神迷。不久他便加入了同盟会，又参加了“铁血丈夫团”——其名取自《孟子》：“富贵不能淫，贫贱不能移，威武不能屈，此之谓大丈夫。”

1907年，阎锡山正式进入日本陆军士官学校，成为第六期生。日本教官向他们讲授德国铁血宰相俾斯麦打败列强的历史，讲授日本明治维新后，实行军国主义、征兵练武、发展工商业，从而称雄世界的历史。阎锡山对这些课程兴趣盎然。毕业回国后，他便加入了山西军界。

阎锡山

这时候，他的思想和南方的革命党十分接近，经他一手安排，同盟会在山西新军里异常活跃。

1911 年辛亥革命席卷全国。10 月 29 日，太原起义成功，阎锡山被推举为军政府大都督。在军政府门前飘扬的既不是十八星旗，也不是五色旗，而是一面源自河图洛书的“八卦太极图”旗。后来有人说阎锡山参加辛亥革命，本身动机就不纯，是伪装革命，“投机取巧”、“窃取革命成果”。

其实，阎锡山把八卦太极旗定为军政府的旗号，已经可以看出，这场革命在他的心目中，不过是一场紫气东来、真人出世的“汤武革命”。这正是他内心的理想所在，何伪装之有？中国的民主，就在八卦太极图下，开始了一幕幕痴人说梦的闹剧。

1912 年，阎锡山兼任山西民政长，1914 年，改任为同武将军督理山西军务，嗣又晋任为同武上将军督理山西军务。1916 年改任为山西督军，1917 年兼任山西省长。阎锡山抱定宗旨，不参加中原逐鹿，以保境安民为目的，因此对外声明，晋军不出山西一步，但有来侵者，必惟力是视。阎锡山宣称，终北洋时代，晋军唯一一次杀出雁门，是张勋复辟时，段祺瑞在津门宣布讨逆，约山西派军参战，阎锡山派出了一个旅前往北京参加作战，战毕即撤回山西。①

阎锡山采取门罗主义，关起门来一心一意经营山西。他痛感人心不古、世风日下的现状，于是按照自己土财主的理想，制定了一整套以古人训诫来治理山西的宏图大计。

---

① 《阎锡山先生答客问的自述》。台湾，《传记文学》第 186 号。

他的农村改造计划，从训练村一级的行政人员开始，以“民德、民智、民财”为施政大纲，从清丈土地、调查户口入手，以村为单位，村有村长，设村公所，村下面有闾，闾下面有邻。经过数年努力，他在山西建立起一支由50万个邻长、闾长、村副、村长组成的基层干部队伍，管理着全省四万多个村庄。

他把“村村无讼，家家有余”、“人人有工作”、“人人有生活”作为宗旨，以期“裕民生、正民行、敦民风”，进而实现古人父慈、子孝、兄友、弟恭、夫义、妻贤、友信、邻睦的理想。他还成立了好人团，大力宣传种地的人好，当兵的人好，推行育兵育农的政策。

1918年，阎锡山大力实施“六政”、“三事”。所谓“六政”，即禁止留辫、禁止缠足、禁止吸毒和兴水利、种树木、养蚕桑。所谓“三事”，即造林、植棉和畜牧。他把信、实、进取、爱群，作为社会道德的标准，推而广之。同时整顿村制，开村民会议，整理村范，订立村约，立息讼会，设保卫团，为“村民自办村政之时代”的到来奠定基础。阎锡山甚至设想，以村自治作为起点，有朝一日，可以废除代议政制和政党政治，使中国人民行使直接民权。

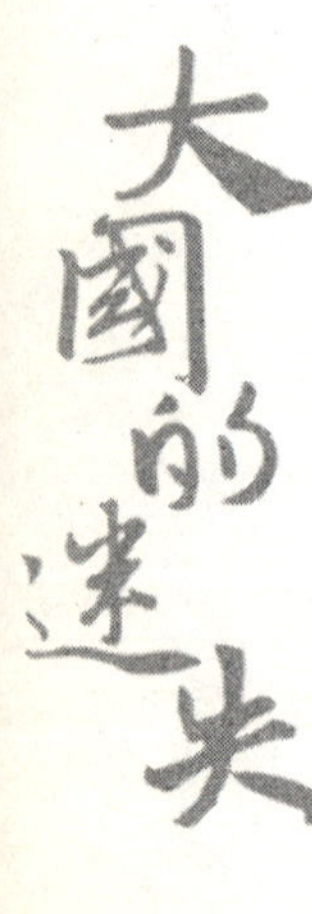

1920年6月，在阎锡山的主持下，召开了著名的“进山会议”。与会者多是当地的名流耆宿。会议在公署后面的假山（阎锡山称之为“进山”）上的“邃密深沉之馆”召开。历时一年，开始时只有12人参加，后来陆续有人加入，多至134人。会场也由“邃密深沉之馆”迁到了山前的大自省堂。

当直皖两系在北方开始兵戎相见，南方也被内部的战争深深困扰着的时候，阎锡山所考虑的，是如何在山西从事道德重建的大业。他觉得自己找到了一条正确的途径，能够使大西北的衣冠文物，在这个浑浑浊世中保存下来，并且发扬光大。

会议研究的目标，是“人群组织怎样对”的问题。阎锡山认为，人是有理性、有欲性、有精神、有物质的一个生物体。按东方文化看，人的价值很高，号为三才之一，二五之精。人与天地合德，人为天地立心。惟其认人之本体如此其高也，故最尊崇人道主义。如“仁者人也”一语，即足以代表东亚先圣先哲对于人生之观念。

人都是想过好生活的，但究竟如何才能使人人都有好生活？按照阎锡山的解释，消极地说，就是己所不欲勿施于人。若积极地说，就是如何使自已有好生活，别人也有好生活。此即己欲立而立人，己欲达而达人，成己成物之谓也。过去圣哲对此持论，有所谓理想国者，有所谓死后天堂者。如何而能有实现之理想，如何而能得人世之天堂，就是阎锡山为这次会议定下的研究题目。

会议开了一年之后，对工业问题得出了以下结论：

“工业应有限制；除必须之大工业外，应偏重小工业”。

对商业问题的结论是：

“商业应有限制”。

对土地问题的结论是：

“土地公有私种。凡属农民生则自种，死则归公，产业既均，人欲亦遂。”①

站在西北的立场上，对现代工商业，持怀疑与否定态度。1921 年，阎锡山和到访的美国哥伦比亚大学教授孟禄博士有一番谈话，谈到对工商业的看法。

孟禄是教育学的权威，他们的话题也从教育开始。阎锡山认为，人群赖文化以维持；文化以教育为代表。人群需要什么东西，教育即应预备什么东西。

孟禄问，人群现在需要什么？

阎回答：“近来我考察山西各县教育的结果，觉得作饭的人愈没有饭吃；作衣的人愈没有衣穿；作器的人愈没有器用。小民终日劳碌，若问他们作什么，他们便答说：‘我为你们作衣穿，作饭吃，作物用。’山西的情形如此，所以我们的问题，是如何使作饭者有饭吃，作衣者有衣穿，作器者有器用。”

这个问题，自古以来许多人都提出过，也尝试过各种不同的解决办法。孟禄认为，在现代社会，要解决这个千古难题，就要用好的方法，改良农业、工业与商业，及改良教育，使人得到实用的知识技能，能利用天然物以为人用，不久即可得到此种结果。

阎锡山一听见工商业，立即摇头。他说：“我很早有个疑问，就是工商业发达的结果，人民是否真正能够得到饭吃、衣穿，与物用，我害怕工

---

① 山西省政协文史资料研究委员会编《阎锡山统治山西史实》。山西人民出版社，1981 年版。

商业愈发达，作饭的人民愈无饭吃，无衣穿，与无物用。工商业发达的结果，我害怕不但不能救了人民的苦，反倒更为坏事。”

他的理由是：别的国家工业发达，可运货来到中国换饭，将来中国的工业若发达，不知能运货到什么地方换饭。运往蒙古吗？蒙古人不作饭，怎么办才好？

在阎锡山的想象中，工商业和“走口外”、“闯关东”是一回事。山西人走了上千年口外，闯了上千年的关东，也没见人间天堂的出现啊！路通财通，道路工商业发达的重要因素之一，试看大江南北，铁路沿线无不是最富裕的地区，但阎锡山在山西修铁路时，却偏偏要修成窄轨，与中原的铁路不接轨，弄得火车想进进不来，想出出不去。

明清盛极一时的山西票号，就是因为它们因循守旧，不肯融入现代金融体系，才步入衰落之途。但阎锡山依然没有跳出晋商那种陈腐的思维方式。

在他的内心深处，对一切来自洋人的“思潮”、“主义”，统统抱怀疑态度。他自创了一门“公道主义”，并把它封为“无论何时何地，皆处于对之地位，故能博人人欣喜，处处为人乐于接受”的万金油，是人类通向幸福之门。

究竟什么是公道主义？它听起来就像一个伦理学的概念。阎锡山认为这是他的一大发明。不论场合，百说不厌。但他始终没有能够说清楚公道主义的基本要点，他只是夸张地声称公道主义囊括了一切主义的优点。他这么解释：

“公道主义，为各种主义之本源，乃宇宙间之元气。其为物也，是整个的圆之单体，非零星的枝节凑合。是时中的，非执一的；是养生的，非治病的；是灵活的，非板滞的。举一足以统万，执简可以驭繁，神而明之，事物之真是非可知，宇宙之真主宰可得。”

他的灵感无疑是来自最古老的宗法制度。他所极力倡导的“用民政治”，乃是一种敬慎勿怠、宽容勿矜、礼让忠信的道德实践。他所赞不绝口的公道主义，集中了将家庭、社会、政治、宗教合而为一的文化精神。阎锡山所梦想的，就是恢复“立地上以承天，承天道以隆人”的中国文化基础。

中原大战时，陈公博为了动员阎锡山反蒋，曾到山西跑了一趟，他发现“山西对于新文化的接受，还是迟缓，比之山西以外，恐怕要迟到 20 年。”①一位南方将领在分析阎锡山的思想时，毫不留情地说：“这位先生，自从在山西与世不通闻问，故步自封，绝不见有新人物到山西和他共事，只邀些名士去讲旧学，受他尊崇。20 年来，山西充满了儒释道三教九流的风气，和似是而非的学理，新一点的文化，简直不进山西。”

陈公博

阎锡山认为他发明的“土地村公有”就是体现了公道主义。所谓土地村公有，即以公债形式把土地收归村公有，再分给农民耕作，受田之人到死时就把田还给村里；以直接税偿还收买土地的公债。这样既可以保证人人有田种，又避免土地集中到少数地主手中。这个被阎锡山视作得意之作的改革，在 1939 年就以失败告终了，弄得地主也反感，农民也反感，70％的人都不高兴。因为山西以自耕农居多，这个改革是先把土地公有，再重新分配，他们觉得这太不公道，当然怨气冲天了。

山西官场承晚清颓风，敷衍搪塞、瞒上欺下的道行，比儒家典籍要高深得多。阎锡山鼓励种树，大家就用草包裹树枝、鞭杆、木棍插在地上冒充树苗。阎锡山严厉禁烟，种、运、吸一并悬为厉禁，但 1920 年破获贩卖烟土、吗啡、金丹的案件，是 1918 年的四倍。山西禁种，烟土就从邻省大量涌入。

阎锡山对各县知事感慨地说：“六政考核处办理已经三年，有甚效果？像这样办下去，再办三年，也是无效。”他又抱怨：“照中央所定的法律，禁烟丹无异于奖励烟丹，禁的愈紧，价值愈大，贩卖的人也愈多。”②

---

① 陈公博《苦笑录》。东方出版社，2004 年版。
② 吴文蔚《阎锡山传》(第一集)。台湾，1983 年版。

为了推行新法，不得不借助于严刑峻法：贩卖烟土者处死，吸食者判刑。同时强化村制，保卫团用武力推行教化。但仍不见效，硬功不行，又改施软功，设立戒烟会，劝人自动戒烟，然贴标语、写文章、官吏宣讲、学生宣传，折腾了数年，还是吃力不讨好。

六政三事推行了五年半，有成有败，但总的说来，赞扬的声音居多，为山西赢得了“模范省”的美誉。山西简直成了太平盛世的标本，据说连一个乞丐也没有。但实际上，1924 年至少有超过 2.5 万名土匪，在山西的地界上横行。①

1930 年代以后，随着内战向西北蔓延，阎锡山的门罗主义也失效了，山西农村更是一片凋敝。他不得不承认：“年来山西经济，整个破产。自耕农沦为半自耕农，半自耕农沦为佃农雇农，以致十村九困、十家九穷。”②

【叁】冯玉祥是一个行伍出身的农民儿子，凭着一次又一次的背叛和投机，成为军阀中的强者。没有信念就是冯玉祥的信念。

冯玉祥是典型的农民儿子。

他的原籍在安徽巢县。父亲是乡下的泥瓦匠，后来投身行伍，全家迁到保定府郊外定居。冯玉祥的原名叫冯御香——“朝罢衣冠沾御香”，也许，他们家从巢县迁到保定，也是为了离天子脚下近一点，好方便“沾御香”吧。然而，他们实际上过着农夫的生活，春耕秋收，拔草拾柴，每逢青黄不接之际，就要把家用杂物送去典当。

冯玉祥的性格非常敏感，这一切在他幼小的心灵里种下了愤世嫉俗的种子。他恨当铺；也恨杂粮店，因为他们家日常吃的米面要靠杂粮店赊账；他恨鸦片烟，因为他的父母饱受其害；他恨贪官污吏；他恨土豪劣绅。总之，乡下贫困的生活，使他满脑子都是怨恨。他的童年只念过一年零三个月的书，从 12 岁开始，就到新兵二十镇的军营里练枪打靶，

① 朱新繁《中国农村经济关系及其特质》。上海新生命书局，1930 年版。

② 《呈中央请由山西试办土地村公有制以弭共祸文》。《防共联席会议纪录汇编》。文海出版社有限公司，1987 年版。

他是一名真正的大兵。

"御香"这个名字确实给他带来不少好运，据说当年慈禧太后从西北回銮，二十镇要挑选身材健硕、名字吉利的兵丁去站道迎驾，他沾了御香二字的便宜，雀屏中选，真的一沾御香了！冯玉祥第一次和西北发生关系，是在1914年，他作为北洋警卫军第一旅旅长率领部队到陕西一带追剿白朗匪帮，足迹踏遍了陕州、潼关、西安、灵宝、渭南一带。"寻河愁地尽，过碛觉天低"，大西北的景色，深深地烙在他的脑海之中。

直皖战争以后，直军第二十师在阎相文师长率领下，开入陕西，驱逐皖系督军。冯玉祥的队伍取道潼关，第二次进入西北。事先冯玉祥请第十五混成旅旅长孙岳给胡景翼写信，请他夹攻皖系督军，胡景翼慨然允诺。胡是渭北刀客中一名头面人物，黑道中人，没有不认识他的。

北洋政府任命阎相文为陕西督军。不料上任不到两个月，突然吞服生鸦自杀，成为民国以来最短命的督军。他的自杀，并无特别理由，只说担心自己不能统一陕西。对一个刚刚以胜利者身份走马上任的将军来说，这个理由近乎荒谬。

阎督军死后，冯玉祥由旅长一跃而为陕西督军，成为民国以来升迁最快的军人。外间哄传阎相文的死与冯玉祥有关，后来，更有人写书，直指是冯玉祥在酒宴之上，以毒酒毒死阎相文，收编了他的队伍。但说归说，还是查无实据，遂成轰动一时的疑案。① 民国以来，疑案、悬案、无头公案，多不胜数，阎督军之死，不过小儿科耳，连历史学家也提不起破解的兴趣。

冯玉祥

冯玉祥拒绝搬进阎留下的督军署，他在西安城西北角另

① 昌人《冯玉祥的转变》。《现代史料》(第三集)，海天出版社，1934年版。

建一座新的督军署。这块地方在明代称作皇城，在清代称作满城。辛亥武昌首义后，陕西响应，关中豪杰攻入满城，把里面的满人杀得鸡犬不留，尸积如山，房子也烧成一片焦土。冯玉祥就在这个地方，作为驻兵之地，修建他的督军署。

这位农民的儿子终于有了自己的衙门，可以坐在高堂之上发号施令了。

冯玉祥上任后，立即疏远了曾为他出过力的胡景翼，他派人对孙岳说：“胡部完全是土匪，扰乱地方，绝不能容的。”

孙岳对冯翻脸之速，感到十分惊讶：“焕章（冯玉祥字）太不够朋友。胡笠僧（胡景翼字）刚帮了他一个忙，他就要反过来收拾他。”胡景翼也深感失望地说：“吴佩孚、冯玉祥要把我挤出陕西，要收编我的队伍。”

第一次直奉战争爆发后，冯玉祥认为是向中原发展的机会，于是积极向吴佩孚请缨。不料吴佩孚对他素无好感，不肯让他上前线。冯玉祥勃然大怒，擅自将队伍拉出潼关。当时吴佩孚在前方忙得不亦乐乎，无暇后顾，只好委任冯玉祥为后方总司令，负责监视河南。

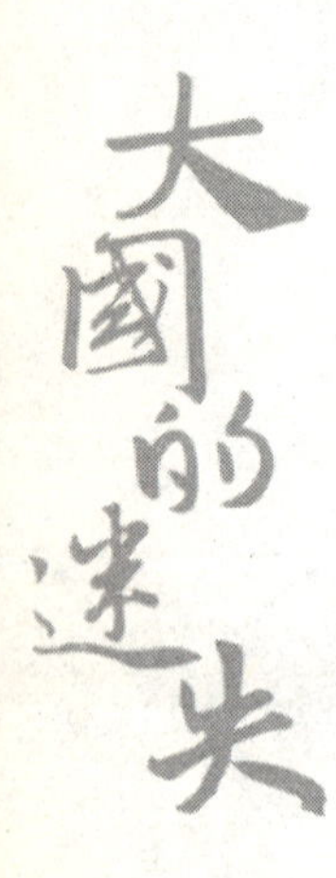

出发前，冯玉祥把陕西的军政大权，全部交给了儿女亲家刘镇华，他把官兵们召集起来说：“这次出征，不是为了个人的私利，而是为了讨伐媚日卖国的奉系军阀。”他抬起脚，把布鞋踢出老远，大声说：“我看督军的位置，如同这只破鞋，我们这次参加战事，完全是为尽我军人保国爱民的神圣天职！”

壮哉斯言！然而，如果在民主国家，一个总统候选人说他视总统职位如破鞋，选民们还会投他的票吗？人们怎么指望一个把自己职位看作破鞋的人，能在这个职位上为国、为民效劳？好在中国的官员都不是老百姓选的，不烦操心。冯玉祥把陕西督军看作一只破鞋，是因为他一心想得到河南督军这个位置。冯玉祥决不是一个甘于寂寞的人。

河南督军和奉系暗通款曲，宣布武装中立，凡是参战客军逗留豫境，一律解除武装。但冯玉祥的武装，又岂是凡夫俗子所能解除？双方激战一天，豫军大败。冯玉祥乘机扫荡河南全境。几天以后，政府下令由冯玉祥出任河南督军。

河南是吴佩孚的老地盘，他的大本营就设在洛阳，河南督军在吴玉帅面前，从来就像小媳妇一样。而冯玉祥又是个一惯自行其事，不听号令的人。翩翩儒将和草莽英雄之间，必然水火不容。

上任没几天，吴佩孚便勒令冯玉祥协饷 80 万元，以后每月协饷 20 万元，冯玉祥就算能筹得出这么一大笔钱，也不会白白送给吴佩孚。他复电拒绝了。吴佩孚明确告诉他，如果他做不到，就请让出河南督军的位置。

冯玉祥感到在河南没办法呆下去了，于是跑到保定向曹锟哭诉，他的用意是向吴佩孚摆出投靠保定系的姿态。不料曹锟对河南小媳妇的处境，大表同情，劝冯玉祥干脆调到北京。冯玉祥吃了一个哑巴亏，有苦说不出。

1922 年 10 月，大总统颁布明令，任命冯玉祥为陆军检阅使，交出河南地盘。冯玉祥百般无奈，只好到洛阳向吴佩孚辞行。吴佩孚向冯玉祥提出三个条件，一、河南可以每月为冯玉祥的第十一师协饷 20 万元；二、冯玉祥只准带走他的第十一师；三、近几个月来冯玉祥在河南新招募的三个混成旅，应该留在河南。

"一切悉听大帅安排。"冯玉祥毕恭毕敬，倒行而出。但一回到开封，他立即命令新招的三个混成旅以第十一师的旗号，连夜向北京开拔。他们走后，把旗号运回开封，第十一师才正式动身。就这样，他的西北军队终于堂而皇之地开入了北京帝都。

冯玉祥的西北军是一支训练很严格的队伍。从招兵开始，就非常重视士兵的素质。普通士兵以青壮年农民以主，挑选新兵时要先看看头上有没有辫子，没有不行；再看看手掌有没有厚茧，没有也不行。头上有辫、手上有茧，是老实巴交、单纯保守、能够吃苦耐劳的标记。

冯玉祥喜欢问士兵："你们从什么地方来的？"

士兵们要回答："我们是从乡间来的。"

"你们的父母、亲戚、朋友是什么人？"

"都是老百姓。"

他也常问自己的儿子："你的曾祖父和祖父干什么的？"

儿子要回答："当过农民、渔夫、兵丁。"

听到这样的回答，他便高兴地笑起来。

冯玉祥利用一切机会，向他的官兵灌输平民意识。但西北军里的等级是非常森严的，冯玉祥的命令就是圣旨，任何人不得违抗。在冯玉祥的心腹军官里，没有一个在国外接受过教育。他们的文化水平都很低下。他们打仗靠的是经验和从说书艺人那儿听回来的故事，直至模仿《三国演义》里的诸葛亮来指挥战斗。

为了维护冯玉祥本人在军队中的绝对权威，他把士兵们“结盟”、“入会”一类的活动悬为厉禁。但实际上，帮会势力早已渗透他的军队，他的长兄冯基道就是一个黑社会大老，他手下第一战将张之江也是一名帮会分子。

冯玉祥利用基督教作以维系他的军队的基础。他要求全体官兵都受洗入教。这位大老粗不管三七二十一，用消防水龙头给他的官兵行受洗礼。但对于那些老实巴交的农家子弟来说，基督教不过是一个可以公开的帮会而已。

冯玉祥认为基督教有助于向士兵灌输禁欲主义，对加强军队的纪律非常有用。不过，西北农民对基督教，并非真正接受，连冯玉祥也不是认真信仰。他生平除了自己以外，没有真正信仰的人物，也没有真正信仰的思想。孔子、孟子、关公、岳飞、曾国藩、胡林翼、耶稣、列宁、甘地、孙中山等，都在他的脑子里，占了一席之地。而万物的轴心，就是冯玉祥自己。

他治军的一个重要方法，就是鼓励官佐家的弟妹子女互相通婚。这有利于把军队变成一个大家庭，而冯玉祥就是这个大家庭的唯一家长。他总是给结婚的双方都送些礼物，以示威严而有慈。他在回忆录中写道，官佐家的联姻，“一来因为他们父兄都是同事，彼此熟识，相互择配，必较能满意；二来团体的关系也可以因此愈加巩固。”①

冯玉祥希望扮演一个民族主义者的角色，但却常常力不从心；他是社会改革的积极推行者，但这些改革却往往停留在皮毛琐事上面，诸如不让妓女穿漂亮衣服、宴会菜式的丰俭之类。

冯玉祥对阎锡山在山西的政绩，非常羡慕，他在河南时也模仿山西制订十项治豫大纲。当有人向冯玉祥揭露山西的种种虚假做法时，他不以为然地反驳：“有老王时恨老王，没老王时想老王。其实看山西的完整，今天有哪一省可以比得上？”

然而，就地方建设来说，他连阎锡山的十分之一都没有能够学到。他不如阎锡山之处，在于他的政治理想是非常模糊的。

① 冯玉祥《我的生活》（下册）。黑龙江人民出版社，1981年版。

西北军每到一处，所谓的政治宣传工作，就是在墙壁上画满红红绿绿的国耻地图和二十四孝图像，在电线杆上钉满写着古圣贤格言的木牌。连士兵们的衣服前后，都缝上白底红字的标语。如果说中国有“标语治国”的传统，那么冯玉祥是开山祖之一了。

冯玉祥手下有一位重要的政治干部，在担任陕西省民政厅长时，为了禁止妇女缠足，限令各县县长按月缴送一定数量的妇女缠足布，以缠足布的多少作为铨叙的标准。结果，堂堂的民政厅里，缠足布堆积如山，臭不可闻。

冯玉祥最大的特点，就是能够不厌其烦地宣扬一些连他自己也不打算实践的政治主张。从基督教教义到三民主义，莫不如是。他常常自称是农夫儿子，但他对农民的生活并不真正关心。陕西的捐税预征了五年，到处民怨沸腾。冯玉祥在河南时连开征“古玩出土捐”这样的主意都想到了，还有什么会从他的指缝中漏掉呢？

1927年，在他治下的西北，农民已经完全破产，乃至遍地土匪。当时的观察者指出：“自民十四年(1925年)冯玉祥占甘肃，随下陕豫后，不但没有把旧有小股土匪使之敛迹，倒反给西北各地增加了不少匪众，弄得匪氛益炽，冠于全国。”[①]陕西与宁夏、甘肃、绥远、山西、河南、湖北、四川交界之处，几成土匪的天下。

因此，当农民协会成立时，入会者非常踊跃，仅陕西一省，一下子便达15万人。农民已身陷绝境，忍无可忍了。他们提着装着“土豪劣绅”脑袋的笼子，到西安送给政府。他们说，我们惩办了一名反革命分子，现在把他给你们送来了。

真正令冯玉祥担心的不是激化阶级对抗，而是过分活跃的农民运动，必然会影响他在西北的绝对权威。他训斥农民：“这里有驻陕司令，还有省政府，若你们管这类事，还要他们做什么？”

和阎锡山一样，在冯玉祥这位农夫儿子的背后，有一个巨大的阴影，这就是深深扎根于黄土高原之上的西北地主集团。中原将在它的面前发抖。

① 康天国编《西北最近十年来史料》。文海出版社有限公司，1990年版。

第八章
农夫的政治

【壹】黎元洪第二次引狼入室，冯玉祥发动第一次北京政变，把黎元洪赶下台去。他似乎尝到了政变的乐趣，这将成为他从事政治活动的重要手段之一。

冯玉祥终于来到了北京，来到了这个北洋官僚集团的心脏。

陆军检阅使署设在南苑的航空署旧址。当时的国务总理兼陆军总长张绍曾是冯玉祥的老上司，辛亥年间，张绍曾担任二十镇统制时，冯玉祥是他属下第八十标第三营营长。在北洋系统中，这种关系是至关重要的，凭着这层关系，冯玉祥一到北京，就得到了每月从崇文门税关和京绥路局拨款 15 万元给冯玉祥西北军的保证。

1923 年，北京的政治形势一团糟。曹锟利用他在内阁中的三位心腹——内务总长高凌蔚、财政总长刘恩源、交通总长吴毓麟——正密锣紧鼓地酝酿倒阁，以便为他竞选总统铺平道路。

这一年，北京发生了一连串重大的政治事件，最终导致北洋官僚集团的全面瓦解。冯玉祥在这些政治事件中，扮演了重要角色。

冯玉祥做了陆军检阅使，从西北的穷乡僻壤一跃龙门，赞拜不名，入朝不趋，剑履上殿，一尝朝廷重臣、御香中人的滋味了。他作为为数不多的能够参加黎元洪总统星期六会餐的高级官员之一，开始参与中央机密。通常这个周末会餐邀请的只有国务总理、各部总长、卫戍总司令、步军统领、警察总监、陆军检阅使等十四五人。

在这些大官中，冯玉祥和卫戍司令王怀庆的关系十分亲密。据说王怀庆是一位喜欢坐在马桶上发号施令的将军。尽管冯玉祥在自传中，对王怀庆作了尖刻讽刺，把他称作“听差和老妈子造就出来的”人才，但在当时，他们之间的密切合作，却足以影响北京政局。

曹锟自从打败了奉系以后，头脑有点发热了，总想坐上总统的宝座。吴佩孚一直强烈反对，但毕竟身在洛阳，鞭长莫及，而曹锟身边的一群津保系的政客，整天在他耳边聒絮，和当年煽动袁世凯当皇帝一样，曹锟不禁心动，终于作出“便宜行事，斟酌办理”的批示。

一场声势浩大的倒阁运动由暗而明，汹涌席卷北京政坛。

冯玉祥和王怀庆全都卷入了曹锟的倒阁阴谋之中，成为积极的同谋者。他们打着索饷的旗号，不断向内阁施加压力。因为财政部拖欠驻京军队的军饷，的确十分严重，以这个名目闹事，易获官兵支持和舆论同情。

4月26日的北京城，天昏地暗，寒气逼人。冯玉祥、王怀庆会同警察厅、卫戍司令部、步军统领衙门、第九师的军警长官开会，宣布武装索饷。由各部派出的军需官，一窝蜂前往财政部、盐务署和总理、总长私宅严密把守。然后，冯玉祥带领全体高级军官和重要僚属等85人，把国务院的大门围得水泄不通。

索饷军人推举王怀庆出面和国务总理张绍曾交涉。王怀庆警告国务总理说，这关系到北京的治安，如果不迅速筹拨饷需，就无法维持。张绍曾支吾其词，把责任推到财政总长刘恩源身上。

刘恩源答应在三五天之后一定解决。

刘财长是河北河间人，早年在天津武备学堂肄业，又到德国留学，回国后一直碌碌无为，担任谘议、参事、顾问一类闲职，后来投到曹锟麾下，极获宠信，才开始平步青云，成为保定系的干将之一。

冯玉祥倒不是要和保定系过不去，他枪口瞄准的是黎总统。经过软硬兼施，讨价还价，财政部答应从5月3日起，至5月10日止，分三期拨发一月饷项139.7万元。实际上，财政部一文不名。到了5月1日，这笔钱还是没着没落。冯玉祥、王怀庆派人向国务院传话，如果5月10日仍领不到钱，就把财政总长绑架到南苑。当天晚上，刘恩源一溜烟逃到了天津，张绍曾也想一走了之，但在西直门被军警挡了回去。绝望之中，这位总理竟被自己的老部下逼得有点精神错乱了。

冯玉祥催款十万火急，张绍曾走投无路，只好任命冯玉祥的亲信薛笃弼为崇文门监督，这是一个人人垂涎的大肥缺。但任命送到总统府后，黎元洪一口拒绝，要求内阁改任薛笃弼为盐务署长。

6月6日下午，全体阁员召开特别会议。高凌蔚首先发言，他说总统对崇文门监督的任命不肯发表，又以命令形式指示内阁任命盐务署长，已经构成侵越职权，违反责任内阁的原则，提议内阁实行总辞职。参与了倒阁阴谋的阁员们立即齐声附和。

张绍曾并不想辞职，但迫于无奈，只好在辞呈上忍痛签名。当天晚上，精神有毛病的总理，一边喃喃自语，一边乘火车直奔天津去了。

倒阁成功，下一步就是驱逐黎元洪。这一幕闹剧的主演者，还是来自大西北的冯玉祥和坐在马桶上办公的王怀庆。

内阁垮台后的第二天，首都的军警长官，又在卫戍司令部开会。冯玉祥、王怀庆极力鼓动部属向政府索饷。

政府垮了，就直接向总统索饷。黎元洪是直系捧出来的总统，而冯玉祥是直系的所谓四大金刚之一。但他倒起总统的戈来，理直气壮，绝没有半点愧疚。

军警们的情绪被刺激起来了，他们又喊又叫，欢腾雀跃。下午，这些比别人多了几支破枪的丘八，气势汹汹地包围了总统府，指名道姓要黎元洪出来相见。

黎元洪无可奈何地出来了，他问军警们："是不是要我也步内阁的后尘辞职？"军警们回答："不是要总统辞职，而是要总统发钱。"

"发饷是内阁的事，不是总统的事。"

"管你是谁的事，反正不发饷我们就找总统！"

"你们究竟想我怎么样？"

"发还欠饷，万事好商量。没钱我们就全死在总统面前了！"

黎元洪只好保证，一两天内就会有新内阁诞生。6月16日一定可以发饷。这种对话，通常只在描写梁山英雄的武侠小说里才会读到，但它确实是中华民国总统与一群高级将领的真实对话。

在军人横行的北京，没人敢出头组阁。黎元洪派人到天津和张绍曾秘商，请他复出。但这次会晤让冯玉祥发现了。6月8日，北京的天安门外忽然搭起了讲台，召开所谓的万人"国民大会"。其实到会只有100多人，大部分是换了便装的军警士兵。他们轮流上台演讲，大骂黎元洪复职没有法律依据，现在又破坏责任内阁，应该叫他卷铺盖滚蛋。

6月9日，北京警察宣布罢岗。冯玉祥、王怀庆分函国会和外交使

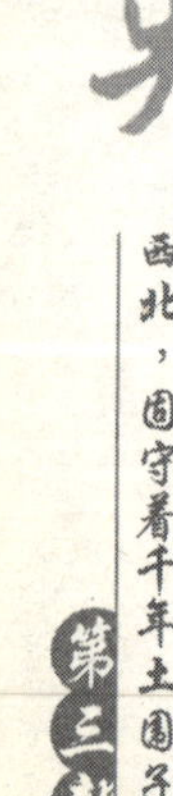

团，声明保护国会和外国侨民。新华门和总统官邸外面的卫戍部队统统撤走。黎元洪家的水电也被切断。门外挤满“乞丐团”、“公民团”、“市民请愿团”一类流氓地痞，手执“改造时局”、“总统退位”、“总统恋栈”等纸旗，狂呼乱喊。

6月10日，在冯玉祥、王怀庆的唆使下，又有三四百军警官佐包围了黎元洪的寓所，口口声声要总统发钱。

黎菩萨走投无路，当天给曹锟和吴佩孚打电报，伤心质问：“元洪依法而来，今日可依法即去。六十老人，生死不计，尚何留恋？军警等如此行为，是否必陷元洪于违法之地？两公畿辅长官，当难坐视，盼即函示。”

曹、吴毫无反应。

12日，黎菩萨再次给曹、吴拍电报：“两公畿辅长官，保定尤近在咫尺，坐视不语，恐百喙无以自解。应如何处置，仍盼即示。”①

虽然低声下气，但仍得不到任何回音。黎元洪不禁有“旦夕如坐针毡，似此为人，不如早亡”之叹，怆然而泪下。

这次倒阁运动，实在是为曹锟登极铺路。黎元洪是吴佩孚捧出来的，虽然吴一百个不赞成曹锟当总统，也不赞成冯玉祥的胡作非为，但出于对曹三爷的一片忠心，他也不会横加反对。黎元洪大失所望了。

冯玉祥、王怀庆继续向总统施加压力，以辞职要挟，声言对治安不负责任。黎菩萨还想扮演一回铁金刚，他在私寓连签七道命令，其中包括裁撤巡阅使、巡阅副使、陆军检阅使、督军、督理。但印铸局拒绝将命令付印。

6月13日上午，冯玉祥派人通知总统，如果在12小时之内还不能发还300万欠饷，驻京军队就要自由行动了。黎元洪终于完全绝望。午后1时20分，他带着几名幕僚匆匆乘火车前去天津。

总统刚离开北京，高凌蔚的电话就打到直隶省长王承斌那儿，请他截住总统专车。黎元洪的专车一到北仓，就被王承斌扣住了。

王承斌全副武装登车，勒令黎元洪交出总统印信。如果不肯交，就只能把总统带回北京。当天下午，火车驶到天津新站，摘去车头。王承

---

① 张国淦《中华民国内阁篇》。杜春和、林斌生、丘权政编《北洋军阀史料选辑》（上册），中国社会科学出版社，1981年版。

斌派了上千军警把总统的火车严密包围起来，不准黎元洪下车。

被困在闷热不堪的火车厢里，黎元洪叫天不应，叫地不灵，熬到第二天，便熬不下去了，被迫通知在北京的眷属，把总统印信全部交出。但他的夫人把印信送到国会时，适值参议院正副议长改选，新任议长尚未选出，所以拒绝接收印信。

王承斌直接打电话给总统夫人，要求她把印信交给首都警察总监。这是明显的违法行为，但为了救丈夫，黎夫人也顾不上那么多了。大总统印信终于落入了逼宫者的手里。王承斌又代黎拟了三道命令：一、向国会辞职；二、大总统职权交国务院摄行；三、声明临行前所发命令无效。

在每道命令上都签了名以后，这位被困车上 12 小时 38 分的大总统，才得以狼狈脱身。当他的专车重新挂上车头，驶向天津老站时，漫漫长夜已经过去，而黎元洪的政治生涯，也在这淡淡的晨曦中结束了。

与此同时，高凌蔚在北京召开特别会议，冯玉祥、王怀庆都有出席。他们宣布了军警在总统出走后的四点措施：一、维持治安；二、约束部下；三、拥护国会；四、保护外侨。他们再也不提辞职一事了。

冯玉祥在北京的种种非法活动，不仅使中国的法治完全破产，而且为曹锟日后贿选总统扫清了障碍。当官僚们发现这个乡下人给他们带来的巨大危害时，已经为时太晚了。

冯玉祥以"基督将军"自诩，但实际上他只是一个机会主义者。他真正热衷的是通过不断的倒戈来提高自己的知名度，谋取政治资本。在他的积极活动下，内阁和总统相继垮台。现在，曹锟要登上总统宝座的道路已经铺平了。论功行赏，冯玉祥应是头号功臣。

1923 年 7 月 3 日，曹锟在保定接见国会代表，他踌躇满志地，语气坚决地保证，他愿意做国会的后盾。

议员们都知道，这是曹锟迈向权力之巅的开始。这位布贩子出身的军阀，抵挡不住"总统"这个职位的诱惑，终于和袁世凯、黎元洪、冯国璋、徐世昌一样，自己往这个火坑里跳了。议员们热烈鼓掌，以示欢迎。

曹锟又加上一句，他愿意拨出巨款资助国会，名为出席费，其实是收买议员。仅此一项，便达 20 万元。

根据院法，议员每年的薪金不过 5000 元，每月领取不能超过 400

元。由于财政困难，近年都是减成发给。所以这笔出席费确实颇有吸引力。闻风而来者，不在少数。

在曹锟和国会之间充当联络官的，是他的副参谋长王坦。虽然所有保定系和天津系的直系干将都动员起来了，但他们并不都明白曹锟的心理，尤其是当他们看到民国以来几乎没有一个总统是可以善终的。

对曹锟究竟该不该当总统，王坦有一段精辟之论："若是为国，责任艰巨，当不得；若是为自己，要快快下台，就当得。赚了一辈子的钱无用处，老子不愿意干了，买个总统当，当上两天，回家养老，以终余年，当得。为下台而当总统，是最好的办法。可是要早走，要快下，有这决心，可以当。没有这决心，不可以当。钱多了，后人守不住。普通人有个二三十万尚且无好后人；能当总统的，儿子会好得了吗？人的一生，就怕升官发财，升官发财尚且不好，何况当总统呢？"①

尽管吴佩孚反对，尽管浙江反对，尽管东三省反对，尽管广东反对、国民党反对，但无论如何，正如当年的洪宪帝制一样，贿选一经发动，就没有办法中止了。

9月7日，众议院开常会，讨论延长议员任期案。这是为了确保现任议员饭碗，为贿选之先决条件。该案即日付诸表决，在场308人，261人起立赞成。即日开三读会，咨达参议院。9月26日，参议院也召开常会，临时变更议程，先讨论众议院移付延长任期案，在场多数赞成。当即由主席指定审查员，立即审查，然后报告审查结果。在十几分钟之内，以开快车速度连开三读会，不加讨论，原案可决。

这项修正案，经两院议决后，马上咨达摄政内阁。内阁于10月4日公布出来。作为报答内阁对修正案开绿灯，国会也于同一日匆匆通过中华民国第一部宪法，并通告于10月5日举行大选。

一连串政治游戏，令人目不暇接。幕前幕后，不知有多少暗盘交易。反对直系的议员纷纷离京赴沪，杯葛贿选。冯玉祥一直假装养晦，不与闻世事，其实他安插在内阁的心腹，司法总长程克，却异常活跃，且肩负疏通反对派之责，直接卷入了贿选活动。

10月5日，北京城里到处飘扬着五色国旗，一派热闹气氛。这场还

① 王坦《曹锟贿选总统始末》。杜春和、林斌生、丘权政编《北洋军阀史料选辑》(下册)，中国社会科学出版社，1981年版。

曹 锟

未启幕，就已经恶声远播的闹剧，终于鸣锣开场。所谓竞选者，既无“竞”也无“选”，不过由一班领了黑钱的猪仔议员走走形式而已。

下午4时，公布点票结果，曹锟以480票“当选”为中华民国大总统。这时离冯玉祥把黎元洪赶出北京，还不到四个月时间。

吴佩孚在洛阳听到“选举”结果，不禁长叹一声，喃喃地说：“宵小不但误国，而且误曹。”宵小者，冯玉祥、王承斌之流也。吴佩孚打仗一流，搞政治却是九流，怎么也玩不过保定系、天津系的政客，何况还有一个西北老农给他们打头阵。

10月10日，曹锟从保定乘坐花车抵京。冯玉祥派了一营士兵在车站欢迎。车站各门断绝交通，警戒森严。上午7时5分，高凌蔚、顾维钧、程克、冯玉祥等人到车站迎接新总统。7时35分，军警吹响了预备号，报告花车已经到了西便门。7时45分，汽笛一声长鸣，总统花车缓缓驶进车站。曹锟身穿蓝色军服，斜系红色大绶，胸前挂满勋章，踌躇满志地走下站台。冯玉祥心潮激荡，他第一次如此强烈地感到自己是历史的创造者。

【贰】冯玉祥为曹锟贿选总统铺平了道路，却没有得到期待中的奖赏，刚刚倒完总统戈的冯玉祥，现在又要倒直系的戈了。

曹锟贿选，对北洋官僚集团的全面崩溃，具有非同寻常的意义。

张作霖在东北首先声言反对。奉张的态度令直系大为不安，他们担心由于张作霖对中央政治的介入，迟早会演变成第二次直奉战争。

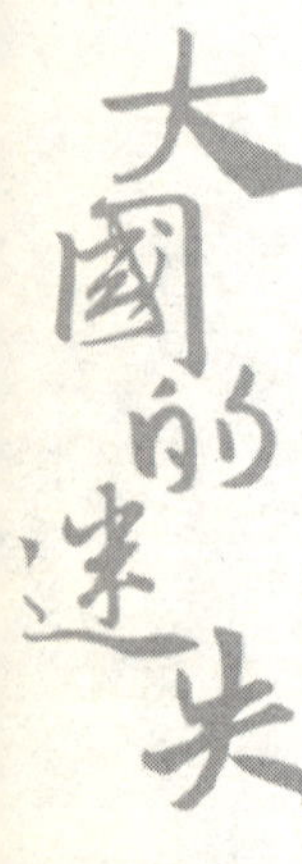

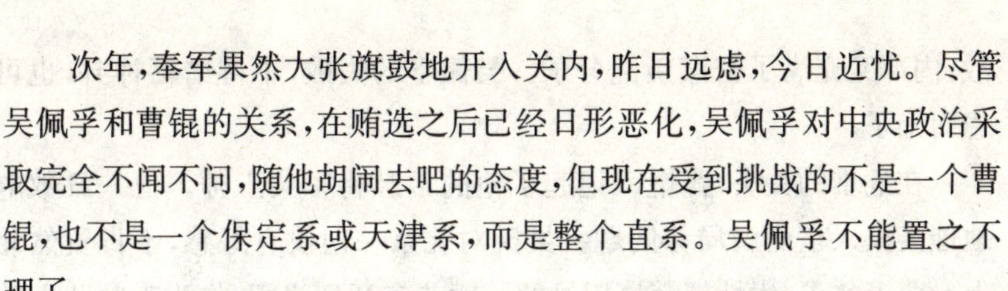

次年，奉军果然大张旗鼓地开入关内，昨日远虑，今日近忧。尽管吴佩孚和曹锟的关系，在贿选之后已经日形恶化，吴佩孚对中央政治采取完全不闻不问，随他胡闹去吧的态度，但现在受到挑战的不是一个曹锟，也不是一个保定系或天津系，而是整个直系。吴佩孚不能置之不理了。

然而，他们怎么也没有想到，就在他们卧榻之侧，就在北京城里，冯玉祥也在秘密活动，准备利用即将爆发的战争大展拳脚。由于曹锟的贿选，冯玉祥功不可没，但在事后的分赃活动中，他却一无所得。

曹锟上任后，发布吴佩孚为直鲁豫巡阅使，王承斌为副使；而两湖巡阅使、苏皖赣巡阅使的任命也陆续发布。甚至连王坦这样的角色，都捞了个陆军次长，而冯玉祥却仍然当着他的"穷陆军检阅使"。既然曹锟没有把他当自己人，他内心的愤怒和仇恨，便像火山爆发一样不可收拾。

他开始策划一次新的倒戈，倒直系的戈。他和奉系的秘密谈判已经进行了很久，在反复的讨价还价之后，张作霖以120万元来买他的倒戈。冯玉祥对这个价码还算满意，于是双方拍板成交了。

当直奉双方战云密布之际，冯玉祥的向背再次成为各方关注的焦点。除了张作霖之外，南方的孙文和在天津蛰居的段祺瑞，都频频派代表和冯玉祥接触。

1924年9月，冯玉祥和第十五混成旅兼大名镇守使孙岳在南苑的昭忠祠见面。孙岳是河北高阳人，明朝辽沈督部孙承宗的后裔，清兵入关后，把孙承宗拴在马后，活活拖死了。所以孙家后人在清朝是不应试的。孙岳是老同盟会员，但现在已变成一名意志消沉、整天躺在烟榻上吞云吐雾的瘾君子。

冯、孙二人对曹、吴都有一肚子怨毒，正待发泄，于是决定对直系倒戈，并准备把胡景翼也拉进来一块干。

冯玉祥付了20万元订金给胡景翼，半个月后，胡景翼派了一名代表来，转达他的意思：请焕章（冯玉祥字）兄只管给我命令，我们愿意蹈汤赴火。三方商定方针如下：一、拒绝接受吴佩孚的命令；二、推翻曹、吴后，请孙中山到北方主持一切；三、严整军纪，真正做到不扰民、不害民，帮助民众。

这时，张作霖已经和段祺瑞、孙文结成反直三角同盟。直系四面受敌，内部又充满了密谋叛乱分子。吴佩孚的失败，不待诸葛神卦，也可想而知了。

在危难的关头，曹锟又记起了他的常胜将军吴玉帅。他一日数电地催吴氏入京商议局势问题。吴氏对北京一向没有好感，不肯贸然北上。曹锟急了，索性把慈禧用过的一辆花车开到洛阳，作为玉帅北上的专车，以示隆重。吴氏只好动身北上。

9 月 18 日，吴佩孚在北京“四照堂”召开直系军事会议，策划守战，号令四方。国务总理、陆军、海军两部总长、师旅长以上人员 60 多人出席。吴佩孚宣布出任讨逆军总司令，王承斌为副司令。冯玉祥出任第三路的总司令。

会后，冯玉祥向吴佩孚提出，在打败奉系之后，由他出任东三省巡阅使。吴佩孚一听就烦，他是职业军人，最讨厌这种讨价还价的政客所为，他对冯玉祥当面敷衍，背后则向曹锟建议撤了冯玉祥第三路总司令的职，但曹锟不同意，他保证冯玉祥这人不会生变。

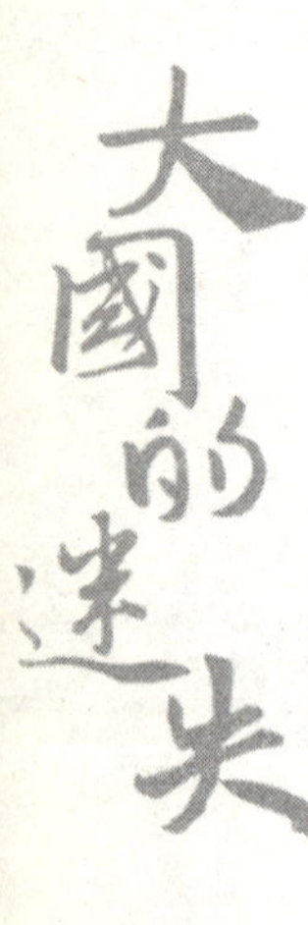

10 月 7 日，打着“讨伐贿选”旗号的奉军，开始全线进攻。

山海关方面战况异常惨烈。奉军攻占了石门寨。吴佩孚把总司令部搬到秦皇岛督战。9 月 19 日，冯玉祥接奉总部命令，让他率领第三军迅速增赴前线。冯玉祥临行前，向曹锟建议把孙岳的部队调入北京拱卫。曹锟言听计从，当即委派孙岳为北京警备副司令。这回是请神请到鬼了。

驻通州、南苑的西北军陆续开拔，驻扎在旃檀寺的第十一师二十二旅还没有动身，这是冯玉祥的嫡系部队，旅长鹿钟麟是冯玉祥的心腹大将。

9 月 21 日，冯玉祥率部出发，行动缓慢，如同蜗牛。9 月 24 日离京，28 日到密云，10 月 1 日到古北口，又藉口筹措给养，裹足不前。吴佩孚已有所察觉，但他竟命令胡景翼和王承斌监视冯玉祥。王承斌和冯玉祥早有密约，虽然王不直接参加政变，但也决不阻挠，并保证不向吴佩孚告密。

段祺瑞和张作霖的密使先后到古北口，和冯玉祥接头。段写了一封亲笔函给冯，表示不赞成内战，希望冯对贿选有以自处。冯玉祥在和段的密使见面时，提出请段祺瑞、张绍曾复出，维持大局；和奉张密使见

军事要塞古北口

面时，则提出请孙文北上主持大局。

冯、孙、胡三角结盟时，提议请孙文北上主持大局的是冯玉祥，现在提出请段祺瑞复出的也是冯玉祥；张绍曾是冯玉祥的老上司，后来被他逼出北京，当初既挥之即去，现在又想召之即来。

一个星期以后，10 月 19 日，一个星月无光的夜晚，冯玉祥在古北口向部下宣布回师北京的计划。

二十二旅旋即掉转枪口，星夜兼程赶回帝都。10 月 22 日，先头部队已到达北苑，奉命晚 11 时开始行动，11 时 30 分包围总统府，12 时断绝通信。孙岳将城门大开，里应外合。当曹锟从梦中醒来时，总统府延庆楼内外已经布满了政变的士兵，他们的右臂一律绑着“不扰民，真爱民，誓死救国”的臂章。

曹锟成了冯军的阶下囚，他的弟弟吓得服鸦片自杀。曹三悲愤交集，大骂冯玉祥对不起他。其实，当初布贩曹三把黎元洪捧上台，又让冯玉祥把他赶下台，搞得北京乌烟瘴气，又对得起谁呢？现在不过是一报还一报而已。

九门口陷在一片火海之中。10月24日,直军向这个要塞发起猛烈的进攻。奉军守住阵地,誓死不退。经常出现这样的情况:奉军扼守着一条战壕的一头,另一头则是直军占着,只有经过最残酷血腥的肉搏才能决定这一段战壕为谁所有。那些丢失了阵地后还活着的士兵,立即被派去反攻,即使只剩下最后一个人,这个人仍然要回去战斗。

吴佩孚一直在最前沿指挥战斗。这时,冯玉祥倒戈的消息传来了。开始吴佩孚还半信半疑,觉得曹锟待冯不薄,冯不至于反水。但参谋人员把分别来自日本公使馆、天津日本驻屯军司令部和北京日本守备队的三份电报交给吴佩孚,只有一个内容:冯玉祥回师北京,囚禁了大总统。

由于局势发生如此急剧的转变,直军必须立即撤出战场,以保全实力。10月25日下午6时,一场空前的10万大军总撤退开始了。吴佩孚的三千武装卫队迅速登上火车,直驶天津,为总司令打前站。入夜8时,吴佩孚的专车以最高时速,风驰电掣,驶往秦皇岛,冲过了奉军防区,一夜疾行七百里,直抵天津。玉帅这时还气冲斗牛,不相信自己"走麦城",他要亲自主持讨伐冯玉祥的军事。

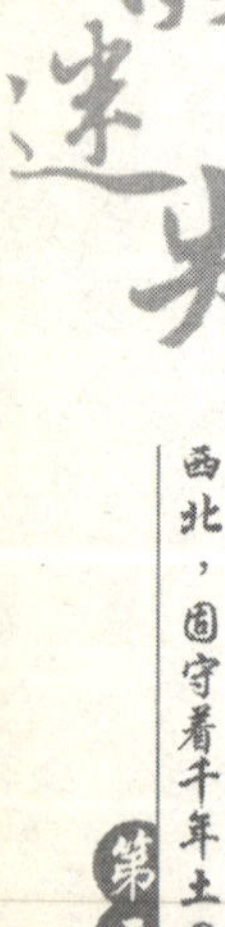

北京城已是容貌俱非。10月24日,内阁在冯军的大刀下,匆匆通过了四道命令,其中包括解除吴佩孚的一切职务。吴佩孚在命令上大批"伪令"二字。

然而,由于后院起火,曹锟已宣布辞职,直军无心恋战,奉军乘势占领滦州,抄了直军后路,而山东又宣布中立,切断津浦铁路,拒绝吴佩孚假道。连从不出雁门关的阎锡山,这时也趁火打劫,派了两个混成旅到石家庄,打起拥护段祺瑞的旗号,准备参加瓜分直系遗产的盛筵。

山海关、秦皇岛的直军不战而溃,纷纷坐船浮海南逃,局面已一发不可收拾。吴佩孚半生英名,尽被大西北的秦汉遗风吹得无影无踪。

冯玉祥在北京发动政变,号称"首都革命",其实殊无革命意义可言。冯玉祥在自传中写道:"首都革命最初的目的,原是要扫除军阀势力,打倒贿选政府",但实际上,冯玉祥占领北京后,却并不急于推翻曹锟的贿选政府。他向新闻界表示,他的要求只有三条:一、颁停战令;二、惩办主战人物及附和者;三、召集全国各派代表会议,共决时局问题。其中并不包括要曹锟下台。可见冯玉祥还是承认这个总统的。

冯玉祥捧了一个内阁出来,但阁员们十之八九都不敢赴任,北京的一班军政要人、闲散食客，早已鸡飞狗跳，躲进东交民巷的外国使馆去了。陆军次长王坦大骂冯玉祥、王承斌等人是“一群忘恩负义的畜生”。他冒险到沈阳和张作霖见面，建议让曹锟先恢复自由，赚回被囚的脸面，过渡几天，然后平安下台。

张作霖痛快地答应了。他是绿林出身，最恨卖主求荣、扒灰反水的人，在江湖中，“私卖梁山”是死罪，要千刀万剐、断子绝孙的。因此，他根本看不起像冯玉祥这种倒戈之人，也不把他当盟友。张作霖对王坦说：“冯玉祥替咱打仗，那是官银号120万小洋钱买的他，他不能主张国事。”

可怜的冯玉祥，在驱逐黎元洪，为曹锟贿选铺路的政变中，被曹锟当成一只上蹿下跳的马前卒；在倒戈直系，软禁曹锟的政变中，又被张作霖当成一只上蹿下跳的马前卒。

但冯玉祥一直蒙在鼓里，以为扳倒了被视为天之骄子的常胜将军吴佩孚，他的身价地位已经暴涨百倍，可以和段祺瑞、张作霖这些老牌军阀平起平坐了。

当年他率十六混成旅入陕时，段祺瑞、张作霖都是成名的人物，打个喷嚏也会把长江以北震得抖三抖，他们手下有几个混成旅？冯玉祥人微位卑，难入他们的法眼。但世事往往是三十年河东，三十年河西，现在冯玉祥竟有机会和他们坐而论道，共商废立大计，怎么会轻易放过这个表现身份的机会呢？他邀请段、张到北京开会，“共商国是”，摆出一副请君入瓮的架势。

冯玉祥又把参加政变的军队改编成“国民军”，宣称这是一支革命军队，冯玉祥任国民一军总司令，胡景翼任国民二军总司令，孙岳任国民三军总司令。但这支军队在革命后干得最卖力的一件事，就是争夺地盘。为一个河南督军，胡景翼也争，孙岳也争，几乎反目为仇。

首都革命唯一值得称道的革命之举，就是把前清逊帝逐出故宫。虽然冯玉祥有谋取政治资本的动机，但扫除一个封建小朝廷，毕竟是件好事。时人谑称：“冯氏反戈至京，既驱曹氏之假皇帝，后驱宣统之真皇帝，数日之内连演逼宫，京中人之眼福颇为不浅。”

只可惜这样一件好事，不按正轨去做，好事也成了坏事。优待清室，乃中华民国政府对清室的一个庄严承诺，如果要修改或废除，亦应通过相应的法律程序，冯玉祥凭着手中的一杆枪，生杀予夺，任意妄为。

溥仪出宫后，反而有机会与日本人勾结起来，后来在东北搞起满洲国。

冯玉祥原以为控制了北京，手中有个被囚的总统，有个俯首听命的内阁，就等于口含天宪，控制了北方的政局，但段祺瑞、张作霖却不肯入彀，试想这两人都是千锤百炼的官场巨擘，玩弄权术的千年老道，这种小法术怎么降服得了他们？11 月 9 日，段祺瑞派人到北京，请冯玉祥到天津开分赃会议，是以其人之道，还治其人之身。

冯玉祥挟曹自重不成，又想等孙文北上后再赴津，挟孙自重。但孙文迟迟不行，冯玉祥无可奈何，只好单刀赴会。不料驿星一动，败兆尽显。

天津会议期间，奉军开到天津，迫使冯的好朋友王承斌让出省长一位。同时，苏、浙、鄂、陕、闽、赣、皖、豫八个省和海军以十省大同盟名义，宣布不承认由冯玉祥扶植的摄政内阁。段祺瑞、张作霖根本看不起冯玉祥，视他为“雇工”。

恶人自有恶人磨。冯玉祥忙乎了半天，换来一肚子窝囊气，真是可笑可叹之至！

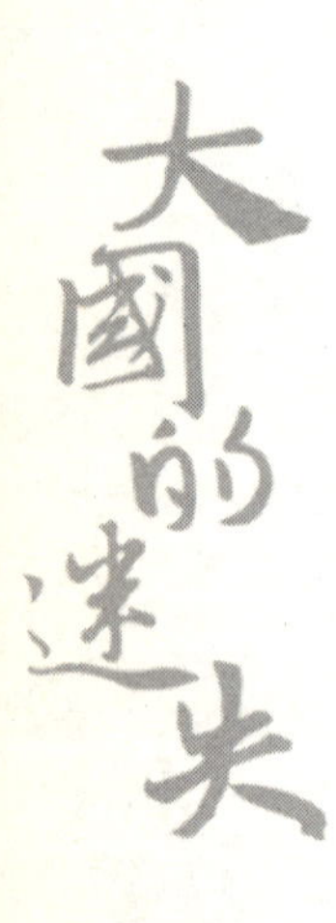

本来段祺瑞对冯玉祥就没有什么好感，直奉战争爆发之前，他一直希望说服吴佩孚背弃曹锟，转投他的麾下，但碰了钉子，只好退而求其次和冯玉祥合作。而奉系对冯玉祥的印象更坏，虽然冯玉祥的倒戈帮了他们的大忙，但奉系对他仍处处防范，特别不能让他得到任何通海的海口。在张作霖的算盘里，冯玉祥可以向西北方或京汉线方面发展，但津浦线这边是寸土不让的。

冯玉祥在北京翻云覆雨之际，吴佩孚的 25 万大军被困在秦皇岛到天津一线，走投无路。吴佩孚在天津指挥撤退，总司令部就设在专车的车厢里。回想当年，从湖南撤防北归，到直皖战争、直奉战争，一切都历历在目，仿佛不过是昨天的事情，但江山依旧，人事全非，可胜叹哉！

11 月 2 日下午，日本驻天津总领事吉田茂登车与吴佩孚见面，为段祺瑞做说客。他提醒吴佩孚，局势已到了间不容发的地步，而调停直奉战事，只有请段祺瑞出山。

不料，身为败军之将的吴佩孚，不仅严词拒绝，且板起面孔，责以春秋大义：“如果我听从贵总领事的意见，为一时权宜之计，结段而背曹，那么，大义名分，我何以自圆其说？而气节因此败坏，我还有膺任国家重寄的资格吗？世人每每以中华民国既立，君臣之义已不存在，我的看法不是这样。倘能保全八德，必可有正彝伦，君臣之义何妨代之以长幼之序？段芝老品行高洁，思想正大，出入儒佛之学，且能体悟八德，倘如他一旦接受张、冯的推戴，投入当前的政治漩涡，便不是忠于国家之举。因为中国政治的隆替，系于大道之消长。我面临国家兴亡关键，独欲遵循正道，义无反顾。至于个人一时之成败，本不在考虑之列。这便是我断不能擅自背曹而结段的主要原因所在。今日之事，我吴某人早已下了决心，宁为玉碎，不求瓦全！”①

吴玉帅虽败，但气势却一点也没败，照样是空棺材出殡——木(目)中无人，八面威风。吉田茂唯唯而退，事后派人向吴氏转达，如果吴氏认为必要，可以暂时退入日租界。吴佩孚表示了谢意，但转身却对自己的部下说：“谁要我进租界，我要谁的脑袋。”

11月21日，眼见得大局已定，国民军再也翻不出什么花样了，段祺瑞这才施施然入京；张作霖接踵而至。25日段祺瑞就任中华民国临时执政，主持国务会议。冯玉祥在一旁干瞪眼，对时局完全丧失发言权，不得不迁往天台山“闭门读经”。

然而，国民军仍然盘踞着北京，顺天王府(张作霖在北京的下榻处)和天台山俨然形成对峙的局面。国民二、三军已经答应让出直隶的地盘给奉系，他们向西北发展。因为孙岳认为河南、河北两省自古是四战之地，奉、直必争的焦点，国民三军实力有限，不足以抗衡，而甘肃以西还没有一支新式军队，比较有发展的空间。

第三军一位长官声称，当时他们“幻想在甘(肃)新(疆)一带搞一长时期的军事割据，来实现自己一大套自上而下的资产阶级改良主义政治经济主张。”②真是吹牛不用打税，这些西北军阀，搞搞军事割据还行，要搞资产阶级改良，则还没有这知识与本事。

当国民二军进入陕西时，冯玉祥突然以强烈的态度表示反对。他虽然到了北京好几年，但一直认为西北是他的地盘，不容别人染指。

闹了半天，原来鼎之轻重，未可问也。1924年，冯玉祥乘张垣发生

---

① 章君谷《吴佩孚传》(下册)。新华出版社，1987年版。

② 何遂《关于国民军的几段回忆》。《文史资料选辑》第五十一辑。文史资料出版社，1981年版。

兵变之机，任命他的心腹大将张之江为察哈尔都统；次年任命另一亲信李鸣钟为西北边防会办；不久，他又督理甘肃军务，率军入甘。明眼人都看得出来，这是借以扩充地盘且为将来预先布置下一条退路。段祺瑞让冯玉祥出任西北边防督办，把察、绥的不毛之地划归国民军。

事实证明，西北是冯玉祥的唯一生路。

1925 年，奉军大举进兵京畿，派人和冯玉祥谈判，请他让出北京。冯玉祥敢怒不敢言，他知道北京再也呆不下去了，但又不甘心拱手相让，于是又密谋倒奉系的戈了。

冯玉祥和奉系内部的少壮派将领、第六路总司令郭松龄秘密联络，郭松龄和张作霖的儿子张学良是结拜兄弟，掌握着奉军最精锐的部队，但长期受到老派军人的排挤，使他的内心充满了愤世嫉俗的情绪。他最大的梦想就是把这批和张作霖一起出身的绿林将军们一扫而净。和他一起发难的还有奉军的另一员大将，直隶督军李景林。

郭松龄

11 月 19 日，包头寒风怒号。郭松龄的代表和冯玉祥在恶劣的天气下，举行了至关重要的秘密会晤。他们签署了一份密约。明确地规定倒戈后把西北划归冯玉祥。密约的主要内容如下：一、排除军阀专横，永远消灭战祸；二、实行民主政治，改善劳工生活及待遇；三、实行强迫普及教育；四、开发边境，保存国土。

排除军阀云云，民主政治云云，都是门面语耳，别说这些军阀官僚不懂什么叫民主政治，就连那些整天把“德先生”、“赛先生”挂在嘴边的五四青年，也未必真懂。冯玉祥进据北京后，热血沸腾的青年们在街头大喊“不要政府真自治，不要法律大自由”[①]的口号，这是什么民主政治？这是大专制、大

① 爱新觉罗·溥仪《我的前半生》。群众出版社，1964 年版。

独裁的前奏曲！

关于地盘和利益的分配，才是冯、郭密约的核心：

“1、直隶、热河归丙（李景林）治理。甲（冯玉祥）为贯彻和平主张，对热河决不攻取。保大京汉线，甲军得随意驻扎，但直省全部收入（保大在内）均归丙军，甲军决不侵夺……黄河以北各县，由丙军驻扎，收入亦归山东。天津海口，甲军自由出入。

“2、乙（郭松龄）为开发东三省，经营东北部内蒙古……

“3、乙诚意赞助甲开发西北，必要时亦以实力援助之。”

甚至中央政府的组成，亦“以不妨碍开发西北及断送国家权利为限”。①

11月25日，平地起疾风，郭松龄通电倒戈，麾军直杀向关外，一路势如破竹。倒戈的军队乘坐火车，一列接一列地通过昌黎驶向山海关。奉军抵挡不住，仓皇退往锦州。郭松龄将他的五个师改编为五个军，声威大振。

由于郭松龄以秋风扫落叶之势长驱直入，眼见得奉系已无招架之力，冯玉祥开始后悔把利益分给李景林了，他这人最大的特点就是既不讲主义，也不讲道义。利字当头，愈是朋友愈要先挨刀子。冯玉祥索性下令国民二、三军乘势向保定的李景林进攻，争夺河北地盘。

李景林措手不及，仓皇之间退出了保定府。他的对冯玉祥的反复无常勃然大怒，立即放弃了支持政变的立场，在杨村向冯玉祥的后路猛攻。冯玉祥不得不回过头来对付李景林，他显然过高估计了国民军的战斗力，双方激战了三天二夜不分胜负。

就在这三天时间里，张作霖在日本关东军的帮助下，成功地挫败了郭松龄的攻势，把这场军事政变粉碎了。郭松龄夫妇被奉军逮捕枪决，当他们跪在铺满白雪的刑场上，仰望着铁灰色的天空，长叹无言之际，他们内心是否在怨恨自己找错了盟友，以致功败垂成？

冯玉祥本来就没有什么政治主见，为了东山再起，他不惜重施故伎，准备再发动一次政变，将段祺瑞赶下台去。

1926年初，国民军和张作霖为了抢夺地盘，已经剑拔弩张。3月12

---

① 《冯玉祥、郭松龄联合反对张作霖的经过》。《文史资料选辑》第三十五辑。文史资料出版社，

日，东北海军在两艘日本军舰掩护下，驶入大沽口。驻守炮台的国民军鸣放空炮示警，不料日舰竟发实弹攻击。双方爆发了冲突。日军以国民军破坏《辛丑条约》为由，向执政府提出抗议，并联合英、美、法等八国公使，向当局发出最后通牒。

冯玉祥的机会来了。

民众的情绪迅速沸腾了。3 月 14 日，30 万民众在京举行反日大会；17 日，北京全市各学校、社团代表向政府请愿，要求驳回最后通牒；18 日又有十几万人在天安门前举行示威大会。驻守北京的国民军对这场风潮，推波助澜，他们一心想把它演变成推翻政府的运动。因此，北京的抗议活动，在国民军大刀队的保护下，搞得有声有色，不断加温。

段祺瑞果然沉不住气了。3 月 18 日，残暴的北方军人在执政府门前开枪镇压示威学生。一时间死伤枕藉、血流成渠，民主梦想，完全破灭。人们奔走哭号，痛心质问："这是我们的政府吗？怎么会这样残杀自己的同胞？他们究竟是人还是禽兽？"

这一天被形容为民国以来最黑暗的一天。

两天以后，冯玉祥由平地泉取道库伦赴苏联，把国内的事情统统交给部下去办。他在这个时候出国，确有不得已的苦衷。当时奉军利用大沽口事件，长驱直入，国民军已被迫退出京、津。为了抵御奉军，冯玉祥居然又想和吴佩孚一笑泯恩仇，以恢复曹锟自由来交换段祺瑞下台。他还给吴佩孚发了一封电报说风凉话："子玉学深养粹，饱经世故，当能不念前嫌，共谋国策。"①

虽然冯玉祥有倒戈将军之称，但在这么短的时间内，七倒八倒，将首都革命完全否定，自打嘴巴，却也多少有点为难。唯一的办法，就是自己走开，让部下去干。

然而，吴佩孚对冯玉祥恨入骨髓，一提起这个人便"毛发倒竖，咬齿嚼舌，满口流血"，即使寝其皮食其肉，也不解心头之恨，怎会和他杯酒言欢？吴氏甚至放言，为了消灭冯玉祥，他宁愿和张作霖言归于好。至少奉张有自己的一贯主张，不是朝三暮四之徒。

1925 年的最后一天，从天津辗转赴鄂的吴佩孚，在汉口的查家墩总司令部向全国发表结束讨奉战争的通电。各地的直系将领纷纷通电响

① 《曾虚白自传》。台湾，联经出版事业有限公司，1988 年版。

应。这是直奉携手讨冯的先声。

1926年1月，旧国会议员云集汉口，发表宣言，主张段祺瑞下野，恢复旧国会，选举新总统，并改选众议院，修改宪法。所有主张，和吴佩孚不谋而合。两天之后，段祺瑞宣告辞去执政职。张作霖也公开表示关内之事，悉听吴佩孚主张，对于法统问题他毫无意见。

吴佩孚起兵讨冯，调集重兵猛攻西北门户河南。指挥这场战事的是吴氏手下最得力的战将、讨贼联军副司令靳云鹗。2月28日攻入开封，3月2日克郑州，3月5日陷洛阳。一路势如破竹，国民军一败涂地。

不过，靳云鹗却不想把国民军赶尽杀绝，他认为奉系才是真正的敌人。他的部队在攻占保定之后，便施当年吴佩孚在湖南罢战的故智，偃旗息鼓，派代表到北京和冯玉祥手下接洽。一时间旧直系联合讨奉的谣言甚嚣尘上。

国民军方面提出的条件是：一、释放曹锟；二、恢复法统；三、将京汉全线归吴军；四、国民军驻屯京兆；五、吴国两军协同要求奉军退出关外。

至此，国民军已经自动把首都革命的积极意义，全部抹杀；也就把这场所谓的革命，变成普通的军阀政变。为了讨好吴佩孚，冯玉祥不仅辞职，还取消了国民军的名义。国民军的两员大将张之江和李鸣钟电请吴佩孚北上主持大计，国民军竭诚听命。

国民军终于低头服输了，讨冯的目的已经达到。吴佩孚身边的人，无不欢腾雀跃，下一步就是重新开始讨奉战争。新仇旧恨，这次来个一次算清。谁也没有想到，在冯玉祥倒戈之后，吴佩孚一败涂地，竟能在短短的时间之内，东山再起，重振雄风。这真是一个奇迹。

殊不知，这位吴佩孚大帅，是个有自恋倾向的完美主义者，把自己的形象、举止、言行、声价，看得比青天还高，比泰山还重，一生惟重“义”、“名”二字，因为惜名，所以重义；惟其义尽，所以名成。他对手下的人说：“大家主张联奉，我听从你们的意见，这会儿又叫我反过来讨奉了，那我还成玩艺儿吗？”

以吴佩孚的性格，既然讨冯，就不能学冯玉祥朝秦暮楚；既然和奉张合作，和战之计就必须直奉双方决定，讨奉的话，根本连提都不能提。

国民军彻底孤立了。现在最后的办法，就是利用他们占有北京的地理之便，把段祺瑞抓起来，或者还可以见好于吴佩孚。

于是，一次新的倒戈，在这种孤注一掷的心理下，又开始付诸实行了。

可惜这次政变，却没有上次那么幸运，当国民军在 4 月 9 日晚上包围段祺瑞的寓所时，歪鼻子早已得到消息，鸿飞冥冥，逃入了东交民巷。弋人何慕，国民军的美妙计划顿成泡影。

百般无奈之下，只好把一直软禁着的曹锟放了出来，恢复电讯交通，请北洋耆宿组织北京临时治安会，代行政府职权，然后一面以谦恭的态度表示今后唯吴佩孚马首是瞻，一面悄悄撤出北京。

就这样，轰轰烈烈的"首都革命"，留了一条可笑的尾巴，从此成为历史的名词。

国民军面临全盘失败，他们唯一的退路，就是回到大西北。

张之江将军临危受命，继冯玉祥之后出任西北边防督办，替他们的教父指挥这场大撤退。张之江是一位狂热的基督徒，三句话不离"耶稣"，然而，无论从才能上看，还是从威望上看，张之江和冯玉祥都不能同日而语。

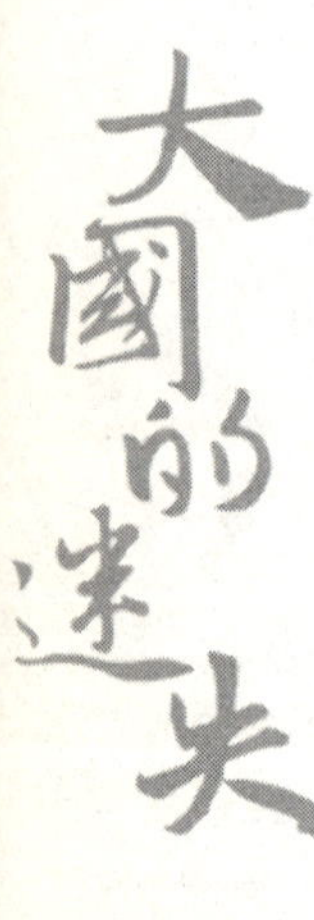

撤军在一开始还算井井有条，并且制定了一套完整的计划。国民军的作战方针是，以主力固守察哈尔，重点在南口；以一部固守多伦，掩护左翼安全；另以精锐部队迅速夺取雁北地区，巩固右翼，确保后方。

计划看起来无懈可击，但实行起来困难多多。

国民军西撤，在中原看来是一种退缩，但在西北看来，却是大军压境。察绥十三县和山西雁北犬牙交错，对山西来说，恰如芒刺在背。别说地方小军阀，就是阎锡山，也不会让他们顺顺当当回到西北。

直奉两系，为了对付共同敌人冯玉祥，化干戈为玉帛。吴佩孚和张作霖派往太原的代表，络绎于道。吴的代表说："玉帅（吴佩孚）对冯玉祥倒他的戈，一直耿耿于心。"张的代表说："咱们三方面合作，消灭一个冯玉祥，那就可以胜券在握了。"阎锡山对谁都敷衍应付："雨帅（张作霖）和玉帅在中原会师之时，我一定追随。"

对阎锡山来说，冯、吴、张其实都是威胁，区别仅在于远虑和近忧。

阎锡山征询身边文武百官的意见。虽然他们多数认为冯玉祥反复无常、措置乖谬，人人得而诛之，但阎锡山仍然不肯遽下决断。在经过

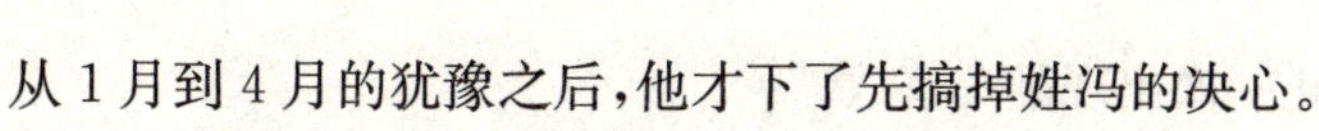

从1月到4月的犹豫之后，他才下了先搞掉姓冯的决心。

3月中旬，山西的军队攻占顺德，便是试探性的一步。顺德驻军是国民二军的部属，城里还住着一位大名鼎鼎的山西人，名叫孔庚。他是反阎的健将，阎锡山借口要抓他归案，攻入顺德，消灭了驻军。孔庚抓到了，但两个月后就放了出来，还送了三千块旅费。可见项庄舞剑，意在沛公。

当国民军从北京撤出时，直奉晋三方联合围剿国民军的形势，已经告成。

国民军向西退却，奉军尾随追击。国民军面临前后受敌的局面。为了首先击破山西之敌，国民军从一开始就集中兵力猛攻雁门外十三县。

晋军的前敌长官昏庸无能，部队被打得七零八落，还躺在床上抽大烟。阎锡山急忙阵前易帅，才力挽狂澜，得以保持对峙状态。

8月1日，奉军同时向南口和多伦发起总攻。南口的炮声，连北京都隐约可闻。奉军的每一次进攻，都被国民军猛烈的炮火击退了。一度野草茂盛，遍山灌木丛的山头，变成了一片布满断树枯草和尸体的荒野。双方胶着了几个昼夜，奉军一面继续以步炮兵向南口猛攻，一面派遣大军由热河向多伦、沽源包抄。

国民军劫数已定。愈来愈多的奉军增援部队穿过荒凉的山野来到前线，进攻势头也日见凶猛。张作霖给阎锡山拍了一个电报，请他把晋军撤到古店、孤山，固守雁门关。等奉军攻克多伦，威胁张家口时，再行出击。这个建议正中阎锡山下怀，他立即把队伍从火线上拉了下来，退到雁门关，凭险固守。

这时吴佩孚的军队正开赴大同。阎锡山急忙去电阻止，声称晋军有把握坚守大同，不必烦劳直军继续前进。他害怕直军侵入他的地盘。

不久，奉军攻占多伦，南口的国民军士气大落，全线动摇。奉军于是长驱直入，追奔逐北。国民军的撤退变成了溃退，士兵们骑着抢来的毛驴、骡子和马四散逃窜，在途中又不断受到红枪会的袭击，辎重丧失殆尽。事后苏联顾问描述国民军溃退时的情景：“他们乘火车逃跑时，不遵守任何铁路运行章程，火车一列接一列地开，遇到红灯信号时也不停车，结果，不止一次出现翻车事故。”①

张之江扔下了队伍，在手枪队的掩护下逃到了绥远。由于极度的惊恐劳累，他竟得了个眼斜口歪的病症。

检讨失败原因，首先在于士气的低落。自从直奉重新结盟以来，国民军观音打成北帝样，白脸变成了黑脸，上下被悲观失望的情绪所笼罩，人心惶惶，不可终日。退回大西北，本身就是无奈的下策。

其次在于指挥系统的失灵。冯玉祥走后，国民军的统帅机构一直半瘫痪，将领之间的互相倾轧，日趋激化。打起仗来，东攻西不动，西攻东不动，整个战线没有一次总攻。

冯玉祥自己避开，原是让部下扮演向吴佩孚乞和的角色，没想到离开了他的国民军竟不堪一击。号称“不扰民不害民帮助民众”的“革命军队”，一旦战败，也和其他军阀一样，烧杀抢掠，携械落草，种种痼疾，一应俱全。

在这次惨败中，国民军的精锐损失泰半。第一军几乎全军投降阎锡山；第五军纪律最严明，也损失了一半的兵力，不少溃兵都当土匪去了。在国民军中工作的苏联顾问绝望地说：“西北军就这样全军覆没了！”

然而，在这危难关头，便显示出冯玉祥的高瞻远瞩之处。他早在一年前派遣一个师开入甘肃，就是为了给国民军留条后路。现在这条后路起大作用了。

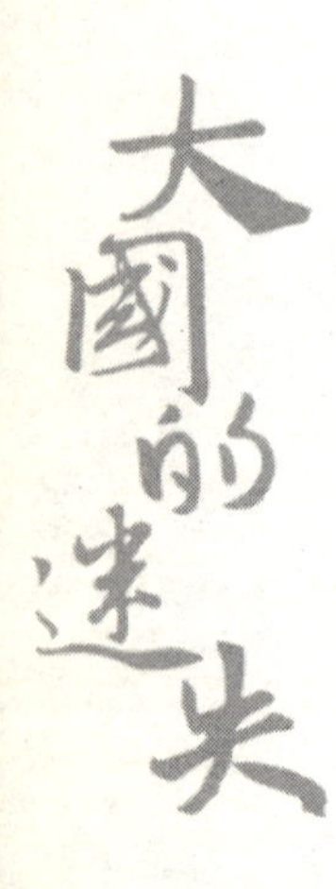

冯玉祥从苏联兼程回国。在苏期间，这位西北老农已经加入了国民党。而且据他说，国民军全体官兵也都“正式登记加入领导中国革命的国民党了”。当时国民军几十万官兵正在浴血苦战，不知如何正式办理入党手续？无疑这又是他们这位教父的一项杰作。

不管怎么说，加入国民党对冯玉祥的政治生命产生了巨大影响，也对中国的未来产生了巨大的影响。在他返国的随行人员中，不仅有国民党人，也有共产党人和苏联顾问，前呼后拥，先声夺人。

冯玉祥在五原见到了他的部属，败军之将，难免神丧气沮。冯玉祥

---

① ［俄］A·B·勃拉戈达托夫《中国革命纪事》。生活·读书·新知三联书店，1982年版。

问："在五原还有多少部队？"

他得到的答复是："只有四千余人了。"

冯玉祥双手叉腰，以气吞山河的气派说："多了！只要有四百人，我们就能有所作为的。"

果然，冯玉祥的身影在大漠上一出现，国民军被打散的官兵便纷纷归来。

凉秋九月，塞外草衰，牧马悲吟，胡雁夜飞，黄河的儿女这回要杀向中原了！1926年9月17日，冯玉祥就在五原收拾旧部，大誓三军，宣告就任国民军联军总司令。国民党中央执行委员会常务委员于右任到会授旗。

饱经患难的国民军又死而复生了。

当初投降山西的国民军，大部分驻扎在包头，冯玉祥单刀赴会，要把他们悉数拉出。阎锡山的代表也闻风而至，向冯解释这次在大同截击国民军，乃一时误会。

冯玉祥爽快地说："自己远在异国，小兄弟们，不了解阎省长的衷怀，以致引起双方的误会，兄弟深为惋惜！但愿此后永远推诚相与。"

一句"误会"，不知多少士兵的血白流了，命白丢了。

为了东山再起，冯玉祥不仅要借助国民党的力量，也必须和阎锡山保持友好关系。

1926年，中国的前途似乎出现了一线曙光，历史又给了中国人一次选择的机会。

南方的国民革命军正以排山倒海之势挥师北伐，饮马长江和底定东南，已成定局。吴佩孚因为不愿意和冯玉祥言欢，面临着南北两面受敌的局面。当北伐军兵临武昌城下，吴佩孚困守查家墩总司令部一筹莫展之际，他手下的大将竟纷纷向南方革命军输诚，发炮轰击吴佩孚的总部，又切断查家墩周围的交通，只留下通往法租界的一条出路。

吴佩孚终于意识到，他的事业在冯玉祥倒戈时，已经结束了。他的东山再起，不过是回光返照，迅速地化作尘烟。

昨日之日不可追，吴佩孚禁不住一声长叹，把一切放下，率领残部突围北去，辗转逃往四川。途经嵩山时，这位名满天下的常胜将军，突然萌生剃度出家的念头，经夫人极力劝阻，才怏怏离去。回想一生，如此如此复如此，一时无限唏嘘，赋诗自叹曰："他年容吾一抔土，不须伐石姓名叙，自古贤豪几坟茔，茫茫烟蔓寻何处？”

左右的随员听了，无不怆然泪下。从此吴佩孚便成为明日黄花的历史人物了。

南方革命军虽然横扫长江以南，但是对西北和东北，实有鞭长莫及之虞。大漠西域、塞外边关，南方人水土不服，即使挟新胜余威，亦不足以一举歼敌。因此，如果能兵不血刃而使西北变色、东北易帜，当为上上之策。

在莫斯科的时候，鲍罗廷曾经对冯玉祥说：“您的救国大策，如果比国民党的好，那我们都愿意离开国民党去为您的主义效力；倘若您没有这种计划与方策，那就请您赶快加入国民党，接受国民党的主义，大家一致努力，完成革命。”

作为回答，在五原誓师时，冯玉祥大声疾呼，从今以后，要站在国民党的旗帜下，继续前进。既然北洋集团要联合起来置他于死地而后快，这位北洋正统出身的倒戈将军，这次索性来个彻底的倒戈，倒整个北洋集团的戈。

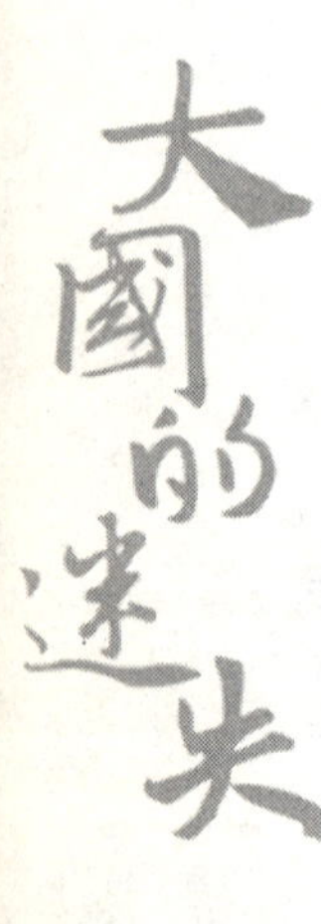

但像往常一样，他对自己大声疾呼的政治口号，并不一定认真实行。他拒绝在国民军的宣言中写入有关社会制度改革的内容，也拒绝把国民军改为国民革命军。由此可见，他真正关心的，还是自己的地盘和军队。

挂起了青天白日旗的冯玉祥，麾军南下陕西，当然不是去打吴佩孚，而是忙于抢地盘。不管怎么说，他对直系还是心中有愧的。直到 1926 年底，他才杀出潼关，不过还不是真的去打直军，他已经明确表示，要保全自己的军队，假他人之手去打仗。

当北伐军占领武汉以后，南方政府便向山西频送秋波。众所周知，阎、冯是西北的两大枭雄，他们的向背，决定着西北江山的颜色。想当初，娘子关外，直奉两系的使节风尘仆仆，不绝于道；而现在，时隔不过数月，物换星移，阎锡山的座上客，成了从南方来的密使。

阎锡山的态度十分暧昧。他既敷衍南方政府，答应在 1927 年 5 月 5 日举事，又敷衍北洋集团，发誓决不背叛。

为了争取阎锡山，南方政府重币甘言，以北方国民革命军总司令为酬。但这位千年老道，依然首鼠两端。直至 1927 年 5 月 1 日，冯玉祥

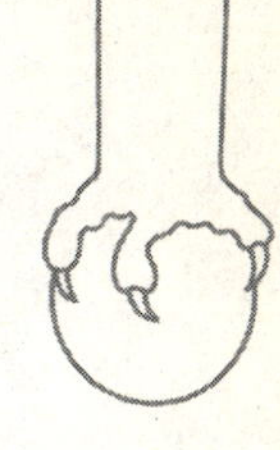

在西安宣告就任国民革命联军总司令，分兵六路协同北伐，西北局势才大致明朗。阎锡山于6月在太原就任北方国民革命军总司令，改挂青天白日旗。

然而，阎、冯二人玩的都是“雷声大，雨点小”的把戏。冯玉祥把革命口号喊得震天响，行动却慢慢腾腾，尽管河南的红枪会爆发了全面暴动，豫军早已阵脚大乱，但冯玉祥还是花了一个月才打到郑州和开封。

然后，在郑州他又玩起了政治阴谋。

第九章
“军事北伐，政治南伐”

【壹】在宁汉对峙的局面中，冯玉祥充分显示出没有政治理想的机会主义性格。他既答应了和武汉政府合作，但马上又反戈一击，投向了南京政府。

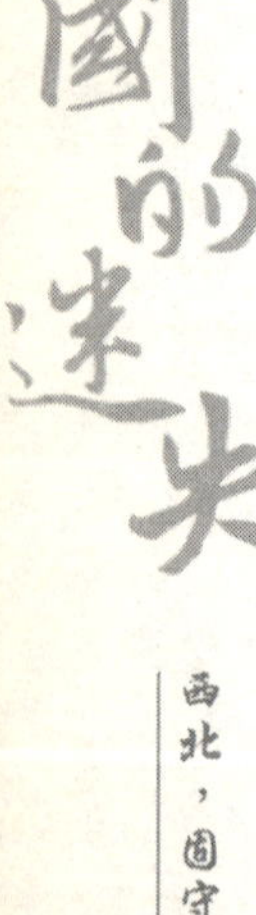

1927年初，一切看起来都很顺利。在军事战场上，北伐军节节胜利，夺取了半壁河山；更添西北易帜，阎、冯杀向中原的声威，北洋集团的覆灭，已成不易之局。

然而，在一片祝捷的欢乐气氛中，国民党人忙于接收北洋遗产，把污泥垃圾也一同接收过来。结果，军事上的胜利愈辉煌，投射在“革命”这个巨人背后的阴影，也就愈深重。南方政府内部，自1926年冬天开始，暗潮迭起，渐呈汹涌澎湃之势，最终分裂成武汉、南京两个国民政府。

武汉政府的政治领袖们大都是湘、粤两省的南方人，他们所关心的是怎么解决南方的土地问题、农民问题。因为从粤、桂、湘、赣传来消息，乡下的农民斗地主、分田地，闹得军队人心惶惶，个个都担心家里是不是给农会抄了。武汉政府的唐生智将军打到河南，就不想再打了，军官们都急于回湖南老家，保卫自己的土地，免遭农民没收。

南京政府的政治领袖们大都是江、浙两省的东部人，他们对农民问题并没有武汉政府的那种切肤之痛，他们所关心的就是怎么保护上海租界、工商业以及继续获得东部财团的支持。

而南京方面，蒋介石一到上海，就向法租界表示，“保证与租界当局及外国捕房取得密切合作，以建立上海的法律与秩序。”上海的中外财

团，作为支持蒋介石的决心，立即赞助了他1500万元，并且慨然答应他在南京成立正式政府以后，再赞助3000万元。

宁、汉对继续北伐，都不甚热心。因此，武汉政府的北伐止于湖北，南京政府的北伐止于江、浙，便势不可免了。有人认为，如果不是宁、汉分裂，郑州（汉方）和徐州（宁方）的北伐军，可以齐头并进，直捣北京，完成北伐大业。其实这都是一厢情愿，不了解军阀的心态。

宁、汉的止步不前，给雄心勃勃的西北人造就了问鼎中原的大好时机。

在宁、汉的政治斗争中，冯玉祥成了一块至关重要的砝码。

西北军一出潼关，武汉的政治领袖们——如汪精卫、谭延闿、孙科、唐生智等人——便忙不迭倒屣相迎，移樽就教，在郑州和冯玉祥"共商国是"。

1927年6月10日，参加郑州会议的汪精卫、孙科、谭延闿合影

6月10日，双方在陇海路车站附近的陇海花园里举行会议。西北军的军官们兴高采烈地称赞他们的总司令有办法，在西北吃了那么多苦头，终于又回到河南来了，"说不定还能一口气打到北京过年呢！"他

们用力拍着南方人的肩膀，竖起拇指赞扬孙中山的“三大政策”，把“联俄容共”说成是革命成功的必要保证。南方人一面苦笑，一面也吹捧西北军如何神勇无敌，劳苦功高，今后北方的军事，只有冯玉祥能担起这副重担，简直是斯人不出，奈天下苍生何。

汪精卫等人你一言我一语，争着向冯玉祥诉苦，说武汉被共产党搞得乱七八糟，商店店员只顾游行开会，不做工作，也不许店主停业。每次开群众大会，都说有几十万人，其实连一万人都不到。

冯玉祥忽然发现自己由一个在北方混不下去，投奔革命的旧军阀，变成了革命的仲裁者。但汉方代表愈是心急，他愈是天南地北，高谈阔论，只字不提反蒋，汉方代表摸不透他心里打的什么主意，还以为他和蒋介石有了密约，吓得匆匆跑回武汉去了。

汉方的首领们，不仅恭请冯玉祥出任河南省主席，还答应把唐生智的湖南兵统统撤回湖北——这当然是个顺水人情，唐生智的队伍已经极端厌战，再不撤回，也将酿成大乱。汉方在冯的身上作了大笔投资，无非想让他表个反蒋的态度。但冯玉祥深谙待价而沽之道，故作举棋不定状，等候价码继续上升。

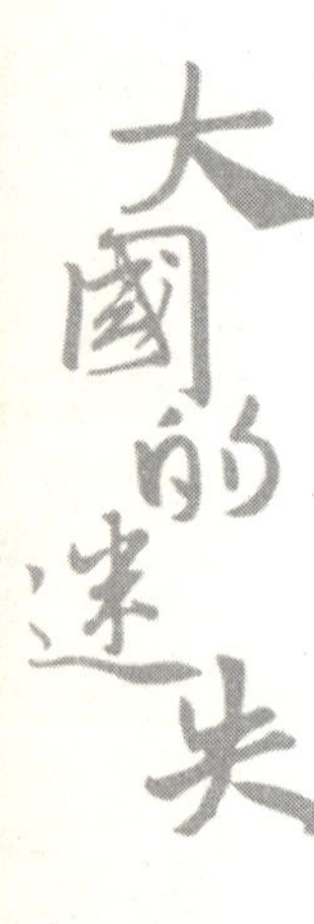

6月6日，阎锡山发表易帜宣言，也表示要保持独立，等待宁、汉关系的进一步发展，其实也在等候冯玉祥的去向。

武汉的共产党人和苏联顾问抱怨说：“为了联合冯玉祥，国民党中央和共产党中央号召工农牺牲自己的直接利益。现在这一联合实现了，可是它给工农带来一些什么利益呢？”

郑州会议一周之后，冯玉祥跑到徐州和蒋介石会面。他对欢迎他的南京大员们说：“今天是南赤、北赤在这里集会。我们哪里赤呢？我们是真真实实地赤心赤面要流赤血，保护中华民国的赤子，决不像张(作霖)吴(佩孚)两个样子，他们只要杀谁就给一顶赤帽子戴。”

其实，这并不是南北联合，而是西部和东部的联合，是东部财阀和西部老农的一次前所未有的携手合作。武汉政府的财政已经濒临崩溃，根本满足不了冯玉祥的要求；而蒋介石则可以借东部的金钱来收买西北军。

冯玉祥还在玩着不阴不阳的政客手腕。他一方面迎合蒋的口味，写信给武汉政府，提出四项要求：一、谴责武汉的“暴烈分子”“阳冒国民革命之名，阴布全国恐怖之实”；二、应把鲍罗廷解职遣送回苏联；三、武汉政府委员除一部分应出洋休息外，其余可与南京合而为一；四、武汉方面军队，尤其是唐生智所部，应继续参加北伐。然而，当蒋请他出兵攻打武汉时，他又顾左右而言他。

冯玉祥在武汉那里得到了河南的地盘，在蒋介石那里又得到了山东的地盘。公死有肉吃，婆死也有肉吃。这位以老粗自命的农夫，左右逢源，收获丰厚。

10月，奉军大举攻晋；直鲁联军在陇海路上也和冯玉祥的第二集团军激战。双方一直相持到1928年2月，冯军才算突破僵局，沿直南、鲁西一线展开。

4月，冯军一部绕出长清，攻济南西侧；第一集团军方振武部进逼张夏，攻济南南侧。方振武从前也是冯玉祥的部属。4月30日，两部攻入济南。外交部长黄郛和特派外交处主任蔡公时赶往济南，办理外交事务。黄郛是当年参与冯玉祥"首都革命"的头号政客。

方振武入城拜会各国领事，表明友好态度，其中包括和日军第六师团福田彦助司令官会晤，双方大谈"和平"。

方振武提出了三点：一、济南的外侨是否安全？二、中国人民是否安全？三、国军已经到达泺口，请顾全中日邦交，维持东亚和平，勿生误会。福田则满口答应，"以和平二字互勉。"

然而，从次日开始，城里的日军竟到处杀人。到了5月2日甚至开始屠杀中国军人。5月3日，日军在济南城内架起了大炮、机枪，垒起了沙包、铁丝网等防御工事，戒备森严。阎锡山的第四集团军几名政治宣传员在南魏家庄张贴标语时，遭到日军的袭击，死伤数人。冯玉祥手下大将、山东省主席人选孙良诚也在一个澡堂子里被日军包围，几成俘虏。慌忙之间，孙良诚换了别人的便衣，从后门跳墙逃脱。日军冲进澡堂子后，搜出了军服，把洗澡的人全部枪杀了。

一连几天，事变愈演愈烈，连交涉署主任蔡公时也被残杀。

黄郛作为外交部长到日本领事馆交涉，竟被扣留。一名日军班长粗暴地呵斥："晓得你是什么东西！外交部长？我会管那么多！"直到傍晚才获释放，回到寓所，惊魂甫定，日军又来搜查，卫队全被缴械。黄郛慌慌张张地跳窗而逃，所有文件都被日军掳去。

当北伐军进入济南后，冯玉祥便从徐州出发，乘火车前往济南。但在兖州附近，看到大批大批的国军士兵，推车挑担，沿着铁路线垂头丧气地往南走。冯玉祥派人下车问个究竟。士兵们都说，日本鬼子在济南反了，把外交处长蔡公时也杀死了，他们是奉命南退。

冯玉祥乃令火车迅速北进。在万德车站，接到蒋介石的急电，请冯玉祥勿进济南城，在党家庄下车，召开紧急会议。5月5日，冯玉祥赶到党家庄，蒋介石也从济南退出。两人举行会商。当时蒋已给他的第一集团军下了全军南撤的命令。蒋断定日军的阴谋不外乎为了阻挠北伐，如果在此开战，则正中其下怀。

冯玉祥对事件性质的判断和蒋介石一致，并且看透了蒋的用心，知道他不想啃北方这块骨头。黄河以北地区，与长江流域相比，城市更加稀少，农村更加贫穷，工商业更加落后。对统治这些地方，蒋介石的信心并不很足。而对冯玉祥来说，这是夺取北方军事指挥权的天赐良机，于是慷慨请缨："只要把京、津打下来，济南的日军自然就要退兵。"

蒋介石大喜过望，敦促冯玉祥会同阎锡山速攻北京，把奉军赶出关外。

一个想退回江、浙老巢，一个想吞并北方地盘，双方一拍即合。蒋介石把扫荡北部中国的指挥权，交给了冯玉祥，自己回徐州坐镇去了。

撤退的命令略加修改，变成改道北伐，但蒋介石的嫡系部队，仍按原计划向南撤退。

从此，冯玉祥的军队像吃了兴奋剂一样，沿京汉线突飞猛进，和不久前小脚女人式的进军速度，简直不可同日而语，他只想抢在阎锡山的前面占领京、津。

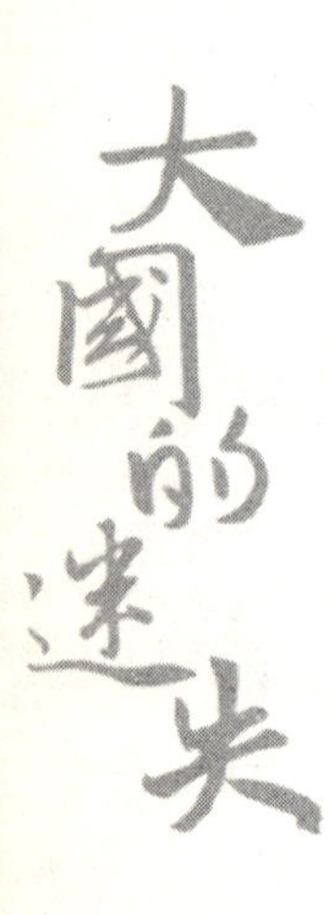

5月11日，第二集团军占领石家庄。北洋军队在西北军的猛袭下，早已焦头烂额，溃不成军。西北军的强大部队从京汉线两侧蜂拥而上，冯玉祥挥鞭跃马，指点江山，大有囊括四海、并吞八荒的豪情。

5月28日，全面总攻开始。直鲁奉联军防线顷刻瓦解。张作霖在逃回关外的途中被日本人炸死。

当冯玉祥的军队沿京汉线东侧北进时，阎锡山亲自率军沿京汉线正面向北挺进，另一支山西军沿京汉线西侧前进。雁门关一带的部队，几乎倾巢而出，都调到了石家庄以北地区，其目的也是和冯抢京、津地盘。5月下旬，晋军攻入保定，北京遥遥在望。

冯、阎两军马不停蹄，直扑北京，简直成了一场长跑比赛。阎锡山猛著先鞭，终于抢了头筹，于6月8日进占北京，并且借助日本人的力量，不费一枪一弹而得天津。北洋集团的老巢被彻底捣毁了。

12月29日，张作霖老帅的儿子张学良少帅通电易帜。从此东北也飘扬着青天白日旗。

【贰】编遣会议上，各方派系明争暗斗，潮起潮落，南方集团、西北集团和东部集团已形成鼎足而立之势。

在经历了一系列震撼历史的非常事件以后，中国国民党终于完成了统一全国的大业。当北伐军打过了长江的时候，当西北军杀出了潼关，当指挥这场战争的首领们忙于争权夺利的时候，东部的企业家们比他们更早意识到这场革命所带来的机遇。

至少在1929年以前，这些人仍然幻想着中国民主政治的进程，将以很快的速度向前推进，并创造稳定的政局和经济发展的黄金时代。

兴高采烈的民族主义者和自由主义者，没有觉察到现代民主政治发展的最大障碍，并不在于某一个官僚集团，而在于地域最广阔、文化最落后、生活最贫困的农村。

令人感到可悲的是，当北伐完成的时候，控制着中国局势的这批军人们，大多数是来自乡村，而且是来自最边远和最封闭的那些地区。在四个集团军中：

冯玉祥的第二集团军来自甘肃、陕西、宁夏一带；

阎锡山的第三集团军来自山西；

李宗仁的第四集团军来自广西。

这就注定了中国现代政治的悲剧性。

在冯玉祥的眼中，这场战争和以往的直皖战争、直奉战争，以及大大小小、打了十几年的军阀战争，并没有本质的区别。它的目的只有一个：权力。军队推进到哪里，地盘就扩大到哪里，权力就覆盖到哪里。丢失军队，意味着丢失地盘和丧失权力。

北伐完成以后，蒋介石以谒祭孙文灵寝的名义，在北京西山和李宗仁、阎锡山、冯玉祥见面。大家在孙文遗体前痛哭一场，然后互相祝贺北伐战争的胜利，赞扬对方的英勇善战。虽然是胜利后的第一次聚会，却没有多少欢乐的气氛。谁的心里都清楚，这次会面是战争结束后坐地分赃的前奏。

在西山会议上，基本上以目前各集团军驻军的位置来划分地盘。即第四集团军以广东、广西、湖南、湖北为地盘；第二集团军以山东、河南、陕西、甘肃为地盘；第三集团军以山西、河北、察哈尔、绥远、北平（原北京）、天津为地盘；而第一集团军则以江、浙地区为地盘。

最令冯玉祥感到不满的是，他的地盘里没有河北。虽然他没有立即表示反对，但已经为下一次倒戈埋下了伏笔。

蒋介石面临着一个极大的困境。当时，国民革命军的规模已经高达84个军，300个师，兵员在220万人以上（东北、云南、四川等地的30万地方部队还未计算在内）。1928年的国家年度总收入，据财政部估计，约为4.57亿元，除去偿还债务和财务费以外，军费竟占78%。

蒋介石开始以强硬的态度向上海的商人们伸手要钱，动辄通缉抓人、没收财产。上海金融界和实业一直把国民党看作救星，现在才忽然发现白色恐怖的矛头竟对准了他们。

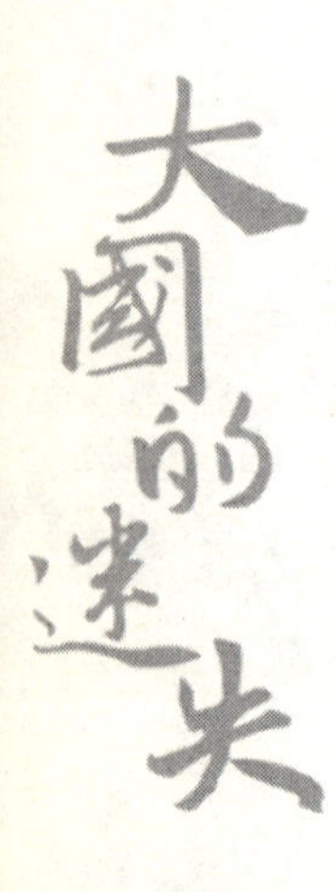

曾任中国通商银行总裁、招商局总经理和商会会长的傅宗耀是上海巨富之一。蒋介石向他索取1000万元的贷款。把傅宗耀吓慌了，他一口拒绝，南京政府遂下令逮捕他并没收其财产。另外一个例子是荣氏企业，在上海工商界具有举足轻重的地位，几乎垄断了整个纱布、粉麦市场，因为不愿认购南京政府摊派的江海关二五附税库券，其总经理便被政府下令通缉并查封财产。

雷霆手段，固然有镇慑作用，但也严重损害了政府和中产阶级的关系，况且对军队来说，杯水车薪，也解决不了什么问题。庞大而系统杂乱的军队，必然是动乱的根源。

蒋的身边谋臣如雨，纷纷进言，应尽快以“编遣”的方式，实行进一步的彻底统一。他们提出了一大堆建议，最早见诸实行的，便是成立编遣委员会，同时把第二集团军总司令冯玉祥和第四集团军总司令李宗仁，调到南京，冯担任行政院副院长兼军政部长，李则担任军事参议院院长。

对冯玉祥来说，这比当年调他去南苑天天操练更加可厌，以他今时今日的实力，根本不会就范。白崇禧说他当了军政部长以后，洋洋自得，气焰薰天，“今天令蒋中正，明天令李宗仁，真是‘一朝权在手，便把令来行'。"①

1928年底，国军训练总监何应钦将军誓言"非将现有陆军大加裁减不可"，他重申五中全会的决议，军费不得超过全年收入50%，全国兵额只能80万(海、空军另定)。胡汉民也发表了《整理军队的十大意义》一文，疾言厉色，力陈编遣的重要性。一时间，裁军的呼声响遏行云，深入人心。

冯玉祥、李宗仁都到了北京，大家都深知编遣会议关系到自身的生存问题，因此都在密锣紧鼓地活动，冯玉祥的策略是先捧蒋、拉蒋，消灭三、四集团军，将来有机会再把蒋推倒。但蒋介石此人，是从上海交易所里混出来的，工于心计，精于权谋，并非布贩曹三可比，怎么会让冯玩于股掌之上?

1929年元旦，编遣会议在国府大礼堂举行开幕典礼。1月5日上午在国府第一会议厅召开第一次正式会议。

会议一致决定废除大卫戍区制，军制以师为单位，师的驻地，即其卫戍区域。师与中央之间，不再另设承接或统辖机关。中央对各师驻地，可随时更调。其理由计有六条：一、军政统一；二、不致有类似从前巡阅使督军之类的军阀产生；三、节省经费；四、训练统一；五、地方政治不致为拥有巨大军权者操纵；六、遵照孙中山建国大纲，以县为自治单位，不应再有大卫戍区制的设置。一番大道理，冠冕堂皇，可惜全是纸上谈兵。

1月8日，召开第二次会议，由各集团军、各路军报告缩编的情形和收支情况。在涉及到利害关系时，会议气氛，便陡然紧张起来了。冯玉祥突然提议，这次会议不谈裁兵，先谈裁将。应该先论功行赏，安置将领，以免动天下之兵。

代表南方利益的广州政治分会主席李济深首先附和冯的提议。李是广西人，他要求广西军队仍由中央供给军费，四集团军的名义仍然保留。

蒋介石一心只想先干掉冯玉祥，对桂系的要求一律答应。

冯玉祥四面树敌，在会议期间和蒋介石、阎锡山、李宗仁同时作对。

① 周玨《回忆编遣会议》。《文史资料选辑》第五十二辑。文史资料出版社，1964年版。

在正式会议上，冯玉祥提出的方案是：一、二集团军各编12个师；三、四集团军各编八个师；杂牌军编八个师。阎锡山受蒋介石的委托，也提出了一个方案，除将一、二集团军的12个师减为10个师，其他大致相同。与会者多赞成阎的方案。

第二天冯玉祥便告病假，只派代表出席会议。他在长江边秘密安排了一条船，以便随时说走就走。

蒋、冯二人已到了针锋相对的地步。蒋介石痛骂中国的募兵制，把无赖、流氓、土匪都招募到军队里来了。冯玉祥的代表立即反驳说，第二集团军的士兵都是经过严格挑选，由冯玉祥和上级军官一一看验的，决不是土匪、游民、无赖。

在后来的会议上，冯玉祥又给自己加码，提出：一、冯本人任国民政府副主席；二、首都卫戍司令须由冯委派；三、鹿钟麟等人均须给以部长职务。完全是当年倒阁逼宫的口吻。

冯玉祥指责第一集团军是御林军，蒋介石把钱都给了他们，其他集团军已经有半年没有发饷了。其实当时全国税收尚未统一，地方财政收入大部分被当地驻军把持，像阎锡山占领平、津，天津海关和长芦盐运使署等税收机关，便由阎锡山控制。其他二、四集团军的情形也大致相同。冯玉祥说二、三、四集团军都是嗷嗷待哺的饥兵饿将，但编遣会议刚开完，阎锡山便大规模扩军，由原来的17个师扩编为30个师、四支保安纵队、四个骑兵师和七个炮兵旅，钱从何来？能参加这个会议的，没有一个穷人。

冯玉祥提出裁兵的原则应该是裁弱留强，裁无功留有功。听起来持论公允，其实是针对蒋、阎而发。当时蒋的方针是扶阎抑冯，可是阎的军队在四个集团军中，力量最弱；而蒋的部队由于在北伐中收编了不少直、鲁残军，品质混杂，亦无战功可言。

蒋介石既不肯明确提出第一集团军的编遣计划，其他集团军就更不肯从我开始。会议陷入僵局。冯玉祥索性装病不到军政部上班，悄悄溜回原防。冯玉祥一走，阎锡山也依样画葫芦，请假回山西去了。

在1月17日召开的第四次会议上，草草通过了《国军编遣委员会进行程序大纲》17条，规定全国现有的陆军步兵至多不能超过65个师，骑兵八个旅，炮兵16个团，工兵八个团，共计兵额约80万人。军费不得超过总收入的40%。各编遣区和中央直辖部队，至多不得超过11

个师。

现实和计划相差太远，以致于计划变成了天方夜谭，制订出来的唯一意义，就是让人们去违反它。

编遣会议既毫无实际效果可言，反而促使各集团军和蒋介石的矛盾激化。

【叁】当蒋桂战争时，冯玉祥既想乘势而动，又想坐收渔利，举棋不定，结果蒋介石得以用东部财团的金钱，挫败了西南的农家子弟。

李宗仁出生在西南边陲的广西临桂县。这是一个与外界交往不多的穷乡僻壤。这里的乡民大多是半耕半读、自给自足的小农。当年，那些一心跟着洪秀全"共享天父上主皇上帝大福"的农民，就是李宗仁的同乡。李宗仁在回忆录中称自己是"地道的农家子弟"。

李宗仁

1929 年，广西农家子弟的势力空前浩大。第四集团军所属军队达 40 万人。白崇禧（临桂人）驻军北平，李宗仁坐镇武汉，李济深（苍梧人）雄踞两广。南北贯通，连成一线。

编遣会议之后，农家子弟要造反了。

据李宗仁说，他反蒋有三条理由：一、蒋对第一集团军训话时，指非中央嫡系的部队为新军阀；二、蒋以共产党问题来恐吓要挟党内外人士；三、蒋收买湖南省主席鲁涤平，对第四集团军实行两面夹击。①

① 《李宗仁回忆录》（上卷）。广西壮族自治区委员会文史资料委员会，1980 年版。

如果仅凭这三条“理由”，便大动干戈，未免太过儿戏了，太过不把人命当回事了。2月21日，李宗仁借口鲁涤平偷运枪械，突然以武汉政治分会的名义，罢免了他的职务。几乎所有报纸都预言，蒋桂即将发生战争。李宗仁在当天晚上，乘京沪线三等车秘密逃离南京，前往上海。

中原风云紧急，西北蠢蠢欲动。

山东的西北军，顷奉总司令的命令，一夜之间，悉数向开封撤退。豫、陕两省，已经连续几年灾旱，老百姓早已一贫如洗，易子而食，死于匪祸与旱灾者，达数十万人，其惨况实难作一尽致的描述。而这次大军西撤，三军未动，粮草先行，“不扰民、真爱民”的西北军，将陇海铁路沿线的粮食，全部查封西运，不管河南的老百姓有没有饭吃。

本来西北军从山东长驱直下浦口、南京，蒋介石便岌岌可危，但冯玉祥认为西北才是他的老巢，要做大事，先守住家门才行。当军官们问他，这次撤退的战略意义是什么时，冯玉祥回答：“把拳头缩回来再打出去才有力量。”

这只拳头，到底是要打在蒋介石的身上，还是桂系的身上？他还没拿定主意，蒋、桂势均力敌，总要看上一个月至两个月，才能决定把宝押在谁身上。

冯玉祥印了大批讨逆檄文，却没有“逆贼”的名字，他的如意算盘是，如果蒋介石占上风，就填上李宗仁的名字，如果桂系占上风，就填上蒋介石的名字。

西北老农的30万大军布置在京汉南段、南阳、荆紫关、豫西一带，准备隔岸观火，坐收渔利。出身盐商家庭的蒋介石，立即和冯玉祥讲价钱。只要冯通电讨桂，中央即委任冯玉祥为行政院长，山东仍归西北军，连同青岛特别市一并奉送；另外，湖北、安徽两省，任选一省为西北军的地盘。买一送二大酬宾，可谓优惠之至。

但冯玉祥仍不满足，以为价码还可上升。不料长江中游的形势却发生戏剧性的转变。

在上海，李宗仁与白崇禧下了一道对中央军不得还击的命令，桂军一路南撤。但这并不意味着李宗仁不打算造反。桂军南撤与冯玉祥西撤的动机，大致相同。

蒋介石积极策动湖广军队（唐生智、俞作相、张发奎等）出师讨桂。因为白崇禧布置在北宁路上的两个军，都是唐生智的旧部，蒋发给他们

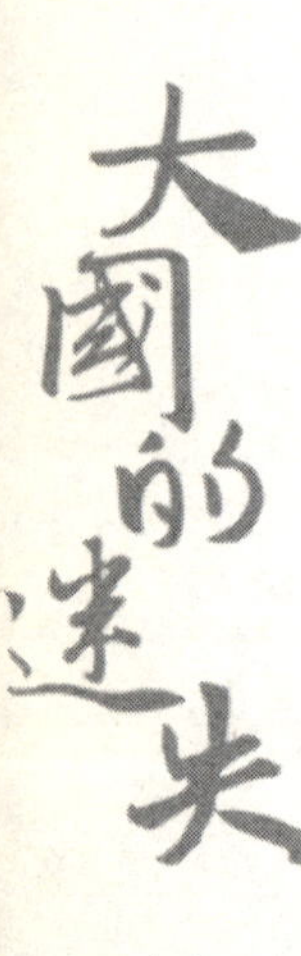

军饷，然后派唐生智携款到青岛运动他们倒戈，以“护党”为旗号，鼓动他们“打倒桂系军阀，回湖南去”。

果然，在南京政府的重赏之下，不仅湖广军队踊跃效力，连桂军也纷纷倒戈。到3月下旬，李宗仁的大家族已经土崩瓦解，他只身逃往香港。

形势突变，冯玉祥、阎锡山急忙通电拥护中央，大放马后炮。但这时蒋介石却不屑于和冯玉祥讲价钱了，原先的承诺，统统收回。在3月14日召开的国民党三全大会上，蒋介石声色俱厉地说：“今后应极力消灭一切小组织……以后若再组织小组织者，即系总理之叛徒、本党之敌人！”

胡汉民也桴鼓相应：“此次大会之次议案，即系我们之材料，现在材料很多，请努力向反动派打去。”

谁是反动派呢？李宗仁？白崇禧？还是冯玉祥？冯玉祥知道他和蒋介石之间，终会兵戎相见，他在南京召开西北军新编各师师长以上将领的会议，显然有向蒋介石示威的意思。但这次会议的作用，却适得其反，把西北军内部一些矛盾公开化了，让蒋介石一目了然。

当时，驻扎在潼关的第二十师师长韩复榘，是冯玉祥手下的一员大将，从十六混成旅的时候起就跟着冯玉祥打天下。但北伐战争以后，觉得人人都得了地盘，独他一人向隅，开始变得消极。接到开会通知后，他只派一名副师长出席，自己装病不去，并托这位副师长把一封信交给冯玉祥，要求他发还部队的欠饷。

索饷本来是冯玉祥的专利，当年就凭这本事把黎菩萨赶出北京。现在他的部下竟向他索饷，这使他怒不可遏，冲着副师长大发雷霆。据说韩复榘听到回报后，不住地摇头叹气，一言不发。

会议之后，国府发表韩复榘为河南省主席，实际上是把他调离第二十师。冯玉祥痛骂第二十师军风纪败坏，简直和土匪差不多。韩复榘自然又伤心又愤怒。

5月间，长江战事已经接近尾声。冯玉祥深感机会稍纵即逝，时不我与，再也按捺不住了。他从南京赶回河南，准备大干一番。

韩复榘听说他来了，躲到许昌不见面。冯玉祥在省府开会，痛骂韩复榘生活腐化，吸烟、喝酒、打牌还不算，打了几个胜仗，自己以为了不起，你弄个唱戏的，他弄个说书的。韩复榘在许昌流着泪说：“我要开小差不干了。”

这些话全都传到蒋介石那儿了。

当局势开始明朗，桂系已经呈土崩瓦解之势时，冯玉祥宣告出任“护党救国西北军总司令”，急急地命令韩复榘和石友三，率领13万大军直扑湖北。名为和蒋夹击桂系，实为抢夺武汉地盘。可惜这回又慢了一步。他的部队刚开到广水，武汉已经被中央军占领。

蒋介石对冯玉祥和韩复榘之间的恩恩怨怨，看得非常清楚，他送给韩复榘200万元，另送100万元给石友三，还答应以后每月分别给韩、石协饷60万元。这13万大军就归蒋调遣了。

5月26日，韩复榘宣布服从中央，就任蒋介石委任的西北军总指挥，将部队从陕县东开；石友三就任第十三军军长，把部队从南阳调到豫东南。

冯玉祥在华阴听到韩、石倒戈的消息，开始还不相信，等到证实以后，突然歇斯底里大发作，不停地咒骂自己，打自己的耳光。正所谓剃人头者，人亦剃其头了！

5月17日，西北军将武胜关隧道和附近的三座铁桥炸毁，不久又将信阳、柳林间的两座大铁桥炸毁。18日再将黄河铁桥炸毁，使平汉路全线瘫痪。然后，冯玉祥借口中央克扣军饷和截留赈粮，将军队全部调集潼、洛一带。

蒋介石恨得牙痒痒，他说：“陇海路和平汉路破坏得这么厉害，至少要三个月才能修复，我以为共产党还不至于此，历年国内战争，也从来没有这样破坏过的。”

对克扣军饷的指责，蒋介石回答：“他们西北各省不仅没有解过一个钱到中央来，中央每月至少发50万，或者80万至100万津贴他们，前一个月甚至发到150万元，他们还说没有军饷，实际上他们不知道买了几多飞机、军械、枪弹，从德国法国源源运进来。”

对截留赈粮的指责，政府也作了公开答复：中央给西北的赈粮，实际上“反被地方阻隔，现金则截购军械，赈米则移作军粮，巨万赈款，用途不明”。

5月24日，国府下令免去冯玉祥本兼各职。两天以后，阎锡山一面电约冯玉祥共同下野，一面向中央辞去本兼各职。冯到了山西，阎、冯二人抱头痛哭。阎锡山把冯玉祥安排在太原附近的晋祠居住，每隔两

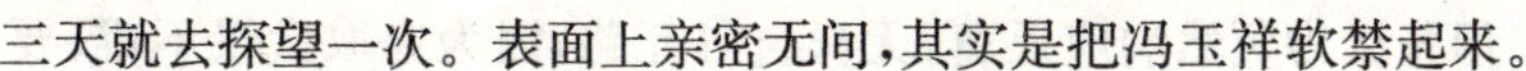

三天就去探望一次。表面上亲密无间，其实是把冯玉祥软禁起来。

阎锡山向蒋介石暗示，他可以把冯玉祥永远关下去，也可以马上把他放出来。他掌握着这块和中央讨价还价的筹码。

和冯玉祥一样，这位山西的钱鬼子准备了两套人马，一套用来接待南京方面的代表，指天誓日，竭诚拥蒋；另一套用来接待各方面反蒋势力的代表，高谈阔论，誓死反蒋。

蒋介石也明白阎的用意，他匆匆赶到北平，约阎面商一切，并公开辟阎、冯合作的谣言。7 月 24 日，中央委任阎锡山为西北边防司令官。

效忠冯玉祥的西北军也通电拥戴阎、冯为正副司令，想把阎锡山硬拉下水。随后，西北军分九路向中原挺进，陈兵河南。陇海、津浦线同时告急。蒋介石立即调遣大军在陇海、津浦二线布防。

以汪精卫为领袖的国民党改组派也活跃起来，在上海召集张发奎、薛岳等南方将领和拥汪革命同志会秘密商议。所谓“改组派”，即 1928 年冬，由陈公博等政客在上海搞起的“中国国民党改组同志会”简称，头头大部分是广东人。他们指当今的南京政府，“已成为一切反动势力的大本营”，①因此要集合革命同志，改组国民党，挽救已经没落的国民党。

汪精卫

汪精卫自从 1927 年在一连串的政治斗争中，连连败北，被蒋介石逼得走投无路，只得远赴法国。现在他觉得是回国的时候了。他还要和蒋介石再较高低。

陈公博竭力劝说张发奎响应冯玉祥反蒋，挥军夺取武汉。张发奎是广东始兴人，汪精卫的忠实拥趸，他的第四师在北伐时是赫赫有名的

---

① 《中国国民党改组同志会第一次全国代表大会宣言》。查建瑜编《国民党改组派资料选编》，湖南人民出版社，1986 年版。

铁军。但张认为贸然响应反蒋，无异自寻死路，因为夺取武汉不难，要守住武汉就很难。蒋介石兵力占优，在武汉先消灭了第四师，再倾全力对付西北军，也还完全来得及。

陈公博为了逼张发奎下水，以明码给宜昌的第四师去了一电，称冯玉祥请张发奎担任讨蒋军右翼前敌总指挥。蒋介石马上在南京召见张发奎，问他是怎么回事。张发奎吓出一身冷汗，坚称这是陈公博搞的鬼，他决无此意。蒋介石说，既然是陈公博搞鬼，那么你的第四师立即调陇海路讨伐冯玉祥。

张发奎情知不妙，他是一个具有绿林性格的人，外号"大王"（因为他签公文时习惯签一个"奎"字，看上去像"大王"）。既然蒋已起疑，大王索性在宜昌通电，公开要求让汪精卫出任国民党和国民政府的领袖。第四师渡江向宜都、石门沿湖南边界进入广西，会同桂军反蒋。

汪精卫也从欧洲回到香港，并派代表四出活动，联络各方面的反蒋势力。南方的局势立时变得混沌不明。一时间，虎符交驰，天下震荡。

10 月 27 日，蒋介石发表讨冯誓师词，旋即乘舰赴汉。同一天，国府向阎锡山再加筹码，委任他为陆海空军副司令。阎锡山算过利市三倍，这才出兵包抄冯军之后。西北军除了缴械投降，已无路可走。

眼看太平将至，不料 12 月 1 日，南方的唐生智忽然联合西北军部分将领，通电立息内争，劝蒋罢兵。石友三也在阵前哗变，回到西北军的阵营。在短短几天之内，中原竟出现了峰回路转的局面。

天下鹿死谁手，尚未可知。

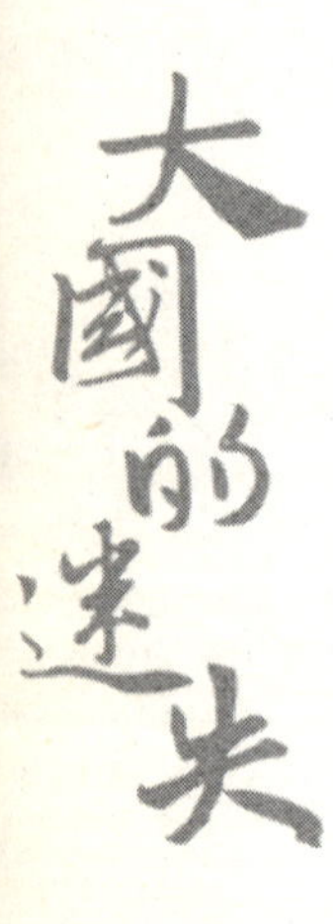

第四部

东方，夹缝中的兴衰存亡

第十章
从城市到农村的战争

【壹】对于蒋介石来说，利用帮会控制东部财团，也许比通过政治和经济的改革来取得东部财团的信任和支持，更加简单易行。

中国东部是一片广阔的平原。从地图上看，它包括了安徽长江沿岸平原、巢湖平原和面积达四万平方公里的长江三角洲。这里地势低平，气候温暖，雨量充沛，河汊纵横交错，湖泊星罗棋布，素有“水乡泽国”之称。

中国最重要的经济城市上海，就位于长江三角洲冲积平原的顶端，海拔高度仅四米左右，扼长江入海口的咽喉。1842年，清政府与英、美、法等国相继签订《南京条约》，上海成为通商口岸。英、美、法等国相继开辟租界。从此，上海经济飞速发展，孕育了中国一批最优秀的实业家和金融家。国外贸易商品有40%经过上海，规模较大的各类工厂，也都集中这里。

与此同时，上海的人口也在急剧增长。1927年，上海的人口(不含租界)已超过150万；而公共租界的人口近100万，法租界的人口也在10万以上。一个现代大都市，在中国的东部，平地崛起。

以上海为核心的东部地区，是中国接受西方文明最深的地区。这里的区域性文化带有浓厚的殖民地色彩和商业色彩，是东西方文化的交融点。由于中外通商，刺激了工商业的发达；现代工商业的发达，必然破坏了传统的价值体系，从而催生新的价值体系。这是一种水到渠成的嬗变过程。

东部中国处在东西方文化的夹缝之中,每一个民族主义者,都面临着非常尴尬的选择:他们一方面清楚地看到中国贫穷落后的现实,但另一方面又放不下泱泱大国的架子;他们虽然有勇气承认西方文明的先进,却没有勇气承认作为文明古国的中国应该向西方学习;他们知道西方巨额贷款和投资对中国经济的重要意义,但又害怕门户一旦打开就再也关不上,害怕亡国,害怕自己在历史上扮演了不光彩的角色。

他们进退维谷,左右为难,中国也因此经历了一段漫长的彷徨的历史。

对许多际会风云的政治领袖来说,出生地点往往具有非凡的意义。因为地域的差别,奠定了不同的早期教育。

蒋介石出生在浙江省奉化县溪口镇。这里毗邻大海,当刮东南风时,几乎可以闻到从太平洋吹来的潮湿空气。大海那边是日本、美国和欧洲大陆。如果它们想闯进中国大门的话,这里会首先听到撞门的声音。从奉化北上30公里就是宁波,从宁波乘船136海里,就到了上海。

蒋介石的家庭,从祖父那一辈起就是经商的。他们拥有溪口镇唯一的一家盐铺。和许多商人一样,他们对博取功名并不很热心,蒋介石的祖父和父亲都是白丁。蒋母出生在一个农民家庭,受过良好的传统文化教育,父亲是乡间豪民,曾在安徽南部和浙江西部招集流亡人民,开垦因太平天国战乱而荒废的土地。

蒋介石11岁那年第一次离家就学。学习的课程包括周秦诸子、易经、左传、纲鉴、曾文正公全集、孙子兵法,以及学作"策论"。这是考秀才的必修课程。14岁那年,蒋介石参加了唯一一次"童子试",他深感失望和厌倦,并决心再也不参加这种考试了。

在蒋介石的青年时代,中国这个古老的帝国,已经濒临崩溃的边缘。他毅然剪去辫子,远渡重洋,到日本留学。

1906年,蒋介石结束了第一阶段在日本的学习,返回国内。次年,朝廷陆军部在保定创办"通国陆军速成学堂"。规定每省考取40人,蒋介石是浙江录取的考生之一。一年以后,他在炮兵科肄业,随即被保送到日本振武学校。

在日本,蒋介石众多的朋友中,有一位对他的影响最深,这就是出生在浙江吴兴的陈其美。他是一位商人兼流氓革命家,上海秘密帮会的大阿哥。从27岁开始在上海经营丝业。蒋介石加入同盟会是由他介绍的，认识孙文也是由他介绍的。这两件事，决定了蒋介石的一生。

辛亥革命爆发，陈其美在上海策动起义。蒋介石从日本带回来了120名中国留学生，他们一下船就参加了上海的战争。蒋介石在杭州组织了一支以刀棍为武器，甚至赤手空拳的“先锋敢死队”，攻进了浙江巡抚的衙门。

从这个时候起，蒋介石就和江、浙结下了不解之缘。

青年蒋介石

1913年国民党发动讨伐袁世凯的“二次革命”，蒋介石的活动区域还是在上海。尽管蒋所依赖的上海是中国最具现代色彩的地区，但蒋和李宗仁、冯玉祥、阎锡山这些最具封建色彩的军阀一样，是一位地域观念非常强的政治领袖。籍贯成了维系利益集团的重要纽带，这种政治文化现象，和北洋时代并无二致。

能够成为蒋一生中最亲密的政治伙伴，像张静江、戴季陶、陈果夫、陈立夫等人，无不出自江、浙。在经历了李宗仁、冯玉祥等地方势力的反叛之后，1931年，蒋介石在日记中，曾经开列过一份干部分配名单：

“以邵力子（浙）、张岳军（川）、宋子文（粤）、陈立夫（浙）、孔庸之（晋）、邵元冲（浙）、王维宙（辽）、于右任（陕）、杨畅卿（粤）等为之政治之中心；以丁鼎丞（鲁）、叶楚伧（苏）、陈果夫（浙）、戴季陶（浙）、余井塘（苏）、（刘庐隐——原注，赣）、程天放（赣）等为党务中心；以方子樵（鄂）、陈厚甫（闽）、朱益之（滇）、熊天翼（赣）、葛湛侯（浙）、林蔚（浙）等为军事之中心，迅即组织干部分头进行。先去其内部之散漫，而后可不

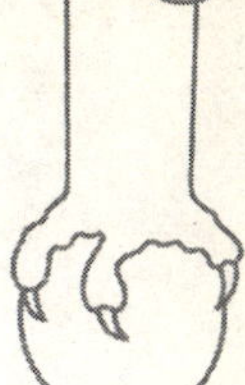

愁战局也。”①

在这份名单中，浙江、江苏籍的占了三分之一以上，尤其值得注意的是，蒋一向重军轻党，党务几乎是汪精卫的专利，但这时蒋在党务工作的七名负责干部中，安排了四名江、浙籍的，可见他在党统方面，也要与汪一争长短了。

蒋也很注意和江、浙经济界的豪门巨子保持密切往来。当他以国民革命军总司令身份率军北伐时，上海滩的金融业（公估局、银炉、上海银行公会、外国银行公会和上海钱业公会）大亨们，纷纷解囊相助。

蒋介石奠都南京，随即在上海成立新的中央银行，以统一币制、统一金库、调剂金融为宗旨，以期达到“银行之银行”的目的。当时的国民政府，财政捉襟见肘，仍靠借债度日，只不过抱定“慎借外债”的原则，其结果，内债就像滚雪球一样，愈滚愈大。仅1928年上半年，在国民政府财政部档案里，像以下这类记载，比比皆是：

1月10日，财政部长宋子文提议发行第二次海关2.5附加税国库券4000万元。利率为月息八厘，前二年付息，四年四个月还清。由上海金融界承受，先行垫款，陆续发售。

3月27日，北伐开始，需款孔亟，特发行以卷烟统税为担保的国库券1600万元，利率为月息八厘，三年七个月还清，仍由上海金融界承受，先行垫款，陆续发售。

4月28日，发行军需公债1000万元，以印花税收入作抵，月息八厘，七年还清，仍由上海金融界承受。

东部金融巨子张嘉璈回忆：“自民国十六年(1927年)4月至十七年(1928年)6月，此14个月之内，国民政府共合发行国库券与公债一亿三千六百万元，均由金融界承受，先行垫款，陆续发售。其中以中国银行所占成分最大。日本报纸及日人著述，时有讽刺国民政府之语，谓：‘革命军北伐成功，得力于江浙财阀之支持。’”②

日本人的说法，并非讽刺，乃是事实。据一项统计，南京政府成立

---

① 《蒋介石日记》，引自金以林《地域观念与派系冲突》。中国社科院近代史研究所民国史研究室、四川师范大学历史文化学院编《一九二〇年代的中国》，社会科学文献出版社，2005年版。

② 姚崧龄《张公权先生年谱初稿》。台湾，传记文学出版社，1982年版。

后的一年零两个月中，上海各界提供给政府的金钱多达近一亿元。① 东部的钱好像多得花不完，但在战争中不断膨胀的军队，则是一个无底洞，多少钱丢进去都是立即消失无踪，连个泡也不冒出来。

为了把东部财团紧紧攥在手里，政府和东部集团之间，必须有一位强有力的联系人，一位在野的巨擘。在上海，没有谁比杜月笙更适合担当这个角色的了。

杜月笙(右)、张啸林(中)、黄金荣(左)合影

杜月笙是上海滩的一位奇人。他出身寒微，靠贩毒、开赌发家，与黄金荣、张啸林并称上海滩的青帮三大亨，与法租界关系密切，在政界也有相当影响力，当年黎元洪下野赴沪，就是由杜月笙亲自安排保护，又在家中设宴款待，俨然平起平坐。杜月笙立身处世，带有浓厚的儒家色彩，但这种儒家思想并非来自四书五经，而是来自《西汉演义》、《三国志》、《水浒传》和《说岳全传》一类小说。他识字不多，只能由别人读给他听。他的忠孝侠义之风，就是由这些坊间小说培养出来的。

当过上海市长的俞鸿钧对杜月笙有这样一番描述："月笙先生，出生于农村，长大于都市，且为目击过去帝国主义控制下租界之种种黑暗，故其民族意识，特别坚强。先生交游遍天下，士农工商各阶层无不普及，故其社会经验，更较任何人丰富。先生急公好义，为各界所推崇，平时兼任各公私机构董事长会长委员等职务，不下数十处之多，但每遇有重要事务，必亲到参加，其精力之充沛尤足惊人。"②

① 许纪霖、陈达凯主编《中国现代化史》(第一卷)。上海三联书店，1995年版。

② 俞鸿钧《忆杜月笙先生》。《杜月笙先生(镛)纪念集》。文海出版社有限公司，1976年版。

从这一角度来看，东部帮会与“抡着大斧，只顾砍人”的黑旋风式的西北刀客、会党，风格上大不相同。

蒋介石没有忘记杜月笙对上海政变的功劳，当宁汉仍处于严重对峙状态时，他请杜月笙到南京见面，委任这位青帮大亨为“海陆空军总司令部顾问、军事委员会少将参议、行政院参议”。

“四·一二”以后，上海的豪门决定把赌注押在蒋介石身上，而杜月笙恰在此时从蒋介石那里获得了一连串的殊荣，他在上海的名声，更是如日中天，光芒万丈。法租界当局立即委任他为公董局临时华董顾问。杜月笙在商界和工界的势力日益膨胀，翻云覆雨，无所不能，人称“上海皇帝”。

国民政府定都南京后，上海的地位更形重要。政府希望帮会头子杜月笙可以发挥更加重要的作用，于是鼓励他进军金融界。引路人是“商业联合会”常务委员、北监老人钱新之。钱是浙江吴兴人，出身在一个工商业家庭，读过北洋大学的财政经济学，又到日本高等商业学校学习财经和银行学。辛亥革命后，开始打进上海金融界，担任交通银行上海分行的经理，和宋汉章、张嘉璈等金融大亨称兄道弟。

1920 年，钱新之出任上海银行公会的会长。他和蒋介石的关系，也非常亲密，“四·一二”前夕，蒋介石到了上海，和黄浦滩大老虞洽卿策划成立“江苏兼上海财政委员会”，钱新之是委员之一。

钱新之苦口婆心劝杜月笙，一个人活在世上，钱固然很重要，但地位、名誉也很重要。现在你赚的钱再多，也不过是些经营烟赌的黑心钱，干嘛不把这些钱投资在正当的行业上，以便真正成为上海领袖群伦的人物呢？你是党国要人，又是租界公董局的顾问，身份、地位都已经很高，干嘛还要死抱着赌台、烟馆这些黑道生意呢？

杜月笙听了以后，确实心动了。但自己大字不识几个，正行生意也从没做过，武生出身的，唱花旦怕唱不来。他一时也想不出有什么正行生意，适合他做。

钱新之建议他去开银行，打进金融界。这回杜月笙的反应，不仅是吃惊，简直像听到天方夜谭一样了。干正行生意他确实想过不少，却从来没有想过开银行。在他看来，办银行是需要非常高深的专业学问，绝不是他这种小伙计出身的粗人能玩得转的。

钱新之给他打气：办银行就需要两条，一是有信用；二是在社会上兜得转。这两条杜先生都不成问题吧？剩下最后一个问题是，如果赫赫有名的杜月笙开了银行，却没人来存钱，这个台可就塌得大了。钱新之安慰他说，银行界有条不成文的规矩，谁家银行开张，大伙儿都要往里存一笔钱，以示祝贺，这叫堆花。上海滩有十几家银行，历来堆花的数额大，期限长，而且现在又是杜先生开银行，谁不给几分面子？

钱新之力劝杜月笙进军金融界，是因为他即将在南京国民政府里担任财政部次长，在上海金融界需要有新的势力兴起，作为政府的财政支柱。杜月笙在"四·一二"中出力至巨，黑白两道都有相当的号召力，正是新势力的理想人选。

杜月笙果然雷厉风行，1929 年 3 月 7 日，钱新之在南京履新之日，杜月笙的中汇银行已经在上海法租界爱多亚路 143 号隆重开业了。

黑道出身的杜大耳朵，虽然做正行生意，但手段仍不免是黄浦滩流氓的手段。当时上海黑帮横行，绑票是家常便饭，报纸上天天都有几宗绑匪撕票的新闻，黄浦江上天天都可以看见无名浮尸随波逐流。商家富户无不胆战心惊。

为了能平平安安做生意、过日子，很多人只好给杜月笙投帖子，拜到他的门下。有杜月笙的招牌，就像买了保险一样，再也不会受到黑帮的骚扰。杜月笙办银行，自然首先想到了这批胆小怕事的财主。他按帖子摊股，一下子就筹到了 25 万的股金。

银行虽然开张了，得到中央银行的补贴和各路豪富的捧场，法国驻沪总领事葛格林成了银行的大客户，帮会把巨额的烟赌游资都存入中汇银行，但杜月笙到底不是金融家，对银行业务并不熟悉，负责管理中汇银行的总经理原来是杜公馆里的账房先生，虽然忠心耿耿，但在上海滩办银行，毕竟是大姑娘上轿头一回。两年下来，中汇只有 19 万元的赢利，在有冒险家乐园之称的上海来说，简直是天大的笑话。

杜月笙干什么事情，都有着一股不干则已，一干就要干到底，干出名堂来的犟劲。当初他开银行，轰动了上海金融界，朋友、敌人都在瞪大眼睛看着他，他决不能半途而废。他不动声色地等着，等着一个"决定性的机会"。

第一次出现这种机会的迹象，是在 1929 年 4 月，当时的财政部长宋子文为了说服上海的资本家继续支持政府的金融改革，对他们采取

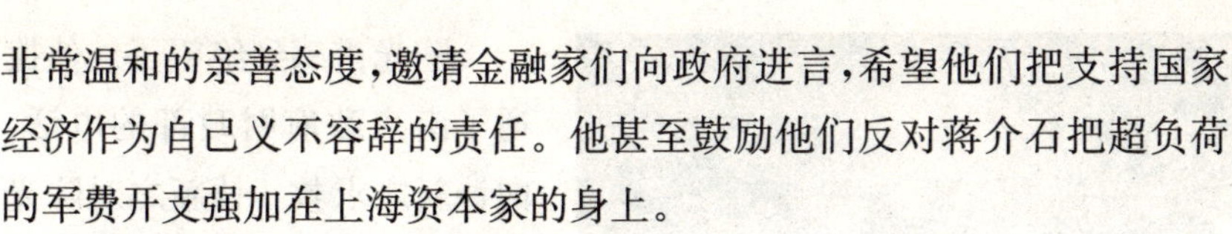

非常温和的亲善态度，邀请金融家们向政府进言，希望他们把支持国家经济作为自己义不容辞的责任。他甚至鼓励他们反对蒋介石把超负荷的军费开支强加在上海资本家的身上。

因此，当蒋介石宣布解散闸北商人志愿队(一支商人武装队伍)时，上海的资本家采取了公开的抗拒态度。

杜月笙向帮会下达了指示，向上海金融界施加压力。4月24日，一队骠悍的帮会打手冲进了坐落在公共租界的上海商会，洗劫了这幢大楼，四名在商会里工作的人员被打伤。商会向南京政府提出了严重抗议，但就像石沉大海一样，毫无反应。甚至上海的报纸都接到了严厉的通知，禁止报道这次袭击事件。

上海商人屈服了。

在杜月笙的操纵下，商会进行了彻底的改组。对蒋介石来说，现在向上海商人要钱更方便了；而对杜月笙来说，商会则成了他手中的一只棋子。

真正的机会终于出现了。

1931年7月，著名“南三行”之一的上海商业储蓄银行，发生了重大的资信危机。它投资盐业失败，损失将近两百万。本来对一个财力雄厚的大银行来说，两百万的损失并不至于追魂索命，但它的对手趁机兴风作浪，广播谣言，两百万的损失变成了几千万。商储银行的经营方针一向是“人争近利，我图远功，人嫌细微，我宁繁琐”，客户大部分是小额储蓄的普通市民。消息传开，立即引起恐慌。

疯狂的挤提风潮，席卷上海滩。

开始商储银行自以为实力雄厚，对挤提风沉着应战，指望谣言不攻自破。不料三天过去，挤提不仅没有停止，反而有愈演愈烈，提走的存款已经达到总库存的一半。

商储银行总经理陈光甫一筹莫展，唯一的办法是向别的银行求救。陈光甫和张嘉璈等银行大亨关系良好，他自己也是中国银行和交通银行的常务董事和董事。张嘉璈答应全力支持，很快从中央银行的总库房里调了两卡车的银洋给商储银行。

但这只是杯水车薪，挤提的人潮每天有增无减，商储银行门外的马路上人山人海，争先恐后，撞门攀窗，呼天抢地，简直是不顾生死，而手里拿着的，不过是几十元、两三百元的存单而已。

张嘉璈

陈光甫感到绝望了。他拨通了南京政府财政部的电话，向钱新之求救。钱新之对陈光甫说："你去找杜月笙杜老板吧，他有办法。"

陈光甫，这位毕业于美国宾夕法尼亚大学的金融巨子，从来不屑于和三教九流打交道的豪门绅士，这时也不得不来到华格臬路的杜公馆，向青帮头子求救了。

杜月笙慨然应允，他只是拨了个电话，通知上海滩的各路朋友，都往商储银行里存点钱，然后自己提着100万元现款，亲自送到商储银行。当时商储银行被挤提的人围得水泄不通，市面谣传中国银行和交通银行已经不再支持商储了，商储这回非垮不可了。还没提到款的存户如丧考妣，甚至威胁今天再提不到钱，就在商储门前上吊。

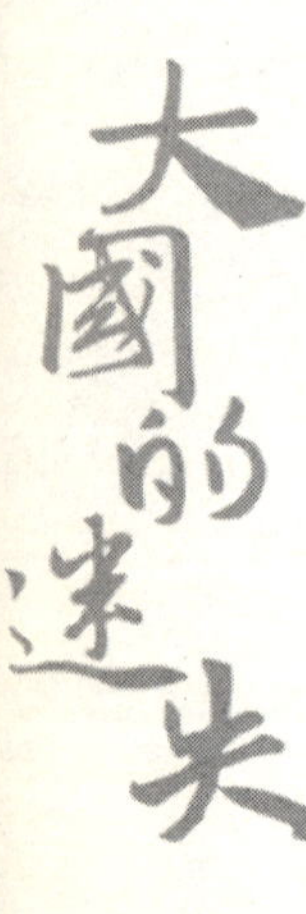

这时，由杜月笙带领着一支提着大包小包、一望而知都是租界里有头有脸的人物队伍，出现在商储银行门口，声称来存钱。银行存款部主任得了陈光甫的通知，早在大门口恭候了。各路大亨鱼贯而入，"欢迎"之声不绝于耳。

这个场面把挤在门口等提钱的人镇住了，他们交头接耳，议论纷纷。只见来存款的人就像走马灯似地络绎不绝，人们的情绪渐渐稳定下来了，开始慢慢散去。

在往后的一个星期里，来提钱的人数急剧下降，恢复到平常的水平了。商储银行总算摇摇晃晃地渡过了这个生死关头。

杜月笙只不过往银行里存了两百万，在银行门口亮了个相，其作用竟比中国银行和交通银行的两卡车银洋还大，杜月笙的名字，在金融界里变得像神话一样，充满了不可思议的魔力。

就凭着这种魔力，中汇银行在上海成了信誉最佳的大银行之一。1936年，中汇银行吞并了江浙银行，资产总额达350万元；也是凭着这种魔力，杜月笙在金融界不仅站稳了脚跟，而且当上了国信、亚东等银行的董事长和上海银行公会的理事长。

就在商储银行发生危机的同时，上海的另一家大型企业也遭逢危机，它就是由中国首屈一指的实业家张謇所创办的大达轮船公司。

张謇字季直，江苏南通人，前清状元出身。早年受两江总督张之洞的委派，在通州招商集股创办大生纱厂。投产后年年盈利，又不断招集新股，大生很快便成为欧战前中国纱厂中唯一的成功者。

张 謇

为了使大生能自成系统，张謇还陆续办了其他企业。为了增加棉花来源，他开办了通海垦牧公司；为解决棉子出路，他开办了广生油厂；为了解决原料和产品的运输问题，他创办了上海大达外江轮步公司和天生港轮步公司……

张謇所经营的是一个庞大的王国，这个王国在张謇有生之年，仍在不断扩大。大生纱厂已发展成四个纱厂；盐垦方面，先后在苏北沿海一带开办了20个盐垦公司，圈地430.05万亩。至1921年，这个王国的总资本高达3400万元。

和所有过度膨胀的大公司一样，这些大型企业几乎全部面临着负债累累的局面。张謇声嘶力竭地呼吁取消一切不平等条约，要求国际税法平等，停止内战，实现国内和平。但这些全是幻想。

1923年年关，张謇不得不把大生一厂向银行押款还债。1925年，大生一、二厂已负债1000余万元。上海、金城等四家银行组织银行团到南通清查账目，正式接管大生各厂及欠大生款项的各公司。

1926年8月，一代工商巨子张謇病逝于南通。大达轮船公司总经理在张謇去世后不久也一命归天。尸骨未寒，大达公司存在德记钱庄的几十万款项，因为钱庄倒闭而付诸东流。紧接着大生、大吉两条轮船又相继失火焚毁。

大达的新任总经理是张謇的侄子张慰祖。受命于危难，却也没有什么灵丹妙药，苦撑一年，备尝忧患，依然是一筹莫展。然而，就在这个时候，一家新的轮船公司——大通轮船公司却热热闹闹地开张了。它的总经理是法租界公董局董事陆百鸿。

陆百鸿的经营策略第一步就是要挤垮大达公司。他不惜压低运费来打击对手。大达虽然勉强应战，但囊中羞涩，无力与之竞争。事有凑巧，大达公司的主要债权人，就是“镇江帮”金融巨头陈光甫的上海商业储蓄银行。

“镇江帮”的金融界被“通州帮”的实业家们拖得焦头烂额，医得头来脚反筋。如果不想出一个解决办法，大家将会同归于尽。于是，双方代表频频接触，商量对策。最后得出的结论是：要找一位在上海强有力的人物作后台，再聘一位精明能干的总经理，也许大达还有一线希望。

然而，在上海，谁可以做大达的后台呢？人们想来想去，又想到了曾经救过商储银行的杜月笙。

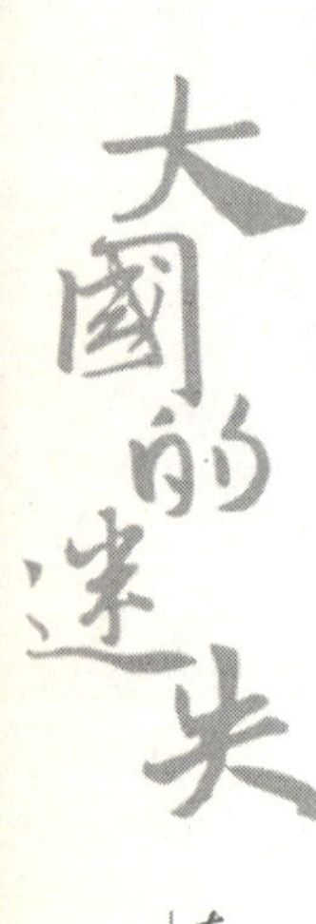

陈光甫受大达和商储董事会的委托，再次来到华格臬路的杜公馆，邀请杜月笙出任大达的董事长，他的如意算盘是把杜月笙请来当个空头董事长，等于请了一尊门神，先渡过目前这个难关再说。

但杜月笙从来不是一个满足于挂名的人，他要么不干，要么就要干得彻底，要做台柱、唱主角。陈光甫一走，他马上下令调动资金，在证券交易所尽量收购大达的股票；同时又让通州帮的弟子四出活动，利用亲朋戚友的关系拉拢大达公司的通州帮股东。

大达公司早就摇摇欲坠，股东们正为手里的股票发愁，现在有人收购，纷纷以低价出手。几天后，通州帮和大部分散户的股票都已经到了杜月笙的手里，陈光甫还丝毫不知。

三天后，杜月笙召开股东大会。杜月笙建议改组董事会，按股权多少重选董事。他把自己的股票拿出来给大家过目，证明杜月笙确实已拥有大达公司45%的股份。陈光甫目瞪口呆，没想到杜月笙真的“打蛇随棍上”，把大达公司给一口吞掉了。但事到如今，他除了鼓掌承认，已无计可施。

投票结果，杜月笙以拥股最多，当选为大达公司的新一任董事长——名符其实、手握大权的董事长——他推荐张謇的儿子担任常务董事兼总经理，而他的弟子则任襄理。

张謇的儿子当总经理是做样子的，他是一介书生，根本不是经营的人才，大权自然旁落在杜月笙的弟子手上。

杜月笙初涉航运业，一心想做出点名堂来。当时大达公司业务的衰落，主要是因为沪杨航线上盗匪多如牛毛，明火执杖，杀人越货，使船运公司经常血本无归。洪泽湖位于苏皖边界，是蚌埠和淮阴的重要通道，也是盗贼横行的地方，尤其一出淮阴三十里，简直是过往商旅的鬼门关，不是结队而行，几乎无人敢从洪泽湖过。

杜月笙接下大达后，准备重开沪杨航运，他请苏北青帮"大"字辈的高士奎出面，约束沪杨航线上的大小山贼，对大达公司的船只，务必网开一面。果然，当大达和大通的货船到达柏树湾时，遭遇到强盗的袭击，十几条贼船向货船队发起包围进攻，把大通的船洗劫一空，而大达的船却连汗毛也没掉一根。

消息传到上海，大达的业务一夜之间突飞猛进，客户们蜂拥而至，大通的生意一下子被大达抢去了许多。

大通公司很快就感到举步维艰了。陆百鸿在百般无奈之下，也只好上门求杜月笙给他"指一条生路"。在杜月笙的授意下，大达公司向大通提出了联合经营的方案。大达占55%的利益，大通占45%。

联营合约签订后，适逢交通部召开全国第一次航业会议。大达公司襄理杨管北即席提出大达、大通两轮船公司联营10年的报告，呈交交通部准予备案。从此，大达、大通合二而一，成了杜月笙的囊中之物。

两年之后，在全国航业举足轻重的上海船联会举行改选理事长一职。按照会章规定，理事长一职不得连任。而船联会的第一任理事长虞洽卿已经连任一届，第三届实在不便蝉联。于是杜月笙以航运业巨子身份，顺理成章地当选为第三届联会理事长。

杜月笙虽然身兼一些体制内的职务，但实际上，不是他要借助体制来建立自己的权威，而是体制要借助他来建立权威。政府的许多政策、政令，必须依靠来自体制外的权威，才能推行，这实在是太不像话了。

随着杜大耳朵在上海金融界、实业界的声势日益显赫，帮会也开始改变街头流氓的形象，换上长袍马褂，以社团名义公开活动。

由杜月笙担任名誉社长的"恒社"，实为青帮的大本营，至1934年4月，该社的223名会员中，从事国民党党务工作的4人，工界5人，学界

5人，军界11人，自由职业21人，警界30人，政界27人，工商界120人。① 另一位青帮大字辈张仁奎主持的仁社，也是一个与恒社性质相仿的社团，只吸纳社会上层人士参加。蒋介石曾拜在张仁奎门下为徒，后来他成了北伐军总司令，回到上海时，张老太爷才把“门生帖子”退回给蒋。除此之外，还有景社、逸社、剑社、康社、鼎社、群社、醒社、善社、鉴社等等，五花八门，不一而足，把上海滩变成了一个草莽英雄的大舞台。

青帮渗透了上海的上层社会。这对蒋介石政府具有非常重要的作用。杜月笙向蒋保证，上海是支持南京政府的。东部财团的金钱，源源不断地流入南京政府的金库，成为1930年代蒋介石在对付国内反对派的战争中，一件强有力的武器。

【贰】西北与西南携手合作，形成二、三、四集团军反蒋大联合。这是以蒋介石为代表的东部集团和以冯玉祥、阎锡山、李宗仁为代表的地主集团的大较量。

1929年的蒋、桂战争和讨冯战争，从军事上看，是中央军和地方军的战争；从经济利益上看，是东部财团和南部、西部地主集团的战争。

阎锡山把冯玉祥软禁在山西五台县建安村，对蒋介石来说，是一种威胁；但对阎锡山本人来说，也同样是一种威胁。冯玉祥和西北军一直保持着秘密联系，在西北军驻地，到处张贴着“欢迎冯总司令”、“冯总司令马上就回来了”之类的标语。既为了稳定军心，也为了向山西示威。

西北军将领们天天开会商讨对策，对阎锡山骂不绝口，甚至秘密调兵遣将，准备一举攻入山西，营救冯玉祥，把阎锡山彻底解决掉。

冯玉祥一再通过秘密信使，叫西北军必须坚持反蒋，但西北军声称不救出总司令，反蒋只是一句空话。西北军的代表秘密入京，向蒋介石发誓，西北军愿意和中央通力合作，把阎锡山驱逐出山西。蒋介石说，如果西北军真有这个决心，中央一定全力支持。其实当时蒋介石的代表正在太原和阎锡山秘密谈判。

有史家认为，西北军和蒋介石联络，是冯玉祥暗中授意的一个小把戏，做给阎锡山看的。如果真是这样的话，石友三的队伍这时从平汉线

① 《恒社社名录》。

向石家庄方向移动，造成阎、冯之间一场恶战即将爆发的空气，也是把戏的一部分了。真是戏法人人会变，巧妙各自不同。

果然，阎锡山得到情报后，大为紧张，亲自到建安村当面质问冯玉祥，葫芦里究竟卖的是什么假药？冯玉祥指天誓日，坚决和阎同生死，共患难，合作到底，反蒋到底。两人跪在地上，抱头痛哭，并当场歃血为盟，结为兄弟。阎锡山给了冯玉祥一批子弹和20万的现款，连夜派车把他送到风陵渡。

冯玉祥逃离险境，回到了西北军，和分别多时的袍泽相见，惊喜交集。大家急着向冯玉祥请示今后西北军的大政方针，冯玉祥壮志凌云地说："和阎先生生死与共，合作到底，整军东进，打倒蒋介石！"

自从把冯玉祥放出来以后，阎锡山的态度逐渐明朗了。

1930年2月10日，他给蒋介石拍了一封电报，相约共同下野。此电一出，石破天惊。两天后，蒋介石复电，称现在下野绝非其时。阎锡山再去一电，仍请共同下野。蒋介石赫然震怒，立即回电，警告他："悬崖立马，正未为晚，尤不必多所渎陈。"①

此后，南京和太原之间的电报战日趋激烈，已到了骂街的地步。3月14日，第二、三集团军将领57人联名通电，劝蒋下野。并且拥戴阎锡山、冯玉祥、张学良、李宗仁为陆海空军总、副司令。在这四人当中，只有张学良拒不就任，并表示未预闻其事。

虽然东北骑墙观火，但西北、西南携手反蒋的局面已告形成。

3月12日，冯玉祥秘密回到潼关，挥师东进，五路大军由陕南出平汉线、由陇海路向郑州推进、由甘、宁、青猛扑河南。杀伐之声四起，风云尽皆变色。冯玉祥的代表仆仆于途，远赴香港，劝汪精卫北上参加反蒋。

双方基本同意，由汪精卫主党，阎锡山主政，冯玉祥主军。汪精卫发了一份电报给阎锡山，希望他立即出任新政府主席，"领袖群伦，共成大业"。

国民党改组派和西山会议派的大小政客们云集北平、太原，忙着成立党部，组织政府。摇唇鼓舌，用尽心机，惟恐天下不乱。

---

① 王芸生《十年观潮记》。《国闻周报》，第十一卷第一期。

终于，蒋介石的容忍到了极限，4月5日，国府明令阎锡山免去本兼各职，着京内外各省政府各军队一体严拿归案讯办。

严阵以待的中央军，对西北军施以迎头痛击，进攻鲁西一路的西北军匆匆退回河南。

前方浴血奋战，后方的政客们已经磨拳擦掌，准备分赃，今日开报告会，明日开茶话会。代表汪精卫的陈公博从香港赶到太原，和阎锡山举行密谈。他发现太原街上贴满了“拥护革命领袖汪精卫”、“打倒叛党殃民的蒋介石”等红红绿绿的标语。阎锡山诚意拳拳地说，“我们就等着汪先生大驾光临。”

陈公博转达了汪氏意见，尽快成立正式政府，政治上有利于外交工作的开展，军事上可以促使尚在徘徊观望的军人们归附。阎锡山不赞成设立军政府或临时政府，决设立永久性的政府。

这个还未成立的新政府，第一项新政就是接收海关，截留关税、盐税。

阎锡山的惊人之举，使南京政府慌了手脚。尽管有东部财团做后盾，但连年战争，开支过巨，已有捉襟见肘之感。天津海关是万万不能给敌人接收过去的。

蒋介石心急如焚，双管齐下，一面派大批说客到东北劝张学良和中央合作，并以陆海空军副司令为酬；一面以重金激励各军猛烈进攻，扫清山东方面的敌军。

7月13日，反蒋各派代表，在北平召开中国国民党第二届中央执行委员会扩大会议。又是起草组织大纲，又是拟定会议规则，俨然十分热闹。

然而，这时前方的形势却不甚乐观。中央方面的军队向济南发起围攻，战役打得相当惨烈。8月15日，南京军队攻入济南。此时，冯玉祥在陇海路拼命前进。两军动用炮兵，战况最激烈时，冯军每日发射两万多发炮弹。据称此项纪录即后来抗日战争时亦所未有。兰封附近机场全被破坏。在前线督战的蒋介石也险成俘虏。蒋介石急令在济南的十九路军向陇海路驰援。

十九路军勤王救驾，直扑新郑以北地区，切断西北军的退路，迫使在新郑的三万西北军缴械投降。晋军军心大乱，士气低落，几万大军纷纷抢渡黄河。被水淹死和在黄河大桥上被中央军飞机炸死的，不计其

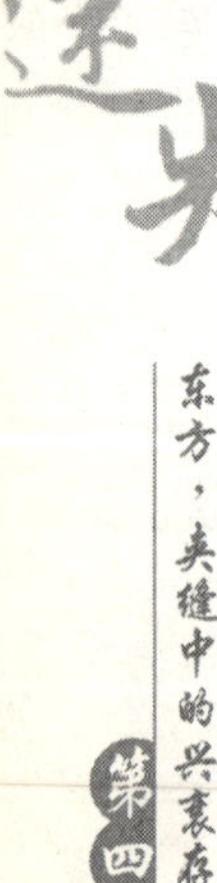

数。冯、阎各军退入河南的溃军，又由于骚扰地方，惹起民愤，频频遭到红枪会的袭击。

在历时六个月的中原战争中，中央军投入百万大军，阵亡三万余众，伤六万余众；反蒋军伤亡，不下20万人。一幕古战场“出门无所见，白骨蔽平原”的悲惨景象，竟在1930年的中原重现。

7月23日，汪精卫偕夫人陈璧君经日本抵达塘沽。当晚乘专车赴北平。次日和西山派的邹鲁、谢持见面，双方握手言欢。8月3日应阎锡山的邀请，再赴石家庄和阎会谈。8月4日，阎锡山在石家庄车站举行了隆重的欢迎仪式。

扩大会议从8月7日开第一次正式会议，至9月15日共开七次大会。9月1日公布了国民政府委员和主席名单。阎锡山做了国府主席，冯玉祥、李宗仁、张学良均系国府委员。

阎锡山原定在1930年9月9日上午9时9分正式宣誓就职。这里的五个九代表着九五之尊，但后来宣誓仪式在9时正就举行了，提早了九分钟，变成了四个九。后来人们在私下议论说，就因为少了一个九，变成四九三十六，三十六计走为上，这是个不吉利的数字。

1930年，蒋介石、张学良、于右任、王宠惠（从左至右）在国民政府委员就职典礼上

大西北和大西南的地主老财们，一腔“了却君王天下事”的英雄气概。不料，张学良盱衡世局，对做盐不咸，做醋不酸的国府委员不感兴趣，反而欣然接受了陆海空军副司令的头衔，于9月18日通电主张罢兵，一切静候中央措置。并派大军入关，接防天津。

张学良放弃中立，扩大会议的讣闻立布天下。各派要人纷纷作鸟兽散。汪精卫匆忙赶到石家庄和阎锡山商量对策。沿途所见，善变的石友三已经让他的队伍换上和东北军一样的服式了。

从山东退回来的晋军将领都在石家庄，疲惫不堪。阎锡山向汪精卫提出了一个计划，目前集结陇海路的西北军、杂牌军，以及从山东平津退下来的晋军，尚有50多万之众，不如放弃河南，集中河北，把东北军赶出关外，据河自守，以待天下之变。汪精卫也提出了另一个建议：把扩大会议解散了，或者使军人方面容易应付也未可知。

西北军的代表马上表示赞同。

阎锡山建议到郑州和冯玉祥直接面商。当晚，阎锡山、汪精卫、陈公博一行人乘坐专列，直奔郑州。刚过顺德府，接到情报说石友三的队伍已经开始自由行动了，前面的路程凶吉难料。

阎老西急忙中途下车，掉头跑回山西去了。汪精卫硬着头皮到郑州，和冯玉祥见面。冯对汪氏主张也一口赞同。但这时他的军队，在陇海路上已一败涂地，西北军的好几名高级将领都领了南京政府的钱，拉着队伍过南京那边去了，陕西根据地也被夺了，几十万大军顷刻瓦解。冯玉祥和汪精卫分手后，便带着少数部队逃到了娘子关。

大家对局势的急转直下，深感绝望。陈公博事后感叹：“民国十五年时候，河南督军岳维峻手上掌着70多万兵，不两星期便烟消云散，我当时很骇异，以为逐个排头砍去，两星期也杀不了70多万人；但到了这时，我却恍然大悟，军心离散，真是不崇朝便如山倒，那么楚项羽垓下的兵卒，听了楚歌一夜散尽，的确并不是历史上的神话了！”①

阎老西仅做了10天国府主席，便仓皇逃回太原。喧腾一时的扩大会议，转眼间风流云散，化于无形。

在这场史称“中原大战”的军阀混战中，蒋介石的手段，固然靠金钱收买、封官许愿，引人入彀，以资利用，并不光彩，蒋自己也承认：“时局

① 陈公博《苦笑录》。东方出版社，2004年版。

虽有发展，一再离合集散，但策略难定——联此制彼或联彼制此，皆非正本之道也。”①但无论如何，他也的确使东部避开了一个凶险的关隘。

在一个中央政府已丧失权威，政治道德普遍趋于崩溃的年代，蒋介石除此之外，也没有其他的选择。

胡汉民

战事告一段落，蒋介石认为阎、冯、李这些败军之将，一时不易复起，便积极筹划召开国民会议，制订约法，他希望早日重建一个有权威性的、有效率的中央政府，使国家政治回归正轨。

立法院长胡汉民首先起而抵制，他以军政时期尚未结束，不宜行使训政约法为由，反对马上制订约法或宪法。他说如果有了约法而不能行，或行而枉之，还不如没有。

然而，如果因为害怕不好好执行约法，就干脆不制订约法，是说不通的。通常人们都会认为，国家处于军政时期是军人独裁的最好理由，胡汉民作为文官，理应致力于结束军政，推进训政，但他竟然反对实行训政，而身为军人的蒋介石，相反却极力鼓吹结束军政，双方的政治态度，看起来竟如此吊诡，实为令人费解的咄咄怪事。

其实胡汉民是不想让蒋介石当总统，又不好明言。尽管在中原大战期间，他和蒋介石采取了一致的行动，但他绝不能容忍蒋介石独霸天下。

在推行训政这件事上，蒋介石遇到的问题，与当年孙文建立中华革

① 蒋介石日记，1930 年 3 月 5 日。引自[日]古屋奎二《中日关系八十年之证言》，哈尔滨出版社，1989 年版。

命党时遇到的问题很相似。他以为可以依靠个人魅力，依靠个人的道德力量，绕开——而不是解决——所有政治障碍，由他领着党前进。但这显然是不可能的。

在1931年元旦以后，胡汉民屡次就召开国民会议问题，发表演说和谈话，坚决反对制订约法，毫不退让。

胡汉民在南方有很大的号召力，为免夜长梦多，蒋介石在上海滩那套流氓手段，又派上用场了。

2月28日，蒋介石在家中设宴招待所有在京的中央执监委员，声称由于胡汉民对于约法问题，坚持反对，造成党内出现危机。他要求胡汉民辞去立法院长一职。当天深夜，蒋、胡二人见面，两人有如贴错门神，一言不合便冲突起来，胡汉民大发脾气，把蒋骂得狗血淋头，他说国民会议不讨论约法，是中央党部的决议，既成决议，就不再是他个人的主张了。蒋对他的指责简直是“发神经病了”。①

蒋介石十分担心胡汉民一怒之下，会跑到南方，或者躲进租界，于是，第二天，竟把胡汉民送上汤山软禁起来。消息传开，西南大为震动，一时飞短流长，不胫而走。反蒋声浪由暗而明，竟有高涨奔腾之势。

3月2日，中央常务委员会举行临时会议，通过召开国民会议制订约法案，并选林森为立法院院长。4月22日，约法草案经中执会常委会会议修正通过。5月5日，国民会议召开，《中华民国训政时期约法》经修正通过，6月1日由国民政府公布。

中国其实并不缺乏制宪人才，也愿意立宪，但从清末开始喊立宪，喊了20多年，大清倒了，民国继续喊，宪法（约法）草案搞了一部又一部，为了宪法的战争打了一场又一场，血流成海，死人无数，但就是搞不出一部举国信服的宪法来。

中执会的会议刚开过没几天，4月下旬，新任立法院长林森竟联合古应芬、邓泽如、肖佛成三位监委，发出对蒋介石的弹劾案。紧接着两广实力派陈济棠、李宗仁等几十人通电拥护四监委，且有“不达目的，誓不罢休”之句。汪精卫的改组派、邹鲁的西山派等反蒋人物，振臂一呼，从者云集，纷纷奔赴广东。

---

① 香江楼主《胡汉民被禁汤山始末》。存萃学社编集《胡汉民事迹资料汇辑》（第一册）。大东图书公司，1980年版。

宁、粤分裂后，交通部长孙科作为孙文的儿子，以调人身份，仍然留在上海，但他和广东关系深厚，决难置身事外。蒋介石想把他拉到南京，但在南方代表麦朝枢、陈友仁等人劝说下，孙科最后选择前往广州。

孙科

孙科南下后，西南的声势陡壮。5月27日，各方在广州召开国民党中央执监委员会非常会议。凡一、二、三届中央委员愿意反蒋的，均可以作为非常会议的委员。

非常会议是扩大会议的南方版。5月28日，非常会议推举汪精卫、孙科、邹鲁等15人为国府委员。汪精卫还精心设计了两句政治口号：由建设而图统一；依均权以求共治。

纸上谈兵，固然漂亮，只是无用。

非常会议对蒋介石发出最后通牒，限其24小时内即行引退，也不过聊壮声威而已。非常会议基本上是一班文人政客的活动，西北军队已经无力参与，而南方的军队也是采取观望态度，因此，宁粤双方对峙了数月之久，而终于没有兵戎相见。

当时，广东省主席陈铭枢是蒋派人物，被视为投机取巧的军人政客，广东开府以后，陈铭枢连夜出走香港。广东军阀陈济棠派兵围缴了省保安队的枪械，复派代表到兴国和十九路军联络共同反蒋。

陈铭枢亦从南京飞抵赣州，命令十九路军参加对江西共产党的军事围剿。本来，蒋介石叫陈铭枢到江西去的目的，在于对付陈济棠，但陈铭枢在暗中又和蔡元培等人秘密商定，利用蒋介石要十九路军图粤的机会，另开局面，即对宁粤双方实行武装调停，建立第三种势力，以控制整个局势。

南方风起云涌。7月，下达讨蒋令。驻美公使伍朝枢在华盛顿宣布降旗回国。唐绍仪写信给美国总统，劝他不要支持蒋介石。冯玉祥的旧部石友三、韩复榘在北方又有卷土重来的迹象。

蒋介石四面楚歌，连喘息之机也没有。

然而，世事往往难料。当南方车辚辚、马萧萧，准备对蒋大兴问罪之师时，东北发生了震惊中外的“九·一八事变”，全国形势出现了根本性剧变，反对内战的呼声响遏行云。

蒋介石充分利用了这一形势。南京政府的代表风尘仆仆，直奔广州，和广东国民政府议和，并邀粤方派代表到上海举行正式谈判。9月26日，宁方代表抵达香港。

双方经过一再磋商，同意广东方面的四项条件：一、派十九路军驻沪担任警戒；二、宁粤统一后，蒋介石必须下野；三、恢复胡汉民的自由；四、释放政治犯。

10月18日，粤方和谈代表汪精卫、孙科、伍朝枢、邹鲁、陈友仁、李文范由香港乘船赴沪参加和谈。经过这么多年的恩恩怨怨、风风雨雨，10月22日，蒋介石、汪精卫、胡汉民三位巨头在上海见面了。

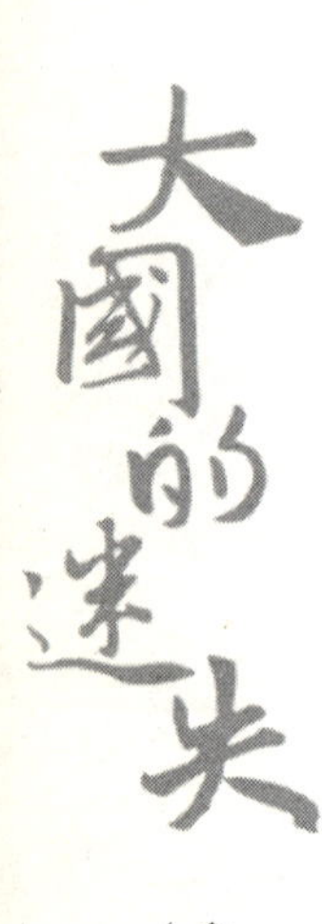

汪精卫表达粤方的意见，大致可定三点：一、国府主席宜如德、法总统，由行政院负政治责任；二、废总司令制；三、由一、二、三届中委任党事。

蒋介石态度谦恭，对汪的意见一律赞成。甚至以不容置疑的语气说，凡胡、汪两先生同意之事，他无不同意照办。他若不行，请大家严责。粤方代表拒绝立即入京。蒋介石立刻同意和会在上海开，并明确表示他个人的进退绝无问题。

从10月26日开始，宁粤双方代表在上海举行谈判，一连三天，龃龉颇多，进展不大。孙科、李文范、陈友仁三位代表乘机拂袖而去。

随后，南京、广东和上海几乎同时举行四全大会。南京的四全大会由蒋派主持，广东的四全大会由孙科等粤籍委员主持。不久，改组派代表100多人退席到上海开会，也选出了一批中央委员。这时，汪精卫和蒋介石已达成秘密谅解，汪精卫主持党务，任南京政府行政院院长和国民党中央政治会议主席；蒋介石则主持对日军事和围剿共产党的战争。

11月21日，在南京的四全大会第九次会议上，通过恢复过去在历次反蒋之役中被开除党籍者的党籍。蒋介石痛心疾首地说：“各同志前以政治关系，开除党籍，但实际上并未叛变本党。反对攻击者，系对我

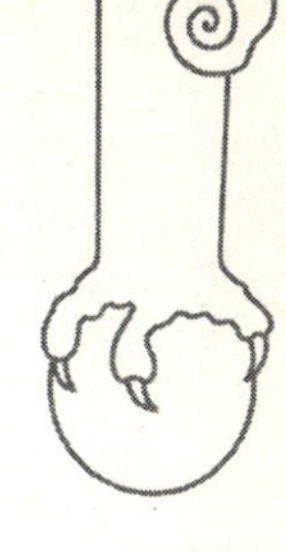

蒋某个人，故一切罪恶皆由我一人而造成。”

12月15日，蒋介石正式发表辞职通电。

至此，各地的中委才首途入京。12月22日，四届一中全会在南京召开。蒋氏夫妇乘飞机抵达宁波，转乘汽车回老家奉化溪口去了。

临下野前，蒋介石已经把浙江、江苏、江西三省主席全部换成忠于他的军人，把南京的飞机汽油统统运到郑州，把警卫军几万人马调到杭州，把宁沪兵工厂的重要机器都拆运到洛阳，他的嫡系部队进驻河南、甘肃、宁夏、青海，严密监视着大西北。

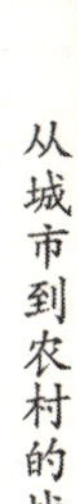

【叁】如果说蒋介石和阎、冯、李的战争是一场和西北、西南地主集团的战争，那么，蒋介石和共产党的战争，则是一场和贫苦农民的战争。

1927年，国共关系彻底破裂。共产党从半公开转入地下，从城市转入农村。发动农民，组织暴动，建立武装，在湘、鄂、赣、闽、皖等地相继开辟农村根据地，号称“工农武装割据”，实际上是“农民武装割据”。

从1929年1月，毛泽东、朱德率领红四军从井冈山出发，转战赣西南和闽西，攻城略地，拔旗易帜，到1931年9月，这支红军武装已经把包括江西、福建21个县在内的五万平方公里区域连成一片，形成以瑞金为中心的“中央革命根据地”。

中央根据地被罗霄山脉、九连山、大庾岭、武夷山脉所包围，交通闭塞、文化落后，经济非常原始、衰败。这个地区以农业经济为主，使用最古老的犁耙等简单农具，耕作技术非常落后。在偏僻的山区，人民的经济生活还停留在杵臼时代。

共产党就在这样的环境中深深扎下了根，他们远离城市文化，摒弃现代的生活方式，与现代工业、金融、商业、教育绝缘，但他们却赢得了那些一辈子没有离开过土地、目不识丁的南方农民的衷心拥护，因为共产党把地主的土地夺了过来，交给农民。1931年11月，中华苏维埃共和国临时中央政府宣告成立。毛泽东任主席，项英、张国焘任副主席。

然而，经历了北伐战争和土地革命之后，国民党在也曾尝试在浙江、湖南、湖北、江苏等省推行二五减租，但除了浙江之外，其他各省还没实行就取消了。浙江也只是推行到1930年代中期，便止步后转。原因在于政府对地主征收的田赋和捐税，不仅没减，反而年年加码，却要求地主减低对佃农收取的田租，地主收入大幅下降，当然一肚子怨气；而农民也觉得二五减租太过温和，解决不了他们的困境。因此，农村的贫富阶级，虽然各自立场不同，但在抵制政府这一点上，却是异口同声。

贫苦农民认为还是共产党的土改实惠，分田地，分粮食，分浮财，吃大户。他们甚至连分田地都不感兴趣，觉得不如直接分谷子、分财物好，“群众说，只要分得十斤粮，死了一千人都值得”。[①] 农村中的阶级矛盾、阶级冲突，骤然激烈起来，经济学家薛暮桥留意到：“民国初年地主与农民之间尚有残留之温情关系……民国十六年(1927 年)后更日趋恶化。”[②]农民从革命中直接获得了即时的利益，所以他们愿意跟共产党走，向土豪劣绅开战。1929 年，蒋介石在谈到农村情况时说：“今日不患地主、资产阶级之压迫农民，而反恐农民之转而压迫地主、资主，此亦以造成社会之不平，为本党主义之不许者也！”[③]

毫无疑问，暴风骤雨式的革命既锻炼了贫苦的农民，也锻炼了地主。为了与农民相对抗，地主纷纷武装起来，组织靖卫团、清乡团等民团队伍，向农民进行血腥报复。共产党的每一寸土地，都是经过艰苦卓绝的斗争才夺得的。

蒋介石虽然以一介平民的身份回到奉化，却没有半点闲云野鹤的情趣。他在妙高台仅仅住了几天，就匆匆返回南京。1932 年 3 月，蒋介石重出江湖，就任军事委员会委员长兼军事参谋部参谋长。

尽管当时东北的形势间不容发，日本在上海挑起的战争，刚刚告一段落，硝烟未散。但蒋介石坚信左宗棠的一句名言：“欲杜俄人狡谋，必先定回部。”中日问题可以诉诸国际仲裁，但消灭共产党只能亲力亲为。

5 月 21 日，蒋介石出任豫鄂皖三省剿匪总司令。他临阵激励三军：“军人以身许国，不能成功，誓当成仁。”6 月下旬，蒋介石在庐山主持剿

① 《中共福安中心县委工作报告》。中央档案馆、福建省档案馆编《福建革命历史文件汇集》甲十九册。1986 年编印。

② 薛暮桥《江南农村衰落的一个索引》。陈翰笙、薛暮桥、冯和法编《解放前的中国农村》(第三辑)，中国展望出版社，1985 年版。

③ 蒋介石《对于关税之感想》。张其昀编《先总统蒋公全集》(第一册)，台湾，中国文化大学出版部，1984 年版。

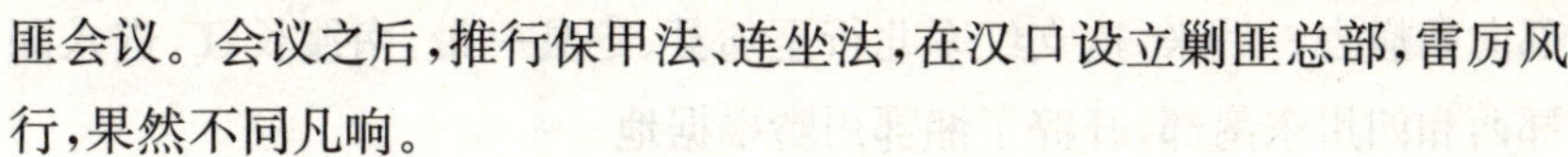

匪会议。会议之后，推行保甲法、连坐法，在汉口设立剿匪总部，雷厉风行，果然不同凡响。

中共对蒋介石的坚甲利兵，不以为意。他们深信国民党已面临崩溃，没有什么力量了。要进攻红军，除非帝国主义直接出兵，国民党只能充当偏师。在这种心理的支配下，红军对即将到来的战争，几乎毫无准备。

5月26日，国军四十四师进据皂市北侧的文家墩，拉起了大战的帷幕。29日，红二军团总指挥贺龙率主力第九师向皂市反攻，并以第七师向敌后包抄，展开激烈的混战。国军四十八师一部向皂市驰援，双方反复冲锋肉搏十几次。30日，红军相继退去。

这一阶段，蒋介石的战略思想，是对中共中央根据地采取守势，集中兵力向鄂豫皖和洪湖区进攻。这是因为该地区水陆交通方便，且靠近蒋的老巢江、浙地区，蒋介石认为有把握争取这一地区的民心。所谓三分军事，七分政治。

为了显示七分政治的威力，汉口剿总决定成立党政委员会，由蒋介石亲自指定委员，负责指导战区的党务、政务。同时，召开湖北省政治整理第一次会议。官绅相聚一堂，蒋介石把他的剿匪手谕发至人手一册。

从7月14日开始，各军奉总部命令，向襄河以北地区展开攻击行动。经过几天激战，国军十三师攻占京山，转而配合其他各部，由皂市、天门、岳口向京山以南、襄河以北地区进攻。在完全控制了该地区之后，蒋介石遂下令向襄河以南推进。

8月10日，国军顺利占领河口。红四军的两个团，在黄安以西和国军由河口推进的一个旅遭遇，爆发激战。红军以一部攻其正面，另以一部楔入左侧，国军陷于混乱。红军虽然小胜，但纵观全局，处处呈现险情，绝难乐观。

9月3日，国军左路军两个旅向洪湖展开。红军决开湖堤数处，引水阻敌。但成效不著，国军仍步步进逼。7日，红军退出汴头河，8日退出新集，12日复退出朱河市、陡子口。国军中路军攻势如潮，直逼商城、金家寨和英山。红四军全线动摇。

9月20日，红四军、红九军、红二十五军和独立第四师、独立第五师约两万余人，在河口和国军第一师、八十八师、十三师混战一场，然后全部向南撤去。后来，这支红军北行至随县、枣县一带，南渡长江，进入湘鄂西和四川东南部，开辟了湘鄂川黔根据地。

蒋介石在完成对洪湖地区的围剿之后，余勇可贾，立即掉头南来，于1933年元旦，向中央苏区展开全面军事围剿。

然而，江西和洪湖毕竟有很大区别，这里的红军和山区农民形如鱼水，机动灵活，国军的攻势施展不开。1月27日，蒋介石亲赴江西主持围剿，兼任江西省剿匪总司令，在南昌组织军事委员会委员长行营。

但在他的锦囊之中，也没有什么妙计。2月10日，红军围攻南丰，然后向蛟湖、霍源退却，这是诱敌深入之计。国军盲目追击，在蛟湖陷入重围。2月26日，红军攻入蛟湖村，和国军展开白刃战。

寒风卷着雪花，漫天飞舞，气温骤降。衣着单薄但斗志旺盛的红军士兵，端着步枪、土枪、梭标、大刀，高喊着战斗口号，从四面八方猛扑过来。国军死伤枕藉，狼狈溃逃。五十二师师部直属部队被红军包围攻击，全师尽没，师长自戕。

前线接二连三的败绩，蒋介石在南昌愤慨难当。2月29日，霍源、东陂又传噩耗，五十九师全师溃散，师长被俘；十一师全师覆灭，师长阵亡。

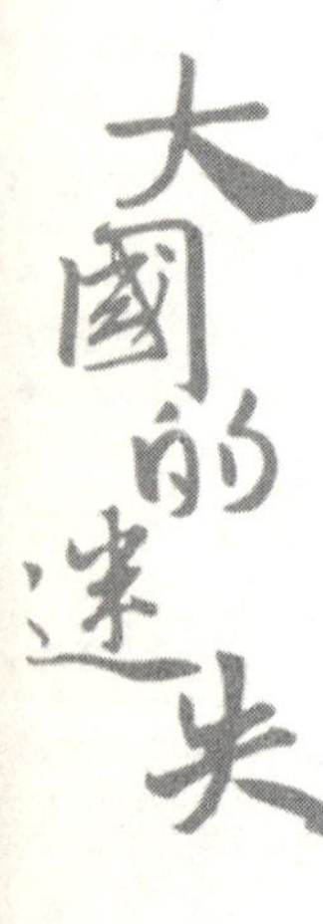

蒋介石回天乏术，痛心疾首，从此对共产党益觉切肤之痛，非置诸死地而后安。1933年6月，蒋在牯岭召开南方五省主席和各路军高级军官会议，围绕怎么消灭共产党，人人出谋献策。

鉴于洪湖地区的成功经验，蒋介石又重弹“三分军事，七分政治”的老调，厉行封锁政策。并采纳德国顾问的意见，以150万大军，对中央苏区撒下1.5万公里的包围线。

这条“三里五里一进，十里八里一推”（毛泽东语）的中国马奇诺防线，对苏区正面，第一步，建筑碉堡构筑封锁线，以限制红军之活动。第二步，将封锁线向前推筑，以缩小苏区范围与突破苏区。第三步，在封锁线推进至相当地带，各方面军队气势连合时，一鼓而歼之。

而后方则采取严密封锁，凡关隘津卡择要构筑碉堡，封锁物资运入苏区，杜绝红军之往来联络，并构筑桥头堡、护路堡维护交通。凡城市及政治经济军事的中心地区，构筑碉堡，保障地方安全，为推行政令，组织保甲，训练民众之据点。

为了确保计划的实现，南昌行营把江西划分成八个区，以便各部队在分配的区域里按规定展开。

这条规模巨大的防线，确有其独特之处。内中不仅有纵横交错的碉堡群、公路网，还有非常周密的后勤网，包括弹药仓、粮秣仓、病院、绑带所、中继站等等。参加围剿的军队，进行编制装备大改革。在庐山成立军官训练团，排长以上军官都要接受训练。不论职位高低，一律穿布质军衣，吃大锅饭，和士兵同甘共苦，师长也脚穿草鞋，脚底抹桐油，背米袋，和士兵一起行军，大有卧薪尝胆的劲头。

国共两党有史以来规模最大、历时最长，也是最惨烈的一场战争开始了。

当蒋介石正密锣紧鼓地计划新一轮的军事围剿时，共产党正在苏区全力以赴地开展声势浩大的查田运动，其目的是把农村的地主、富农查出来，把农民的阶级成分划清楚。

查田运动很快演变成一场急风骤雨的政治运动。哪个县哪个乡查出的地主、富农愈多，那个地方就被评为模范县模范乡。结果各地的地主、富农愈查愈多。在湘赣地区，还查到二三代，甚至三四代，只要放过几毫子债的，一律划为地主或高利贷者。许多农民逃到外地躲避风头，以致苏区大片大片的田地丢荒了。

在这种经济困难、人心动荡的时候，中央苏区又不断发出扩军号召，除了猛烈地扩大红军之外，还建立作为后备军的赤卫队，要求所有18岁到40岁的工农劳动群众，不分男女，一律加入赤卫队。并且把1933年5月定为扩军的“冲锋月”，“以红五月为扩大红军的冲锋月，要扩大红军一万人(赣八千闽二千)，六七两月，每月扩大六千(赣四千五百，闽一千五百)，这是我们全体党员必须领导群众来完全实现的切身任务。”[①]红军的数目大大增加了，但也有相当一部分未经炮火洗礼的新兵，迅速被派往和国民党精锐之师作战的前线。

国军为了隔断中央区和闽浙赣区的联系，首先攻占红七军团的防地黎川，然后继续南进。而当时红军对怎么打破国民党的围剿，依然举棋不定。

毛泽东主张在强敌环逼的情况下，采取灵活机动的战略战术，主动

① 《纪念五一论红军建设中当前的几个重要问题》。《斗争》第九期。

放弃一些城镇，收缩战区，诱敌深入。但中央对这种游击战术不屑一顾，坚持要打阵地战，不丢失一寸土地。因此，黎川丢失，便成了闽赣军区“动摇、恐惧、退却、逃跑、悲观、失望、惊惶失措的种种右倾情绪”的罪证。

在单纯防御的策略指导下，红军急于夺回黎川，甚至不惜转到外线攻打黎川以北的国军阵地。屡攻不克，又去攻打东北侧的阵地，还是攻不下来，结果从此处于被动地位。

12月12日，国军九十六师、五十三师和第六师在黎川东南方与红五军团激战。黎滩河两岸已覆盖了厚厚的一层雪，天空中又下起了冰冷彻骨的雨雪。国军十九师、九十四师和十一师、六十七师各一部星夜驰援。双方展开几度白刃肉搏。最后红军不支而退。

当双方胶着之际，毛泽东曾提议打到江、浙去，直捕蒋介石的老巢，“突进到以浙江为中心的苏浙皖赣地区去，纵横驰骋于杭州、苏州、南京、芜湖、南昌、福州之间，将战略防御转为战略进攻，威胁敌之根本重地，向广大无堡垒地带寻求作战。”①然此计中央不用。毛泽东遗憾地说，不打江、浙，是不能打破第五次围剿的重要原因。但现在回过头来看，一支以南方山区为根据地的农民武装，直捣江、浙这个中国现代政治、经济、文化的“根本重地”，恐怕也不是必操胜券、立奏奇效的上策。

1934年元旦前后，战况一度沉寂。至2月转趋激烈。九十四师在樟树西侧和红一军团交火；十四师在小鸡公山、熊家寨和红九军团相持。由于红军死守阵地，火力完全受制，伤亡惨重，不得不向广昌败走。

蒋介石的三分军事，七分政治又奏肤功，内心喜悦，莫可名状。

由于军事失利，失败主义和逃跑主义的空气，在共产党和红军中迅速蔓延。10月中旬，中央决定除留少数部队外，红军主力第一、三、五、八、九军团和教导师，向西突围。对这次大转移，军委没有任何具体布置。许多在党内受到排挤的干部都被趁机甩掉了，甚至有人提议不让毛泽东跟着大部队转移。到最后考虑到毛泽东是中央政府主席，影响太大，才勉强同意他加入转移的队伍。

事后，刘伯承批评说：“事前固然未在广大干部和群众中作深入的

① 毛泽东《中国革命战争的战略问题》。《毛泽东选集》(第一卷)。人民出版社，1991年版。

思想动员，又未作从阵地战转为运动战，从依靠根据地转为脱离根据地、长途行军作战所必需的准备工作，即仓促转移。”①

当时的战局可谓一团糟，败耗频传，人心惶惶，要从容准备，谈何容易。

红军突围之初，其意图仅仅是到贵州和红二方面军会合，后来行军路线的改变和延长，也是始料所不及的。中央党务委员会主席董必武感叹地说：“假使在出发前就知道要走二万五千里的程途，要经过13个月的时间，要通过无人迹无粮食的地区，如此等类，当时不知将作何感想。”②

蒋介石的南昌行营根据占领瑞金后所获材料，判断红军的行动，乃是一次大规模战略转移。于是连忙调兵遣将，组成追剿军，循迹追踪。

中国的前途命运，将取决于这场长途竞赛的胜负。从某种意义上来说，也取决于红军所走的路线和方向。

红五军团负责保护中央机关和大部队，他们和数倍于己的敌人展开生死搏斗，伤亡惨重。当他们经过一个月苦战，突破了三道封锁线，西进快到湘江时，蒋介石发现了红军的意图，调集了15个师共40万大军，沿湘江两岸构筑了第四道防线。中共中央一筹莫展，只好命令部队死打硬拼。

为了确保中央通过第四道封锁线，全部红军竟作甬道式的两侧掩护，保护中央机关。

国军的攻势丝毫没有减弱，两天两夜，不停地以波浪式的冲锋，猛撼红军阵地。经过惨烈的血战，当红军渡过湘江以后，人数已经由出发时的10万人锐减至三万多人。

红军渡过湘江以后，中共中央在通道县召开政治局会议，他们已经获悉蒋介石为了阻止他们和红二方面军会合，在湘黔边界设下了重重封锁。毛泽东非常明智地提议，主力红军放弃和红二方面军会合的计划，改道向遵义前进。这个建议被中央采纳。

这依然是避敌的权宜之计。这支流浪的队伍，究竟要在哪里安营扎寨，别说国民党无从猜测，就连中共中央的决策人物也还委决不下。

---

① 刘伯承《回顾长征》。《人民日报》1975年10月19日。

② 董必武《出发前》。中共中央宣传部资料室编《党史资料》，1954年第一期，

是向南，还是向北？

红军打下遵义后，在这里召开了改变中国历史的“遵义会议”。

会议改选了中央政治局委员和总书记，毛泽东在党内和军内的领导地位得到了确定。关于红军的去向，会议仍然认为是“在云贵川三省广大地区中创造出新的苏区根据地，将使我们恢复老苏区”。①

由此可见，红军迄今并没有北上的意图，甚至还想打回江西老区。如果红军真的把这种雄心大志付诸实行，也许中国的历史就是另外一种写法了。

遵义会议会址

事实证明，红军的方向不是西南，而是西北！是茫茫的黄土高原！

关于开赴大西北的最后决心，是 1935 年 6 月，中央红军翻越夹金山，和从川陕开来的红四方面军会师后，中共中央在两河口召开的会议上定下来的。

会上对红军的落脚点，有过激烈辩论，这是共产党对红军向南还是向北发展的问题，所作的最后一次争论。领导红四方面军的张国焘，主

① 《中央关于反对敌人五次“围剿”的总结决议》。魏宏运主编《中国现代史资料选编》(三)，黑龙江人民出版社，1981 年版。

张红军向川康——也即向南方——进军，反对毛泽东提出红军开往陕甘边区——也即向西北前进——的意见。但会议作出了历史性的决定：

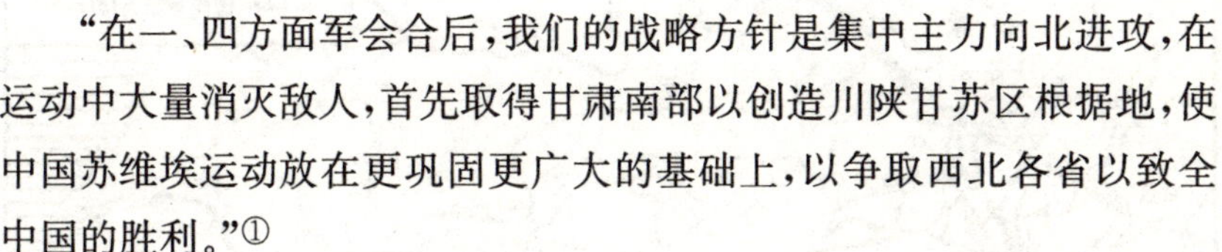

“在一、四方面军会合后，我们的战略方针是集中主力向北进攻，在运动中大量消灭敌人，首先取得甘肃南部以创造川陕甘苏区根据地，使中国苏维埃运动放在更巩固更广大的基础上，以争取西北各省以致全中国的胜利。”①

到了 8 月，张国焘抵制北上计划的态度，逐渐公开化了。他拒绝执行继续北上的命令，重提南下的主张。在北进和南下问题上，红军的分裂已势不可免了。1935 年 9 月的一个夜晚，张国焘命令红军回师南下。中央于 9 月 9 日急电张国焘，“目前方针只有向北是出路，向南则敌情、地形、居民、给养都对我们极端不利，将要使红军受空前未有之困难环境。中央认为北上方针绝对不应改变。”②

然而，张国焘继续麾师南下。南下的红军在天全、芦山一带遭到国民党中央军和川军的围攻，损失惨重，陷入了相当被动的局面。事实证明，对于红军来说，北进至陕甘地区的决策是正确的。几经艰辛，直至第二年的 10 月，红军三个方面军的主力才在宁夏会师，胜利结束了长征。

大西北，从此成为中国农民革命的心脏和脊梁。

共产党进入大西北，究竟意味着什么，在当时几乎无人领悟得到。也许只有极少数对中国革命有着深刻理解力的共产党领袖——像毛泽东——能够看到大西北的重要性。

美国记者埃德加·斯诺 1936 年在西北采访了毛泽东以后，在《长征》一文中引述了共产党对于长征意义的评价，很显然是代表了毛泽东的看法。他写道：

“毫无疑问，红军长征西北是一种战略退却，不能把它看成是溃败，因为共产党最后到达了他们的目的地，他们的核心没有遭到损失，士气和政治意志显然和以前一样坚强。共产党人自己宣称并且显然相信，

① 《中共中央政治局决定》。《中共中央文件选集》(第十册)，中共中央党校出版社，1991 年版。

② 《中央关于北上方针绝对不应改变，左路军应速即北上的指示》。《中共中央文件选集》(第十册)，中共中央党校出版社，1991 年版。

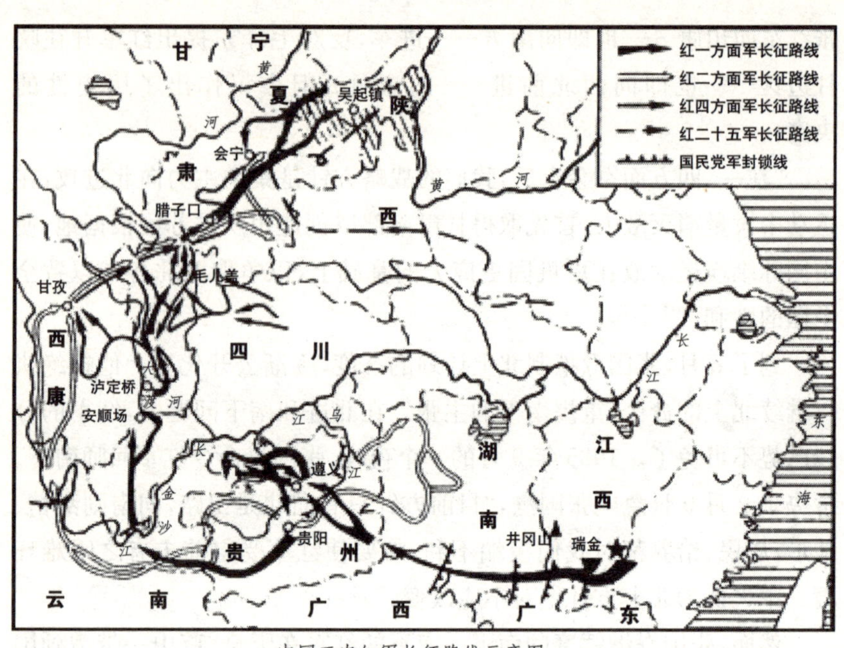

中国工农红军长征路线示意图

他们是在挺进到抗日前线去，这是一个非常重要的心理因素，它有助于他们把一种有可能变成败坏士气的退却转变为斗志昂扬的胜利进军。历史随后表明，他们强调的无疑是长征的第二个基本理由挺进到有战略意义的西北去——是正确的。他们正确地预见到这个地区将对中国、日本和苏俄的当前命运起决定性的作用。这种巧妙的宣传，应被看成是一项卓越的政治战略。”①

东部财团的大亨们只知道共产党的“残余”已经被赶到了遥远的不毛之地。对西北究竟是个什么样的地方，他们实在也没有多少印象。

他们完全不会料到，共产党在西北立足之时，就是他们的丧钟敲响之日。在中央红军到达陕西之前，出生于陕北保安县的共产党领袖刘志丹，已经在陕甘边区开辟了一块地盘，为中央红军的长征提供了落脚点。

尽管当时陕北有东北军、西北军、四大马（马鸿逵、马鸿宾、马步芳、马步青）、阎锡山、哥老会等多股势力，在强邻环伺之下，神仙下凡也要先问过土地。但刘志丹早已和土地之一的哥老会打成一片，他的脚跟

① 《毛泽东一九三六年同斯诺的谈话》。人民出版社，1979年版。

站稳了。中共中央称赞他“不独是红军的领袖，并且是哥老会中的模范”。中央甚至声称，共产党与哥老会“彼此之间的观点主张都相差不远”，他们要“结成亲密的兄弟的团结，共抱义气，共赴国难”。[①]

这是一着妙棋。哥老会在西北军、四大马的队伍中，势力雄厚，只要共产党和哥老会搞好关系，西北军、四大马的杀气，已经化解了一半。其他各方势力，也都在这种统战攻势之下，或明或暗地与中共达成了某些谅解。

共产党和红军到达陕北以后，迅速扎根黄土，发展壮大，他们是一支真正的农民武装，而大西北是中国农业文明的发源地。共产党和红军在东部沿海富庶的乡村和城市，几乎是无法立足的；在南方贫穷的山区可以生存，但会备尝艰难；只有在大西北，他们如龙入海，如虎上山。

而蒋介石虽然得到东部城市的支持，行有素履，事有成迹，但在大西北，他就绝对束手无策了。

在这场决定中国命运的角逐中，蒋介石败局已定。

① 《中华苏维埃中央政府对哥老会宣言》。《中共中央文件选集》（第十册），中共中央党校出版社，1991 年版。

第十一章
和列强的战争

【壹】中国的民族主义运动，从一开始就有明确的目标：废除不平等条约、收回租界、取消治外法权、关税自主，以及抵抗外国的军事入侵。

蒋介石是一个极端的民族主义者。尽管历史上对他毁誉不一，他的政敌把他形容为"以忍辱负重自欺，以安定人心欺人"（冯玉祥语）的卖国贼；对外奉行"无抵抗、无责任、无办法的三无主义"（胡汉民语）的亡国奴；甚至是"吴三桂全无心肝，李完用别具肺腑"（方振武语）式的大汉奸。

然而，舌剑唇枪，未必是中肯之词；众口烁金，也无法解释蒋的倔强、狂热，以及他敏感的性格，在处理中国和世界的关系时，所带来的深刻影响。

蒋介石心底里有这样一种信念：中国应该毫不例外地反对一切形式的帝国主义。姑勿论"帝国主义"这个概念，在现代经济学上作何种解释，但中国人对帝国主义有自己的理解。

蒋介石曾经以《中国之命运》为题，写过一本谈论中国民族问题的书。他把近代中国的一切苦难，都归咎于不平等条约，其沉痛、愤慨之情溢于言表。

全国刚刚统一，1929 年，奉行"革命外交"的国民政府匆匆宣布，这年是废除治外法权和外国船只沿海航行特权的一年，是收回租界和撤出外国军队的一年。

西方人惊愕地发现，蒋介石似乎有一种企图用以激发热情的幻想，

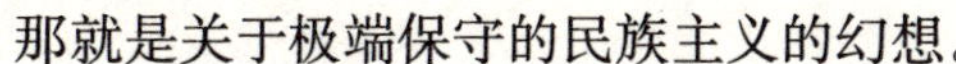
那就是关于极端保守的民族主义的幻想。

1928年下半年，国民政府已经得到12个西方国家的承认。并和美国、德国、挪威、比利时、卢森堡、意大利、丹麦、葡萄牙、荷兰、英国、瑞典、法国签订了有关关税自主的条约。

在经过漫长而艰苦的谈判之后，中日之间的一项关税协定，于1930年在南京签订。中国已经赢得了争取关税自主的胜利。

1929年4月，国府向美、英、法三国提出在最短期内取消治外法权。类似的照会同时送达荷兰、挪威和巴西各国政府。从5月开始，中英在上海举行有关各项悬案的谈判，包括江心坡、滇缅划界、收回租界、收回领事裁判权、收回临时法院等问题。8月，比利时宣布交还天津租界。1930年10月，中国收回英国在威海卫的军事租借地。

1929年12月28日，国府颁布命令，要求自次年1月1日起，一切享有领事裁判权的外国侨民，应一律遵行中国政府的章则法令。这是废除治外法权的第一步。尽管英、美、日等国采取含糊其辞的拖延态度，但国府依然坚持不懈。

1931年，外交部请求各国对完全和立即废除领事裁判权一事签订协定。列强顾左右而言他，国府退而求其次，在1931年5月4日，宣布中国对全国外侨行使管辖权，但在某些特定地区设立特别法院，承审牵涉外国人的案件。领事裁判权的最后取消，终于在抗战期间得以实现。

中国作为一个面积、人口和自然资源，均雄踞亚洲之首的大国，一直梦想成为东方民族复兴的先驱，然而，不幸的是，蒋介石的民族主义理想，过多地受到内部各种势力的干扰，尤其是来自南部和西北部农村封建势力的对抗，以至政令不出江、浙，不得不以军事为先导，而不是以经济现代化和社会改革来建立巩固的基础。

北伐前后，是国民党和苏联的蜜月。这是因为苏联是第一个宣布废除和中国缔结一切不平等条约的国家。

1917年，俄国十月革命成功，苏联政府于次年7月25日发表第一次对华宣言，“凡从前与日本、中国及协约国所订的密约，一律取消”；“凡从前俄罗斯帝国政府时代，在中国满洲以及别处用侵略的手段而取得的土地，一律放弃。”①

对中国人来说，简直是从天掉下来一块热红薯。

中俄关系的症结在东北，东北的症结在中东路。1901 年以前，中东路和南满路是统一的，归俄国人所有。日俄战争爆发，俄国战败，不得已将南满路（从长春到旅顺）的权益让给了日本，但其势力仍盘踞在北满。

苏联第一次对华宣言，对中东路问题，是这样写的：

“劳农政府，曾经向中国提议磋商废止 1896 年的中俄密约、1901 年北京和约（即辛丑条约），以及 1906 年、1907 年和日本所订的协约，把从前俄罗斯帝国政府时代取于中国的，以及取于中国又转让与日本及协约国的，一概送还中国。”

其中当然包括中东路。

但俄国熊究竟有几分诚意，却殊可怀疑。第一次对华宣言的背景是，苏维埃政府刚刚成立，其政治、军事、经济形势均极险恶，白俄在远东的势力还相当强大，苏联在国际上十分孤立。在此情形之下，远亲不如近邻，和中国修好的心情，可以理解。

事隔两年，苏联政府在军事上战胜了白俄势力，同时，由于远东共和国的成立，使整个远东地区恢复了苏维埃政权。

脚跟已经站稳，说话的口气自然不同。在 1920 年第二次对华宣言里，已经不像上一次那么痛快地说无条件放弃其在华利益了，而是拐弯抹角地表示：“中俄两国政府，对于经营中东路办法中，关于苏俄对于该路之需用，允订专约，将来订此专约时，除中俄外，远东共和国亦得加入。”②

显然，俄国熊要谈条件了。

1924 年，苏联和张作霖签订密约，其中关于中东路的条款共有 15 条。规定中东路由中苏双方共管。这和第一次对华宣言相比，已经后退了一大步。

1927 年，随着国共分裂，中苏关系也一下子降到冰点。国府下令中国境内所有苏联领事一律撤销；所有苏联国营商业机关一律停业；苏联

①② 《苏联第一次对华宣言》。魏宏运主编《中国现代史资料选编》（一），黑龙江人民出版社，1981 年版。

领事限一星期内离境;凡俄侨应领执照,愿意回国的应领护照,均一星期内申请,违者处罚。

国民党指责说,按照《暂行管理中东铁路协定》规定,修改《中东铁路公司章程》的工作,至迟不得超过理事会成立之后六个月内完成,但从1924年到1929年,历时五年,中国方面曾30多次提出修改章程,但苏联方面却一直装聋作哑。

在同一协定中规定,中东路各级人员由中苏两国人民平均分配任用。但事实上,苏联方面在中东路任职人员达120多人,中国方面仅80多人;而各部门负责人当中,苏联方面任正职的有24人,中国方面仅三人而已。

国民党的情报称,苏联不仅支持共产党,而且与冯玉祥也有频密接触,在北满地区十分活跃,引起蒋介石的不安。1929年5月27日,国民党借口苏联共产党在哈尔滨领事馆召开第三国际大会,派警察突击搜查,逮捕了几十名官职员。

7月13日,中东路督办吕荣寰会见苏联官员,请订期召开理事会。苏方怒而答复,在这种局势之下,没有召开理事会的余地。吕荣寰断然下令将全线长途电话、电报一律收回,次日又免去两名苏方路局局长的职务。

当年收回武昌、九江租界的一幕,似乎又在东北重演。7月13日,苏联向中国外交部递交通牒,要求从速召开会议,解决中东路一切问题,同时释放被捕的苏联人员,停止排苏活动。18日,苏联宣布召回驻中国使馆和侨务代表,召回中东路的苏方人员,断绝中苏之间的交通,请中国驻苏使馆、领事馆人员迅速出境。

德国政府曾经出面斡旋,但毫无成效。

蒋介石一直坚信苏联不会动武,也坚信国际上的国联、非战公约组织会对苏联施压,胡汉民、孙科等政府高官,亦纷纷放言,指苏联不过“仍系恫吓,不致发生战事”。① 他们希望趁机完全收回中东路。只可惜国民政府的“革命外交”,碰上靠革命起家的苏联,便完全失效。7月21日,张学良从北戴河赶回沈阳,严令海军封锁三江口。

① 《苏俄昨宣布对华绝交》。《大公报》1929年7月19日。

著名外交家顾维钧博士也在东北，他盱衡全局，眼界比喜欢跳舞的张少帅高得多，顾博士警告说，如果采取任何行动挑起与苏俄的战争，都是严重的错误。但张学良似乎信心十足，根本不相信对手手里会有什么真正的好牌，因此他要“吓唬一下苏联”，[①]藉此提高东北在国内外的地位。

7月16日，中苏两军在黑河发生小规模战斗；18日又在绥芬河发生冲突，苏军炮击札兰诺尔。当晚张学良下令六万大军开赴西伯利亚边界。

8月27、28日，苏军连陷东宁、汪清两县。9月4日对札兰诺尔发动猛攻。10月12日，中苏海军在三江口激战，中国方面三艘军舰被击沉。11月17日，苏军全线出击，东北军不支而退。蒋介石大跌眼镜，国联和西方列强完全默不作声，而他自己则被南方的桂系叛乱和剿共战争所缠身，根本不可能投入力量到东北。更何况，即使他愿意投入，但视东北为自己祖业的张学良也未必愿意。

中国又一次尝到了战败的滋味，这滋味并不陌生。中国驻德国公使曾奉命将一份照会托德国外交部转交苏方，其中提议组织共同调查委员会调查真相，双方先同时从边界后撤30英里。

但在这一照会送达前五天，方寸大乱的张学良，已自动秘密派代表赴伯力和苏方接触。苏联当然拒绝了那份照会，而与张学良直接交涉了。12月22日，双方签订了“伯力协定”，允准苏方职员回任。

协定有两个基本前提：一、中国承认因为不懂并不愿遵守国际公法及惯例，才发生中俄间的许多纠纷；二、东三省确曾雇用白俄军队，现在答应解除其武装。

既不相信对手有好牌，自己又没有好牌的张学良，现在除了对苏联方面提出的一切条件全都照单签收之外，别无良策。张学良的擅自行动，令国府十分尴尬，颜面尽丧。

在此前提之下，双方同意恢复战前就已经在东北普遍存在的状况。这份协定甚至没有按照法律程序，经立法院通过和国民政府批准。这使中国民族主义者蒙受奇耻大辱。

东北是中国外交的热点。在近代史上，许多重大的外交事件，都和

① 《顾维钧回忆录》(第一分册)。中华书局，1983年版。

东北有关。

日本和苏俄的势力，在东北平分秋色。自从张学良易帜以来，中日关系一直非常紧张。这不仅因为日本人认定蒋介石是亲西方的，而且因为国民党坚决主张收回东北权益，不让它落在日本人的手里。

然而，对日本来说，东北这块地盘，决难撒手。他们相信东北是“帝国国防的第一线”。如果发生对苏战争，东北是主要战场；如果发生对美战争，东北是补给的源泉。因此，无论如何，东北都是日本外交的支点。

1931 年，发生所谓“中村事件”，东北的局势渐趋明朗。日本方面，“必要时应以武力解决一切悬案”，已经成为一句响遏行云的口号。

而中国方面，张学良于 9 月 6 日在北平行营给东北军下达命令：“对于日人无论如何寻事，我方务须万分容忍，不可与之反抗，致酿事端。”①

事实上，内乱频仍的中国，这时根本没有与日本开战的必胜把握。中东路事件小试锋芒，即铩羽而归，更何况与早就视“满蒙”为朝鲜第二的日本作战？

9 月 18 日，在这个秋高马肥的季节，改变中国历史的事变终于爆发了。日本关东军把沈阳城外柳条沟附近一段南满铁路略施破坏，作为向东北进攻的藉口。次日凌晨，日军铁骑，长驱直入。沈阳沦陷了，紧接着，凤城、海城、营口、安东、抚顺等重要城镇均告失陷。

据东北军一名高级军官说，事变后一两天，张学良“接到了蒋介石命令他不准抵抗的紧急密令：‘沈阳日军行动，可作地方事件，望力避冲突，免事态扩大，一切对日交涉，听候中央处理可也。蒋中正。’”②

张学良的态度，颇为消极。当时在他身边的顾维钧提出两点建议：一、立即电告南京政府，要求向国联行政院提出抗议，要求行政院召开紧急会议处理这一局势；二、派一名代表到日方会见抚顺总督和南满铁路总裁，了解日方的真正意向。

张学良非常赞同第一条建议，对第二条则不置可否。

顾维钧猜他的用意，是只想依靠第一个建议产生某种结果，同时把

---

① 黎东方《蒋公介石序传》。台湾，联经出版事业公司，1977 年修订版。
② 应德田《张学良与西安事变》。中华书局，1980 年版。

“九·一八”事变揭开了日本对中国、进而对亚洲及太平洋地区进行全面武装侵略的序幕

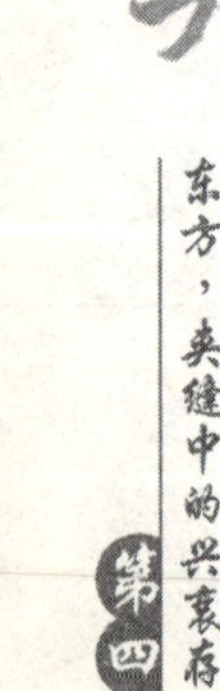

问题交给政府而不是由他个人单独负责了。

9月19日，国府外交部向日本驻华公使提出严重抗议，请日本政府“迅令上述日本军队，立即退回原驻地点。”然一纸空文，毫无用处。日本军队的回答，是在9月21日占领了吉林。

消息传开，南京一片沸腾。当时蒋介石正在湖南主持“剿共”，火速飞返南京。9月22日，南京全体国民党员在中央大礼堂开会。蒋介石到会致辞，他情绪愤激，然措辞仍十分克制，略云：

“此次日本暴行，可为下列两点之试验：一、试验国际间有无正义或公理，及世界各国有无裁判横暴行为，确保世界和平之决心……二、此次事件，可以试验我国是否能全国一致，真有爱国精神，以御外患。”

他呼吁现在“先以公理对强权，以和平对野蛮，忍痛含愤，暂取逆来顺受态度，以待国联公理之判断。”“严守秩序，服从政府，遵重纪律，勿作轨外之妄动，而为有秩序，有步骤之奋斗。此时暂且含忍，决非屈服，待至国际条约信义，一律无效，和平绝望，到忍耐无可忍耐，直至不应忍耐之最后地步，则中央已有最后之决心，与最后之准备，届时必领导全体中民，宁为玉碎，以四万万人之力量，保卫我民族生存与国家人格！”①

蒋介石并非不想与日本决一死战，但确实力有不逮。中东路战争，他连最大的盟友张学良都指挥不动，更遑论国共战争、宁粤分裂、大西北虎视眈眈了。国内四分五裂，山头林立，他即使高喊对日决战，也不过是一句空话而已。

民族复兴是蒋介石的最高理想，他坚信国内和平统一是第一步，对外御侮是第二步。没有第一步，第二步断无成功可能。9月28日，蒋亲笔所写的一张字条，流露了他内心的愤怒与无奈，然亦只能以“君子报仇，十年未晚”来激励自己了：

“持其复仇之志，毋暴雪耻之气，兄弟阋墙，外侮其御，愿我同胞，团结一致，在中国国民党领导指挥之下，坚忍刻苦，生聚教训，严守秩序，遵守纪律，期于十年之内，湔雪今日无穷之耻辱，完成国民革命之大业。”②

蒋介石陷于左右做人难的困境，民气可用，但国家实力不足以一战，没有组织系统，也没有全盘计划，只能头痛医头，脚痛医脚。对一个国家领导人来说，委曲求和，与敌人缔结城下之盟，在历史上固然会身被卖国贼恶名，但不顾现实条件硬拼，让国家民族陪着他壮烈牺牲，就叫爱国了吗？

两条都是死路。唯一的办法就是“拖”。蒋向以“圣人将动，必有愚色；图自强者，必不轻试其锋”的古训为座右铭，笃信曾国藩的“以夷制夷”，以为西方国家为了他们的在华利益，必会制裁日本，而他则可以利用矛盾，赢取“安内”的时间。因此，说蒋介石有意卖国，显然失之偏颇，但说他想投机取巧，则千真万确。

中国驻国际联盟代表团奉命向秘书长递交了一份书面声明，请求理事会根据盟约所授与的权力，采取最有效的方法，阻止东北局势进一步恶化。

可是国联却实在拿不出什么有效的办法。在中国的一再催促下，直到10月24日才勉强通过一项决议，要求日本政府立即开始，并顺序

---

① 强项生编《沈阳痛史》。文海出版社有限公司，1987年版。

② 秦孝仪编《先总统蒋公思想言论总集》。台湾，中央委员会党史会印，1984年。

进行，将军队撤至铁路区域以内，俾在规定之下次开会日期以前完全撤退。

中国表示这是最低要求，但日本却说他们不能确定撤军日期。一句话，堂堂国联的决议便告流产。甚至连中国提出愿公断或交由法庭解决争端，国联也没有接受的勇气。伍朝枢伤心地挖苦说：国联“最适宜工作为提供及主持公共防毒与卫生等事，至望其主持正义扶弱锄强，至少为30年后事。”①

11月，日军强占新民县。中国照例又是一番“严重抗议”，同时向国联秘书长递交了一份备忘录，解释锦州的危急情况，建议在锦州设立中立区域，并表示中国可以将锦州一带军队撤入关内。

举国上下对锦州“中立区”之议，齐声痛骂。各派政治势力在对外问题上，占据了道德制高点，纷纷发通电、做演讲，义正词严指责南京政府误国。外交部长顾维钧把这个时期称为“大动荡、甚至混乱的时期”，他置身于国民党外，清楚地意识到，“政治上的混乱形势，虽然表面上是由攻击政府对日直接谈判的政策引起的，但是实际上是由全国反对委员长（蒋介石）及其集团的各派政治力量促成的。”②目的是赶蒋下台。

蒋介石是有苦说不出。甲午战争后，梁启超说李鸿章“以一人而敌一国”，现在的蒋介石，何尝不是“以一人而敌一国”呢？

南京政府外交部于12月1日发表声明，对中立区的计划，依然坚持“中国政府表示同意并已向驻锦中国军队长官发出必要之训令”。

声明发表之日，反对之声，盖地而来。成千上万的学生冒着风雪严寒，奔赴南京请愿。民间的抗议，竟成风云变色之势。国民政府急急忙忙收回中立区的办法，补发一篇断头将军的庄严声明：“盖目下锦州之在东北已成为最后之堡垒矣”。

张学良在大凌河沿线布防，以气吞山河的气概对部属们说，“即使打垮了，我也要和大家一道‘钻山’（打游击）！”同时把东北军的战斗序列和部署，向蒋介石请示。

然而，12月15日，为了换取宁粤和解，蒋介石宣布辞去国府主席一职，而新任国府主席林森，迟至1932年1月1日始宣誓就职。12月29

① 强项生编《沈阳痛史》。文海出版社有限公司，1987年版。

② 《顾维钧回忆录》（第一分册）。中华书局，1983年版。

日，张学良收到国府复电，要求东北军拆除大凌河防线，并于年底全部撤入关内。这时的国府实际上是群龙无首，电报究竟是何人所发？历来言人人殊。

林 森

其实，这封电报出自谁人手笔，已无关宏旨，不会改变它对历史的影响。

在此之前，国民党一直是中国民族解放运动的领导者，从当年的省港大罢工到武汉时期的收回英租界、从争取关税自主到中东路战争，国民党给世界一个狂热的民族主义者的形象。然而，作为一个历史的转折点，"九·一八事变"以后，中国的民族复兴运动，从此脱离了国民党的领导。

【贰】战火烧到上海——蒋介石的地盘来了。淞沪战争使东部财团蒙受重大损失，从此，它作为国民政府主要经济支柱的作用，几乎丧失殆尽。

尽管中国内战连年不断，但对于东部的资本家们来说，自第一次世界大战以后，仍然是他们的黄金时期。南北战争、中原战争、国共战争愈激烈，上海的资本与商业就愈活跃。这是因为国家对经济的干预几乎荡然无存，地方自治的加强，内地资本为了逃避战乱而流向上海。上海不仅成为全国的金融中心，也成为纺织和食品工业的中心、航运中心。

这些造就了上海的繁荣，尽管从全国范围来看，这种繁荣带有某种畸形的形态。

东北巨变的消息传到上海后，学生们一马当先，走出校门，宣传抗日，查禁日货，各行各业都热烈响应。以杜月笙、虞洽卿、王晓籁、王延松为常务委员的上海抗日救国会宣告成立，联合上海工商界共同行动，从学生中招募检查员，直接监视各商行的货栈，一旦发现日货，即查封没收。当时参与抵制日货的还有以旅沪广东人为主的上海洪顺互助会等帮会组织。一场雷厉风行的抵制日货运动，在上海滩全面展开了。

他们的行动，是基于强烈的民族意识，而不是切身的经济利益。尽管日人在上海不断挑起事端，朝野也有不少谣言，笼罩着不祥的预感，但却没有预料到，上海这么快就卷入了战火之中。

1932年的元旦，是个非常黯淡的日子。

在过去的两个月里，发生了许多让人意想不到的事情。前清逊帝溥仪在日本军队的掩护下逃往东北，人们猜测关东军要在东北扶植一个伪政权，关于满洲国的谣传，众口喧腾，如出一吻。

到了1月份，已经不是谣传了，日军为了转移国际视线，配合伪满洲国的成立，在上海挑起了一场武装冲突。虽然这只是一场战术性的局部战争，但对蒋介石和东部财团来说，却是沉重一击。

上海是国民政府的经济支柱，全国有半数的税收来自上海。蒋介石非常担心万一上海发生战争，会使工商业瘫痪，政府财源枯竭（事实上，淞沪战争爆发后，上海1月份证券价格下降五分之一，成为历史最低点）；另一方面，他又认为上海是西方国家在华利益的集中点，如果日本真的出兵上海，必然会促使西方国家干涉，而这正是他朝思暮想的。

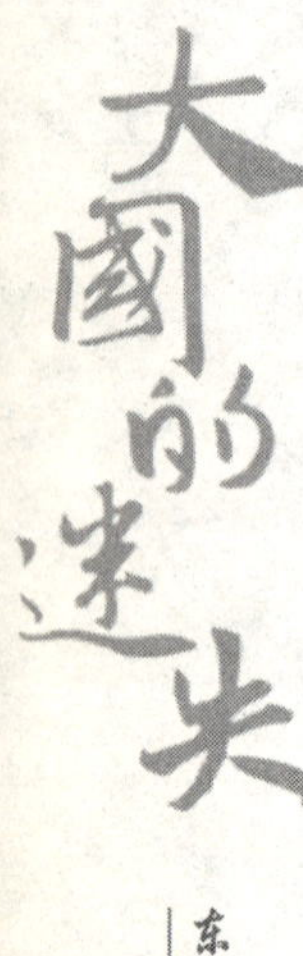

蒋介石权衡轻重，委决不下。

上海——这个中国最繁华的大都会，已处于战争边缘。有钱人忙着收拾细软往租界搬，没钱的人就想办法逃往乡下。

市区内的大街小巷都垒起了沙包，架起了一道道的拒马和铁丝网。在昏暗的路灯下，士兵们的刺刀和钢盔处处可见。昔日纸醉金迷、夜夜笙歌的景象一扫而空，大上海成了一个沉寂无声的恐怖世界。

当时驻防上海的十九路军，本来在江西参加"剿共"，宁粤和谈时广东方面提出一个条件：一定要调粤系的十九路军进驻沪宁路一线，始肯和谈。蒋介石表示允准。于是机缘巧合，使十九路军脱离了内战，开到了抗日战场的最前线，成就了它的千古美名。

1月24、27日，军政部长何应钦、朱培德将军两次严令十九路军不得与日军发生任何冲突，并且派宪兵接替十九路军的防务。

按规定接防应在1月27日下午6时以前完成。下午5时，宪兵六团先遣部队第一营到达北站，十九路军各部纷纷请战，不肯撤退。蔡廷锴军长和蒋光鼐总指挥遂毅然变更军令，将交防时间改在29日。

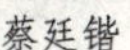
蔡廷锴

蒋光鼐

当晚，日军移动频繁，虹口花园一带商民纷纷搬迁。蔡廷锴命令闸北的驻军：“倘宪兵未接防，仍须固守原来防线。如日寇无故向我挑衅，我军为自卫计，应迎头痛击。”①

尽管很长一段时间内，人们都希望战争不要在上海发生，无论军界、政界，还是在民间，都弥漫着一股很浓的侥幸图存的气氛。然而，1931 年 1 月 28 日晚上 11 时 30 分，这个希望被打碎了。当人们发现，日军海军陆战队分乘四辆铁甲车，由北四川路缓缓开出，驶入天通庵车站，然后由此向天通庵路、同济路推进时，终于明白，无可避免的命运降临了……

举世震惊的淞沪战争启幕了。

五分钟后，蔡廷锴在司令部里听到全上海都拉响了警报。在宝隆医院养病的蒋光鼐匆匆出院，和蔡廷锴一同赶往真茹车站指挥。他们一面向军政部报告，一面命令十九路军全部限三天之内集中上海附近，誓言“竭十九(路)军之全力，保存淞沪，非至一枪一卒，尽行牺牲，不肯退让。”②

---

① 《蔡廷锴自传》。黑龙江人民出版社，1982 年版。
② 《淞沪中日血战初集》。文海出版社有限公司，1987 年版。

这场战争，从1月28日开始，打到3月1日，历时33天。杜月笙的收入也大受损失，他旗下的五只赌台，全部被迫收档，但他仍然为十九路军提供了大量金钱援助和后勤支援，十九路军对此感激不尽。国军投入的实际兵力，除十九路军外，还有张治中的第五军两个师，及中央军校的教导总队。身为财政部长的宋子文，深知这场战争对上海经济将带来多么严重的破坏，由他私人支配的税警总团当时也在上海，立即投入了保卫大上海的战争。

在这33天之内，中日两军数次进行停战谈判，但都是日军的缓兵之计。

1月30日，国民政府发表迁都洛阳的宣言。这显然是做给西方看的姿态。

尽管战事爆发不久，美国即向中日双方提出照会，要求停止在上海的冲突，但毫无作用。1月30日，急于结束战事的宋子文，再度呼吁大国进行调停。1月31日，英国领事蓝溥森终于表示愿意出面调停。上海市长吴铁城和日军第一遣外舰队司令官盐泽幸一在英国领事馆举行谈判。

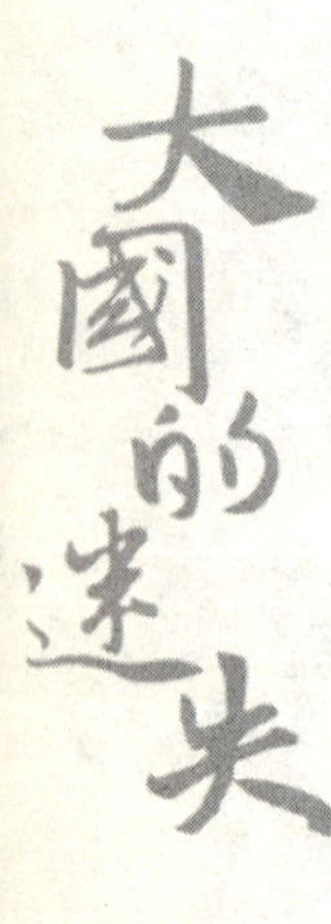

吴铁城要求日军首先撤至租界线以内，限三小时之内答复。日方说要两个星期来请求政府。最后由英、美领事提出折衷办法，以三日为期，限日本领事向政府请求撤军意见。在这三天内，双方均停止进攻。当经中日双方同意而散。

然而，仅几个小时之后——2月1日凌晨1时——日军便违背诺言，恢复进攻。

2月18日，日本领事向上海市政府递交最后通牒，勒令中国军队全部撤退。市府于次日复牒驳斥。日军于是全面出击。战事达到白热化状态。十九路军和第五军悉数投入战斗。上海笼罩在战火硝烟之中，无论繁华商业区还是居民区，均受到了极大的摧残。西方各国似乎对日本束手无策。蒋介石大失所望。

3月1日，蒋光鼐、蔡廷锴、张治中在南翔开会，决定暂时撤到第二线待援反攻。实际上是退出战斗。

此时，上海的难民人数，已近60万人，贸易完全停顿，关税收入下降75%；约有900家工厂和商店被毁或关闭，资本的损失，堪称天文数字。

宋子文痛心疾首地说:"'上海事件',对,是一次'事件',可是这次事件造成一万二千多人死伤,毁掉的财产价值共达数亿元以上,而使上海的巨额贸易停顿达数周之久。国联和那些大国袖手旁观。它们甚至允许日本人把公共租界作为作战基地。中国宁肯转向共产主义或苏维埃主义——而不愿向外国军事统治屈服。"①

宋子文

宋子文不是政治家,他关心的是中国的财政和经济问题,而蒋介石则首先是一位政治领袖。这是他们的区别所在。

中国的财政收入,主要来自东部城市。宋子文对农村不甚了解,感受不到来自农村的威胁。因此,他对蒋介石在东部沿海的富庶之区受到战争摧残时,仍然忙于到江西那些遥远而陌生的瘴疠之地去剿共,感到不可理解。

5月5日,中日双方代表举行休战以来的第15次会议。英、美、法、意四国公使作为调人出席。但中日双方的首席代表都告病不来。上午11时35分,双方首席代表各自在医院的病床上签订了上海停战协定。

《申报》月刊向全国人民发出沉痛的呼告:"清晨醒来,梦幻灭了!"

事实证明,国联没有任何力量制裁日本。弱国无外交,诚为谠言。

为解决中日纠纷,早在1931年12月10日,已经决议组织调查团,但直到42天之后,调查团的成员名单才确定下来。共计五人,委员长李顿是英国人,英国枢密院顾问,国联第12次大会的英国次席代表。顾维钧博士作为中国代表,以顾问身份参加调查团。据他说,"国联行

① [美]斯特林·西格雷夫《宋家王朝》。星光书店,1985年版。

政院给他们规定的使命是调查日本在满洲的侵略行动所形成的满洲问题，也调查中国的一般形势。”①

调查团没起什么作用。他们除了参加各种各样的欢迎宴会，面对的是一大堆互相矛盾、各执一词的材料。顾维钧说，调查团在中国期间，“玩得那样高兴（散步、谈笑甚至欢跳）”。这种情形，让人感到泄气。当时住在泰山的冯玉祥打电报给顾维钧，说这是“污辱中国人的事”。当调查团到泰山游玩时，冯玉祥故意避而不见。

就中央政府的心理来说，也许从一开始，就没指望调查团能起什么实质性作用，只想通过国联将中国的情况向全世界公布，以刺激西方的舆论，给他们的政府施加压力。

经过一番“调查”，9 月 4 日在北平签字、10 月 2 日在日内瓦公布的国联调查团报告书，虽然承认中国对东北三省的领土主权，伪满洲国是日本一手制造的傀儡政权，但不同意东北恢复事变前原状，而是主张“国际合作为最善之解决”，实际上是把东北变为国际共管。这也符合中国政府中相当一部分人的愿望。报告书建议，由中日双方签订一份包括以下内容的条约：

一、东省经济上之开发，日本得自由参加，但不得因此而取得经济上或政治上管理该地之权。

二、日本在热河现在享有之权利，予以维持。

三、居住及租地之权，推及于东省全境；同时对于领事裁判权之原则，酌予变更。

四、关于铁路之使用，订一协定。

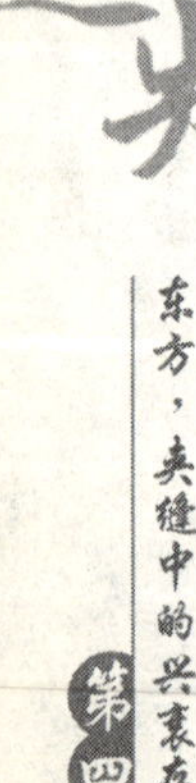

调查结果可谓荒谬绝伦，除了中国政府一本正经地表示认真考虑之外，全国一片臭骂之声。可惜政府的故作低颜，并未赢得西方国家的同情，反而成为他们逃避责任的借口。

美国不愿意为了中国而单独担起制裁日本的责任，它充其量只是不承认中日双方签订有损门户开放、有损中国主权、独立、领土完整或行政完整的条约。但这种不承认主义，并无武力作为后盾，完全是无作用的国际空谈。

至于英国，可由国联调查团的态度，看得非常清楚。1930 年代初，

① 《顾维钧回忆录》(第一分册)。中华书局，1983 年版。

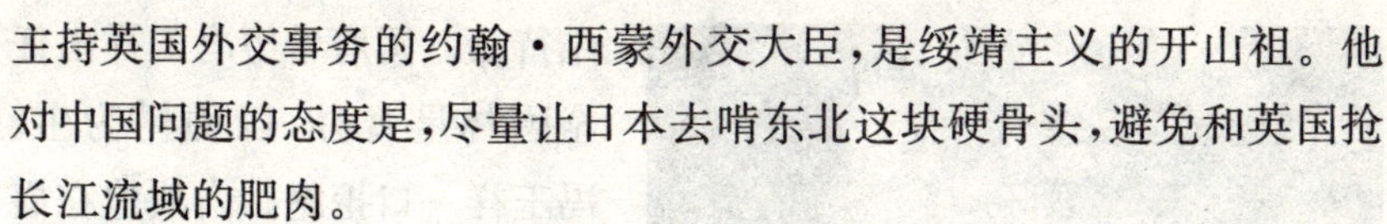

主持英国外交事务的约翰·西蒙外交大臣，是绥靖主义的开山祖。他对中国问题的态度是，尽量让日本去啃东北这块硬骨头，避免和英国抢长江流域的肥肉。

而法国所奉行的是无所作为的官僚政策，一味拖延调解，就是不肯作出决定。

尽管西方国家对日本采取了温和的容忍态度，但日本却毫不领情，这个面积不及中国十分之一的岛国，不仅完全拒绝国联的调查报告书，而且在1933年3月宣布退出国联。

为了表示他们根本不把西方的国际空谈放在眼里，日本在华北再次挑起事端。

1933年元旦，日本宪兵队在榆关城内四处开枪，收缴中国警察的枪械。当地驻军迟疑不决，不知该还击，还是退却。日军索性大举进攻，一夜之间，榆关便告失守。3月3日清晨，开鲁、南岭、北票都遭到敌人偷袭，国军猝不及防，狼狈后退。热河省主席只身逃走，日军仅以128人的兵力，轻易占领热河省会承德。

3月9日，蒋介石、宋子文和北平分会委员长张学良在保定召开紧急会议。张学良引咎辞职，由何应钦代理，直接指挥长城各战役。蒋介石继续留在华北坐镇。战况似乎一度好转。可惜好景不长，3月28日以后，局势急转直下，国军大败而逃。

顾维钧极其难堪地说："甚至连中国人也不能理解我们的军队何以竟如此败坏，如此缺乏抵抗的意志与决心。"然而，更令人难堪的是，5月3日，何应钦下令取消河北一带所有抗日义勇军、救国军名目，凡不遵命改编者，一律予以镇压。

何应钦的命令，不是无的放矢，它是对准冯玉祥的。当时冯玉祥已经从泰山下来，在张垣召集旧部，大有东山再起之势。

5月26日，由冯玉祥一手组织的民众抗日同盟军，在张垣扯起大旗，冯玉祥通电就任同盟军总司令。但由于冯有中原大战的前科，他一出山，吓得中央政府手忙脚乱，比看见日本军队还紧张。

何应钦匆匆忙忙和日军签订了被汪精卫称为"限于军事，不涉政治"的《塘沽协定》，保证中国军队全面后撤，并且不再挑战扰乱。然后，一面调军入察，就近监视张垣动静，一面电告冯玉祥取消同盟军名义。

冯玉祥挥师向多伦、沽源、宝昌等失地进攻，而中央军也向怀来集

何应钦

结待命。国府希望冯玉祥出任全国林垦督办，以种树为生。冯玉祥一口拒绝。内战迫在眉睫。南京方面盛传冯玉祥截扣平绥路客车和机车；在察哈尔强征民兵；聘请苏联顾问，联俄降共。此情此景，完全是翻炒“中原大战”的冷饭。

中央军陆续入察，共计 12 万人。蒋介石和汪精卫二人在庐山召开会议，研究对策。决定对同盟军提出一份苛刻的通牒，如果冯玉祥拒绝，就以此为由，公开声罪致讨。

这份通牒包括四点：一、勿擅立各种军政名义，致使察哈尔脱离中央，妨害统一政令，成为第二傀儡政府；二、勿妨害中央防边计划，致外强中干，沦察哈尔为热河之续；三、勿滥收散军土匪，重劳民力负担，且为地方秩序之患；四、勿引用共产党人物，煽动赤焰，贻华北以无穷之祸。

7月 31 日，政府下令断绝从下花园至柴沟堡的交通。大军压境，冯玉祥的态度渐趋软化。他通电欢迎政府官员到察哈尔主政。同盟军总部顿时乱作一团，许多将领都认为冯擅发通电，和同盟军纲领第三条“反对任何方式之妥协”相违背，提请召开紧急会议，请冯说明理由。

会上，冯玉祥作了一个长达一小时的发言，陈述同盟军的困境，然后丢下部属，拂袖而去。群龙无首的同盟军仓促间向万全、张北一带退去，总部人员一律由冯玉祥发资遣散，他自己则辞去本兼各职，不再做大哥了，回泰山继续隐居。

同盟军除了接受中央改编，别无出路。冯玉祥这次复出，转瞬即告谢幕，一场悲壮凄凉的孤军奋战，在政府的猜疑、排挤、摧残之下，黯然落幕。

在此期间，赣、鄂、豫、皖、湘、川、陕等省的国共战争片刻没有停止；陈济棠联合闽、粤、桂三省在广东成立“西南国防委员会”，自树一帜，不

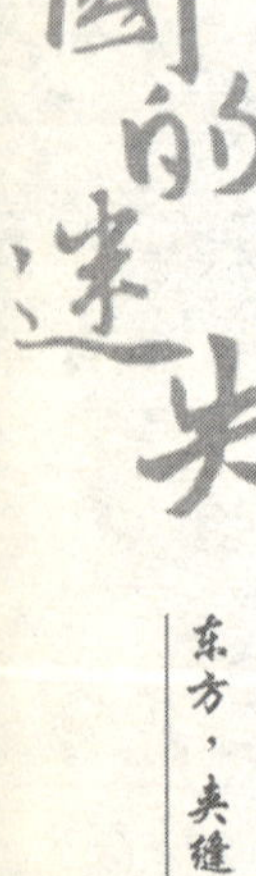

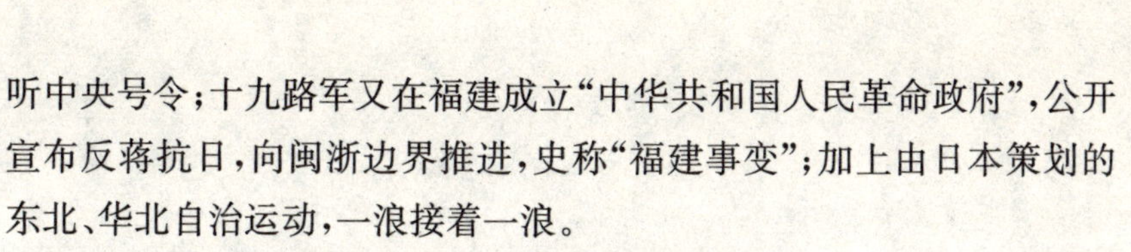

听中央号令；十九路军又在福建成立“中华共和国人民革命政府”，公开宣布反蒋抗日，向闽浙边界推进，史称“福建事变”；加上由日本策划的东北、华北自治运动，一浪接着一浪。

1937 年以前，中国一直四分五裂，群雄割据。这对外交政策的执行，无疑带来了极大的困扰。许多国家——包括美国政府在内——都不相信蒋介石的政权能够维持下去，原因就在于蒋无法控制中国的大部分省份，他的影响力仅局限于东部一隅。

当国联调查团在日本调查期间，日本的陆军大臣傲然表示，中日两国国民性根本相反，日本是整个的，中国是分裂的。暗示中国不成国家。

对内部分裂所造成的外交困难，顾维钧说过：“当时中国内部的四分五裂和明争暗斗，对我们在日内瓦所要达到的有限目标构成了严重障碍。”他进一步指出，分裂现象远非一个个别问题，还有许多地方集团，中央政府只不过是其中最强的一个集团，[①]而这个集团的力量，在淞沪战争以后，已经开始快速地走下坡路了。

中国是一个民族主义国家，但到底什么才是民族主义呢？蒋介石强调，“所谓民族运动，决非单纯的对外运动。盖民族运动应有内外两面，对外运动，仅为民族运动中之一部分。”[②]这是他在国民党五全大会上的讲话，其中有一句名言：“和平未到完全绝望时期，决不放弃和平；牺牲未到最后关头，亦决不轻言牺牲”，被人们骂了几十年。

中国要赢得国际社会的同情和支持，就必须有一个统一的中国。

可悲的是，中国的政治家们，只会用武力镇压、金钱收买，以为自己有军队，有几支破枪，掌握了国库的钥匙，就可以横行无忌，天下万物皆备于我矣。

① 《顾维钧回忆录》(第二分册)。中华书局，1983 年版。

② 蒋介石《对外关系之报告》。秦孝仪编《先总统蒋公思想言论总集》。台湾，中央委员会党史会印，1984 年。

第十二章

太阳从东方升起，在西方落下

【壹】政治南伐的后遗症，在整个国民党时代一直未能消除，而且愈演愈烈。由于政治上不断的分化、改组、利益的重新分配，使国民政府成为世界上最没有效率的政府之一。

1930年代的国民政府，泥足深陷，苦不堪言。围剿共产党的战争年复一年，了无终期；和阎锡山、冯玉祥、李宗仁这些地主集团的关系若即若离，时好时坏；而外患日亟，迫在眉睫。举目四顾，偌大一个中国，简直就是个烂摊子。

蒋介石左右为难。来自农村的反对势力，随时有可能联合起来。冯玉祥在北方一度和共产党建立了联系；西北军、东北军在陕西，十九路军在福建，都和共产党暗通款曲。广东的陈济棠和中央苏区一直有生意来往，第五次围剿时，他还和共产党秘密谈判，达成"互相停战，借道长征"的协议；共产党在张发奎的第四军里，几乎可以半公开地活动，张发奎睁一只眼闭一只眼，甚至采取保护措施。

1933年以后，共产党开始考虑对国民党上层展开"统一战线"工作，当时列入统战对象名单的主要有：陕西的张学良、杨虎城、高桂滋、邓宝珊；山西的阎锡山；两广的陈济棠、李宗仁、白崇禧、李济深；四川、云南的刘湘、刘文辉、龙云；华北的冯玉祥、傅作义、宋哲元等。[①] 几乎是清一色的东北、西北、西南实力派，东部的一个也没有。

为什么共产党和国民党的东北、西北和西南集团，总是比较容易达

① 郝晏华《从秘密谈判到共赴国难》。北京燕山出版社，1992年版。

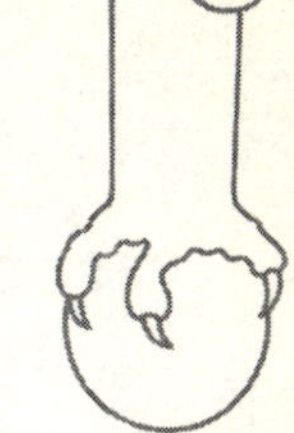

成谅解？在历史的关键时刻总是比较容易合作？为什么只有国民党东部集团与共产党是水火不容，有你无我？那些来自南方、西北和东北的盟友，在中华人民共和国成立后，所获得的政治名声，都比来自东部的一干降将高出许多。这一现象，值得历史学家深究。

不难发现，在共产党和西南、西北、东北集团的背后，有着一片相同的土地，他们都是来自农村。东部集团则基本上是以城市绅商阶级为基础。道不同不相为谋。

自“九·一八事变”以后，相继又发生淞沪抗战、伪满洲国事件、长城抗战、察东事件、河北事件、张北事件、华北五省自治和内蒙古独立事件。在国际上，蒋介石所期待的西方干预，千呼百唤不出来。尽管他相信总有一天会把日本人赶下大海，但他不敢立即就大张挞伐，甚至连和日本断交的勇气都没有。他害怕中了西方人的圈套，万一他和日本宣战，而西方却袖手旁观，他的政府根本承受不起这个压力。西方国家一天不为他承担义务，他就一天下不了决断。

严重的内忧外患，已经使蒋介石焦头烂额，哪里还有余暇和心情顾及社会改革和经济建设？尽管宋子文和孔祥熙曾经付出极大的努力，使国民政府的经济状况有一线曙光，但这些成绩的光辉，都被频繁的战争冲淡了。

美国驻华大使詹森曾经说过：“国民政府从来没有得到一个真正机

蒋介石在南京接见要求国民政府出兵抗日的学生请愿团体

会来表现一下它能够做些什么。"①

1928年北伐完成，党国要人，云集宁沪。东部的政治气氛异常热闹。在8月召开的二届五中全会上，蒋介石宣布"以党建国"的军事时期已告一段落，中国将进入"以党治国"的训政时期。10月3日，中央常会通过《训政纲领》。

在此之前，国民政府——南方政府和武汉政府——是以苏联作为样板的。孙文曾经提出过一整套治国平天下的大计，在他的著作里，上至建国大纲，下至开会仪式，巨细无遗，充类尽至。但孙文本人，在他的两度执政中，却没有真正实行过。现在蒋介石要来化梦想为现实了。

但一生戎马的蒋介石，并没有受过任何现代的行政训练。他不是一个出色的行政官，甚至不是一个好的行政官。他怎么去做"人民的保姆"，去训练人民呢？不过，自北伐以后，蒋介石暴得大名，一般舆论都认为，他就是政府的化身，"他在广东，政府就在广东；他在南京，政府就在南京"。② 既然打赢北洋军阀的功劳，他一个人揽了；那打不赢日本鬼子的罪过，当然也得由他一个人担了。

1936年，蒋介石一人兼任了中执会常委、副主席、委员、中政会常委、副主席、委员、党史史料编纂委员会委员、中央党部教育文化管委会委员、中国童子军总会会长、中央党部华侨捐款保管委员会委员、建筑中央党部筹委会委员、国府委员、行政院长、全国经济委员会委员、全国经济委员会常委、中央军校校长、中央政治学校校长、中央航空学校校长、禁烟委员会总监、军事委员会委员长、西北剿匪总司令、国防委员会总裁等24个职务。

在这24个职位中，党职11个，政职10个，军职只有三个。但有趣的是，这三个军职，比21个党政职位还顶用，足以使蒋在党政系统中，无论如何沉浮，最后都能逢凶化吉，卷土重来，凸显了国民党军权高于党权、政权的特征。这也是国家处于战乱时代的一种必然现象吧。

蒋虽然具有天赋异禀，但真的能够应付得了这么多职位的工作吗？当然不可能，大部分衔头都是象征性的，象征着"这是我的地盘"，并不

① [美]杨格《1927－1937年中国财政经济情况》。中国社会科学出版社，1981年版。

② 蒋永敬《鲍罗廷与武汉政权》。台湾，传记文学出版社，1972年版。

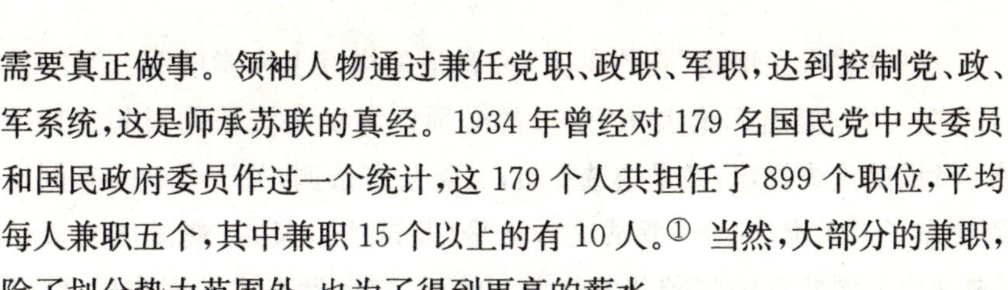

需要真正做事。领袖人物通过兼任党职、政职、军职，达到控制党、政、军系统，这是师承苏联的真经。1934 年曾经对 179 名国民党中央委员和国民政府委员作过一个统计，这 179 个人共担任了 899 个职位，平均每人兼职五个，其中兼职 15 个以上的有 10 人。[①] 当然，大部分的兼职，除了划分势力范围外，也为了得到更高的薪水。

《中央执行委员会组织大纲》虽然规定，中政会的主任委员不得兼任其他职务；《中央执行委员会政治委员会各专门委员会组织通例》中也规定副主任委员不得兼职，但只是一纸空文。交通委员会主任委员朱家骅兼任浙江省主席；副主任委员曾养甫兼任广州市长；后任副主任委员俞鹏飞同时兼任交通部长。陈立夫说，在中央党部里，只有两个人没兼职，一个是他，另一个是丁惟汾。[②]

蒋介石曾多次痛责，政府的行政人员都成了政客与官僚，行政机关都衙门化了，但穷源推本，祸根却在他自己身上。1928 年公布的《行政院组织法》规定，行政院应由 15 个部门组成，蒋也当过国府主席，当过行政院长，岂能不知后来行政院实际管辖的部门多达 22 个？政府所有行政计划、机构配置、职官任免，几乎都是短期的，用来应付没完没了的突发事件的权宜之计。许多机构设置，本来是临时性的，但事务结束后，却由于人事关系无法解散，变成了常设性的了。时间愈久，政府愈庞大臃肿，效率就愈低。

中央执行委员会政治会议，在法理上是党政之间的桥梁，它的职权包括讨论建国纲领、立法原则、施政方针、军事大计，然后正式输与政府，置之于实施。但实际上，政治会议的作用远远不止于此，它还直接参与了施政，成为一个“太上皇”。1935 年，政治会议进行了重大改革，设立了法制、内政、外交、国防、财政、经济、教育、土地、交通九个专门委员会，其职权与国民政府许多原有机构，明显重叠，导致权责不清、效率低下和互相争权夺利。蒋介石作为中政会的主要领导人，能说与他无关吗？

更不用说，像蒋介石长期牢牢掌控着的军事委员会，职权范围也是模糊不清的。它似乎无所不包、无所不管。

---

① 李朴生《行政计划的编造与考核》。《行政效率》第二卷第六期。

② 陈立夫《成败之鉴》，台湾，正中书局，1994 年版。

这些以“人民保姆”自许的人，究竟是怎样登上庙堂的呢？当年孙文为防官邪，提出无论大小官吏，都必须以考试定资格的设想。1928年，考试院正式筹建，又是遴选委员，又是公布条例，关于考试的条例规则颁布了一大堆，又是《考试法》，又是《监试法》，又是《襄试法》，又是《典试法》，俨然有锁闱较艺的气象。然而，它还没正式发挥作用，就已经沦为一个“只求有了编制与经费，位置一批人员，就算完事”的衙门了。

国民政府的大小官吏，几乎全由私人关系而定，据一位国民党人士说，考试院从筹建，到1936年，只举行过两次高等考试，考取了200人左右，而花费则高达500万元之巨，平均每考取一人，便要花上二万元。然而，被考取的人员，还不一定能录取。第一届高考后，真正被录用的只有八人，而这次考试却花去国库100万元。政府中没有经过考试而被任用的人，就有4.6万之多。① 虽然各类考试也搞过一些，但都是针对低级职位的，中级以上官吏一律以“审查”代替“考试”。

立法院在胡汉民的主持下，比考试院略胜一筹。自1928年立法院成立后，两年之间，完成重要法典包括民法各篇、民事诉讼、公司、海商、保险、刑、刑事诉讼、土地、自治、工厂、工会、工商、商会、劳动、出版等法。成绩可谓斐然。

但是，法律制订出来，未必就能推行。国民政府的政令，只及东部数省，一出了势力范围，就成了废纸一摞。即使在这数省之内，也非畅行无阻。国民党试图在浙江推行“土地法”时，就受到地方政府的强烈抵制，甚至有参与者遭到暗杀。后来省政府为了取消二五减租，竟把持反对意见的省党部候补监委兼省党报总编逮捕下狱。一些重大的国际协定，亦未经过立法院，如《上海停战协定》。胡汉民是出名的硬骨头，他主持的立法院尚且如此，其他就更不足论矣。

再以监察院为例，监察院草创于1925年，专司政治上的监纠。但是，从职能上看，它只有弹劾权，没有裁判权和惩戒权。从1932年7月，到1933年12月，监察院共收到各地呈来的诉状有4692件，平均每月276件。但由监察院提出弹劾的，只有268件，平均每月15件稍多。而在提出弹劾的案件中，又有214件的被弹劾者没有受到任何处分。

① 李芦洲《国民政府的政绩》。天津庸报社，1936年版。

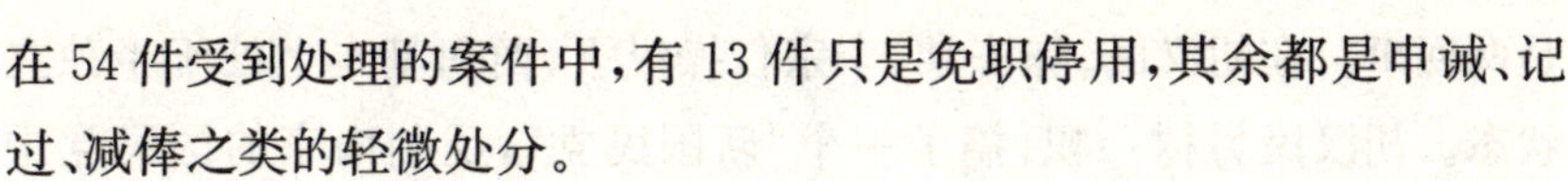

在54件受到处理的案件中，有13件只是免职停用，其余都是申诫、记过、减俸之类的轻微处分。

由于事权不一，弹劾案移付惩戒机关后，惩戒机关又要重新调查，往往经年不得完成，不仅耗资旷时，且使犯法者易于逃避。而按规定对中执会选任官吏（国府委员等）以外的其他政务官的惩戒，由国民政府办理。但国民政府并没有任何惩戒机关，直到1933年才成立国民政府政务官惩戒委员会。也就是说，在此之前对失职或操守有亏的政务官，即使不是完全没有惩戒，至少也是没有规制可循的。

“以党治国”是孙文生前定下的政治方略，基本上是一个文人治国的设想。北伐胜利前后，汪精卫主党、胡汉民主政、蒋介石主军，三驾马车并行，从宁汉分裂、扩大会议、非常会议，都以党统之争为焦点。

但随着中原大战的结束，汪精卫与胡汉民两个文人，在权力斗争中，相继落败，蒋介石军权独大，党统之争已无关宏旨，文人治国已演变为军人治国，总司令领导下的党中央，今天开除这个党籍，明天又恢复那个党籍，“党”不过是军人手中的一件武器。一位国民党人说：“现在本党的党员，除了死刑而外，什么都不怕……至于开除党籍，更是毫不在念，因为不但开除和恢复是一套骗人的把戏，就算根本开除，也不见有如何的损失。”①

党权的威信，跌到了新低点。从汪精卫时代的党权高于一切，到如今党却沦为军政的累赘。真是山不转水转，一朝天子一朝臣了。

国民党充其量只是一个东部党，一个城市党，对东部以外的广大农村，根本是束手无策的。直到1936年，河南、贵州、四川、云南、陕西、甘肃、安徽、福建、宁夏、青海等省份，连个省党部都没有。即使成立了省党部的省份，县以下也未必可以找到党员的踪影；即使能找到党员的踪影，也未必可以找到一个认真负责、工作卖力的党员。江、浙二省，号称蒋介石的大本营了，但1933年时，也只有69%和73%的县成立了县党部。②

西南地区更糟，虽然有比较健全的党组织，但他们与南京的国民党

---

① 刘健群《复兴中国革命之路》。中国文化学会，1934年版。

② 中国国民党中央党史史料编纂委员会编印《民国二十三年中国国民党年鉴》。

是两回事。在胡汉民、陈济棠、李宗仁操纵下，西南基本上处于半独立状态。胡汉民另树一帜，搞了一个“新国民党”，反制南京的国民党中央。当时两广的国民党员，占全党人数的三分之一，这部分的党组织愈强大、愈严密，南京就愈头痛、愈害怕。

中国是一个农民大国，农村面积广大，当年一位研究国民党党务的人慨叹：“不但在农民中很难找到党员，并且在一切农民运动负责人员中，在地方自治工作人员中，在农村文化教育负责人员中，以及农村经济建设负责人员中，都不容易见到党的踪迹。”①试想，这样一个松懈、涣散、腐化、僵化、无能的城市党，如何治国呢？如何与“农夫的儿子”冯玉祥、“地道的农家子弟”李宗仁，以及“代表最广大农民利益”的共产党斗呢？

历史上，对蒋介石独裁的批评，何可胜数。所谓独裁，应指立法和行政合一，由一人操纵，目的是为了事权统一，步伐一致，以收使指使臂之效。蒋介石能否称作独裁，却很值得商榷。国民政府的最大问题，就在于事权不统一，步伐不一致。国民党自称政权是取自满清，取自北洋政府，并非取自人民，所以不存在“还政于民”的说法，也坚决拒绝其他政党的存在，不允许任何政党与国民党分庭抗礼。中华民国是一党专政的国家，但这个党却是个七痨八伤的党，腿瘸眼盲、行动不便的党，还要高喊“党外无党，党内无派”。他们究竟何德何能，要做人民的保姆，人民的奶妈？

有人批评蒋介石“独裁无胆，民主无量”，可谓一针见血。其实，从中华民国成立以降，历任统治者，都是一副嘴脸，全无丝毫新意。他们倒真是一个保姆、一个奶妈养大的，这就是两千多年的宗法专制文化。

【贰】蒋介石以牺牲东部财团的利益，换取了在抗战爆发后，政府迁都四川的生存条件。对于蒋介石来说，这种以空间换取时间的做法，无疑是一种自杀的行为。

宋氏家族，是中国近代史上最显赫的家族之一。

① 何汉文《如何树立党在农村中的基础》。《中央周刊》第一卷第三十期。

宋美龄（左）、宋霭龄（中）、宋庆龄（右）三姐妹

长女宋霭龄，嫁给了孔子的后裔、中国最富有的财主孔祥熙；二女宋庆龄，嫁给了孙文，成为一位具有象征意义的人物；三女宋美龄，嫁给了蒋介石，成为蒋和西方世界的一座精神桥梁。

然而，在宋氏家族中，从事着繁重的具体工作，并且取得最骄人成就的是长子宋子文。他是美国哥伦比亚大学的经济学博士，第一次担任银行总经理时还不到 30 岁。

1926 年，宋子文出任中央银行行长和国民政府财政部长。1928 年统一告成，宋子文开始着手整顿财经状况，和贸易减缩、金融混乱、工业萧条、信贷危机展开困难重重的斗争。

1928 年 6 月下旬，一批私人企业家和财政专家在上海召开了全国经济会议。紧接着，7 月上旬，国家和地方的财政官员也齐集南京，召开全国财政会议。他们讨论的题目相当广泛，包括国家收支、债务、银行金融和币制等方面的问题。

宋子文心情振奋地说，随着军事结束，训政开始，“就目前论，自以统一财政为第一要义。盖庶政非财莫举，如财政不能统一，由其他庶

政，更无统一可期。”[①]他坚信这是中国迈向民主制度的重要一步。两个会议都认为，控制财政岁出是当务之急。宋子文极力主张建立一个强有力的预算委员会。但是，控制岁出的前提必须是确保岁入。

财政部在1928年公布了《划分国地收支标准案》，把税收中比重最大的田赋，由中央划归地方。此举平衡了中央和地方的关系，而中央则另辟邮包税、煤油税、印花税、矿税、国有事业收入等10项税收，又提高了关税和盐税。因此，中央的税帐不仅没有下降，反而有所上升。

不久，国府根据孙文生前主张，实行裁厘。中央以加征统税、提高关税作为补偿。地方虽然也开辟了营业税，但在穷乡僻壤，营业税微不足道，为了补偿厘金通过税，地方只有提高田赋和大征苛捐杂税。

这只是东部几省的情形，再远一点，中央心长力短，别说普通税收，就连关税、盐税，都有可能被地方当局截留。

在整顿税收的同时，宋子文把更多的精力放在整顿债务上面。能否控制岁出，这是至关重要的一环。

政府的财政收入，限于东部一隅，光靠税收，不敷应用。每逢床头金尽之际，唯有举债。鉴于舆论对借外债十分敏感，政府唯有向国内举债，也就是向上海的大亨们借贷。1931年的时候，南京政府有一半乃至三分之二的债券与票据，掌握在上海的金融家手里。

从1927年至1933年，政府共发行公债11.41亿元。这些公债都是以债票向各银行抵押现款，由银行按市价出售债票后，再结账付款。往往在出售债票时，市价大跌，政府拿到手的钱，只有票面的五折至六折，可是还本时，却要按十足计算。

中原大战期间，政府花钱如流水，宋子文罗掘俱穷，无法应付。蒋介石能想出来的办法，就是让中国银行继续增发库券。银行的资金，纷纷用作投机；纸币滥发，放款膨胀，埋下了金融危机的种子。

淞沪抗战时，政府迁都洛阳，虽说是一个象征性的姿态，但对东部的资本家来说，却是一个晴天霹雳的信号：政府没有能力保护东部，如果发生战争，政府就只能放弃东部沿海地区，迁往西北。

战争使得上海的工商业陷入半瘫痪状态，证券价格狂泻至历史最低点。上海的大亨们鸡飞狗走，自顾不暇。除了东部本身遭受战火重

① 吴景平《宋子文评传》。福建人民出版社，1992年版。

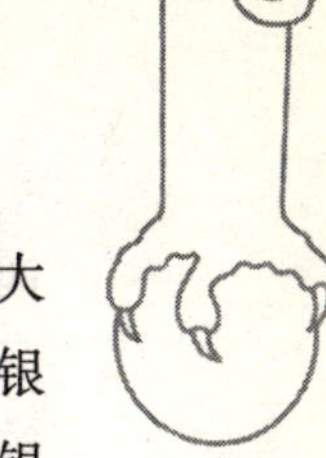

创之外，还有两个很要命的因素：一个是1931年的东北沦陷和江淮大水灾，使市场大大萎缩；另一个是1931年下半年世界各国纷纷放弃银本位，改为金本位，导致白银价格暴泄，中国几乎是世界上惟一采用银本位的国家，因此受到极大影响。

这时政府应还之债约为三亿，还有八亿元的内债，必须在今后五年之内还本付息。整顿债务不仅势在必行，而且刻不容缓。

宋子文和上海的金融家、财政专家、工商业代表——包括债券持有人联合会——举行紧急磋商。大家看得很清楚，要么债权人让步，要么同归于尽。对债券持有人来说，实际上只有一种选择，那就是前者。

一个确定在2月1日实施的方案出台了。把每个月用于内债还本付息的钱削减一半，定为每个月860万元，即每年1.32亿元，利率一律每年六厘。偿还期限延长一倍。全部债券由关税担保，取消盐税和其他国内税收的担保。

宋子文的方案得到了上海帮会的鼎力支持。由杜月笙控制的债券持有人联合会以上海各金融团体名义发表声明，接受整理公债的命令，并号召所有持票人与政府紧密合作。宋子文感激不尽。在2月26日的讲话中，他喜不自胜地说，这一事实"向全世界证明中国人民在民族危机的时候是团结一致的"。

1931年，国民政府创造了成立以来第一次收支平衡的奇迹(如果把北洋政府也算在内，中国政府的财政只在1914年和1916年两年略有盈余)。宋子文以骄傲的口吻说，这一奇迹"正发生在世界上几乎每一个国家，都在普遍大危机中有了巨额财政亏损的时候；也正发生在中国政府除应付经济萧条之外，还不得不承受1931年大水灾造成的浩大损失、银价暴跌的影响，和日本攫占满洲进攻上海的时候。"

战争对上海的破坏是显而易见的，而共产党则远在江西，对东部沿海地区，似乎不构成什么威胁。因此，宋子文痛恨日本，不赞成蒋介石把他辛辛苦苦筹来的钱，统统投到剿共战争中去。蒋宋二人的龃龉，由此而生。

在宋子文看来，蒋介石只知道伸手要钱，不知道这钱来得多么艰难。当他面对上海滩的一片瓦砾焦土时，他半赌气半认真地说了一句非常著名的话：

"如果中国面前摆着共产主义和实行军事统治的日本军国主义这

两种抉择，那么中国将选择共产主义。”①

这种言论，为蒋介石所深恶痛绝。他一意孤行，把高额军费继续花在江西。宋子文所创造的收支平衡像一个梦幻，转眼间烟消云散。1932年财政重新出现赤字。1933年，蒋介石狮子大开口，要求把军费开支再提高几百万元；另外，军队已经欠饷两个月，要补发得筹几千万元；各军的冬装费又是几百万；军队每月的军饷再加1000万，目前至少得筹到2800万元。

由于对国内政治的看法、财政政策和外交政策，都和蒋介石发生重大分歧，走投无路的宋子文被迫辞去财政部长的职务，并辞去行政院副院长、全国经济委员会常务委员等本兼各职。据说导致他辞职的直接原因是，在一次争论中，蒋介石按捺不住暴躁的情绪，打了宋子文一记耳光。宋子文愤怒地对继任者孔祥熙说：“从前做财政部长是狗，不是人，现在的财政部长想做人，不想做狗。”

宋子文的下台是国民政府的重大损失。不仅失去了一位出色的理财专家，影响了中国和西方国家（主要是美国）的关系，而且更严重的是挫伤了政府和东部财团的感情。

孔祥熙是宋子文的姐夫、孔子的第75代孙子，出生在山西一个钱庄票号老板的家庭。早年留学美国，获得经济学硕士学位，曾担任阎锡山的经济顾问。1928年2月，国府特派孔祥熙为工商部部长。在以后两年之中，他最主要的工作是制定工商法规，凡100多种。1930年2月，工商部和农矿部合并为实业部，孔祥熙奉派为部长。1933年4月，孔祥熙接替宋子文担任中央银行总裁。

当宋子文辞去财政部部长职时，摆在孔祥熙面前的是一个烂摊子。每月国库收入1500万元，支出2200万元，其中军费一项即达1800万元。库存仅有现金300余万元和还没发行的公债库券2700万元，黄金外汇等于零。就算公债能全部顺利发行，也只能维持三个月而已。

孔祥熙并不像传说中那么昏庸无能。接篆之初，他大刀阔斧地对东部财团进行改组。首先改组了中国、交通银行，把东部财团的核心——中国银行——夺了过来，增强了交通银行的官股。两次改组，蒋

① ［美］斯特林·西格雷夫《宋家王朝》。星光书店，1985年版。

介石倾力支持。

孔祥熙

孔祥熙的理财方针，概言之为“开源节流”四字。他一再强调，开源不因征敛而伤民为要，举办税项，必须注意轻微而普遍，公平负担，方能培养税源。

他一上台，就大幅提高了卷烟、火柴、水泥三项统税的税率，从而使每月的统税额，由以前700余万元，一下子猛增到977万元。银行家们都担心，如此征税，只能摧毁民族工业的前途。

1934年，纸币发行量首次突破五亿大关，通货膨胀率比14年前翻了六番。徐州一带，甚至有把纸币撕成四块，每块以2.5分价值流通的怪事发生。升斗小民，叫苦连天。

为了抢救财政危局，5月政府召开第二次财政会议，集中讨论废除苛捐杂税、改良税制、确定地方预算、整理币制、救济农村金融等问题。会后，由财政部明令各省：一、永远不准再增加田赋附加；二、永远不准再增加不合法税捐。以此来树立中央威信，争取民心。

1934年6月，美国参众议院通过的《购白银案》，国际市场银价飞涨。中国是以白银为通货，因此，白银价格和国际汇率一有风吹草动，中国马上会头痛脑热。8月9日，美国宣布白银国有，银价直线飙升。投机大军排山倒海，在内地狂购白银，输出美国。上海的存银，从两年前的1531亿，猛跌到只有298亿。1934年的白银净出口量，不计走私，达到2.57亿元。

财政当局大起恐慌，紧急颁令，标金交易以关金结价。外汇行市，以中央银行挂牌是瞻，又开征白银出口税，加课平衡税。市面银根变得十分吃紧，银行放款几乎停顿，关税也受到严重威胁。金融界一片水深火热。投机家抛出的资金无法补进，以致哀鸿满地。

天津的义生银行因投机失败首告停业，四聚、泰丰、裕聚、宏达四家银号也步其后尘，宣布破产。紧接着，恩庆永、恩庆厚两银号停业，华义银行也同时搁浅。倒闭之风愈刮愈烈，因挤兑、周转不灵和受市面不景气影响而关门大吉的银行，多达26家，另外还有132家钱庄垮台。

财政部限制白银出口，未见其利，先见其害，公众信心更加动摇。如果差价持续下去，白银势必通过合法和非法途径，继续外流或贮藏起来，从而引发恐慌；但如果政府提高汇价，使之与国外价平衡，又会使通货更趋紧缩，从而刺激白银出口，造成和限制出口以前相同的局面。

这是两难选择。如果通货进一步紧缩，必然导致利率上涨，商业利润减少，失业增加，政府收入下降。1935年1月，宋子文预言："危机到来时，银行体系将崩溃，国家将被迫发行不兑现的纸币，政府财政将完全被破坏，将对中央政府当局造成灾难性后果。"国民政府的外国经济顾问杨格、洛克哈特和林奇也都警告说，汇价上升和通货紧缩所产生的危险，远比走私白银更为严重。①

币制改革的条件成熟了，经过相当秘密和紧张的筹划之后，财政部以闪电速度，宣布实行法币政策。孔祥熙向全国表示他的决心，在18个月内使财政达到预算平衡，并决计避免通货膨胀。从宣言发表之日起，以中央、中国、交通三行发行的钞票定为法币。各省市停发钞票，把新旧券连同准备金查明报部，这意味着中央要接收各地银行的存银了。

为了取得上海帮会的支持，孔祥熙把杜月笙请进了法币发行准备管理委员会。虽然国民政府的英国财政顾问对此提出异议，但孔祥熙解释说："杜毫无疑义是一个大投机倒把分子，他也是个黑帮的大头目，但是在上海，杜的手下有十多万人，听从其命令，他随时可以给你制造出骚乱来的。"

孔祥熙采取雷厉风行的手段，开始进行第二次债务清理。1936年2月，孔祥熙奉派为整理内外债务委员会委员长。当时到期的债券高达1.26亿元，预计在今后五年之内，将有57%的本金到期，需要偿还。

根据美国财政顾问的建议，把38种债券（除去少数几种性质特殊的），按照到期日子的远近，分成五组，每种债券的偿还期均须延长，统一后的债券，利率一律六厘，不能改变。上海帮会再次表明支持态度。

---

① [美]杨格《1927－1937年中国财政经济情况》。中国社会科学出版社，1981年版。

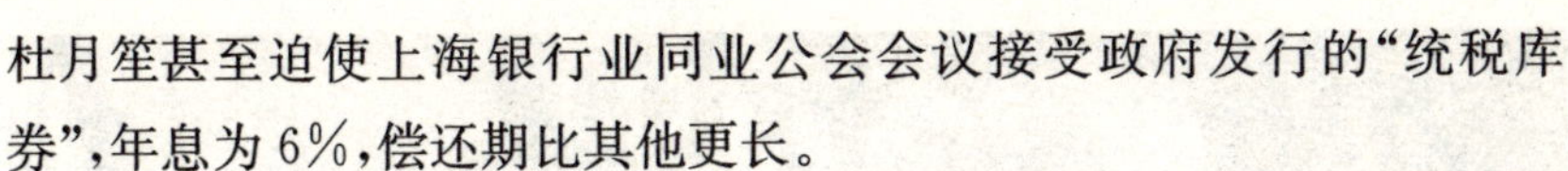

杜月笙甚至迫使上海银行业同业公会会议接受政府发行的“统税库券”，年息为6%，偿还期比其他更长。

统一公债，使政府得以喘息机会，这对于稳定抗日战争时期的中国财政，起到了异乎寻常的作用。

孔祥熙通过改组中、交两行、实施法币政策和统一公债这三步棋，完成了对东部财团的全面改组。

东部财团对政府的影响力，在一定程度上被削弱了。蒋介石以牺牲东部财团的利益，换取了中央在迁都四川以后仍能生存下去的条件，不能不说是一种卓尔不凡的远见。但也埋下了危险的种子，总有一天会结出累累恶果。

尽管宋子文、孔祥熙的努力，取得了蔚然可观的成绩，但对中国的经济颓势，却无力挽狂澜于既倒。这是非常可悲的。

原因究竟何在？有人一针见血地指出，国民党在财政上的决策，“几乎完全是以非经济因素为基础的”。战争成了中国经济发展的最大障碍。国民党在中国大陆的整个统治时期，并没有获得过一天的和平日子，以从事经济建设。

这非某个人所能承担的责任。历史的选择如此，天夺其魄，就算神仙也救不了。

19世纪中叶以降，几乎远东所有国家，都面临着一个东西方文化冲突的问题。日本、朝鲜、菲律宾、暹罗都曾受到文化问题的困扰，但是，它们比较容易找到解决的方法，而中国就不行。

中国的面积相当辽阔，相当一个大洲了；中国的历史相当悠久，几乎可以说是远东文化的发源地。这两个因素加起来，使中国的现代问题变得非常难解决。

中国的民族主义者，差不多都是儒学的奉行者。蒋介石也不例外，他崇拜王阳明的学问，把曾国藩视作最高的道德楷模，他深信民族生存的首要条件，是民族的自尊心。中华民族的复兴和中国革命的完成，必须以传统道德的重建作为基础。

尽管蒋介石在1930年受洗成为基督徒，但在他的内心深处，却永远也无法摆脱“天下安危，定于一身”的帝王思想。

1934年，蒋介石在全国发起一场新生活运动，反映出他的脑子里充

蒋介石和宋美龄联手发动新生活运动，试图改造中国国民之习性

满了种种矛盾的、莫名其妙的观念。这场新生活运动的宗旨，是希望藉着恢复中国的传统道德，为“民族复兴”注入具体的内容，使之成为安内攘外的一种精神动员。

所谓传统道德，集中体现在“礼义廉耻”四个字上。蒋介石从南昌回到南京后，成立了“新生活运动促进总会”，发动童子军和学生到处宣传“礼义廉耻”的四项做人原则。号召人们“不要随地吐痰”、“消灭老鼠和苍蝇”，又组织了农村重建队，深入穷乡僻壤，检查个人卫生和公共卫生。

但是，新生活运动并没有告诉人们怎么应付日益严重的外患，只是劝诫人们的生活要整齐、清洁、简单、朴素。

新生活运动，首先在东部城市有声有色地开展起来了。童子军纷纷走上街头，严肃认真地执行起纠察任务，凡衣冠不整、口叼香烟、涂脂抹粉、随地吐痰的，一律被当众训斥，甚至用红墨水在他们身上盖上标记。

独具一格的“运动”方式，是中国人的特产。他们有办法让任何一件严肃的事情，变成闹剧。

新生活运动究竟取得了什么成绩？据说，“即使在走路的一个细节上，大家也懂得模仿英国人，靠着左边走了”。仿佛这是足以自豪的莫大胜利。

当然，在国民政府控制得最严的那些城市里，实际的成绩不止于此。城市的排水系统、自来水供应系统、道路系统的改造和修建，确实开始着手进行。批评迷信、简化丧礼，以及举行集体婚礼一类移风易俗的改革，也时时见诸报端。

不过，广土众民，鞭长莫及。出了东部数省，新生活运动，就成了市井乡愿茶余饭后的谈资。

尽管大多数中国人对新生活运动毫无兴趣，但在中国生活的外国人却持欢迎态度，因为他们切身感受到中国的混乱、肮脏和腐败。他们能够理解这种把基督教的某些教义和儒学糅合一体的努力。

相反，远在大洋彼岸的西方国家，则不以为然。他们认为这是蒋介石为了转移人们对日本侵略的关注而玩弄的把戏。即使就新生活本身而言，也是过于道德化，根本无法把这些尽善尽美的礼教变成现实。因此，西方人无不嗤之以鼻，以“大而无当”作为对它的评价。

新生活运动是中国东部文化的标本，它是东西方结合诞生的怪胎。

东部的政治、经济、文化，处处透露着矛盾彷徨的苦衷。它既没有大西北那种人和土地、部族之间根深蒂固的原始缔结，也没有南方那种“山高皇帝远”的反叛精神。它夹在北方帝王之家和西方的民主社会之间，既想要熊掌，又想要鱼翅，结果变得不中、不洋、不古、不今、不伦不类。

一度生气勃勃的国民党，为了坐天下，而付出了让自己烂掉的代价。“军事北伐，政治南伐”，诚为鞭辟入里，千古春秋之评！

无论是蒋介石，还是宋子文，还是整个东部财团，他们的悲剧在于始终动摇于理想和现实之间。既想民主，又丢不下君临天下的梦想；既想土地改革，又不敢消灭地主（或者说想不到一个消灭地主的好方法）；既想把列强统统逐出国门，又想得到列强的资助。朝秦暮楚，首鼠两端。结果，在北方官僚制度的侵蚀下，在西、北、南方封建势力的三面包围下，在列强的环逼下，瞬将不敌，满盘皆输。

【叁】西安，历史的命定。蒋介石成了西北军和东北军的俘虏。这次事变，除了打破原有的政治格局外，还显示出非常深刻的地域政治的象征意义。

对蒋介石来说，西北是一块陌生的土地。他一生极少涉足西北，一个江浙商人的儿子，在长烟落日、孤城寒角的大西北，能有什么作为？

西北对于张学良来说，也同样是陌生的。自从北平扩大会议期间，张学良领兵入关，高喊出“拥护领袖”的口号之后，在某种意义上他成了蒋介石唯一的军事伙伴。蒋介石担任陆海空军总司令，张学良是副司令；蒋介石担任西北剿匪总司令，张学良是副司令代行总司令职权。“九·一八”后，东北军没有杀回老家，而是听命于蒋介石的调遣，继续转战华北、华中，又开赴西北，成了一群无家可归的“游魂野鬼”。

陕西是十七路军的地盘。西安绥靖主任兼十七路军总指挥杨虎城早在1933年就和四川的共产党有秘密联系，并达成互不侵犯的协议了。他的条件是共产党不向陕西方面发展；帮助他把蒋介石的中央军赶出西北地区。他同意在西北军和红军之间建立一条交通线，向红军提供必需的物资。

他对东北军开入西北，开始也是疑虑重重，但很快就和张学良打得火热了。在杨虎城的影响下，张学良对和红军打仗愈来愈感到厌倦和消极。

1935年11月，红一方面军总司令彭德怀、政治委员毛泽东联名发表《告围攻陕甘苏区的各部队官长与士兵书》，提出只要不打红军，不进攻陕甘苏区，红军便愿意和他们互派代表，订立抗日作战协定，共同组织抗日联军与国防政府。张学良和杨虎城对此都表示出赞赏的态度。

1936年2月，中共的代表李克农、钱之光和东北军代表王以哲、赵镇藩在洛川举行秘密会谈。达成了一项口头协定，包括政治上东北军正式同意共产党提出的“停止内战，一致抗日”的主张；军事上双方互不侵犯，各守原防；经济上恢复通商，双方可以互派人员到对方驻地办货。协定从3月5日开始执行。

3月3日，张学良从南京述职回到西安，第二天便飞赴洛川。他一下飞机就对共产党的代表说：“我是来做大买卖的，搞的是整销，不是零售。”当天下午，张学良和李克农举行了正式会谈。

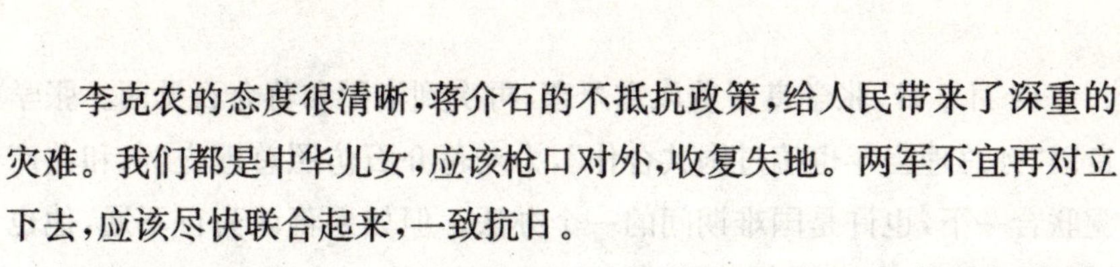

李克农的态度很清晰，蒋介石的不抵抗政策，给人民带来了深重的灾难。我们都是中华儿女，应该枪口对外，收复失地。两军不宜再对立下去，应该尽快联合起来，一致抗日。

张学良基本同意上述的几项协定，但他提出，抗日民族统一战线，不包括蒋介石是不行的。蒋介石有国家政权、军队、财权，实力雄厚。抗日只有在蒋介石的领导下才能在全国范围内展开。

李克农说，抗日统一战线包括不包括蒋介石，这要取决于蒋介石本人。共产党的政策是“反蒋抗日”。对此张学良加以婉拒，他强调说，离开了“拥蒋抗日”的原则，就谈不上统一战线了。

4 月 9 日，中共副主席周恩来和张学良在肤施（延安）的一个天主教堂里，举行了更高级的会谈。张学良再次强调拥蒋抗日的重要性。周恩来表示，如果能够把蒋介石这样一个力量争取过来抗日救国，也是我们所十分希望的。可是他搞独裁，搞法西斯，不要民主，看不到人民群众抗日的雄厚力量。要用什么办法才能争取过来呢？

张学良喜欢兵行险着，有点赌徒心态，这一点在中东路事件中，已经显露无遗了，现在他想出了一个“逼蒋抗日”的主意，具体而言，就是共产党在外边逼，他在国民党里面劝，内外夹攻，把蒋介石扭转过来。①

在这次会谈中，共产党表示不一定要反蒋抗日，使张学良更加坚信拥蒋抗日是可行的。只要他想办法让蒋介石放弃内战的政策，共产党就再也没有反蒋的理由了，全国各党派的大联合，也就有实现希望了。

张学良和周恩来的会谈，达成了必要时和新疆、甘肃、宁夏结盟，形成西北四省抗日大联合，对蒋介石施加压力，迫其走上抗日道路的协议。自从西北军、东北军和共产党接触以后，一股逼蒋抗日的空气，在西北渐渐弥漫起来。

1936 年 10 月，对西北一向敬而远之的蒋介石，鬼使神差地跑到洛阳过 50 岁生日。张学良以祝寿为名，把阎锡山拉到洛阳，一起向蒋介石进言，力劝停止剿共。但蒋介石竟大发雷霆，痛骂张学良“做事缺乏最后五分钟的坚定”。在洛阳军官学校纪念周上，蒋介石甚至当着全体军官的面声色俱厉地说，“勾结日本是汉奸，勾结共产党也是汉奸！”

---

① 应德田《张学良与西安事变》。中华书局，1980 年版。

12月2日，张学良冒着风雪严寒，再次到洛阳和蒋介石见面。张学良以“孙总理当年也搞过国共合作”，力劝蒋介石仿照总理先例，和共产党联合一下，也许是国难期间的一个办法。但如果蒋认为行不通，他也愿意把剿共军事进行到底。他建议蒋到临潼华清池休憩几天，和西北各将领见见面讲讲话。

12月4日，蒋介石在张学良的陪同下，从洛阳到了临潼。12月7日，张学良下决心向蒋介石作最后诤谏，但依然遭到蒋的严辞痛责。蒋批评他身为军人，打仗打不赢，就想投降敌人，还有点军人气概吗？他斩钉截铁地说：“剿共是既定国策，决不动摇，就是有人拿枪打死我，也不能改变国策！”

张学良获悉，如果他不接受蒋的命令，东北军将被调往福建，西北军将被调往安徽。他和杨虎城都有可能被褫夺职务。

1935年“一二·九”运动爆发，北平的学生在游行

12月9日，是北平学生救亡运动一周年纪念，由西北各界抗日救国联合会、东北救亡会和学联发起群众纪念大会，向军政最高当局作停止内战、一致对外援绥救国请愿，印发了“欢迎蒋委员长来西北领导抗日救国”的宣言和口号。学生们说：蒋介石愿救国抗日抑愿亡国降敌，均

取决于今天的最后一瞬了！

两万多学生浩浩荡荡开往临潼，向蒋介石请愿。省政府下令关闭城门，学生们一拥而上，把城门大锁砸开。守城的西北军都是同情学生的，一律袖手旁观，不加阻拦。学生们顶着怒号的北风，冲到铁路车站，准备乘车前进。但站长和司机都已经走避一空。有人振臂高呼："我们步行去临潼！"大家立即轰然响应。

队伍走到十里铺，蒋介石的侍从室组长，乘汽车赶来对学生们说："委员长明天就要进城答复你们的请愿，你们不要前往临潼。如果不听，到前面发生了事，我们不能负责。"人们纷纷传言，说前面的道路已经被封锁，马队已布满街头，高地架设机关枪，在前面的学生交通队已被扣留。空气顿时变得一触即发。

张学良匆匆赶来了。他劝学生把请愿书交给他，由他代为交给蒋委员长。但学生们非要得到蒋的当面答复不可。如果缺乏大队餐宿的地方，他们宁愿不吃饭，宁愿集体露立达旦。张学良再三劝阻，最后，他发誓在一个星期之内，必定有满足大家心愿的事实答复学生："我不欺骗同学们，如果逾期欺骗你们，我张学良愿意你们群众在任何地方，把我处死。"

学生们听从了张学良的劝告，率队返回西安。

张学良根据什么把话说得这么死？私下他对杨虎城却表示十分悲观，觉得自己几已无可能改变蒋的立场。

杨虎城是陕西蒲城人，清末就加入了哥老会，也组织过"中秋会"，自任首领，到处袭击官衙，劫富济贫。辛亥革命时，他率"中秋会"成员参加反清队伍，被编入秦陇复汉军张云山旗下的向字营，张云山和向字营统领向枝山都是陕西有名的哥老会头子。1913 年杨虎城解甲归田，但当过兵、杀过人，再回家耕田放牛，几乎是不可想象的。因此，只隔一年，杨虎城又在乡间杀了人，被官府通缉，落草为寇，成为大荔、合阳一带的刀客集团首领。护国战争爆发后，他拉着手下的江湖人马投军。1930 年，杨虎城率十七路军入陕，这是青帮在陕西大发展的时期，甚至连陕西省政府的秘书、西安警察总局侦缉队队长、警察总局的科长、凤县县长也公然开堂收徒。

西北军与蒋介石宿怨甚深，已几度兵戎相见。杨虎城这种西北刀客出身的人，与蒋当然也不能相与。他一气之下，对张学良说，索性把老蒋给抓起来,"挟天子以令诸侯"![1] 张学良大吃一惊。这岂不等于兵变?但杨虎城说自己是老粗,老粗自有老粗的办法。西北军从来不把倒戈、兵谏当什么了不得的事情,当年他们的"教父"冯玉祥,不就是这样把曹锟抓起来了吗?

张学良犹豫再三,实在也想不出还有什么办法来兑现他向学生们的许诺,用他自己的话来说,他与蒋的分歧"已经无法化解,非告一段落不可"。[2] 于是毅然同意。

12 月 12 日凌晨,东北军和西北军分头在临潼华清池和西安城内,开始军事行动。蒋介石在梦中被激烈的枪声惊醒,知道发生兵变,匆匆翻过华清池的后墙,在侍从的扶持下躲到后山。直到上午 9 时多,才被东北军发现,送到西安新城大楼扣押起来。

西安事变时期的张学良(左图)、杨虎城(右图)

事变发生后,张学良、杨虎城通电全国,提出八项政治主张:一、改组南京政府容纳各党派共同负责救国;二、停止一切内战;三、立即释放上海被捕的爱国人士;四、释放全国一切政治犯;五、开放民众爱国运

---

① 张学良《西安事变忏悔录摘要》。引自司马春秋《张学良传奇》,群众出版社,1987 年版。

② 《张学良对总部全体职员的训词》。1936 年 12 月 13 日。

动；六、保障人民集会结社之政治自由；七、确实遵行孙总理遗嘱；八、立即召开救国会议。

南京一片混乱。

当局意见分成两派，一派认为和平解决的可能性几乎没有，主张派遣大军西进，空袭渭南，以武力解决东北军和西北军。但以宋子文为代表的文官则认为，为了中国的前途，为了不让日本有可乘之机，事件必须和平解决。

宋子文力排众议，于 12 月 19 日以私人身份飞赴西安。中共代表周恩来先于宋子文到达，他带来了中共对于解决事件的意见："只要蒋先生抗日，共产党当全力以赴，并号召全国拥护国民政府，结成抗日统一战线。"宋子文不禁喜出望外，原先估计最大的危机来自中共，现在看来是杞人忧天了。

宋子文和蒋介石见了两次面，向蒋报告了南京方面的情况，然后离开西安飞返南京。12 月 22 日，宋子文再偕蒋夫人宋美龄等人从南京飞赴西安。

经过一连串马不停蹄的会谈，宋子文代表东部集团和西北集团、中共方面达成了 10 项协议：

一、孔（祥熙）、宋（子文）组行政院，宋负绝对责任保证组织满意政府，肃清亲日派。

二、撤兵及调中央军离开西北，两宋（子文、美龄）负绝对责任。

三、蒋（介石）允许归后释放爱国领袖，我们可先发表，宋负责释放。

四、目前苏维埃、红军仍旧。两宋担保蒋确停止剿共，并可经张（学良）手接济（宋担保张与中共商定多少即给多少）。三个月后抗战发动，红军再改番号，统一指挥，联合行动。

五、宋表示不开国民大会，先开国民党会，开放政权，然后再召集各党各派救国会议。蒋表示三个月后改组国民党。

六、宋答应一切政治犯分批释放，与孙夫人（宋庆龄）商办法。

七、抗战发动，共产党公开。

八、外交政策：联俄，与英、美、法联络。

九、蒋回后发表通电自责，辞行政院长。

十、宋表示要中共为他抗日反亲日派后盾，并派专人驻沪与他秘密接洽。

张学良、杨虎城鉴于蒋介石已经答应了他们的要求，兵谏的目的已经达到，再把蒋介石留在西安，利少弊多，万一横生枝节，对于国家民族更有无穷后患。于是决定早日把蒋送回南京。

12 月 25 日下午，张学良护送蒋介石到西郊机场，乘坐飞机飞赴洛阳。蒋介石离陕的行动，迅速而隐蔽，连中共方面也没有通知。等周恩来得到消息，赶往机场时，已经人去楼空……

张学良一到南京，便受到军法审判。他以一生的自由，换取了蒋介石关于停止内战，一致抗日的承诺。

1937 年 7 月 7 日，日本军队越过卢沟桥，进占平津，全面抗战爆发了。红军接受改编为国民革命军第八路军和新四军，在抗日战争中迅速发展壮大。国共两党的恩恩怨怨，并没有因为民族战争而泯灭，相反，在抗战结束以后，两党关系急剧恶化，再次爆发了大规模的内战。直至 1949 年国民党被共产党赶到东南部的一个孤岛——台湾去了。

历史学家恒把“西安事变”称作中国现代史上的转机和枢纽，固然毫无疑问，但如果没有“九·一八事件”，东北军就不会撤至西北地区；如果共产党不是已经在西北立住脚跟，就不会直接参与和利用西安事变，达成第二次国共合作。因此，这个转机和枢纽，实际上是一连串事件的演变结果。然而，有一个事实却是绝对不能忽略的，即为什么这个转机和枢纽会发生在西安，而不是上海、广州、北平或别的地方？

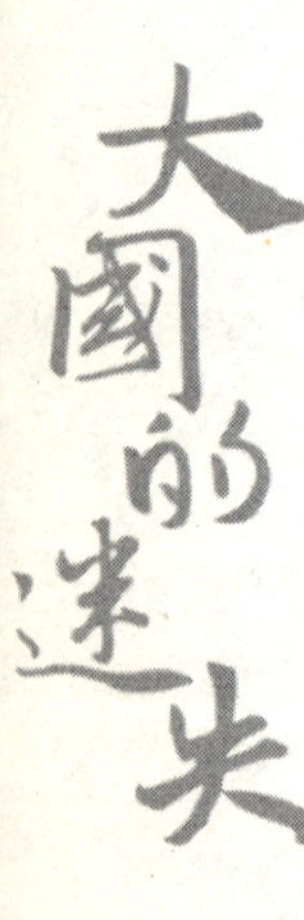

也许这又是一次机缘巧合。

这是最方便和最简单的解释，也是那些野史轶闻的作家所津津乐道的。如果张学良不是觉察到蒋介石对他的“词色态度有些异变”，如果不是听说蒋介石打算把东北军调往福建整训，张学良也许不会发动兵谏；如果蒋介石在 12 月 12 日清晨不是被抓住，而是跑掉了，如果“西安事变”不是和平解决，而是武力解决，那么，中国的历史就将重写。

听起来入情入理，但是，把一切都归诸偶然，未免过于轻率。

蒋介石这个决定国民党和中国命运的跟头栽在西北，决非偶然。至少是充满了象征意义的。

人们不应该忘记，张学良的生活虽然颇为摩登，但他的父亲张作霖却是东北最著名的胡匪，他身边的许多将领，都是响马出身；西北军的杨虎城，更是著名的西北刀客，他的队伍都是当年拉杆子拉出来的。

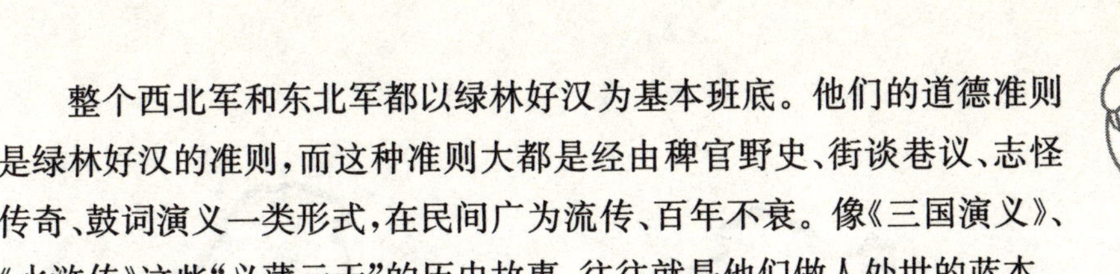

整个西北军和东北军都以绿林好汉为基本班底。他们的道德准则是绿林好汉的准则，而这种准则大都是经由稗官野史、街谈巷议、志怪传奇、鼓词演义一类形式，在民间广为流传、百年不衰。像《三国演义》、《水浒传》这些“义薄云天”的历史故事，往往就是他们做人处世的蓝本。

在这种传统文化的熏陶下，他们深信只要是为了一个“义”字，就可以不顾成败利钝、不顾荣辱毁誉，更不顾什么法律程序，可以采取一切非常手段，包括宫廷政变、兵谏、兵变、暴力流血，甚至发动大规模战争，均在所不惜。汤武革命成为中国千百年来政治变动的必由之路，这是大西北文化给中华民族留下来的一份痛苦的遗产。

因此，“西安事变”实际是对 1920 年代和 1930 年代上半期中国政治情势演变的一个总结，也是一个必然的归宿。

大清的历史，从八旗入关到鸦片战争之前，是从北向南走的，但自太平天国开始，反其道而行之，变成由南向北走。1928 年至 1936 年，蒋介石曾努力把东部变成中国历史的新起点，尽管千难万阻，但还是取得了点点进展，讵料人算不如天算，西安事变平地一声雷，把历史的方向再次扭转，变成了由西向东走。这也是周灭殷商，秦灭六国的老路；甚至是李自成、白朗等农民大军走过的老路。抗日战争爆发后，蒋介石连同他的政府，也被战火所驱赶，连根拔起，退到了“蜀道难，难于上青天”的四川，与陕西、甘肃、青海、西藏为邻，成了名副其实的孤家寡人。

蒋介石和他的僚属们，大多数都具有城市的社会背景，对农民太不了解，对西北太不了解。西北的问题是中国文化的死结，根本不是武力所能解决的。因此，在中国这样一个农业大国里，他们注定要做一个输家。

在 1930 年代，影响中国命运的转折点，不会出现在上海，不会出现在广州，不会出现在北平，只能出现在西北！中国的统治者，不靠宪法，不靠金钱，不靠人民，靠枪杆子。他们不是实业家，不是金融家，不是商人，不是学者，是草莽英雄，是绿林好汉！冥冥之中，莫非真有定数？

如果这一切都是不可避免和不可变更的，还有什么话可说呢？

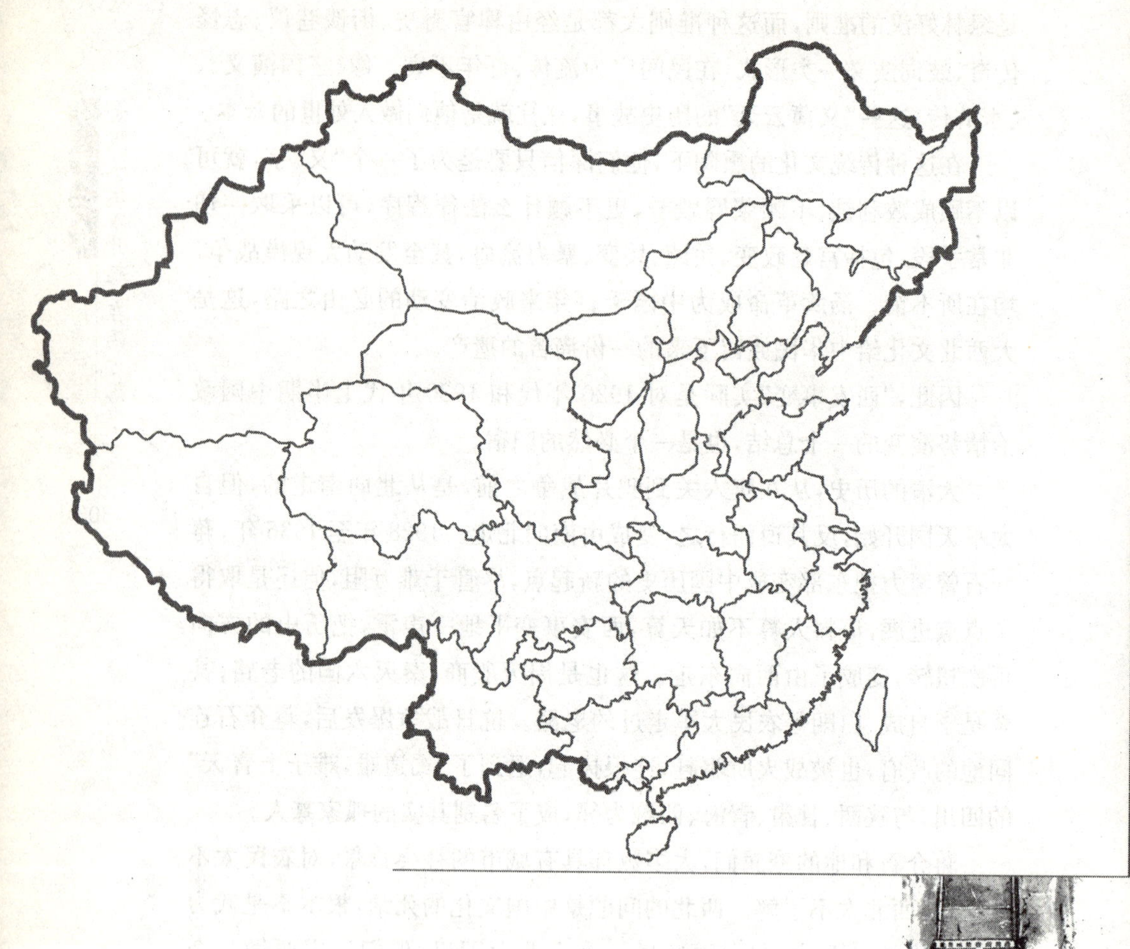

后语

任何国家、民族的政治演变，和那个国家、民族所处的自然地理有着密切关系。和历史有着密切的关系，中国也不例外，从辛亥革命推翻专制政体，到抗日战争的发生，这二十几年，是奠定现代中国政治最关键的时期。毛泽东说过，中国“百代皆行秦政制”，实在是鞭辟入里的谠论。辛亥革命并未能推翻两千多年的“秦政制”，宗法专制的道统依然坚固，“民国”只是作为“帝国”的变种，继续传承。

中国社会的转型，过程之艰难、时间之漫长、代价之沉重，堪称世界之最，甚至到了一百多年后的今天，仍处于“摸着石头过河”的阶段。回想鸦片战争以来列强的侵凌、掠夺、侮辱、改朝换代的动荡、此起彼伏的战乱，以及以各种堂而皇之的名义加诸中国人民头上的痛苦，真令人欲哭无泪！

近百年来无数人都提过这样的疑问：为什么中国的近邻日本，号称与中国“同文同种”，它能够在短短时间内完成“明治维新”，而我们播下的龙种，却往往收获跳蚤？为什么辛亥革命后几乎众望所归的美国共和制模式，在中国搞不下去？为什么中国非要“行秦政制”不可？在这个为中国政治制度脱胎换骨的大手术中，究竟哪一个环节出了问题？为什么当历史一再出现可供选择的十字路口时，我们却一再错失良机？以致后人在读史写史之际，恒怀“再回头已是百年身”之叹。究竟是医生一时失手的医疗事故？还是病人体质和病理变化的必然结果？

有人归咎于同盟会的软弱，有人归咎于袁世凯窃国，有人归咎于国民党背叛了孙文，有人归咎于蒋介石独裁。其实，凡此种种，都是“果”，而不是“因”。重新审视中国近代史，撇开纷繁的党派之争，透过表象寻找出更本质的文化根源，不难发现，地缘文化在中国历史走向中，所起的深刻影响。

推翻帝制的革命开始于南方，也必将完成于南方。尽管在这两者之间存在着漫长的岁月，但是，由于南方远离中国政治、文化中心，由于南方呼吸着大海的空气，由于这种种人文环境的原因，反而使南方获得了较大的自由——包括思想的自由和行动的自由。

在中国近代史上，所有对社会发生深刻影响的政治运动，如果是发源于南方，或由南方人领导的，对中国社会的进步几乎都有着积极的作用。像戊戌政变、辛亥革命、北伐战争。而如果源自北方，则对现代文明多带有破坏性的色彩，如义和团运动。

太平天国是一个比较特殊的例子，它本身没有多大的进步性，但它对削弱朝廷控制南方的能力，破坏现存的政府组织，起到了空前巨大的作用。辛亥革命前10年，南方的革命运动，基本上是沿着太平天国的发展路线由南向北蔓延的：由两广而两湖而江浙而及于全国，这不能不说是太平天国的功绩。

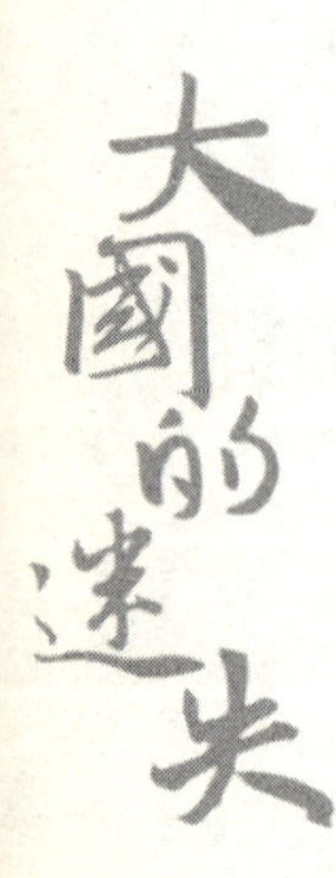

由于镇压太平天国的力量并非来自北方，而是两位南方的文官——曾国藩和李鸿章，他们和太平天国作战的目的，与其说是为了维护朝廷的天威，不如说是为了保护桑梓。因此，太平天国的失败，并没有带来动乱过后通常会出现的黑暗和恐怖时期，相反，由于这批南方官员的崛起，把富国强兵的梦想付诸实行，开创了中国近代史上最辉煌的工业革命——洋务新政。

义和团是一场带有浓厚北方色彩的大规模社会动乱。它的政治口号是“扶清灭洋”，幻想恢复九州一轨、天下同风的天朝旧梦，以为只要把洋人赶尽杀绝，天下就可享太平了。义和团运动从表到里、自始至终，都交织着谶纬图说和奉天承运的梦呓，成为皇权政治的回光返照。

然而，在知识分子的心目中，北方仍然是中国政治、文化的中心，是实现治国平天下理想的必经之路。清末，大批知识分子从南方和江、浙北上办学，利用朝廷举办新政的机会，推行新式教育。北方因此风气渐开，各种新思想蓬勃兴起，并以天子脚下，光被四表的地位，竟形成登高一呼，天下响应的大势。

北方成为各种新思潮的汇聚地。北方文化之所以对全国有巨大的辐射力，实与皇权政治有莫大的关系。一旦北方不再作为中国的政治中心，文化中心的地位也将随之消失。国民政府奠都南京之后，北京（北平）便开始了它近几百年来最沉闷的一段历史。

北方的新思想、新文化，就像坐在巨人肩膀上一样，坐在皇权政治的肩膀上，使它得以高瞻远瞩，耳鼻灵敏，当月晕础润之际，能够发现社会即将出现的变革。它可以为这种变革催产，但它却不可能成为身体力行的实践者。

第一批的实践者产生在中国的南部和东部。

近代史上开政治改革先河的一次宫廷政变——戊戌变法，是南方人干的；奠定中国现代工业基础的洋务运动也是南方人（包括少数长期在南方做官的北方人）领导的；辛亥革命，推翻帝制，也是南方人首先揭竿而起的；最成功的一次军事北伐，打破了北方官僚集团的统治，也是南方人充当先锋；第一次尝试改变中国农村社会结构的土地革命，也是南方人干的。而真正具有现代意义的金融体系和商业体系，则是在东部上海建立的。他们前赴后继，锲而不舍，把中国这个古老的帝国硬拉进了 20 世纪的国际舞台。

西北似乎是一片被忘却的文化遗址。当世界已经进入民主时代，西北人好像还流连于西风残照、汉家陵阙之下，缅怀着盛唐的繁华。西北有过最辉煌的历史，但现在却成了全国最原始、最落后的地方。历史和现实的对照，难免使西北对现代文明产生怀疑和排斥的心理。而作为中华民族的人文始祖，西北的沉默和凝固正是它具有对抗的天赋力量的象征。

共产党进入西北，在和蒋介石的斗争中，便占尽了天时、地利、人和。与此同时，为了应付未来和日本的战争，蒋介石又对东部集团进行了破坏性的改组，为政府在抗战爆发后，迁都重庆，赢得了生存的条件。

但蒋介石的政府，是以东部的利益集团为依托的，一旦把这个基础破坏了，即使在抗战八年期间，仍能苟延残喘于西南的崇山峻岭之中，但当民族战争告一段落，国共两党重燃战火以后，当年饮鸩止渴的恶果便马上显露出来了。在短短三年之内，国民党政府土崩瓦解，败如山倒，实在并不仅仅因为军事指挥上的失当。

对中国现代史起着决定性作用的两件事情，一是共产党经过二万五千里长征，建立了陕甘宁根据地，二是西安事变。都和西北有着直接的关系。

南方开始革命，东部紧紧跟上，北方摇旗呐喊，西北固守观望。这竟成了近现代中国社会变迁的一种格局。革命能否成功，最后将取决于西北的向背。变革的浪潮席卷着南方和东南沿海，这只是一个开头，它最终能否冲破黄土高原的阻隔，使西北接受并追随这种变革，才是成败的关键。当我们回顾 1911 年至 1937 年这段历史，镜头最后定格在茫茫大西北，再重读李白的诗篇："秦王扫六合，虎视何雄哉！挥剑决浮云，诸侯尽西来。"令人不禁感慨万千，历史是会重演的，因为历史并不会消失。回首前尘，中国社会转型的来龙去脉，不仅有迹可寻，而且历历在目，因果分明，直教人一读一惊心。

天不变，道亦不变。

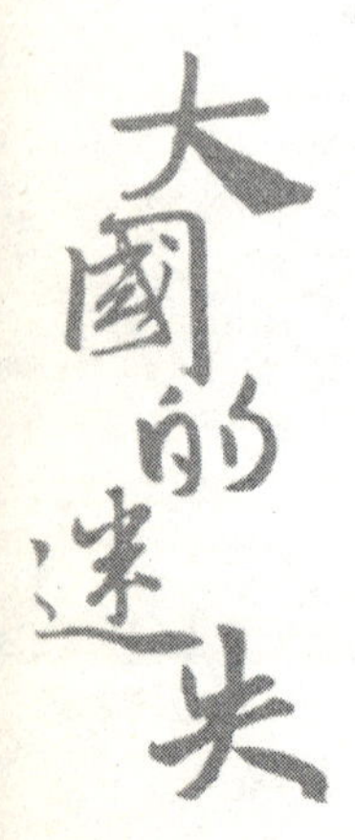

跋

1985年我在花城出版社出版了第一部长篇历史小说《军阀》，内容是反映民国初年南北政治的嬗变。在那以后，我一直在思考一个问题：为什么中国在辛亥革命后，不能完成从帝制向民主政制的转变？为什么我们无法照搬西方的民主政制？为什么美国的独立战争、南北战争可以孕育出华盛顿、林肯这样的人物，而我们却冒出个袁世凯，以及大大小小的一堆军阀？为什么我们一次次播下的是龙种，收获的却总是跳蚤？莫非这片土地真的与别不同？辛亥革命并未能推翻两千多年的"秦政制"，宗法专制的道统依然坚固，"民国"只是作为"帝国"的变种，继续传承；为什么日本这样一个蕞尔小国，明治维新后能够迅速崛起，而中国一个泱泱大国，在辛亥革命后却陷入了漫长的战乱？我们究竟迷失在哪里？为什么当历史一再出现可供选择的十字路口时，我们却一再错失良机？

这些疑问，在《军阀》一书中没有回答，但它在我脑海中深深扎下了根。1980年代末，我写过一系列短文，试图把社会政治文化形成与演变的原因，与地理、气候、文化背景、族群心理，甚至生理原因联系起来考虑。

1995年，我和花城出版社编辑林青华谈到这些想法，他非常感兴趣，建议我写成一部小说，作为《军阀》的续篇，这就是我写《草莽中国》的缘起。林青华还提议我以民国初年的中国外交为题材，再写一部小说，与《军阀》、《草莽中国》合成完整的"民初政治三部曲"。他的构思很吸引人，我亦跃跃欲试，可惜最后出于各种原因，只写成《草莽中国》，而未能完成三部曲，而林青华也离开了出版社，到大学任教去了。

我深信《草莽中国》所提出地缘文化、区域文化对近百年中国革命性质的重大影响，对近代中国社会转型的深远影响，是有一定研究价值的，所以不太希望以小说形式来写，但林青华非常热心地想促成“三部曲”这个大计划，力劝我写成小说，我尊重他的意见，结果就有了 1996 年花城版的历史小说《草莽中国》。它是我在《军阀》之后对中国问题苦苦思索十年的一个小结。

2006 年，我接到陕西师范大学出版社社科图书中心李黎明的电话，他说计划重版《草莽中国》。我非常吃惊居然还有人关注这部书，而尤使我兴奋的是，他也认为小说体裁所特有的野史、猎奇色彩，难免会减弱作品的思想分量，他建议不如以史料为依据，秉笔直书。这与我最初的想法不谋而合，因此我们几乎没有作太多商量，便取得了很好的默契。

非常感谢陕西师范大学出版社给我这个重新修订《草莽中国》的机会，对史料进行了重新梳理、补充、订正，于是有了现在这部《大国的迷失》。尽管原来的《草莽中国》也没有虚构的情节，但修订后，抛弃了小说形式，删除了大量无关宏旨的描写，使脉络更加清晰，而读者亦可以排闼直入，直捣核心。

这十年来，史界对这段历史的研究，取得了突飞猛进的进展，更多的史料也已公之于世。但我依然毫不怀疑，本书所提出的地缘政治问题，对中国的昨天、今天与明天，仍然是一个值得关注与思考的重大课题。

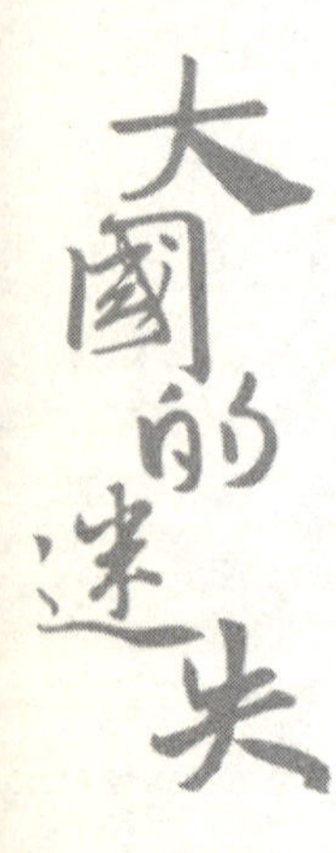

中华民国时期全图(一)

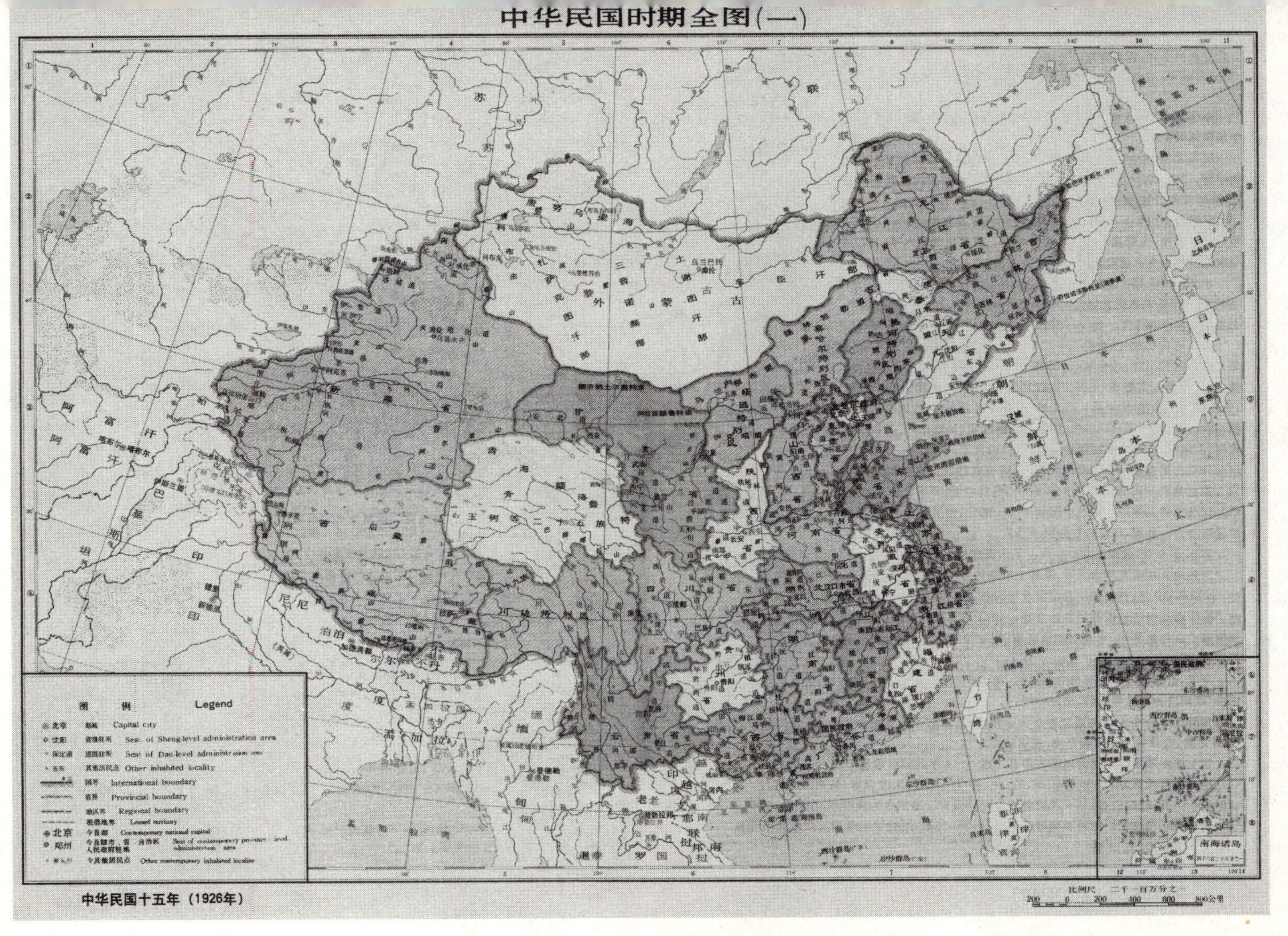

中华民国十五年（1926年）

中华民国时期全图(二)

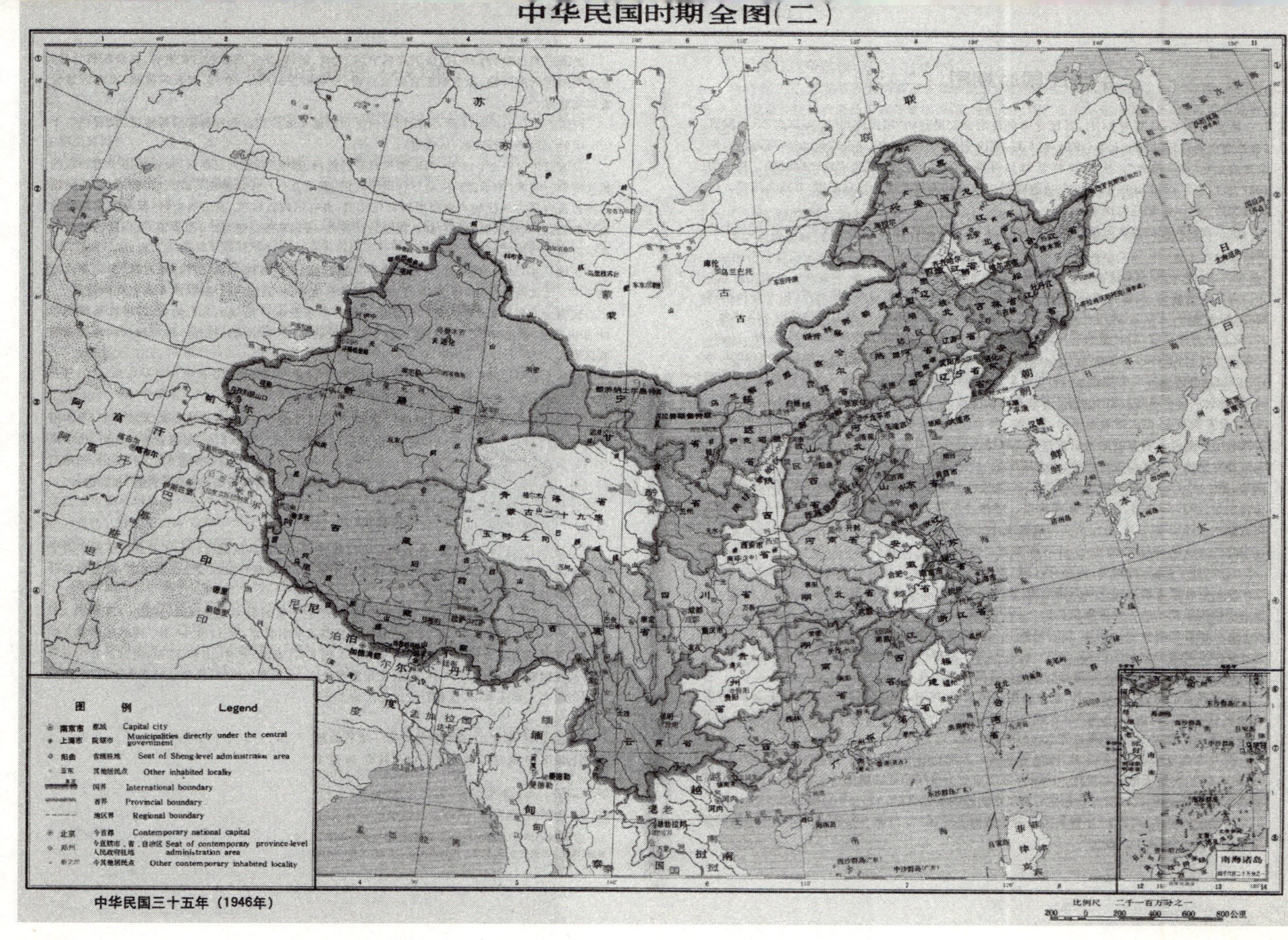

中华民国三十五年（1946年）